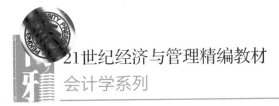

21世纪经济与管理精编教材

会计学系列

政府会计学

Accounting of Government

王国生 ◎ 编著

北京大学出版社

PEKING UNIVERSITY PRESS

图书在版编目（CIP）数据

政府会计学／王国生编著.—北京：北京大学出版社，2017.9
（21世纪经济与管理精编教材·会计学系列）
ISBN 978-7-301-28750-7

Ⅰ.①政…　Ⅱ.①王…　Ⅲ.①预算会计—高等学校—教材　Ⅳ.①F810.6

中国版本图书馆CIP数据核字（2017）第218464号

书　　　　　名	政府会计学
	ZHENGFU KUAIJI XUE
著作责任者	王国生　编著
责任编辑	任京雪　刘　京
标准书号	ISBN 978-7-301-28750-7
出版发行	北京大学出版社
地　　　　　址	北京市海淀区成府路205号　100871
网　　　　　址	http://www.pup.cn
新浪微博	@北京大学出版社　　@北京大学出版社经管图书
电子信箱	em@pup.cn　　QQ：552063295
电　　　　　话	邮购部62752015　发行部62750672　编辑部62752926
印　刷　者	北京宏伟双华印刷有限公司
经　销　者	新华书店
	787毫米×1092毫米　16开本　28.5印张　641千字
	2017年9月第1版　2017年9月第1次印刷
印　　　　　数	0001—3000册
定　　　　　价	56.00元

前　言

　　党的十八届三中全会通过的《中共中央关于全面深化改革若干重大问题的决定》，高瞻远瞩地提出了"建立权责发生制的政府综合财务报告制度"的重要部署，为我国政府会计改革明确了方向。为了贯彻落实党的十八届三中全会精神，2013—2016年间，财政部陆续出台了一系列与政府会计相关的会计准则和会计制度，如《财政总预算会计制度》《政府会计——基本准则》《政府会计准则第1号——存货》《政府会计准则第2号——投资》《政府会计准则第3号——固定资产》《政府会计准则第4号——无形资产》《政府财务报告编制办法（试行）》《政府综合财务报告编制操作指南（试行）》和《政府部门财务报告编制操作指南（试行）》。

　　上述政府会计准则和相关制度的发布和实施，为构建统一、科学、规范的政府会计体系奠定了坚实的基础，有利于规范各级政府、各部门、各单位的会计核算，提高政府会计信息质量。为了满足政府会计实际工作、政府会计理论研究和政府会计教学的需要，作者编写了《政府会计学》一书，为广大读者学习和掌握政府会计提供了一个有效的平台。全书具有以下特点：

　　第一，内容新颖。本书以财政部新发布的与政府会计相关的准则和制度为依据，向读者介绍了《政府会计——基本准则》及相关具体准则、《财政总预算会计制度》《行政单位会计制度》《事业单位会计制度》等会计标准的核心理念及内容实质，反映了我国政府会计发展的最新状况。

　　第二，重视理论。有人认为，与理论丰富、方法多样的企业会计相比，政府会计的难度可能不及企业会计，这是认识上的一个误区。政府会计是一个国家政治、经济、财政、税收、会计、统计等多学科融合的产物。在政府会计领域中，预算会计和财务会计的融合、收付实现制和权责发生制的综合应用，以及政府运行环境的特殊性，使学习和掌握政府会计极具挑战性，尤其是政府会计跨学科、多领域，以及经济与政治的相互交融，在一定程度上又加大了理解和掌握政府会计的难度。而高度重视政府会计的方法或程序背后的政策、法律等相关环境因素对其所产生的影响，是能否掌握政府会计并且发挥其提供信息、反映政府公共受托责任履行情况的关键。为此，本书在对政府会计相关理论进行阐述的同时，也着重从法规层面，如以全国人民代表大会颁布的《中华人民共和国预算法》《中华人民共和国会计法》以及国务院出台的相关行政法规、财政部出台的一些部门规章和规范性文件为依据，对我国政府会计的内容及其核算方法进行了解析。

　　第三，侧重实务。在内容取舍上，本书紧扣政府会计准则及其相关制度的核心内容，结合财政总预算、行政单位和事业单位运营活动的特点,以丰富的实例、深入浅出的讲解对政府会计实务中的难点和重点,如账户的设置、相关业务的会计处理、财务报表的编制等相关内容做了诠释。精心设计的在理论性、技术性和可操作性等方面极具特点的实例,体现了新准则和新制度的精髓,读者通过学习这些实例,不仅能够轻松地理解和掌握政府会计标准和相关法规,还能够大大提高解决实际问题的能力。

第四,结构合理。本书遵循"读者至上"的理念,充分考虑了读者的特点,将政府会计的基本理论和方法融于财政总预算会计、行政单位会计和事业单位会计之中。在体例安排上,清晰地区分了政府财政总预算会计、政府单位会计的界限,每一部分内容是按照资产负债表、收入支出表的逻辑关系,以资产、负债、净资产和收入、费用等会计要素的确认、计量、记录为核心内容,最终形成完整的资产负债表和收入支出表。在文字叙述上,本书力求做到深入浅出、通俗易懂,既适合教师讲授,也便于读者自学。

第五,适用范围广泛。基于上述特点,本书既可以满足各类财经院校"政府会计"课程的教学需要,也可以作为各级政府、各部门、各单位学习和培训政府会计准则、政府会计制度以及会计人员完成继续教育的教材。

由于时间因素和作者水平,书中难免存在疏漏和错误,恳请读者批评指正。

作　者

2016 年 10 月

目 录

第四篇　事业单位会计

第一篇

基本理论

第一章 总 论

【本章纲要】

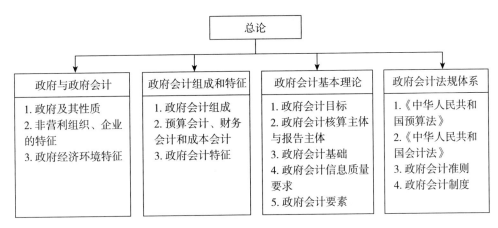

【学习目标、重点和难点】

● 通过本章的学习,应了解社会组织类型及其各自的职能,熟悉政府的经济环境,掌握政府会计目标、政府会计基础以及政府会计主体和报告主体。

● 政府及其组成、政府经济环境特征、政府会计的目标和基础、政府会计核算主体与报告主体、政府会计要素以及政府会计准则和会计制度等为本章的重点。

● 政府会计目标、政府会计核算主体与报告主体、政府会计要素等为本章的难点。

第一节 政府与政府会计

现代社会是一个错综复杂的有机组合体,其生存与发展既离不开企业创造的财富,也需要非营利组织提供的教育、文化、医疗等服务,还需要政府的管理、协调、监督、服务和保障。因此,在社会主义市场经济环境下,我国的社会组织一般是由政府、非营利组织和企业三部分构成的。

一、政府

(一)政府的内涵

在社会生活中,政府承担着提供公共产品和公共服务、满足社会多种需求的责任。自古以来政府一直处于社会秩序的中心。在人类历史的实践中,政府一直充当着国家的代理人,无时无刻不在左右着一国经济的发展,无处不在影响着人们的生活。"从摇篮到坟墓,我们的生活无不受政府活动的影响。"[1]政府是国家的象征和代表,对外是国家的代言人;对内是国家机器的核心,是行使国家权力的机关。随着人类文明程度的不断提升,政府在社会中的作用和影响日益扩大。

什么是政府?关于政府的概念有狭义和广义之分。狭义的政府仅指国家行政机关,如《现代汉语词典》将政府解释为"国家权力机关的执行机构,即国家行政机关"[2]。而广义的政府是指包括立法、行政、司法等在内的国家机关。"就其作为秩序化统治的一种条件而言,政府是国家权威性的表现形式。其正式的功能包括制定法律,执行和贯彻法律,以及解释和应用法律。这些功能在广义上相当于立法、行政和司法功能。"[3]"一国政府由公共当局及其机构构成,它们是通过政治程序设立的实体,在领土范围内行使立法、司法和行政权力。"[4]

我国政府由中央政府和地方政府组成。中央政府最高行政机关是国务院,地方政府的行政机关分为省(自治区、直辖市)、州或县(市、区)和乡镇三级人民政府。各级政府行政机关是国家权力的执行机构,由各级人民代表大会产生,对本级人民代表大会及其常委会负责并报告工作,受其监督。下级政府行政机关受上级政府行政机关的领导,地方各级政府服从国务院的统一领导。

按照结构理论,我国行政机关的结构可以分为纵向结构和横向结构。其中,纵向结构是指各级政府上下之间、各级政府各组成部门上下之间,构成领导与服从的主从关系。我国行政机关的纵向结构如图1-1所示。

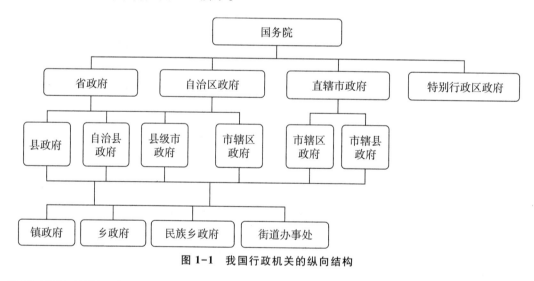

图1-1 我国行政机关的纵向结构

---

① 约瑟夫·E.施蒂格利兹,《政府经济学》,北京:春秋出版社,1988年,第2页。

② 中国社会科学院语言研究所词典编辑室,《现代汉语词典》(第6版),北京:商务印书馆,2012年。

③ 戴维·米勒、韦农·波格丹诺,《布莱克维尔政治思想百科全书》,北京:中国政法大学出版社,2002年,第312页。

④ 国际货币基金组织,《2001年政府财政统计手册》。

横向结构是指同级政府相互之间和每级政府各组成部门之间,构成协调的平行关系。如各省、直辖市、自治区政府之间,部(委)内部各司(局)之间,厅(局)内各处(室)之间,都是一种平行协调的横向结构关系,共同对一个上级负责。

（二）政府的职能

在人类社会发展史上,政府及其行为和人类的历史一样久远,其职能也在不断地发展和变化。目前来看,政府职能的研究呈多学科、立体化、全方位的交叉式研究特征。如从组织学角度看,政府职能明显地体现了公平、公正和公开的特性。从政治学角度看,政府职能为政治职能和军事职能。从经济学角度看,政府的职能主要是为市场经济提供制度基础、配置资源、调节功能、稳定宏观经济和收入再分配。从社会学角度看,政府的社会职能是维持正常的社会秩序,保障社会活动的正常进行;依据经济、法律和行政手段调控国民经济,推动文化、教育、医疗、卫生、环境等社会各项事业的发展。从管理学角度看,政府职能可以概括为计划、组织、领导和控制。从组织行为学角度看,政府职能表现为绩效考核。① 概括地讲,政府职能可分为经济、管理和政治三个方面。

一个良好的政府首先是一个有效的政府,而政府的有效性在很大程度上取决于政府职能配置的有效性,而在政府的众多职能中,经济职能是其基本职能。"政府和私人企业、家庭一样,也在进行着各种消费和投资活动,提供着种种社会产品……甚至政府本身从某种意义上来说也是一种产品。"②可见,政府也是一种经济主体,而政府活动的一个重要方面就是政府的财政活动。财政活动集中反映在税收、政府支出、公债等与预算行为有关的活动中,并且时刻影响着每个企业、家庭和个人。如同企业进行生产经营决策依赖客观、有用、透明的会计信息一样,政府制定和执行税收、政府支出、公债等经济决策时,也依赖于政府会计提供与此相关的经济信息;同样,与企业所有者与经营者之间存在一定委托、受托责任关系一样,政府与纳税人或公民之间也存在委托、受托责任关系,即纳税人或公民将公共资源和公共财产委托政府管理,而政府承担保障公共资源和公共财产安全、完整的受托责任。政府从人民的公共利益出发,一方面,接受公民的委托,履行公共事务的管理职责;另一方面,应当向社会公众报告其受托责任的履行情况。政府报告其受托责任同样离不开会计提供的相关信息。

二、非营利组织

什么是非营利组织?人们对此尚未达成一致的认识,关于非营利组织的概念也多种多样。有的是从非营利组织与其他组织的区别来进行界定,有的是从社会管理的角度来定义,而有的则是从法理学的角度来进行规范。

世界银行组织从法理学的角度,对非营利组织进行了界定。在其撰写的《非政府组织法的立法原则》中指出:非营利组织是指在特定的法律系统下,不被视为政府部门的协会、社团、基金会、慈善信托、非营利公司或其他法人,而且不以营利为目的。联合国等编写的

---

① 财政部会计准则委员会,《政府绩效评价与政府会计》,大连:大连出版社,2005 年,第 73—85 页。
② 胡庆康、杜莉,《现代公共财政学》,上海:复旦大学出版社,1997 年,第 1 页。

《2008年国民账户体系》指出,"非营利机构是这样一类法律或社会实体:其创建目标虽也是生产货物和服务,但其法律地位不允许那些建立它们、控制它们或为其提供资金的单位利用该实体获得收入、利润或其他财务收益。"①

综上所述,可将同时具有以下特征的组织界定为非营利组织:一是非营利性,即不以营利为目的,不向它们的所有者提供利润,而是以谋求实现全社会或部分群体的公共利益为目的;二是非政府性,即强调非政府组织在社会功能方面有着与政府相类似的公共管理职能,同时是与政府组织体系完全不同的社会组织,这些机构在制度上都与国家相分离;三是组织性,即这些机构都有一定的制度和结构;四是自治性,即这些机构都基本上是独自处理各自的事务;五是自愿性,即这些机构的成员不是法律要求而组成的,这些机构接受一定程度的时间和资金的自愿捐赠;六是公益性,即非营利组织必须具有"利他"的性质,强调受益群体为不特定的多数人群。

目前,我国尚未对非营利组织做出统一、严格的界定和划分。我国非营利组织的判定需要满足一定的基本条件,即"不以营利为目的且具有正式的组织形式,属于非政府体系的社会组织,它们具有一定的自治性、志愿性、公益性或互益性,但并非面面俱到,需要客观而动态地加以观察和理解"②。

我国仅明确了不同类别的公益性组织或非营利组织,但未对公益性组织或非营利组织应具备的基本条件或标准做出具体规定。

在我国,非营利组织具体包括:

(1)科技组织,如研究机构、科协组织等;

(2)教育组织,如幼儿园、小学、中学、职业技术学校、大专院校和大学等;

(3)文体组织,如公共图书馆、文化站、文艺表演团体、体育团体等;

(4)传媒组织,如广播电视台(站)、报纸杂志社等;

(5)健康和福利组织,如医院、养老院、孤儿院、福利院、儿童保护组织、红十字会等;

(6)宗教组织,如各类寺庙、教堂等;

(7)基金会,如为教育、医疗卫生、宗教及以慈善为目的而组织设立的各类基金会。③

由于非营利组织可以由政府创办和运营,也可以由民间来组织,所以非营利组织按所有权性质分为公立和私立(民间)两种。公立非营利组织主要是指国有事业单位,属于政府领域;而民间非营利组织主要指各类社会团体、基金会和民办非企业单位等。

三、企业

一般来说,企业是由出资人、经营管理者和劳动者之间订立契约而形成的营利性经济

---

① 联合国、欧盟委员会、经济合作与发展组织、国际货币基金组织、世界银行,《2008年国民账户体系》,北京:中国统计出版社,2012年,第82页。

② 王名、贾西津,"中国非营利组织:定义、发展与政策建议",《2006年度中国汽车摩托车配件用品行业年度报告》,2006年。

③ 李建发,《政府与非营利组织会计》(第二版),大连:东北财经大学出版社,2011年,第4页。

组织。它从事生产、流通和服务等经济活动,满足社会需要,实行自主经营、独立活动。创造价值是企业从事经营行为的内在要求,而获利是企业从事经营活动的出发点和归宿。通过劳动者的劳动,企业将所有者的出资以及从资本市场上筹集的社会资源转化为现实的生产力,实现获取利润、增加社会财富、履行社会责任的目的。企业接受投资、筹集资本、确认费用与收入、赚取与分配利润等相关活动,构成了企业会计确认、计量和报告的核心内容,并且,企业通过财务报告向市场传递其财务状况、经营成果和现金流量等财务信息,以满足投资者、债权人等有经济利益关系的各方的需要,用以评价企业经营管理者受托责任的履行情况,并据以做出合理的经济决策。

四、政府的经济环境特征

阐述政府的经济环境特征,目的是加深对政府的认识,理解政府与企业、非营利组织的关系。与企业、非营利组织相比,政府的经济环境特征主要体现在以下方面:

1. 运营的目的

政府建立和运营的最终目标不是营利,而是为社会提供公共产品和公共服务,满足社会及其成员各种社会性的需求。并且,政府提供这些公共产品或公共服务,并不考虑成本能否从其收费中得到补偿,或者费用的支付者是否从中受益。

企业的根本宗旨是营利。通过生产经营活动赚取利润或收益,是企业在竞争市场中必须遵循的自然法则。非营利组织产生、存在和发展的基础既不是国家职能,也非追逐利润,而是社会公共利益。因此,促进社会公益事业,如慈善、教育、科研、保健、福利、文化、艺术、体育、环保、社会服务等事业的健康发展是非营利组织追求的目标。

2. 经济资源的来源和使用

任何组织必须拥有足够的经济资源以实现其目的。政府的经济资源来源于税收、向社会公众发行债券、国有资产经营收益、接受社会捐赠、按成本补偿原则收取的服务费等,而最大的经济资源来源一是税收,二是政府性收费。税收的特征之一为无偿性,纳税人纳税的多少与其接受的政府提供的服务之间没有对价关系,同时政府服务接受者和纳税人之间也不存在对应关系。政府提供公共服务、缴费人接受服务是政府性收费的前提,但两者之间也不是基于等价交换的关系,并且政府性收费标准大大低于服务成本,收费仅仅是为了限制不必要地消费政府提供的服务资源。

由于政府不以营利为目的,其掌控的经济资源主要用于提供国防、教育、科技、文化、卫生、社会保障等公共物品或自然垄断产品。凡是市场、私人组织、非政府组织无法或者不愿意提供公共服务的地方都是政府经济资源投入的领域。不仅如此,政府的经济资源还用于承担一些为保证其政治、道义上的合法、合理性而必须完成的责任义务等。因此,众多的政府经济资源受到有关法律、法规、合同、协议等外部的约束,被限定用于特定的活动或目的,确保其财务资源的使用能有效地达到相应的公共目的。

企业的经济资源主要通过接受投资者的投资、向债权人借入以及销售产品或提供服务的收入等方式筹集。投资者出资的目的是将其资源投入生产经营过程后,使投入的资本增值;债权人通过资金的借贷获取利息或转让收益;企业按照市场机制收取所提供产品的价款或服务费。在企业存续期间,投资者享有收回投资、分享利润以及将企业解散、破产后的剩余财产的权利。

非营利组织具有弥补市场失灵和政府失灵的社会功能,这类组织既没有政府获得税收的公权力,也没有企业"钱生钱"的市场机制,而是靠自身使命去赢得社会资源。[①] 因此,非营利组织获取资源的途径既不同于政府也有别于企业,主要包括接受捐赠、政府补贴或津贴、税收优惠、会费收入和弥补成本支出等收入。非营利组织的经济资源无论以何种方式筹集,都会投入公共事业。

3. 监管和控制方式

为了促使政府有效地管理各种财务资源,对政府的财务资源必须建立一套比企业、非营利组织更为严格的监管和控制规则,如法律、行政法规、部门规章和规范性文件等,使政府的运营活动受到法规的约束。

企业的经营目标是营利。如果向消费者提供的产品或服务不能获利,企业就会调整产品或退出市场,盈利指标是评价企业能否持续经营、管理者受到奖惩的重要评价指标。"因此,在自由竞争的经济部门中,盈利动机和盈利指标构成了一个自动的分配和规范机制。"[②]

非营利组织是介于政府组织和企业之间的一种社会组织。它在某些方面的特征类似于企业,如它的创建和运营来自民间,并受多数市场规则的约束;而某些特征又类似于政府,因为非营利组织的使命是为社会提供公共产品,其运营具有明显的公共性。为此,非营利组织对财务资源采取了类似但又不等同于政府和企业的监管和控制方式。

第二节　政府会计组成和特征

一、政府会计组成

在我国,政府所用的会计曾有多种称谓,如 20 世纪 20 年代称为"官厅会计"、三四十年代称为"政府会计"、50 年代至 21 世纪初称为"预算会计"。中华人民共和国成立后的很长一段时期,"政府会计"一词没有被写入政府的官方文件。2014 年 12 月,国务院关于批转财政部《权责发生制政府综合财务报告制度改革方案》的通知中,明确提出必须推进政府会计改革,建立全面反映政府资产负债、收入费用、运行成本、现金流量等财务信息的权责发生制政府综合财务报告制度。2015 年 10 月,财政部又发布了《政府会计准则——基本准则》(以下简称"《基本准则》"),"政府会计"一词陆续出现在我国政府官方的会计规范中。

什么是政府会计? 政府会计是会计学的一个重要分支,它适用于各级政府以及与该级政府财政部门直接或者间接发生预算拨款关系的国家机关、军队、政党组织、社会团体、

---

① 胡杨成、蔡宁,"资源依赖视角下的非营利组织市场导向动因探析",《社会科学家》,2008 年第 3 期。

② 罗伯特·J. 弗里曼、克雷格·D. 肖尔德斯,赵建勇译,《政府及非营利组织会计——理论与实践(第 7 版)》,上海:上海财经大学出版社,2004 年,第 4 页。

事业单位和其他单位(以下简称"各部门、各单位")。它以货币为主要计量单位,采用确认、计量、记录和报告的程序和方法,对各级政府、各部门、各单位所管理的国家公共事务、财政资金和公共资源等进行反映和监督,向财务报告使用者提供与政府的财务状况、运行情况(含运行成本)和现金流量等有关的信息,反映政府会计主体公共受托责任的履行情况,有助于财务报告使用者做出决策或者进行监督和管理。

(一) 政府会计一般由政府预算会计、政府财务会计和政府成本管理会计三部分组成

1. 政府预算会计

政府预算会计,简称预算会计。《基本准则》指出:预算会计是以收付实现制为基础对政府会计主体预算执行过程中发生的全部收入和全部支出进行会计核算,主要反映和监督预算收支执行情况的会计。

预算会计是以预算管理为中心的宏观管理信息系统和管理手段,通过设立一套自我平衡的预算科目体系,运用会计的程序和方法,对中央与地方各级政府预算以及政府单位预算及预算收支执行情况进行确认、计量和记录,以加强预算的会计控制,并通过预算与实际执行情况的比较分析,定期向政府管理者、立法机构及其他相关部门报告预算执行情况,借以评价和考核政府执行预算收支的情况。可见,预算会计是与政府预算管理紧密联系,主要为政府预算管理提供收入、支出和结余等方面信息的会计系统。

2. 政府财务会计

政府财务会计,简称财务会计。《基本准则》指出:财务会计是以权责发生制为基础对政府会计主体发生的各项经济业务或者事项进行会计核算,主要反映和监督政府会计主体财务状况、运行情况和现金流量的会计体系。

根据政府委托代理理论,政府是社会公众的受托人,政府与社会公众是委托代理关系,社会公众为政府提供可供使用的资源,政府对公众承担着巨大而广泛的受托责任。财务会计就是通过确认、计量和报告程序,运用设置会计科目、编制会计分录、登记账簿和编制财务报表等方法,向政府管理部门、立法机构、审计部门、社会公众、政府的债权人、投资者、政府的项目合作者、咨询评级机构等,提供政府受托管理国家公共事务和国家资源、国有资产的信息,报告政府公共财务资源管理业绩及履行受托责任的情况,有助于政府做出各类经济决策。

3. 政府成本管理会计

政府成本管理会计,简称成本会计。它是确认、计量和报告政府会计主体提供公共产品和公共服务所发生的成本信息的会计系统。成本会计以政府会计主体所从事的公共管理、公共服务、项目或作业为核算对象,以归集和分配作为其基本程序。其中,归集是以系统、分类方式收集与提供公共产品和公共服务相关的成本数据或信息的过程;分配是将归集的与提供公共产品和公共服务相关的成本数据或信息分配至报告期间和成本对象的过程。成本会计信息的使用者主要是政府管理者、决策者和利益相关者。成本会计的目标是为会计信息使用者提供政府管理活动、特定项目和作业的成本组成及其变动情况或趋

势,以及与政府相关的资产和负债的管理效率和效果等方面的信息,以帮助政府会计主体内部和外部的会计信息使用者加强预算管理、服务产品设置或价格制定、控制相关成本计量业绩、评估项目以及做出各种经济决策,恰当地评价政府的预算完整性、运营业绩及政府受托责任的履行情况。

在整个政府会计体系中,预算会计、财务会计和成本会计各司其职、相互配合、相互协调,构成了完整的政府会计体系。

（二）政府会计按照适用的部门或单位,可分为财政总预算会计和政府单位会计

1. 财政总预算会计

财政总预算会计是各级政府财政核算、反映、监督政府一般公共预算资金、政府性基金预算资金、国有资本经营预算资金、社会保险基金预算资金以及财政专户管理资金、专用基金和代管资金等资金活动的专业会计。

2. 政府单位会计

政府单位主要由行政单位和事业单位组成。其中,行政单位是指行使国家权力,管理国家事务的各级国家机关;事业单位是指国家为了社会公益目的,由国家机关举办或者其他组织利用国有资产举办的,从事教育、科技、文化、卫生等活动的社会服务组织。

政府单位会计是适用于行政与事业单位的一种专业会计,它是政府会计的有机组成部分。它以货币为主要计量单位,对行政事业单位资金运动的过程及结果进行确认、计量、记录和报告,向会计信息使用者提供与行政事业单位财务状况、预算执行情况等有关的会计信息,反映行政事业单位受托责任的履行情况,有助于会计信息使用者进行管理、监督和决策。

二、政府会计的特征

这里所说的政府会计,是指对外提供政府财务状况、运行成果、现金流量和预算收支结余的政府财务会计和预算会计,不包括政府成本管理会计。

（一）"两个体系、一项制度"是我国政府会计的基本规范体系

"两个体系":一是统一、科学、规范的会计准则体系,主要包括政府会计基本准则、具体准则及应用指南。其中,基本准则作为我国政府会计的"概念框架",主要起统驭政府会计具体准则和政府会计制度的作用,并为政府会计实务问题提供处理原则;具体准则主要规定政府发生的经济业务或事项的会计处理原则;应用指南是对具体准则的实际应用做出操作性规定。二是政府会计制度,主要规范政府会计科目及其使用说明、报表格式及其编制说明等,便于会计人员进行日常核算。

"一项制度",即政府综合年度财务报告制度。该制度要同时编制政府决算报告和政府财务报告。政府决算报告是向决算报告使用者提供与政府预算执行情况有关的信息,综合反映政府会计主体预算收支的年度执行结果;政府财务报告是向财务报告使用者提供与政府财务状况、运行情况和现金流量等有关的信息,反映政府会计主体公共受托责任的履行情况。

（二）预算收入、支出和结余的核算是政府会计的主要内容

我国政府会计以预算为基础，以预算收支为主要核算内容。政府会计的组成体系与国家预算的组成体系相适应，因此，政府会计的指标体系、会计科目和报表种类、报表项目的设置，均同预算收支保持一致，以适应预算管理的需要，实现全面反映预算执行情况的目标。政府会计计量和报告的核心是当期财务资源的流动。这些财务资源的来源主要是税收和非税收入，其筹集、分配和使用要纳入政府预算，财务资源的运动过程具体表现为预算资金的收入、支出和结余。

（三）资源的限定性与基金会计模式的应用

政府的经济资源主要来源于政府征收的税收、接受的捐赠以及向其服务对象收取的以"成本补偿"为基础的服务费等。为了实现政府宗旨，确保无偿取得的经济资源能够有效地运用于公共领域，相关的法律或规章、合同或协议限定了经济资源使用的目的或用途，需要根据用途分别设立基金、安排预算并使用财务资源，做到专款专用，专项管理。法定预算对资源的限制，客观上需要通过一定的会计模式核算不同用途的经济资源的来源和使用情况。

基金会计是指以基金为基础，按照基金项目、种类进行确认、计量和报告的一种会计模式。通过基金会计，可以反映政府限定性资源的来源，约束各项基金的使用，使资源真正运用到法定的用途，发挥基金会计控制支出、维护预算法律的严肃性、反映受托责任履行情况的积极作用。

（四）采用双重分录形式对部分业务进行相关的会计处理

国际上对于政府会计的核算方法主要采用预算会计和财务会计相分离的做法，即对于财政资金的增减变动采用基于收付实现制的预算会计，而对于政府整体财务运行和财务状况的核算则采用基于不同程度权责发生制的财务会计，两者相对独立，分别提供预算执行情况和政府整体情况的信息。

我国政府会计对部分业务采用双重会计分录形式，以实现分别提供预算执行情况和政府整体财务状况信息的目的。如行政单位以财政资金直接支付方式购入不需要安装的设备，设备价款为300 000元。设备入账需要编制两组会计分录：

借：经费支出　　　　　　　　　　　　　　　　　　　　300 000
　　贷：财政拨款收入　　　　　　　　　　　　　　　　　　300 000
同时，

借：固定资产　　　　　　　　　　　　　　　　　　　　300 000
　　贷：资产基金——固定资产　　　　　　　　　　　　　　300 000

可见，需要在采用收付实现制核算预算收入和支出的基础上，拓展财务会计功能，全面核算政府的固定资产、净资产（资产基金），以全面反映政府预算执行情况和整体财务状况。

第三节　政府会计基本理论

一、政府会计目标

政府会计是一项人类有意识进行的管理活动,在付诸管理行动之前,人们事先提出某种目标,规划自己的行为。政府会计目标是政府会计期望达到的目的或境界的抽象概括,它主要回答的问题为:谁是会计信息的使用者;会计信息使用者需要什么信息;以何种方式提供信息等。政府会计目标是贯穿政府会计理论始终的基本理论,它既是政府会计实务的起点,也是制定政府会计规范的依据。

对于会计目标的研究,会计界主要有受托责任观和决策有用观两种不同的观点。受托责任观强调会计目标在于以恰当的形式客观、有效地反映资源受托者关于受托责任履行的情况;而决策有用观强调会计目标在于向会计信息使用者提供有助于其做出各类经济决策所需的信息。受托责任观与决策有用观是相互关联的,两者之间并不存在难以逾越的鸿沟。我国政府会计目标的制定,是兼顾决策有用观与受托责任观的,采用的是将两者有机结合的双重目标模式。

我国《基本准则》对政府会计目标的表述是:向财务报告使用者提供与政府的财务状况、运行情况(含运行成本,下同)和现金流量等有关信息,反映政府会计主体公共受托责任履行情况,有助于财务报告使用者做出决策或者进行监督和管理。

(一)谁使用会计信息

《基本准则》等会计规范指出,政府会计信息的使用者包括:各级人民代表大会常务委员会、债权人、各级政府及其有关部门、政府会计主体自身和其他利益相关者。

1. 各级人民代表大会常务委员会

各级人民代表大会及其常务委员会是代表人民行使国家权力的机关,负责重大法规、经济政策、政府预算草案和决算报告的批准与审核,并监督政府对公共资源的管理和使用情况。该类信息使用者需要借助政府会计信息做出一些政治决策(如预算执行合规性的考量),同时也需要利用这些信息科学安排政府预算,合理组织政府资产、负债的核算,有效地管理和使用公共资源,恰当地评估政府绩效。该类会计信息使用者属于既存在政治决策需求又存在经济决策需求的复合信息使用者。

2. 政府债权人

政府经济资源的有限性使得各级政府有时依靠举债为公共事业和基础设施融通资金。为政府提供信贷资金的国内外银行等金融机构、国外政府、国际金融组织等构成了政府的债权人,国债、地方债券持有者以及为政府赊销提供资源的各类经济主体也是政府的债权人。这些债权人需要借助政府会计信息,做出是否将资金投资于政府债券、借款给政府以及是否对政府进行赊销的决策。因此,政府债权人为仅存在经济决策需求的使用者。

3. 各级政府及其有关部门

各级政府一般指我国地方各级人民政府;与各级政府有关的部门,则包括各省市的国税局、地税局、物价局、工商管理局、公安局、法院、检察院、交通局等。尤其是国税局、地税局、工商管理局等政府部门,它们在制定相关经济决策时,需要政府会计提供真实、完整、准确、及时的信息,并据此作为制定和选择经济决策的依据。

4. 政府会计主体自身

根据《基本准则》的规定,政府会计主体是指各级政府、各部门、各单位。其中,各部门、各单位是指与本级政府财政部门直接或者间接发生预算拨款关系的国家机关、军队、政党组织、社会团体、事业单位和其他单位。政府会计主体自身属于政府会计信息的内部使用者,实际上是政府的管理者。它们制定经济决策和加强公共财政管理都需要获得真实、完整、准确、及时的政府会计信息。

5. 其他利益相关者

如各级审计部门在履行负责监督、审查公共资源的筹集、管理和使用的职责时,需要政府会计信息;国际货币基金组织或者世界银行等国际组织会通过政府会计信息评价各国政府绩效等情况;此外,纳税人基于税收义务的强制性完成税收缴纳,但作为政府税收收入的资源提供者,纳税人对于政府所获税款是否按法律或预算要求使用、使用的效率与效果等方面也具有迫切的需求,他们需要政府会计信息中对政府受托责任履行情况的评价。

(二)提供什么信息

《基本准则》等会计规范指出,政府会计提供的信息主要包括:政府的财务状况、运行情况(含运行成本)、现金流量、财政预算执行情况及与事业成果相关信息。

1. 财务状况

财务状况是指一定时期政府资金筹集与资金运用的状况。政府会计中,财务状况一般是指各级政府某一特定时点的资产,以及对这些资产所主张的权利。按照财务会计理论,财务状况由资产、负债和净资产三部分内容组成,是政府运营、投资和筹资等活动的结果。

政府经济资源的流入、流出会引起资产和负债的增减变动,进而对净资产产生影响。因此,财务状况的信息能够让其使用者了解财务报告日政府会计主体所掌控的经济资源的增减变动及其趋势,政府所拥有的经济资源能够支持未来提供公共服务活动的程度,清偿政府债务需要的未来现金流数量和时间,资产、负债变化对经济资源存量(净资产)的影响等。同时,取得收入一般会增加资产或减少负债,费用发生一般会减少资产或增加负债。因此,通过财务状况信息还可以反映政府收入的来源、类型和取得的方式,借此可以评价政府所取得的收入对其经济活动的影响,评价收取的税款、费用和取得的债务收入的合理性,评价投资产生收入的能力;利用财务状况信息,可以获得政府发生费用的性质、目的和金额信息,了解政府使用其资源的方式,以评价资源的分配、使用及其绩效等情况。与财务状况相关的信息主要由资产负债表提供。

2. 运行情况(含运行成本)

政府运行情况信息综合反映的是预算内政府提供公共产品数量、发生服务成本、提高管理效率和取得运营成果等业绩方面的信息。利用该信息,可以对政府财务业绩做出评估,如政府主体对资源的购买是否经济,使用资源实现服务目标是否高效。利用运行情况信息,可以获得报告期内政府提供公共服务的发生成本的信息,据此可以了解政府会计主体的运行成本及其开支的渠道,如运行成本是税收支出、使用费、捐赠支出,还是通过不断提高债务以支持运行。可见,政府运行情况信息既是评价预算制定合理与否的依据,也是反映受托责任履行情况的有力佐证。与政府运行情况相关的信息主要由收入支出表等提供。

3. 现金流量

如前所述,提供决策所需信息和反映受托责任履行情况是财务会计目标的统一。而对决策最为有用的是关于政府预计现金流动的时间和金额以及预计未来现金和借款的需求的信息,即现金流量。现金流量信息显示了政府会计主体在此期间如何筹集和使用现金,包括借贷、还款以及不动产、设备的买卖等。现金流量信息还指明了从税收和投资等来源收到的现金,以及向其他政府、政府机构或国际组织划拨资金或从这些组织机构收到的款项。因此,能否产生持续稳定的现金流量对政府履行受托责任是至关重要、意义非凡的。与政府现金流量相关的信息主要由现金流量表提供。

4. 财政预算执行情况

通过预算分配和执行实现政府的职能,是预算管理的目的和灵魂所在。预算分配和执行是由观念形态转化为现实形态的过程。如果没有良好的执行,即使是准确性与科学性俱佳的预算,预算目标依旧无法达到。因此,有关预算资金使用过程及其使用情况的信息,包括政府按照法定预算规定使用资源的情况、预算与实际结果的比较信息等,是公众、立法机构和监管机构关注的重点信息。与政府预算执行情况相关的信息主要由相关政府决策报表提供。

5. 与事业成果相关信息

事业单位是各级政府的下属单位,它以秉承公益的使命,提供公益服务为宗旨,分布在教育、文化、科技、卫生等与民生关系密切的领域,承担着教育、科学、卫生、文化等公益服务的任务,是政府提供公益服务的主要载体。发展各类事业的资金主要依靠政府的财政资源,其活动具有明显的非市场化特征。公益事业发展对资金需要的不断增加与政府财政资源供应增长相对有限的矛盾将在一定时期内存在。为此,事业单位一方面要积极从政府那里争取更多的财政援助;另一方面要学会经营,以提供更多高质量的公共产品和准公共产品,即事业成果。因此,与事业成果相关信息成为与事业单位有利益关系各方关注的重点。

(三) 如何提供信息

如何提供信息,也就是以何种方式将会计信息传输给使用者,即提供信息的载体。政府会计信息的表达方式是政府决算报告和财务报告。其中,政府决算报告是综合反映政府会计主体年度预算收支执行结果的文件,包括政府决算报表和其他应当在决算报告中反映的相关信息和资料;政府财务报告是反映政府会计主体某一特定日期的财务状况、某一会计期间的运行情况和现金流量等信息的文件,包括财务报表和其他应当在财务报告中披露的相关信息和资料。财务报表是对政府会计主体财务状况、运行情况和现金流量等有关信息的结构性表述,包括会计报表和附注。会计报表至少应当包括资产负债表、收入支出表和现金流量表。

二、政府会计报告主体与核算主体

政府会计主体应当包括会计报告主体和会计核算(记账)主体。其中,会计报告主体是政府会计在提供财务报告时的主体界定。各级政府及政府部门、单位作为直接管理和使用社会公共资源的责任承担者,都是政府会计的报告主体。按照国际会计师联合会公立单位委员会的解释,报告主体是指能够合理预期到使用者存在的主体,这些使用者依赖财务报告获取对自己履行受托责任和制定决策有用的信息。按照政府会计报告的编报责任,政府报告主体可分为各级政府、各部门、各单位等。

会计核算(记账)主体是政府会计在进行会计处理时对需要单独记账的范围界定,主要解决会计主体业务核算及其确认入账的范围问题。记账主体可以是各级政府,政府部门或单位,有时因管理需要而要求单独核算、报告的经济资源(如专用基金、社会保险基金、住房公积金等各类基金),也应当作为政府会计的记账主体和报告主体,即基金会计模式。

三、会计基础

会计基础或会计确认基础,是指会计上确认一个会计期间的交易或事项的标准。会计基础如现金制、应计制是政府会计的一个基本问题,也是政府会计改革的核心,关系到政府会计体系的建设与发展。[①]

由于会计核算工作要分期进行,所以有可能产生在同一会计期间,各项交易和事项的发生与款项的实际收取和支出数额不一致的情况。例如,本月应收的收入可能在以后月份才收到,也有可能在实现以前提前收到;应付的费用可能在以后月份才支付,也有可能在发生以前提前支付。对此,在会计上主要有两类不同的处理标准(会计基础):一类是收付实现制,亦称"现金基础";一类是权责发生制,亦称"应计基础"。《基本准则》规定:"财务会计应当采用权责发生制。预算会计一般采用收付实现制,实行权责发生制的特定事项应当符合国务院的规定。"

事实上,收付实现制和权责发生制是会计基础区间的两个极端,在两个极端中间,有很多变化,这些变化实际上是对收付实现制的修正,或者是对权责发生制的修正。

(一)权责发生制

权责发生制是以收款的权利和付款的责任或义务是否已经发生为标准,确认一个会计主体的收入或费用。《基本准则》指出,权责发生制是指以取得收取款项的权利或支付款项的义务为标志来确定本期收入和费用的会计核算基础。凡是当期已经实现的收入和已经发生的或应当负担的费用,不论款项是否收付,都应当作为当期的收入和费用;凡是不属于当期的收入和费用,即使款项已在当期收付,也不应当作为当期的收入和费用。权

---

① 荆新、高扬,"政府会计基础模式:比较与选择",《财务与会计》,2003 年第 9 期,第 50 页。

责发生制具有以下特征：

（1）权责发生制形成与应用的基础。完备的社会信用是权责发生制存在的基础，即所有的权利和义务都能够得到与预期一致的实现或偿付。在这一前提下，应收款项才可能体现为收回等量现金的权利，而负债项目才代表着未来等量现金的流出。[①]

（2）权责发生制的目标。提供与权利的实现和义务的履行状况相关的信息是权责发生制的目标。提供主体控制的经济资源信息，即体现一种权利；提供从事经营的成本或提供产品和服务成本的相关信息，即反映一种义务。政府经济资源的提供者通过权责发生制报告，可以获取与权利和义务相关的信息。

（3）权责发生制的灵魂——收入与费用配比。取得高于费用的收入，是任何商业活动所追求的目标，而分别确认收入、费用并比较两者孰高孰低一直是会计的主要工作。复式簿记就是因这一目标而产生的，更好地履行这一目标促使会计方法不断发展与完善。[②]虽然政府的运营目标不是获取利润，但是收入与费用配比的理念也是十分必要的。

（4）权责发生制的技术方法。在权责发生制下，未来的经济利益（资产）和未来经济利益的付出（负债）与款项是否实际收付无关，只有当产品或服务实际发生时才真正确认为收入和费用。为此，权责发生制会计模式需要通过对配比和实现原则的应用，采用应计、分配、递延、分期摊销等方法来解析收入和费用之间的因果关系，据此评价政府会计期间的收入、费用和结余，并且在会计期末反映政府的财务状况。

（二）收付实现制

收付实现制是指在现金已经收到或支付时确认交易和事项，并以某一期间收到和支付的现金的差异来计量财务结果的一种会计基础。《基本准则》指出，收付实现制是指以现金的实际收付为标志来确定本期收入和支出的会计核算基础。凡在当期实际收到的现金收入和支出，均应作为当期的收入和支出；凡是不属于当期的现金收入和支出，均不应作为当期的收入和支出。

在收付实现制下，所有的现金收入，不论是何种类型，都在收到现金时加以确认；所有的现金支出，不论是何种类型，都在现金支出时加以确认。与权责发生制相比，收付实现制具有以下特征：

（1）收付实现制作为确认的基础，一般用于确认收入和支出（或费用）。

（2）按照收付实现制，所有的现金收入都应计入当期收入，所有的现金支出也都应作为当期支出（或费用），收入与支出配比后的净收益实际上就是现金收支的净额。

（3）在纯粹的收付实现制下，会计只确认实际已发生的现金收支事项，而不反映与现金收支无关的事项，也不考虑未发生的现金收支或虚拟的现金收支。因此，会计实体的全部资产都是现金，它没有现金形式以外的资产，也不可能有债权债务。

（4）收付实现制下不考虑预计收入、预计费用，以及应计收入和应计费用的存在，会计期末根据账簿记录确定本期收入和费用，不存在对账簿记录在期末进行调整的问题。

---

① 杨尚军，《会计物语》，成都：西南交通大学出版社，2008 年，第 50 页。

② 葛家澍，《市场经济下会计基本理论与方法研究》，北京：中国财政经济出版社，1996 年，第 115 页。

也就是,不像权责发生制那样,有应计、应付、分配、递延或摊销等特殊程序。[①]

四、会计信息质量要求

会计信息质量要求是指财务报表提供的信息对使用者反映受托责任履行情况、做出相关决策有用而应具备的基本特征。它主要回答的问题是:什么样的会计信息才算有用或有助于反映受托责任,并做出正确决策。可见,会计信息质量要求是财务信息提供者与会计信息使用者之间相互联系的媒介,是会计目标的延伸。它直接制约和影响着财务报表体系及其披露方式。

(一) 可靠性

可靠性要求政府会计必须以实际发生的经济业务为依据,如实记录和反映各项财务(财政)收支情况和结果。为了贯彻客观性要求,政府会计应当做到:①以实际发生的财务收支为依据进行确认、计量,将符合会计要素定义及其确认条件的资产、负债、净资产、收入和费用等如实反映在财务报表中,不得根据虚构的、没有发生的或者尚未发生的交易或者事项进行确认、计量和报告;②在符合重要性和成本效益原则的前提下,保证会计信息的完整性,其中包括应当编报的报表及其附注内容等应保持完整,不能随意遗漏或者减少应予披露的信息,与使用者决策相关的有用信息都应当充分披露;③会计人员在会计核算和财务报表编制时应当是中立的,并做到不偏不倚。

(二) 全面性

全面性是指政府会计主体应当将发生的各项经济业务或者事项统一纳入会计核算,确保会计信息能够全面反映政府会计主体的预算执行情况和财务状况、运行情况、现金流量等。

(三) 相关性

相关性是指政府会计主体提供的会计信息,应当与反映政府会计主体公共受托责任履行情况以及报告使用者决策或者监督、管理的需要相关,有助于报告使用者对政府会计主体过去、现在或者未来的情况做出评价或者预测。

(四) 及时性

及时性是指政府会计主体对已经发生的经济业务或者事项,应当及时进行会计核算,不得提前或者延后。会计信息的价值在于帮助会计信息使用者做出经济决策,因此,政府会计信息不仅要做到客观,还必须保证其时效性。一是要求及时收集会计信息;二是要求及时处理会计信息;三是要求及时传递会计信息,便于会计信息使用者及时使用和决策。即使是客观、相关、可比的会计信息,如果提供得不及时,对于会计信息使用者而言意义也不大。

(五) 可比性

可比性是指政府会计主体提供的会计信息应当具有可比性。可比性包括两层含义:

---

① 李心合,《财务会计理论创新与发展》,北京:中国商业出版社,1999年,第227—228页。

①同一政府会计主体不同时期发生的相同或者相似的经济业务或者事项,应当采用一致的会计政策,不得随意变更。确需变更的,应当将变更的内容、理由及其影响在附注中予以说明。比较政府在不同时期的财务报告信息,可以全面、客观地评价过去、预测未来,反映受托责任,并做出决策。②不同政府会计主体发生的相同或者相似的经济业务或者事项,应当采用一致的会计政策,确保政府会计信息口径一致,相互可比。各级政府应按照一致的确认、计量和报告要求提供有关会计信息。

可比性并不是意味着政府会计处理方法前后各期不能变更,如确有必要变更,应将变更的情况、原因和对会计报表的影响在预算执行报告中说明。

（六）可理解性

可理解性是指政府会计主体提供的会计信息应当清晰明了,便于报告使用者理解和使用。政府编制财务报告、提供会计信息的目的在于使用,而要让使用者有效使用会计信息,应当能让其了解会计信息的内涵,弄懂会计信息的内容,这就要求财务报表所提供的信息应当清晰明了,易于理解,这样才能提高会计信息的有用性,实现财务报表的目标。

（七）实质重于形式

实质重于形式是指政府会计主体应当按照经济业务或者事项的经济实质进行会计核算,不限于以经济业务或者事项的法律形式为依据。

多数情况下,政府发生经济业务或事项的经济实质与其法律形式是一致的,但也存在不一致的情况。如政府以融资租赁方式租入的固定资产,虽然从法律形式来看,政府作为承租方并不拥有固定资产的所有权,但由于租赁合同中规定的租赁期较长,几乎接近资产的使用寿命;租赁期内,承租方有权控制资产,该资产预期产生的服务潜力或者带来的经济利益能够归属于政府;租赁结束,政府有优先购买资产的选择权。从其经济实质来看,政府能够控制其创造的未来经济利益。所以,会计核算上将其视为承租企业的资产。

上述会计信息质量要求不是孤立、简单地罗列于会计准则中,而是按其内在的逻辑性,对诸要素进行科学、合理的排列和配置,它们之间层次分明、关系清晰、概念明确、极具可操作性。政府会计信息质量要求之间的内在关联性大体分为三层,如图1-2所示。

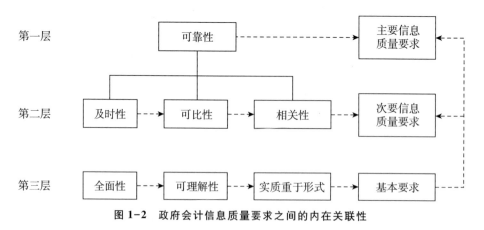

图1-2　政府会计信息质量要求之间的内在关联性

五、政府会计要素

会计要素是会计的具体对象,也是财务会计基本理论的一项重要内容。在财务会计理论体系中,会计要素的确认与计量是财务会计的核心内容;财务会计实务无非是会计要素的确认、计量、记录和报告的过程。可见,会计要素是财务会计理论与实务相互连接的桥梁和纽带。《基本准则》分别规定了政府预算会计、政府财务会计要素的种类、确认、计量和列报的要求。

(一) 政府预算会计要素

《基本准则》第十八条指出,政府预算会计要素包括预算收入、预算支出与预算结余。

1. 预算收入

预算收入是指政府会计主体在预算年度内依法取得的并纳入预算管理的现金流入。预算收入一般在实际收到时予以确认,以实际收到的金额计量。

2. 预算支出

预算支出是指政府会计主体在预算年度内依法发生并纳入预算管理的现金流出。预算支出一般在实际支付时予以确认,以实际支付的金额计量。

关于预算收入与预算支出要素的内涵可进一步解释如下:①与预算收入或预算支出相关的政府活动,包括政府税收征收和非税收入征缴活动,某级政府会计主体获得预算拨款的分配活动,交易活动,其他活动等。②预算收入或预算支出的范围受法律的约束。预算具有法律效力,预算收入或预算支出的范围由预算法规规定或授权的政府主管部门批准,因此,预算收入(或预算支出)是符合政府预算分类标准界定的资源流入(或流出)。③预算收入或预算支出有收付实现制基础和权责发生制基础之分:在收付实现制基础上,预算收入(或预算支出)包括不会导致会计主体净资产增加(或减少)但能使会计主体增加(或减少)可支付能力的资金流入(或流出),如借入(或借出)资金等;在权责发生制基础上,预算收入(或预算支出)仅包括导致会计主体净资产增加(或减少)的资源流入(或流出)。

3. 预算结余

预算结余是指政府会计主体预算年度内预算收入扣除预算支出后的资金余额,以及历年滚存的资金余额。预算结余包括一般结余和专项结余。其中,一般结余是指非专门项目资金预算收支相抵后的差额,可以转入普通的滚存结余,用于安排下期预算任何方面的支出;专项结余是指专门项目的预算资金在预算期期末收支相抵后的差额,在项目未完成前,它一般只能用于以后预算期间既定项目的支出。

(二) 政府财务会计要素

《基本准则》第二十六条指出,政府财务会计要素包括资产、负债、净资产、收入和费用。

1. 资产

资产是指政府会计主体过去的经济业务或者事项形成的,由政府会计主体控制的,预期能够产生服务潜力或者带来经济利益流入的经济资源。其中,服务潜力是指政府会计主体利用资产提供公共产品和服务以履行政府职能的潜在能力;经济利益流入表现为现金及现金等价物的流入,或者现金及现金等价物流出的减少。

政府会计主体的资产按照流动性分为流动资产和非流动资产。其中,流动资产是指预计在1年内(含1年)耗用或者可以变现的资产,包括货币资金、短期投资、应收及预付款项、存货等;非流动资产是指流动资产以外的资产,包括固定资产、在建工程、无形资产、长期投资、公共基础设施、政府储备资产、文物文化资产、保障性住房和自然资源资产等。

《基本准则》规定,符合资产定义的经济资源,在同时满足以下条件时可确认为资产:①与该经济资源相关的服务潜力很可能实现或者经济利益很可能流入政府会计主体;②该经济资源的成本或者价值能够可靠地计量。该准则还规定,资产的计量属性主要包括历史成本、重置成本、现值、公允价值和名义金额。其中,在历史成本计量下,资产按照取得时支付的现金金额或者支付对价的公允价值计量;在重置成本计量下,资产按照现在购买相同或者相似资产所需支付的现金金额计量;在现值计量下,资产按照预计从其持续使用和最终处置中所产生的未来净现金流入量的折现金额计量;在公允价值计量下,资产按照市场参与者在计量日发生的有序交易中,出售资产所能收到的价格计量。无法采用上述计量属性的,采用名义金额(即人民币1元)计量。

政府会计主体在对资产进行计量时,一般应当采用历史成本。采用重置成本、现值、公允价值计量的,应当保证所确定的资产金额能够持续、可靠地计量。

2. 负债

负债是指政府会计主体过去的经济业务或者事项形成的,预期会导致经济资源流出政府会计主体的现时义务。现时义务是指政府会计主体在现行条件下已承担的义务。未来发生的经济业务或者事项形成的义务不属于现时义务,不应当确认为负债。

政府会计主体的负债按照流动性分为流动负债和非流动负债。其中,流动负债是指预计在1年内(含1年)偿还的负债,包括应付及预收款项、应付职工薪酬、应缴款项等;非流动负债是指流动负债以外的负债,包括长期应付款、应付政府债券和政府依法担保形成的债务等。

《基本准则》规定,符合负债定义的义务,在同时满足以下条件时可确认为负债:①履行该义务很可能导致含有服务潜力或者经济利益的经济资源流出政府会计主体;②该义务的金额能够可靠地计量。该准则还规定,负债的计量属性主要包括历史成本、现值和公允价值。其中,在历史成本计量下,负债按照因承担现时义务而实际收到的款项或者资产的金额,或者承担现时义务的合同金额,或者按照为偿还负债预期需要支付的现金计量;在现值计量下,负债按照预计期限内需要偿还的未来净现金流出量的折现金额计量;在公允价值计量下,负债按照市场参与者在计量日发生的有序交易中,转移负债所需支付的价格计量。

政府会计主体在对负债进行计量时,一般应当采用历史成本。采用现值、公允价值计量的,应当保证所确定的负债金额能够持续、可靠地计量。

3. 净资产

净资产是指政府会计主体资产扣除负债后的净额。它所说明的是政府资产总额在偿还其现存一切义务后的剩余部分,用公式可表示为:资产-负债=净资产。可见,净资产金额取决于资产和负债的计量,因此,净资产可能为正值也可能为负值,负值一般不会出现。政府会计主体净资产因依法、无偿取得税收收入或偿还债务而增加,因提供公共产品(或公共服务)发生费用或举借债务而减少。

政府会计主体净资产与企业所有者权益虽然都是资产抵减负债后的结果,但两者有所不同。所有者权益的显著特征就是它因所有者以资产作为投资而增加,又因向其分配股利而减少,同时所有者也可分享投资带来的收益,同时也要承担无利可图的风险。与此相比,政府会计主体没有获利的动机,它们既不接受出资人的资产投资,也不向其分配资产(即利润或股利)。对于政府会计主体净资产,出资者无权据此得到经济利益,也不存在对净资产所享有的权益。

4. 收入

收入是指报告期内导致政府会计主体净资产增加的、含有服务潜力或者经济利益的经济资源的流入。

收入是政府所获得的经济资源流入。经济资源流入政府的渠道或形式具有多样性。但就政府整体而言,因经济资源流入而形成的政府收入主要包括交换性交易收入和非交换性交易收入。其中,交换性交易收入是指主体通过交换直接给付另一主体几乎相同的价值(主要以现金、货物、服务或使用资产的形式)而获得资产、服务或消除债务所取得的收入。交换性交易收入以外的收入为非交换性交易收入。

政府收入主要包括:税收,行使政府权力的收费,罚款,贷款利息收入,让渡资产使用权使用费的(租金)收入,出售资产的利得,获得的其他会计主体的转移支付,接受的无限定条件的捐赠,其他收入等。

5. 费用

费用是指报告期内导致政府会计主体净资产减少的、含有服务潜力或者经济利益的经济资源的流出。

政府发生费用一般表现为经济资源的流出、消耗或者负债的增加。费用的主要内容包括:工资福利,对个人和家庭的补助,采购商品和服务支出,对企业的补贴,对其他政府会计主体的转移支付,借款利息,资产的报废和损失,对国外的赠予,其他支出等。

第四节　政府会计法规体系

会计法规是指由国家和地方立法机关以及中央、地方各级政府和行政部门制定颁发的有关会计方面的法律、规则、办法、规定,是会计工作必须遵守的准则。会计法规是一个完整的体系,有着严密的结构和层次。我国现行政府会计法规体系构成如下:

一、《中华人民共和国预算法》

《中华人民共和国预算法》(以下简称《预算法》),是有关国家预算收入和预算支出,以及进行预算管理的法律规范的总称。它是财政领域的基本法律制度,也是制定政府会计标准体系的依据,在整个法律体系中处于仅次于宪法的核心地位,在一些国家甚至被称为"第二宪法"。

素有《经济宪法》之称的《预算法》公布于1994年,自1995年1月1日起施行。2014年进行了修改,自2015年1月1日起施行。该法修改后由总则、预算管理职权、预算收支范围、预算编制、预算审查和批准、预算执行、预算调整、决算、监督、法律责任、附则十一章组成。

二、《中华人民共和国会计法》

《中华人民共和国会计法》(以下简称《会计法》)是我国会计工作的基本法规,是我国会计法规的母法,是指导会计工作的最高准则。《会计法》自1985年5月起施行,分别于1993年、2008年进行了修订,修订后的《会计法》共七章五十二条,包括总则、会计核算、公司与企业会计核算的特别规定、会计监督、会计机构和会计人员、法律责任及附则。

三、政府会计准则

我国的政府会计标准体系由政府会计基本准则、具体准则及其应用指南和政府会计制度组成,如图1-3所示。

(一)《基本准则》

《基本准则》作为政府会计的"概念框架",其功能是统驭政府会计具体准则和政府会计制度的制定,为政府会计实务问题提供处理原则,为编制政府财务报告提供基础标准。《基本准则》发布于2015年,自2017年1月1日起施行。该准则共六章六十二条,各章内容包括:

第一章为总则,规定了立法目的和制定依据、适用范围、政府会计体系与核算基础、基本准则定位、报告目标和使用者、会计基本假设和记账方法等。

第二章为政府会计信息质量要求,明确了政府会计信息应当满足七个方面的质量要求,即可靠性、全面性、相关性、及时性、可比性、可理解性和实质重于形式。

第三章为政府预算会计要素,规定了预算收入、预算支出和预算结余三个预算会计要素的定义、确认、计量标准和列示要求。

第四章为政府财务会计要素,规定了资产、负债、净资产、收入和费用五个财务会计要素的定义、确认标准、计量属性和列示要求。

第五章为政府决算报告和财务报告,规定了决算报告、财务报告和财务报表的定义、主要内容与构成。

第六章为附则,规定了相关基本概念的定义,明确了施行日期。

(二)具体准则

具体准则是在基本准则的指导下,对政府各项资产、负债、净资产、收入、费用、预算收入、预算支出、预算结余及相关交易或事项的确认、计量和报告进行规范的会计准则。财政部为了适应权责发生制政府综合财务报告制度改革的需要,于2016年7月制定印发了

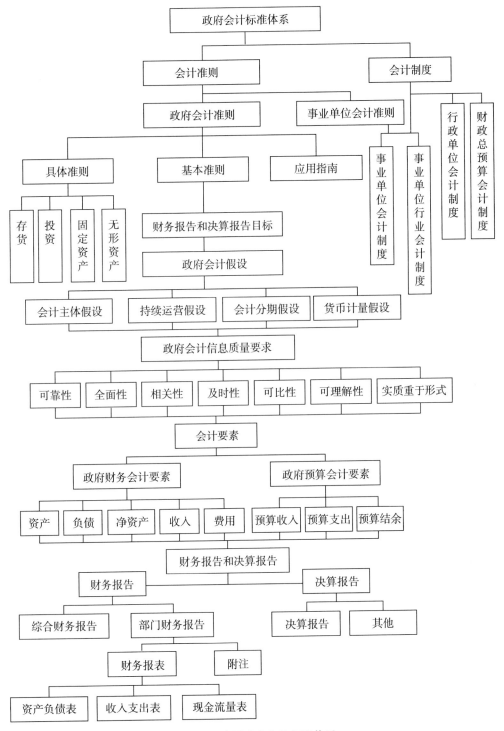

图 1-3　我国政府会计标准体系

《政府会计准则第 1 号——存货》《政府会计准则第 2 号——投资》《政府会计准则第 3 号——固定资产》和《政府会计准则第 4 号——无形资产》四项具体会计准则,自 2017 年 1

月 1 日起施行。四项具体准则的出台,标志着政府会计准则体系建设工作继《基本准则》出台后又迈出了坚实一步。

（三）《事业单位会计准则》

《事业单位会计准则》是事业单位进行会计核算工作必须遵守的基本要求,是制定事业单位会计制度及其行业会计制度的依据和基础。《事业单位会计准则》发布于 1997 年,于 2012 年进行了修订。该准则修订后共九章四十九条,包括总则、会计信息质量要求、资产、负债、净资产、收入、支出或者费用、财务会计报告和附则。

四、政府会计制度

会计制度有广义和狭义之分。广义的会计制度即国家统一的会计制度,是指国务院财政部门根据《会计法》制定的关于会计核算、会计监督、会计机构和会计人员以及会计工作管理的制度。狭义的会计制度是指财政部制定的会计核算行为规范,即财务会计核算制度。此处所讲的会计制度是狭义的会计制度。

（一）《财政总预算会计制度》

《财政总预算会计制度》是我国政府财政会计核算工作的具体规范。它是根据《会计法》《预算法》及其他有关法律法规,结合财政工作特点和管理要求制定的,它直接对政府财政会计核算工作发挥规范作用。

《财政总预算会计制度》发布于 1997 年,自 1998 年 1 月 1 日起施行。2015 年财政部对该制度进行了修订,自 2016 年 1 月 1 日起施行。修订后的《财政总预算会计制度》共十三章,包括总则、会计信息质量要求、资产、负债、净资产、收入、支出、会计科目、会计结账和结算、财政总预算会计报表、信息化管理、会计监督和附则。

（二）《行政单位会计制度》

行政单位会计制度是我国行政单位会计核算工作的具体规范,它以《会计法》为依据,根据《行政单位财务规则》的要求,结合行政单位特点和管理要求制定,直接对行政单位会计核算工作发挥规范作用。

《行政单位会计制度》发布于 1997 年,自 1998 年 1 月 1 日起施行。2013 年财政部对该制度进行了修订,自 2014 年 1 月 1 日起施行。修订后的《行政单位会计制度》共十章四十六条,包括总则、会计信息质量要求、资产、负债、净资产、收入、支出、会计科目、财务报表和附则。

（三）《事业单位会计制度》

事业单位会计制度是我国事业单位会计核算工作的具体规范,它以《会计法》为依据,根据《事业单位会计准则》的要求,结合事业单位特点和管理要求制定,直接对事业单位会计核算工作发挥规范作用。

《事业单位会计制度》发布于 1997 年,自 1998 年 1 月 1 日起施行。2012 年财政部对该制度进行了修订,自 2013 年 1 月 1 日起施行。修订后的《事业单位会计制度》共五章,包括总说明、会计科目名称和编号、会计科目使用说明、财务报表格式以及财务报表编制说明。

(四)事业单位行业会计制度

事业单位行业会计制度是指体现事业单位行业特点的会计制度,如《高等学校会计制度》《医院会计制度》《中小学校会计制度》《科学事业单位会计制度》等。

现行事业单位会计标准体系包括《事业单位会计准则》《事业单位会计制度》和若干事业单位行业会计制度。《事业单位会计准则》在事业单位会计标准体系中起统驭作用,《事业单位会计制度》和事业单位行业会计制度的制定必须遵循《事业单位会计准则》的规定。同时,需要说明的是,如果事业单位所处的行业存在国家统一规定的事业单位行业会计制度,则该事业单位适用特定的事业单位行业会计制度;没有国家统一规定的事业单位行业会计制度的事业单位,都适用《事业单位会计制度》。

【关键词汇】

政府会计(governmental accounting)

政府会计准则(government accounting standards)

政府预算会计(government budget accounting)

政府财务会计(government financial accounting)

政府会计目标(government accounting objectives)

权责发生制(accrual basis)

收付实现制(cash basis)

政府会计要素(government accounting elements)

政府会计准则(government accounting standards)

【思考题】

1. 如果你想了解我国某省、市的运行情况,需要知道哪些具体情况? 其中哪些情况可由会计信息提供?

2. 政府会计由几部分构成? 政府会计各分支之间的关系如何?

3. 与企业会计相比,政府会计特征表现在哪些方面?

4. 我国政府会计法规体系主要包括哪些内容? 统驭政府会计具体准则和政府会计制度制定的准则是什么? 其结构和内容是什么?

第二篇

财政总预算会计

第二章　财政总预算会计概述

【本章纲要】

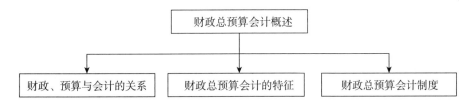

【学习目标、重点和难点】

- 通过本章的学习,应了解"财政""预算"和"会计"三个概念之间的关系,认识财政总预算会计的特征和基本任务,熟悉财政总预算会计的核算内容、《财政总预算会计制度》的框架结构,掌握财政总预算会计科目的分类。
- 财政总预算会计的特征、财政总预算会计的核算内容、《财政总预算会计制度》的框架结构为本章的重点。
- 财政总预算会计科目为本章的难点。

第一节　财政、预算与会计的关系

财政总预算会计是由"财政""预算"和"会计"三个概念复合而成的政府会计专属名词。学习财政总预算会计,首先应理解"财政""预算"和"会计"三者之间的关系。

一、财政

党的十八届三中全会关于《中共中央关于全面深化改革若干重大问题的决定》中指出"财政是国家治理的基础和重要支柱",这是对财政职能作用的重要论断。财政是以国家为主体,通过政府的收支活动,集中一部分社会资源,用于履行政府职能和满足社会公共需要的经济活动。[1]　财政一词可以从两个方面来认识:第一,财政是政府的综合性经济部门,即财政部门,通过其收支活动筹集财政资金并供给政府相关部门经费和资金,保证实现政府的职能;第二,作为一个经济范畴,财政是以政府为主体的分配活动,通过政府的收

---

[1]　项怀诚,《领导干部财政知识读本》,北京:经济科学出版社,1999 年。

支活动,如征税、举债等途径集中一部分社会资源,用以实现政府职能和满足社会的公共需要。

财政作为一个经济过程,其主要职能表现为收入分配、资源配置和稳定经济。收入分配职能是财政与生俱来的一项职能,它是指通过财政分配活动实现收入在全社会范围内的公平分配,将收入差距保持在社会可以接受的范围内;资源配置职能主要是将一部分社会资源集中起来,形成财政收入,然后通过财政支出分配活动,由政府提供公共物品或服务,引导社会资金的流向,弥补市场的缺陷,最终实现全社会资源配置效率的最优状态。稳定经济职能是指政府通过财政手段对市场进行干预和调节,以维持生产、就业和物价的稳定。① 可见,财政的实质是政府为了满足全社会共同需要而对其人力、物力和财力进行的分配活动。这种分配活动是以国家为主体,通常采用法律规范,把政府、经济单位或个人的分配关系固定下来,以强制性、无偿性为特征,采取集中财政收入和安排财政支出的形式,促进政府履行职能,实现其目标。

政府组织的财政收入主要包括:税收收入、社会保险基金收入、非税收入、债务收入等。政府安排的财政支出主要包括:一般公共服务支出、国防支出、公共秩序和安全支出、环境保护支出、住房和社会福利支出、医疗保健支出、教育支出等。任何政府的财政活动,如组织财政收入和安排财政支出,主要通过预算来反映。

二、政府预算

(一) 政府预算的性质

政府预算是指经法定程序审核批准的具有法律效力的政府年度财政收支计划。它规定了国家财政收入的来源和数量、财政支出的各项用途和数量,反映着整个国家政策、政府活动的范围和方向,是政府组织和规范财政分配活动的重要工具。具体来说,预算的内涵主要包括以下几个方面:

(1)预算是经济管理与计划的工具。预算经法定程序审批成为政府下一个财政年度的财政基本收支计划,它既反映了政府活动的范围和方向,也是政府实施其政策目标的重要工具。

(2)预算是契约。政府预算中的财政收入主要来源于企业和公民依法缴纳的税收。作为政府财政收入的主要提供者,企业和公民在履行依法纳税义务的同时,必然要求政府担负提供公共产品和公共服务的责任。在政府和纳税人之间形成了类似于股份公司的委托代理关系:纳税人是广大股东,政府是经理人,权力机关是董事会。可见政府预算也是一系列契约的组合,具有契约性。

(3)预算本质上就是法律。② 预算一经立法机关批准,就具有高度的法律效力,任何部门、单位不得随意变更,必须得到严格执行。

---

① 孙亦军,"浅论我国公共财政职能",《中央财经大学学报》,2000 年第 11 期。
② 李卫民,"试析预算法律性质",《福建政法管理干部学院学报》,2009 年第 2 期。

（4）预算不仅仅是一项经济工具,同时也是一项政治工具。[①] 政府预算是以货币数字表达的政府政策和施政计划,是政府最重要的政策工具。它通过将国家战略和政策重点表述为具有约束力的支出决定,以促进政府实施其施政纲领,实现其政策目标。

(二) 我国政府预算体系

政府预算体系是指政府预算按照一定的秩序或内部联系而组合成的有机整体。它是对政府预算的内容、结构以及相互关系的一种规定和安排,反映了政府活动的空间和政府在经济与社会中的调控能力。政府预算体系可以从三个维度进行分析。从水平方向看,政府预算可以分为一般公共预算、国有资本经营预算、社会保障预算和基金预算等,体现了政府预算的组成部分,目的是全面、完整地涵盖政府性资金;从垂直方向看,政府预算可以按照政府管理层级关系,分为中央、省、市、县、乡等不同政府层级的预算;从时间维度看,政府预算分为年度预算和中期预算。

《预算法》第五条规定:预算包括一般公共预算、政府性基金预算、国有资本经营预算、社会保险基金预算。可见,该法给予政府预算体系以法律地位,并要求各个预算自身应当按照有关法律法规对预算内容的要求保持完整、独立;同时,该法对各项预算的相互关系给予了法律定位并指出:政府性基金预算、国有资本经营预算、社会保险基金预算应当与一般公共预算相衔接。也就是将应当统筹安排使用的财政资金统一纳入公共财政预算,将具有专款专用性质的政府性基金纳入政府性基金预算。社会保险基金预算相对独立,公共财政预算要支持社会保险基金预算,国有资本经营预算的部分收入可用于安排公共财政预算和弥补社会保障支出。

三、财政、预算与会计关系的辨析

财政与政府预算的关系十分密切。财政的本质是一种政府分配行为,而预算是反映财政收支与履行财政职能的一种计划与工具,是公共财政的运作机制或基本制度框架。预算规范的对象是财政资金的筹集和分配,反映的是政府活动的范围、方向和重点。

预算的编制、执行、完成依赖于一系列技术和工具的支持。为确保预算得到良好的执行、实施,任何国家或政府都需要借助预算会计系统来追踪和报告支出周期的拨款及拨款使用阶段发生的财务交易活动,以反映预算的编制、执行等情况。

预算会计是"预算"与"会计"相融合的复合概念。在政府预算领域,预算会计也经常作为重要方法和工具来使用。"预算有前瞻性和引领性。要落实预算公开的问题,会计是必备的手段和核心,能起到会计控制的作用。"[②]

政府会计是控制预算执行过程、实现政府预算管理的技术手段,它所反映和监督的核心内容是预算收支及其结余情况。因此,它必须体现政府预算管理及其改革的需要,同时,政府会计基础以及相关核算内容也应该体现预算管理的要求。

---

① 〔美〕阿伦·威尔达夫斯基,苟燕楠译,《预算与治理》,上海:上海财经大学出版社,2010 年,第 5 页。
② 刘安天,"会计改革护航预算公开",《中国会计报》,2014 年 9 月 19 日。

第二节　财政总预算会计的特征

概括来讲,财政总预算会计是各级政府财政核算、反映、监督政府一般公共预算资金、政府性基金预算资金、国有资本经营预算资金、社会保险基金预算资金以及财政专户管理资金、专用基金和代管资金等资金活动的专业会计。具体而言,财政总预算会计的主体是各级政府,而执行机构是各级政府的财政机关;财政总预算会计的核算对象是各级政府总预算执行过程中的预算(包括一般公共预算资金、政府性基金预算资金等)收入、支出和结余,以及在资金运动中所形成的资产、负债和净资产。财政总预算会计的主要职责是处理总预算会计的日常核算业务,实行会计监督,办理财政各项收支、资金调拨及往来款项的会计核算工作,参与预算管理,及时组织年度财政决算、行政事业单位决算的编审和汇总工作,进行上下级财政之间的年终结算工作。

与《中华人民共和国宪法》(以下简称《宪法》)、《预算法》"一级政府、一级财政、一级预算"的原则相一致,目前我国的财政管理机构分为五级,即中央、省、自治区、直辖市,设区的市、自治州,县、自治县、不设区的市、市辖区,乡、民族乡、镇等。

与财政管理体制相适应,财政总预算会计的分级按照政权结构和行政区域划分分为中央级财政总预算会计、省级财政总预算会计、市级财政总预算会计、县(区)级财政总预算会计和乡(社区)级财政总预算会计五级,其级次如图2-1所示。

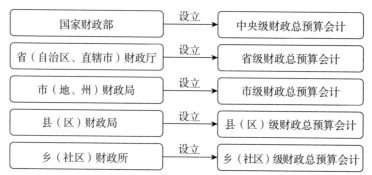

图 2-1　我国财政总预算会计的管理体系

各级财政机关负责组织国家的财政收支,办理国家的预算和决算,并以各级政府为会计主体,对各级政府的财政收支情况进行管理和核算。我国政府总预算会计已形成一个中央政府与地方政府、地方政府与地方政府、上级政府与下级政府相互联系的信息网络,为各级政府行使其职能、保障整个社会正常运转提供着财力支持。

一、财政总预算会计目标

按照现代财务会计理论,会计目标一般由谁是会计信息的使用者、使用者需要什么样的信息以及以什么方式提供信息三部分内容组成。财政总预算会计目标的这三部分组成内容也有别于政府单位会计。

政府预算涉及社会的方方面面,几乎社会上的任何部门、单位和个人都与政府预算相关。国家的一切权利属于人民,各级人民代表大会授权各级政府管理公共财政资源和处理公共事务,因此,各级人民代表大会及其常委会是政府财务信息的首要使用者;各级政府承担着对人民所托付的财政资源保值、增值并提供优质公共服务的任务,它们通过会计信息了解受托责任履行情况;政府相关部门,如政府财政部门、立法机构、审计部门等也需要内容丰富、透明的政府会计信息等。

财政总预算会计的核心内容是提供政府预算执行情况等信息。同时,人民代表大会及其常务委员会审议批准政府预算项目尤其是资本性预算项目时,通常需要评价政府的财务状况,包括政府的债务结构和可用于拨款的基金数等;纳税人和政府投资项目的出资者在评估政府税收增加的可能性和政府的偿债能力时,也关心政府财务状况的信息。因此,财务状况等信息也是财政总预算会计提供的重要信息。此外,财政总预算会计主要对预算执行中的收入、支出情况进行核算,不需要进行成本核算和损益的计算,但预算收支的核算过程,反映了政府满足公共支出而组织收入的过程,因而财政总预算会计还需要提供与绩效评价相关的信息。

财政总预算会计提供各种信息,主要是通过资产负债表、收入支出表、各种预算执行情况表、财政专户管理资金收支情况表、专用基金收支情况表等会计报表和附注方式实现的。

二、财政总预算会计的核算内容

通常,财政总预算会计的核算内容可归结为本级政府预算执行过程中的预算收入、预算支出和结余,以及在资金运动过程中形成的资产、负债和净资产。但财政总预算会计对下列业务的会计处理方法有别于政府单位会计,形成了财政总预算会计的鲜明特征:如资产中的应收转贷款业务;负债中的应付国库集中支付结余、应付政府债券、应付转贷款业务;净资产中各种预算结转结余、财政专户管理资金结余、专用基金结余、预算稳定调节基金、预算周转金等业务;收入和支出中的一般公共预算收支、政府性基金预算收支、国有资本经营预算收支、转移性收支、债务收支、债务转贷收支等业务。

三、财政总预算会计的任务

财政总预算会计的任务是指财政总预算会计作为政府的一项经济管理活动,通过所运用的专门方法,对政府经济活动进行全面、连续、系统的核算和监督所要达到的目的与要求。明确会计任务,是从事财政总预算会计工作的前提。概括地说,财政总预算会计的任务主要包括以下几个方面:

(1) 进行会计核算。办理政府财政各项收支、资产、负债的会计核算工作,反映政府财政的预算执行情况和财务状况。

(2) 严格财政资金收付调度管理。组织办理财政资金的收付、调拨,在确保资金安全性、规范性、流动性的前提下,合理调度管理资金,提高资金使用效益。

(3) 规范账户管理。加强对国库单一账户、财政专户、零余额账户和预算单位银行账户等的管理。

（4）实行会计监督,参与预算管理。通过会计核算和反映,进行预算执行情况分析,并对总预算、部门预算和单位预算执行实行会计监督。

（5）协调预算收入征收部门、国家金库、国库集中收付代理银行、财政专户开户银行和其他有关部门之间的业务关系。

（6）组织本地区财政总决算、部门决算的编审和汇总工作。

（7）组织和指导下级政府财政总预算会计工作。

第三节 财政总预算会计制度

《财政总预算会计制度》的概念和性质已在第一章第四节叙述,本节重点讲述其具体内容。

一、《财政总预算会计制度》的框架

《财政总预算会计制度》分为十三章,可概括为以下几部分内容:

（一）总则、会计信息质量要求和会计要素

1. 总则

总则是该制度的总纲或基本规定,是对会计制度的重要原则问题、各章节核心内容,以及不宜在其他各章节中规定的问题等做出的规定。总则主要就会计制度制定依据、会计制度适用范围、会计核算目标、会计假设（会计前提）、会计要素种类、会计基础、记账方法、会计记录使用的文字做出了规定。

2. 会计信息质量要求

高质量的会计信息是行政单位政策制定者和市场参与者进行经济决策、反映和评价行政单位管理层受托责任履行情况的重要依据。为了满足财务管理、预算管理等多方面的信息需求,并兼顾借鉴国际惯例又符合中国国情特点的需要,《财政总预算会计制度》提出了客观性、相关性、清晰性、可比性、全面性和及时性六条会计信息质量要求。

3. 会计要素的概念、具体内容、确认与计量要求

如何确认、列报会计要素是构建会计制度需要认真研究的问题。《财政总预算会计制度》对会计要素的确认、计量、列报做了概念性、原则性的规定。

（二）会计科目

1. 会计科目运用原则

设置会计科目在会计核算体系中占有十分重要的位置,它是建立各种会计记录和提供财务报告的基础。为此,应按照会计制度的规定使用会计科目进行核算;不得以会计制度规定的会计科目及使用说明作为进行有关经济活动的依据;不需使用的总账科目可以不用;在不影响会计处理和编报会计报表的前提下,各级财政总预算会计可以根据实际情况自行增设本制度规定以外的明细科目,或者自行减少、合并会计制度规定的明细科目;各级财政总预算会计应当使用会计制度统一规定的会计科目编号,不得随意打乱重编。

2. 会计科目名称和编号

关于该部分内容,具体如表2-4所示。

3. 会计科目使用说明

会计科目使用说明是会计制度的核心内容。《财政总预算会计制度》对每个会计科目的核算范围、明细账设置方法、涉及该科目经济业务的会计处理原则及方法做出了具体规定,同时对与科目相关的重要概念进行了界定。

(三)会计结账、结算和财政总预算会计报表

该部分对会计结账时间、年终清理结算的事项以及结算的方法进行了规范,并对财政总预算合计报表的概念、组成、格式及其编制方法做了规定。

(四)信息化管理

在信息化时代,财政总预算会计工作的有效开展离不开信息化的支撑,当前的云计算、大数据、互联网等重大技术创新深刻地改变着政府会计提供信息的方式及其应用。该部分对各级财政总预算会计如何采用会计信息管理系统以及信息保管等方面提出了要求。

(五)会计监督

会计监督是财政总预算会计的职能之一。该部分对各级财政总预算会计应加强监督的内容做了具体规范,同时也对各级财政总预算会计如何自觉接受审计、监察部门、上级政府财政部门的监督提出了要求。

(六)附则

该部分主要对《财政总预算会计制度》与过去相关法律的关系、该制度实施日期等内容做了规定。

二、会计科目的设置

(一)政府收支分类

政府收支分类是对政府收入和支出进行的类别划分和层次区分,其目的是全面、准确、清晰地反映政府收支活动。政府收支分类包括收入分类、支出功能分类和支出经济分类三部分。其中,收入分类反映政府收入的来源和性质;支出功能分类反映政府各项职能活动;支出经济分类反映各项支出的经济性质和具体用途。

在此基础上形成的收入和支出项目,即收支科目。政府收支分类科目体系由"收入分类科目""支出功能分类科目""支出经济分类科目"三部分构成。政府收支分类科目是财政管理的一项基础性工具,为分析政府收入支出活动的性质、结构、规模以及效益提供了技术支撑。

财政部制定的《2016年政府收支分类科目》(简表)如表2-1、表2-2、表2-3所示。

表 2-1 收入分类科目(简表)

科目编码				科目名称	说明
类	款	项	目		
101				**税收收入**	
	01			增值税	
		01		国内增值税	
			01	国有企业增值税	
102				**社会保险基金收入**	
	01			基本养老保险基金收入	
		01		基本养老保险费收入	
103				**非税收入**	
	01			政府性基金收入	
	02			农网还贷资金收入	
		01		中央农网还贷资金收入	
				(略)	

收入分类科目主要反映政府收入的来源和性质。根据目前我国政府收入的构成情况,结合国际通行的分类方法,将收入分为类、款、项、目四级。其中,类级科目包括税收收入、社会保险基金收入、非税收入、贷款转贷回收本金收入、债务收入和转移性收入六个科目。

表 2-2 支出功能分类科目(简表)

科目编码			科目名称	说明
类	款	项		
201			**一般公共服务**	
	01		人大事务	
		01	行政运行	
202			**外交**	
	01		外交管理事务	
		01	行政运行	
205			**教育**	
	01		教育管理事务	
	02		普通教育	
		01	学前教育	
		⋮	⋮	
		05	高等教育	
			(略)	

支出功能分类科目主要反映政府活动的不同功能和政策目标。根据社会主义市场经济条件下政府职能活动情况及国际通行做法,将支出分类科目分为类、款、项三级。其中,类级科目包括一般公共服务、外交、国防、公共安全等17个科目。

将政府支出按功能分类,可以满足对政府支出进行宏观控制的需要,即表明中国向哪些部门、哪些方向进行了多少支出,反映的是政府支出的去向,为制定宏观支出政策提供了全面、真实、准确的经济信息。

表2-3 支出经济分类科目(简表)

科目编码		科目名称	说明
类	款		
301		**工资福利支出**	
	01	基本工资	
	02	津贴补贴	
302		**商品和服务支出**	
	01	办公费	
	02	印刷费	
	⋮	⋮	
	15	会议费	
303		**对个人和家庭的补助**	
	01	离休费	
	02	退休费	
		(略)	

支出经济分类科目设类、款两级。其中,类级科目包括工资福利支出、商品和服务支出、对个人和家庭的补助、对企事业单位的补助、转移性支出、赠予、债务利息支出、债务还本支出、基本建设支出、其他资本性支出、贷款转贷以产权参股、其他支出等。

需要说明的是,表2-1、表2-2和表2-3只表明了该表部分内容,而不是其全部内容。简单地说,支出经济分类就是对支出的具体经济构成进行分类,主要反映政府支出的经济性质和具体用途。如果说功能分类是反映政府支出"做了什么事",那么经济分类则是反映"怎样去做",它是财政预算管理和财务经济分析的重要工具和手段。

(二)财政总预算会计科目

财政总预算会计科目是对财政总预算会计要素的具体内容进行分类核算的项目。在财政总预算会计制度中事先确定会计科目,然后根据这些科目在账簿中开立账户,分门别类地连续记录各项经济业务。财政总预算会计科目如表2-4所示。

表 2-4　会计科目表

序号	科目编号	会计科目名称	序号	科目编号	会计科目名称
一、资产类			31	3007	专用基金结余
1	1001	国库存款	32	3031	预算稳定调节基金
2	1003	国库现金管理存款	33	3033	预算周转金
3	1004	其他财政存款		3081	资产基金
4	1005	财政零余额账户存款		308101	应收地方政府债券转贷款
5	1006	有价证券	34	308102	应收主权外债转贷款
6	1007	在途款		308103	股权投资
7	1011	预拨经费		308104	应收股利
8	1021	借出款项		3082	待偿债净资产
9	1022	应收股利		308201	应付短期政府债券
10	1031	与下级往来		308202	应付长期政府债券
11	1036	其他应收款	35	308203	借入款项
12	1041	应收地方政府债券转贷款		308204	应付地方政府债券转贷款
13	1045	应收主权外债转贷款		308205	应付主权外债转贷款
14	1071	股权投资		308206	其他负债
15	1081	待发国债	**四、收入类**		
二、负债类			36	4001	一般公共预算本级收入
16	2001	应付短期政府债券	37	4002	政府性基金预算本级收入
17	2011	应付国库集中支付结余	38	4003	国有资本经营预算本级收入
18	2012	与上级往来	39	4005	财政专户管理资金收入
19	2015	其他应付款	40	4007	专用基金收入
20	2017	应付代管资金	41	4011	补助收入
21	2021	应付长期政府债券	42	4012	上解收入
22	2022	借入款项	43	4013	地区间援助收入
23	2026	应付地方政府债券转贷款	44	4021	调入资金
24	2027	应付主权外债转贷款	45	4031	动用预算稳定调节基金
25	2045	其他负债	46	4041	债务收入
26	2091	已结报支出	47	4042	债务转贷收入
三、净资产类			**五、支出类**		
27	3001	一般公共预算结转结余	48	5001	一般公共预算本级支出
28	3002	政府性基金预算结转结余	49	5002	政府性基金预算本级支出
29	3003	国有资本经营预算结转结余	50	5003	国有资本经营预算本级支出
30	3005	财政专户管理资金结余	51	5005	财政专户管理资金支出
			52	5007	专用基金支出
			53	5011	补助支出

序号	科目编号	会计科目名称	序号	科目编号	会计科目名称
54	5012	上解支出	57	5031	安排预算稳定调节基金
55	5013	地区间援助支出	58	5041	债务还本支出
56	5021	调出资金	59	5042	债务转贷支出

（三）政府收支分类科目与财政总预算会计科目关系辨析

预算会计是为财政预算管理服务的，其会计核算如会计科目的设置、账簿登记、报表项目设置等诸多问题，必须与政府收支分类科目相适应。政府收支分类科目与财政总预算会计科目因预算管理流程而联系起来。在形式上，预、决算报表是根据政府收支分类科目编制的，但编制过程中的数据取自各预算单位的上报和汇总，而这些数字的取得则依据于会计账簿，因而政府收支分类科目与财政总预算必然需要一定的对应关系。

（四）财政总预算会计明细科目的设置方法

政府收支分类科目与财政总预算会计科目之间存在着天然联系，这种关系主要体现在财政总预算会计的收入类、支出类科目所属明细科目的设置方式上。

1. 收入类科目

《财政总预算会计制度》规定，"一般公共预算本级收入""政府性基金预算本级收入""国有资本经营预算本级收入""财政专户管理资金收入"等科目应当根据《2016 年政府收支分类科目》中的规定进行明细核算。收入类业务会计分录的编制方法如图 2-2 所示。

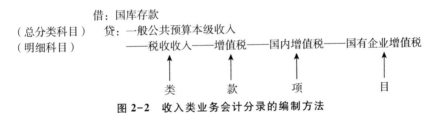

图 2-2　收入类业务会计分录的编制方法

【例 2-1】　某省财政厅会计收到同级国库报来的预算收入日报表，如表 2-5 所示。

表 2-5　预算收入日报表

级次：省

单位：元

预算科目				本日收入
类	款	项	目	
税收收入	增值税	国内增值税	国有企业增值税	165 000 000
			集体企业增值税	40 000 000
	消费税	国内消费税	国有企业消费税	23 000 000
	企业所得税	国有铁道企业所得税	铁道运输企业所得税	250 000 000
	个人所得税	个人所得税	储蓄存款利息所得税	20 000 000

预算科目				本日收入
类	款	项	目	
	城市维护建设税	国有企业城市维护建设税		13 000 000
		集体企业城市维护建设税		2 800 000
	房产税	国有企业房产税		82 000 000
	印花税	证券交易印花税	证券交易印花税	3 000 000
合计	——	——	——	598 800 000

根据表 2-5,编制会计分录如下:

借:国库存款　　　　　　　　　　　　　　　　　598 800 000

　　贷:一般公共预算本级收入　　　　　　　　　　598 800 000

"一般公共预算本级收入"科目所属明细账依据《2016 年政府收支分类科目》设置如下:

税收收入——增值税——国内增值税——国有企业增值税	165 000 000
——增值税——国内增值税——集体企业增值税	40 000 000
税收收入——消费税——国内消费税——国有企业消费税	23 000 000
税收收入——企业所得税——国有铁道企业所得税——铁道运输企业所得税	250 000 000
税收收入——个人所得税——个人所得税——储蓄存款利息所得税	20 000 000
税收收入——城市维护建设税——国有企业城市维护建设税	13 000 000
——城市维护建设税——集体企业城市维护建设税	2 800 000
税收收入——房产税——国有企业房产税	82 000 000
税收收入——印花税——证券交易印花税——证券交易印花税	3 000 000
	合计 598 800 000

可见,财政总预算会计部分科目所属明细账是依据《2016 年政府收支分类科目》设置的。

2. 支出类科目

《财政总预算会计制度》规定,"一般公共预算本级支出""政府性基金预算本级支出""国有资本经营预算本级支出""财政专户管理资金支出"等科目应当根据政府收支分类科目中的规定进行明细核算。

【例 2-2】　某省财政总预算会计收到财政国库支付执行机构报来的预算支出结算清单,如表 2-6 所示。

表 2-6　预算支出结算清单

2017 年 1 月 31 日

单位:元

预算部门	支出功能分类 预算科目名称(项)	本日列支金额		
		合计	财政直接支付	财政授权支付
省环境保护局	节能环保——环境保护管理事务——行政运行	5 000 000	3 500 000	1 500 000

预算部门	支出功能分类 预算科目名称（项）	本日列支金额		
		合计	财政直接支付	财政授权支付
省工商行政管理局	工商行政管理——消费者权益保护	3 000 000	1 800 000	1 200 000
省公安局	公共公安——信息化建设	6 000 000	5 000 000	1 000 000
省教育局	教育——普通教育——高等教育	2 000 000	1 300 000	700 000
省地税局	税收事务——税务办案	4 500 000	3 000 000	1 500 000
本日支出合计		20 500 000	14 600 000	5 900 000

借：一般公共预算支出——节能环保——环境保护管理事务——行政运行

5 000 000

——工商行政管理——消费者权益保护

3 000 000

——公共公安——信息化建设　　　 6 000 000

——教育——普通教育——高等教育 2 000 000

——税收事务——税务办案　　　　 4 500 000

贷：国库存款　　　　　　　　　　　　　 5 900 000

财政零余额账户存款　　　　　　　 14 600 000

需要说明的是，为便于读者清晰理解财政总预算会计的主要账务处理，后续章节的相关会计处理未严格按照《2016 年政府收支分类科目》中的类、款、项、目级次设置明细科目并编制会计分录，而是根据讲解的内容，针对每部分会计处理所涉及的主要会计科目的明细账及其设置方法进行说明。

【关键词汇】

一般公共预算（general budget）

政府性基金预算（budget for government-managed funds）

国有资本经营预算（budget for state-owned assets）

社会保险基金预算（budget for social insurance funds）

预算收入（budget receipts）

社会保险基金收入（revenue of social insurance funds）

债务收入（receipts from debt）

转移性收入（transfer income）

预算支出（budget outlays）

支出功能分类（expenditure function classification）

支出经济分类（economic classification of expenditure）

【思考题】

1. 根据《预算法》的规定,我国政府预算包括哪些内容? 其中哪些预算活动需要《财政总预算会计制度》予以规范?

2. 我国预算收支各包括哪些内容?

3. 与企业会计、单位预算会计相比,财政总预算会计的特征主要表现在哪些方面?

4. 财政总预算会计的核算内容包括哪些方面?

5. 什么是财政总预算会计任务? 其具体任务包括哪些方面?

6. 简述《财政总预算会计制度》的框架结构。

7. 财政总预算会计科目是如何分类的? 它与政府收支分类科目有何关系?

第三章 财政总预算会计资产

【本章纲要】

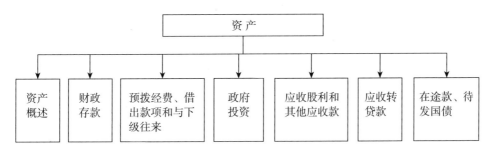

【学习目标、重点和难点】

● 通过本章的学习,应了解政府"资产"的含义、特征及其分类,熟悉在途款、预拨经费、应收股利、借出款项、其他应收款、与下级往来等核算方法;掌握国库存款、其他财政存款、财政零余额账户存款、有价证券、应收地方政府债券转贷款、应收主权外债转贷款、股权投资等。

● 国库存款、财政零余额账户存款、有价证券、应收地方政府债券转贷款、应收主权外债转贷款、股权投资等为本章的重点。

● 应收地方政府债券转贷款、应收主权外债转贷款、股权投资为本章的难点。

第一节 资产概述

一、资产的概念及特征

资产是指政府财政占有或控制的,能以货币计量的经济资源。所有的财务会计要素中,资产是首位的或位居第一位的要素,它是政府会计核算的主要内容。无论是企业会计还是政府会计,其确认、计量和报告的主要信息是资产增减变动情况。财政总预算会计资产的特征主要表现在以下方面:

(1) 资产形成于过去的经济业务或者事项。各级政府占有或控制的财政资产一般是由过去的经济活动或者事项形成的,也就是说,只有过去的经济活动才能形成资产,预期在未来发生的经济活动不能形成资产。但是,政府管理或控制的资产并不完全是由过去的经济活动形成的,政府对资源的控制权还有可能是法律赋予的,或由历史原因或既成事实形成的。

（2）资产是经济资源。资源是能够产生服务潜力或者带来经济利益流入的事项,其中,服务潜力是指一项资产能够为主体所用,以及可帮助主体实现其目标的产品和服务的能力,服务潜力使主体能够在不产生净现金流的情况下实现其目标;经济利益以现金流入或现金流出减少的形式来表现。该资源单独或与其他资产相互结合,可以直接或间接地为政府提供某种经济利益或经济潜力。例如,有的资产具有一定的购买力,如国库存款;有的资产代表着一定的清偿权,如应收股利、借出款项、暂付及应收款项等,政府财政可以在未来某一指定日期收取款项。由于政府财政持有资产的目的侧重于向广大公众提供公共产品与服务或准公共产品与服务,因此,政府资产作为经济资源的内涵,不只限于产生现金的净流入。

（3）资产由各级政府会计主体占有或控制。其中,占有是依法对特定资源具有支配、管理、领有的权利;控制是使其处于被自己占有、管理或影响之下,并且这种控制权包括会计主体能够使用资产所产生的各项利益,如服务潜能或经济利益以及资源产生的现金流等。

（4）资产的主要形式为货币。政府财政资产都可以通过货币获得统一的表现和计量。无论是财政资金的筹集还是分配,都是通过货币形式实现的,不存在对实物资产的直接分配,即财政总预算会计资产均为货币形式,没有实物资产。

二、财政资产的分类

财政总预算会计核算的资产按流动性分为流动资产和非流动资产。

（一）流动资产

流动资产是指预计在 1 年内（含 1 年）变现的资产,包括财政存款（国库存款、国库现金管理存款、其他财政存款）、有价证券、在途款、预拨经费、借出款项、应收股利、应收利息、与下级往来、其他应收款等。

（二）非流动资产

非流动资产是指流动资产以外的资产,包括应收地方政府债券转贷款、应收主权外债转贷款、股权投资和待发国债等。

三、财政资产确认与计量的基本原则

财政总预算会计系统是一个确认、计量和报告的系统。其中,资产确认的基本标准是该项经济资源是否符合资产定义,应当在取得对其相关的权利,并且能够可靠地进行货币计量时予以确认。具体来说,一是该资产是一项经济资源;二是该经济资源已经被政府占有或控制;三是此项经济资源能够可靠地进行货币计量。符合资产定义并确认的资产项目,应当列入资产负债表。只有当有关资源的成本或者价值能够可靠地计量时,资产才能予以确认。

《财政总预算会计制度》第二十三条指出,财政总预算会计核算的资产应当按照取得

或发生时的实际金额进行计量,即政府会计对资产采用的计量属性为历史成本。所谓实际成本,就是取得或制造某项财产物资时所实际支付的现金或其他等价物。

第二节　财政存款

一、国库

国库是"国家金库"的简称,是办理预算收入的收纳、划分、留解和库款支拨的专门机构。国库实际上是政府财政资金的出纳机关,政府的全部预算收入和支出都要由国库负责收纳和拨付。

政府财政预算收支的保管出纳制度分金库制和银行制。金库制是指政府特设机构办理政府财政预算收支的保管出纳工作。在财政机关内部设立经管国家财政预算收支机构的称独立金库制,委托国家银行办理的称委托金库制。银行制是指国家不设金库机构,国家的财政预算收入作为存款存入银行进行管理。我国实行委托金库制,并从2001年以来,形成了新型的财政国库管理体系,即国库集中收付制度。

二、国库集中收付制度

国库集中收付制度,也称国库单一账户制度,是指财政部门在中央银行或商业银行设立国库单一账户体系,将所有财政收支都纳入国库单一账户体系管理。

（一）国库账户设置

国库集中收付制度将我国财政国库账户设置为国库单一账户、财政零余额账户、预算单位零余额账户、财政专户和特设专户五类账户,统称为国库单一账户体系。

1. 国库单一账户

国库单一账户是属于国库的财政性存款账户,由各级财政部门在中国人民银行及其分支机构开立,用于记录和反映纳入预算管理的财政收入和支出,并定期与财政部门在商业银行开设的零余额账户进行清算,实现财政资金的收付。国库单一账户按收入和支出设置明细分类账。

2. 财政零余额账户

财政零余额账户属于财政预算资金的日常支付账户,由各级财政部门在商业银行(代理银行)开设,用于财政直接支付和与国库单一账户进行支出清算。

3. 预算单位零余额账户

预算单位零余额账户也属于财政预算资金的日常支付账户,由各级财政部门为预算单位在商业银行(代理银行)开设,用于财政授权支付和与国库单一账户进行支出清算,该账户可以办理提取现金、转账等规定的结算业务。

财政零余额账户和预算单位零余额账户,统称为零余额账户。每个营业日终了,当天形成的零余额账户借方或贷方余额都要与国库单一账户清算归零,由此称为零余额账户。该账户的设置,使得财政直接支付或授权支付下的财政支出与国库单一账户之间实时清算,保证了财政资金在实际支付之前离不开国库单一账户,有利于财政部门对财政资金支付活动的全部环节进行有效监督。

4. 财政专户

财政专户是指财政部门在商业银行开设财政专户,按收入和支出设置分类账,用于记录非税收入的收支活动。

5. 特设专户

特设专户是指经国务院和省级人民政府批准或授权,财政部门为预算单位在代理银行开设的特殊过渡性账户,用于记录和反映预算单位的特殊专项支出活动,并用于与国库单一账户清算。

国库单一账户制度下的账户体系如图 3-1 所示。

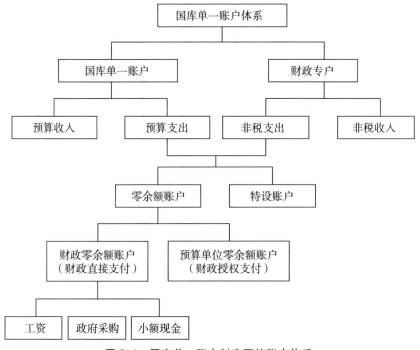

图 3-1　国库单一账户制度下的账户体系

上述账户的设置要与财政部门及其支付执行机构、中国人民银行国库部门和预算单位的会计核算保持一致,相互核对有关账务记录。

(二) 国库资金收支方式

国库集中收付制度下,财政收入通过上述国库单一账户体系直接缴入国库。财政支出通过国库单一账户体系,以财政直接支付和财政授权支付的方式,将资金支付给商品和劳务供应者或用款单位,即预算单位使用资金但见不到资金,未支用的资金均保留在国库单一账户中,由财政部门代表政府进行管理运作。

1. 财政预算资金的收缴方式

按照国库单一账户的管理制度要求,财政预算资金的收缴分为直接缴库和集中汇缴两种。其中,直接缴库是由缴款单位或缴款人按有关法律法规,直接将应缴收入缴入国库单一账户。直接缴库的税收收入由纳税人或税务代理人进行纳税申报,经征收机关审核无误后,由纳税人通过开户银行将税款缴入国库单一账户;直接缴库的其他收入比照上述程序缴入国库单一账户或预算外资金财政专户。集中汇缴是由征收机关(有关法定单位)按有关法律法规,将所收的应缴收入汇总缴入国库单一账户。小额零散税收和法律另有规定的应缴收入,由征收机关于收缴收入的当日汇总缴入国库单一账户。非税收入中的现金缴款,比照本程序缴入国库单一账户。涉及从国库中退库的,依照法律、行政法规中有关国库管理的规定执行。

2. 财政资金支出方式

财政支出按照用途可以划分为购买性支出和转移性支出;不同用途的支出按照支付主体可以划分为财政直接支付和财政授权支付两种方式。

(1) 财政直接支付。它是指财政部门向中国人民银行和代理财政支付业务的商业银行签发支付指令,代理银行根据支付指令通过与国库单一账户清算的办法将资金直接支付给收款人,即商品供应商、劳务提供者等。实行财政直接支付的支出包括:①工资支出、购买支出以及中央对地方的专项转移支付,拨付企业大型工程项目或大型设备采购的资金等,直接支付到收款人;②转移支出(中央对地方专项转移支出除外),包括中央对地方的一般性转移支付中的税收返还、原体制补助、过渡期转移支付、结算补助等支出,对企业的补贴和未指明购买内容的某些专项支出等,支付到用款单位(包括下级财政部门和预算单位)。

财政直接支付的程序是:预算单位按照批复的部门预算和资金使用计划,向财政国库支付执行机构提出支付申请,财政国库支付执行机构根据批复的部门预算和资金使用计划及相关要求对支付申请审核无误后,向代理银行发出支付令,并通知中国人民银行国库部门,通过代理银行进入全国银行清算系统实施清算,财政资金由国库单一账户划拨到收款人的银行账户。财政直接支付的流程如图3-2所示。

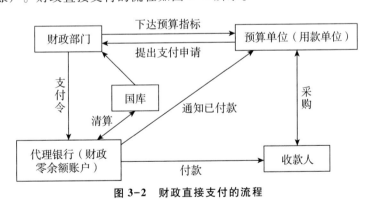

图3-2 财政直接支付的流程

(2) 财政授权支付。预算单位根据财政授权,自行开具支付令,通过国库单一账户体系,将资金支付到收款人账户。实行财政授权支付的支出包括未实行财政直接支付的购买支出和零星支出。

财政授权支付的程序是:预算单位按照批复的部门预算和资金使用计划,向财政国库支付执行机构申请授权支付的月度用款限额,财政国库支付执行机构将批准后的限额通知代理银行和预算单位,并通知中国人民银行国库部门。预算单位在月度用款限额内,自行开具支付令,通过财政国库支付执行机构转由代理银行向收款人付款,并与国库单一账户清算。财政授权支付的流程如图3-3所示。

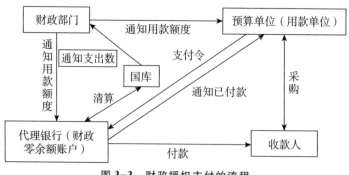

图3-3 财政授权支付的流程

三、财政存款

财政存款是指政府财政部门代表政府管理的国库存款、国库现金管理存款以及其他财政存款等。它是各级财政部门代表本级政府掌管和支配的一种财政资产。这部分资金通过中央银行集中管理,既是金融机构信贷资金的重要来源,也是中央银行调节和平衡国家信贷收支、调控金融机构的一个重要手段。

财政存款由总预算会计负责管理,统一收付,遵循下列原则:集中资金,统一调度;严格控制存款开户;根据年度预算或季度分月用款计划拨付;转账结算,不得提取现金;在存款余额内支付,不得透支。

财政存款的具体内容如下:

（一）国库存款

国库存款是指政府财政存放在国库单一账户的款项。从财政制度看,当财政部门取得税款、国有企业利润、国有股份股息、发行政府债券等各种形式的收入时,应以转账方式从有关存款机构的账户转入国库账户;当财政部门把各项经费拨付给各个使用财政资金的指定部门时,应通过国库账户把资金转入有关部门或单位存款机构的存款账户。国库存款是各级政府为了满足日常支付需要而以现金和准现金形式持有的存款,其特点是已经以税费等形式收取,但是尚未实现支出或者转化成真正的市场需求。

政府财政通过设置"国库存款"账户核算国库存款的增减变动情况。该账户的借方登记国库存款的增加;贷方登记国库存款的减少;期末借方余额反映政府财政国库存款的结存数。

政府财政预算收入存入国库存款时,根据中国人民银行国库报来的预算收入日报表等相关凭证,借记"国库存款"账户,贷记"一般公共预算本级收入""政府性基金预算本级收入""国有资本经营预算本级收入""补助收入""上解收入""地区间援助收入""调入收入""债务收入""债务转贷收入"等账户。收到缴入国库的来源不清的款项时,借记"国库存款"账户,贷记"其他应付款"等账户。收到国库存款利息收入时,借记"国库存款"账户,贷记"一般公共预算本级收入"账户。需要说明的是,当日收入数为负数时,以红字记入(采用计算机记账的,用负数反映)。

政府财政办理库款支付时,根据财政国库支付执行机构报来的预算支出结算清单,经与中国人民银行报来的财政直接支付申请划款凭证、财政授权支付申请划款凭证及其他有关凭证核对无误后,借记"一般公共预算本级支出""政府性基金预算本级支出""国有资本经营预算本级支出""补助支出""上解支出""地区间援助支出""债务还本支出""债务转贷支出"等账户。

【例 3-1】 2016 年,某省财政部门根据发生的国库存款有关经济业务,编制相关的会计分录。

(1)收到中国人民银行国库报来的预算收入日报表等凭证,当日共收到财政预算收入 61 884 000 元。其中,一般公共预算本级收入 45 900 000 元,政府性基金预算本级收入 11 790 000 元,国有资本经营预算本级收入 4 194 000 元。

借:国库存款   61 884 000

 贷:一般公共预算本级收入   45 900 000

  政府性基金预算本级收入   11 790 000

  国有资本经营预算本级收入   4 194 000

(2)收到财政国库支付执行机构报来的预算支出结算清单,财政国库支付执行机构以财政直接支付的方式,通过相关账户进行支付,情况如表 3-1 所示。

表 3-1 预算支出结算清单

支付对象	支付方式	账户	用途	金额(元)
政府财政	财政直接支付	财政零余额账户	一般公共预算本级支出	24 840 000
政府单位	财政授权支付	预算单位零余额账户	一般公共预算本级支出	9 180 000
政府财政	财政直接支付	财政零余额账户	政府性基金预算本级支出	9 900 000
		财政国库账户	补助资金	7 560 000
合计	——	——	——	51 480 000

经与中国人民银行报来的财政直接支付申请划款凭证、财政授权支付申请划款凭证及其他有关凭证核对无误,编制会计分录。

借:一般公共预算本级支出   34 020 000

 政府性基金预算本级支出   9 900 000

 补助支出   7 560 000

 贷:国库存款   51 480 000

(二)国库现金管理存款

国库现金管理存款是指政府财政实行国库现金管理业务存放在商业银行的款项。国库现金管理是在确保国库资金安全完整和财政支出需要的前提下,对国库现金进行有效的运作管理,实现国库闲置现金余额最小化、投资收益最大化的一系列财政资金管理活动。国库现金管理的对象主要包括库存现金、活期存款和与现金等价的短期金融资产等。

政府财政通过设置"国库现金管理存款"账户核算国库现金管理存款的增减变动情况。该账户的借方登记国库现金管理存款的增加;贷方登记国库现金管理存款的减少;期末借方余额反映政府财政实行国库现金管理业务持有的存款。

政府财政按照国库现金管理有关规定,将库款转存商业银行时,按照存入商业银行的金额,借记"国库现金管理存款"账户,贷记"国库存款"账户。

政府财政国库现金管理存款收回国库时,按照实际收回的金额,借记"国库存款"账户,按照原存入商业银行的存款本金金额,贷记"国库现金管理存款"账户,按照两者的差额,贷记"一般公共预算本级收入"账户。

【例3-2】 某省财政将国库存款 500 000 000 元转存商业银行;期末国库现金管理存款收回国库 502 000 000 元。省财政应编制如下会计分录:

（1）将库款转存商业银行。

借:国库现金管理存款   500 000 000

  贷:国库存款   500 000 000

（2）收回国库现金管理存款。

借:国库存款   502 000 000

  贷:国库现金管理存款   500 000 000

   一般公共预算本级收入   2 000 000

（三）其他财政存款

其他财政存款是指政府财政未列入"国库存款""国库现金管理存款"账户反映的各项存款,包括财政周转金、未设国库的乡镇财政在商业银行的预算资金存款以及部分由财政部指定的存入商业银行的专用基金存款等。

政府财政通过设置"其他财政存款"账户核算其他财政存款的增减变动情况。该账户的借方登记其他财政存款的增加;贷方登记其他财政存款的减少;期末借方余额反映政府财政持有的其他财政存款。其明细账应当按照资金性质和存款银行等设置并进行明细核算。

政府财政专户收到款项时,按照实际收到的金额,借记"其他财政存款"账户,贷记有关账户。其他财政存款产生的利息收入,除规定作为专户资金收入外,其他利息收入都应缴入国库作为一般公共预算管理。取得其他财政存款利息收入时,按照实际获得的利息金额,根据以下情况分别进行处理:①按规定作为专户资金收入的,借记"其他财政存款"账户,贷记"应付代管资金"或有关收入账户;②按规定应缴入国库的,借记"其他财政存款"账户,贷记"其他应付款"账户。将其他财政存款利息收入缴入国库时,借记"其他应付款"账户,贷记"其他财政存款"账户;同时,借记"国库存款"账户,贷记"一般公共预算本级收入"账户。

政府财政其他财政存款减少时,按照实际支付的金额,借记相关账户,贷记"其他财政存款"账户。

【例3-3】 2016年,某市财政根据发生的其他财政存款收付业务,编制相关的会计分录。

（1）收到上级省财政拨入的粮食风险基金 650 000 元,存入粮食风险基金财政专户。

借:其他财政存款   650 000

  贷:专用基金收入   650 000

（2）通过财政专户向有关教育单位拨付教育经费共计 4 350 000 元。

借:财政专户管理资金支出   4 350 000

  贷:其他财政存款   4 350 000

（四）财政零余额账户存款

财政部门的零余额账户用于财政直接支付和与国库单一账户支出清算。而财政零余额账户存款是指财政国库支付执行机构在代理银行办理财政直接支付业务存放在银行的款项。该账户的借方登记财政零余额账户存款的增加;贷方登记财政零余额账户存款的减少;当日资金结算后,该账户一般应无余额。

注意:财政部门的零余额账户核算财政国库支付执行机构在代理银行办理财政直接支付的业务。财政国库支付执行机构未单设的地区不使用该账户。

财政国库支付执行机构为预算单位直接支付款项时,借记有关预算支出账户,贷记"财政零余额账户存款"账户;财政国库支付执行机构每日将按部门分"类""款""项"汇总的预算支出结算清单等结算单与中国人民银行国库划款凭证核对无误后,送财政总预算会计结算资金,按照结算的金额,借记"财政零余额账户存款"账户,贷记"已结报支出"账户。

【例3-4】 2016 年 10 月 5 日,某省国库支付执行机构根据发生的经济业务,编制相关的会计分录。

（1）以财政直接支付的方式,通过财政零余额账户支付省属预算单位的公共财政预算支出 65 800 000 元。

借:一般公共预算本级支出   65 800 000

  贷:财政零余额账户存款   65 800 000

（2）汇总并编制当日"预算支出结算清单",清单中列明当日财政直接支付的资金数额为 84 200 000 元,并将该清单报送财政国库管理部门的财政总预算会计。

借:财政零余额账户存款   84 200 000

  贷:已结报支出——财政直接支付 84 200 000

第三节 预拨经费、借出款项和与下级往来

一、预拨经费

预拨经费是指政府财政预拨给预算单位、尚未列为预算支出的款项。根据《预算法》规定,各级政府预算报告须经同级人民代表大会批准方可执行。我国的预算年度为每年的 1 月 1 日至 12 月 31 日,而各级人民代表大会的召开在 1—3 月。在政府预算未经同级

人民代表大会批准之前,为满足各预算单位在下年初期对预算资金使用的需求,财政总预算会计在预算年度末要按照一定的标准向所属预算单位预拨下年度初的预算经费。此时预拨的经费不形成预算支出,而是作为一项待转销的过渡性资产,待财政预算经过同级人民代表大会批准或经有关程序批准后,预拨经费才可以按照经批准的预算数额转作预算支出。

政府财政通过设置"预拨经费"账户核算预拨给预算单位、尚未列为预算支出的增减变动情况。该账户借方登记预拨经费的增加;贷方登记预拨经费的减少;借方余额反映政府财政年末尚未转列支出或尚待收回的预拨经费数。其明细账应当按照预拨经费种类、预算单位等设置并进行明细核算。

政府财政拨出款项时,借记"预拨经费"账户,贷记"国库存款"账户。

政府财政转列支出或收回预拨款项时,借记"一般公共预算本级支出""政府性基金预算本级支出""国库存款"等账户,贷记"预拨经费"账户。

【例3-5】 某县财政根据发生的预拨经费业务,编制相关的会计分录。

(1)2016年12月,按照规定采用财政实拨资金方式向所属预算单位预拨2017年年初部分一般预算经费300 000元。

借:预拨经费——某预算单位　　　　　　　　　　　　　300 000
　　贷:国库存款　　　　　　　　　　　　　　　　　　　　　　　300 000

(2)该县财政总预算会计在2017年1月按照规定将预拨给该预算单位的经费转作一般预算支出。

借:一般公共预算本级支出　　　　　　　　　　　　　　300 000
　　贷:预拨经费——某预算单位　　　　　　　　　　　　　　　300 000

二、借出款项

借出款项是指政府财政按照对外借款管理相关规定借给预算单位临时急需的,并需要按期收回的款项。为了满足预算单位临时急需资金的需要,各级财政有时将资金借给所需单位,以解决建设资金不足的问题。但出借资金在解决用款单位困难的同时,也形成了财政资金的长期挂账问题,甚至还会影响财政资金的周转。为此,各级财政部门要加强借出资金的管理和控制,制定借出资金的管理办法,建立财政借出资金管理机制,强化财政出借资金的跟踪问责管理,确保出借资金安全。

政府财政通过设置"借出款项"账户核算按照对外借款管理相关规定借给预算单位临时急需的,并需按期收回的款项。该账户借方登记借出的款项;贷方登记收回的借款;期末借方余额反映政府财政借给预算单位尚未收回的款项。其明细账应当按照借款单位等设置并进行明细核算。

政府财政将款项借出时,按照实际支付的金额,借记"借出款项"账户,贷记"国库存款"等账户;政府财政收回借款时,按照实际收到的金额,借记"国库存款"等账户,贷记"借出款项"账户。

【例3-6】 2016年,某省财政根据发生的借出款项业务,编制相关的会计分录。

（1）因所属某市财政未及时上缴转贷债务本金，为其垫付应上缴中央、由中央财政代为偿还的到期地方政府债券本金 2 000 000 元。次年，省财政收到该市财政缴来的到期地方政府债券本金 2 000 000 元。

① 借出款项：

借：借出款项   2 000 000

 贷：国库存款   2 000 000

② 收回借款：

借：国库存款   2 000 000

 货：借出款项   2 000 000

（2）根据省民政局的申请，将 30 000 000 元资金借给该局用于危房修缮，后转为财政拨款。

① 借出款项：

借：借出款项——省民政局   30 000 000

 贷：国库存款   30 000 000

② 将借出款项转为对民政局的拨款：

借：一般公共预算本级支出   30 000 000

 贷：借出款项——省民政局   30 000 000

三、与下级往来

与下级往来是指本级政府财政与下级政府财政的往来待结算款项。

政府财政在日常核算中，有时会在上下级之间发生财政资金周转调度的业务；在年终财政体制结算中，也会发生下级财政应向上级财政上解资金或上级财政应向下级财政补助资金的业务。上下级财政间发生这类待结算业务，对于上级财政来说，则属于与下级往来业务。

政府财政通过设置"与下级往来"账户核算本级政府财政与下级政府财政的往来待结算款项的增减变动情况。该账户的借方登记借给下级政府财政款项、体制结算中应当由下级政府财政上交的收入数、发生补助多补应当退回数；贷方登记借款收回、转作补助支出或体制结算应当补助下级政府财政的支出、发生上解多交应当退回数；期末借方余额反映下级政府财政欠本级政府财政的款项；期末贷方余额反映本级政府财政欠下级政府财政的款项。其明细账应当按照下级政府财政、资金性质等设置并进行明细核算。

政府财政借给下级政府财政款项时，借记"与下级往来"账户，贷记"国库存款"账户；属于体制结算中应当由下级政府财政上交的收入数，借记"与下级往来"账户，贷记"上解收入"账户。

政府财政借款收回、转作补助支出或体制结算应当补助下级政府财政的支出，借记"国库存款""补助支出"等有关账户，贷记"与下级往来"账户。

政府财政发生上解多交应当退回的，按照应当退回的金额，借记"上解收入"账户，贷记"与下级往来"账户；政府财政发生补助多补应当退回的，按照应当退回的金额，借记"与下级往来"账户,贷记"补助支出"账户。

【例3-7】 2016年,某市财政发生与下级往来的经济业务,编制相关的会计分录。

（1）根据财政体制结算的规定,年终算出下级某县财政应上解市财政的一般预算款为700 000元。

借:与下级往来——某县财政	700 000
贷:上解收入	700 000

（2）借给所属某区财政临时周转金900 000元。

借:与下级往来——某区财政补助支出	900 000
贷:国库存款	900 000

（3）收到业务（2）归还的周转金600 000元,其余300 000元经批准转为对该区的补助款。

借:国库存款	600 000
补助支出	300 000
贷:与下级往来——某区财政补助支出	900 000

第四节　政府投资

一、政府投资的概念

政府投资也称为财政投资,是指以各级政府作为主体,为获得一定的经济收益或社会效益,将其通过税收和发行国债方式募集的财政资金,投资于国内外的部门、企业或组织的经营或事业过程。政府投资的内涵一般包括投资主体、投资资本、投资对象、投资动机四个方面,其中:政府及其各级机构是投资主体;投资资本为政府财政资金;投资对象既包括投资地域,也包括各种经营事业过程（指将政府的出资转变为一定的物质生产或者精神文化生产的过程,包括以获取经济收益为目的的经营事业过程,如工业、农业、水利、环保等,以及不以获取经济收益为主要目的、着重追求社会效益与价值的经营事业过程,如文化、教育、国防活动等）;投资动机也就相应地分为获取经济收益和追求社会效益两种。

二、政府投资的种类

按照《财政总预算会计制度》的规定,政府投资主要包括有价证券和股权投资。

（一）有价证券

一般来说,有价证券是指具有一定价格和代表某种所有权或债权的凭证,包括股票和债券。在政府会计中,有价证券是指政府依照法定程序发行的、约定一定期限内还本付息的信用凭证,主要包括国库券、特别国债、国家重点建设债券等。

1. 有价证券管理要求

在财政总预算会计中,有价证券是指地方各级财政按照有关规定取得并持有的中央政府财政部以信用方式发行的国债。地方政府财政部门进行有价证券的核算与管理时,应符合以下要求：

（1）地方政府财政购买国家指定的有价证券，支付的财政资金只能是本级财政的结余资金。

（2）有价证券是地方政府财政持有的、视同货币的资产，而不是政府发生的支出，购买有价证券的业务不能纳入财政支出预算。

（3）在对有价证券进行会计核算时，只反映购买和兑付的本金。兑付有价证券时取得的利息，以及转让有价证券时取得的超过有价证券账面成本的数额，应当按照购入有价证券时使用的资金性质，反映在一般预算收入或基金预算收入等账户中。

（4）购入的有价证券应视同货币进行妥善保管。

2. 有价证券的账务处理

政府财政通过设置"有价证券"账户核算按照有关规定取得并持有的有价证券的增减变动情况。该账户借方登记购入有价证券的金额；贷方登记转让或到期兑付有价证券的金额；期末借方余额反映政府财政持有的有价证券金额。其明细账应当按照有价证券的种类和资金性质设置并进行明细核算。

政府财政购入有价证券时，按照实际支付的金额，借记"有价证券"账户，贷记"国库存款""其他财政存款"等账户；转让或到期兑付有价证券时，按照实际收到的金额，借记"国库存款""其他财政存款"等账户，按照该有价证券的账面余额，贷记"有价证券"账户，按其差额贷记"一般公共预算本级收入"等账户。

【例 3-8】 某市财政根据发生的有价证券业务，编制相关的会计分录。

（1）市财政用一般预算结余购买中央财政发行的 8 年期甲类公债 50 000 000 元。

借：有价证券——甲类公债——用一般预算结余购入 50 000 000

　　贷：国库存款 50 000 000

（2）该市持有的公债到期，共收到兑付款 51 500 000 元。其中，本金为 50 000 000 元，利息为 1 500 000 元。

借：国库存款 51 500 000

　　贷：有价证券——甲类公债——用一般预算结余购入 50 000 000

　　　　一般公共预算本级收入 1 500 000

（二）股权投资

股权投资是指为获取另一方（企业、单位等）的权益或净资产所做的投资。投资的目的是获得对方的控制权，或对其实施重大影响，或为了其他目的而进行。

政府投资中的股权投资是指政府持有的各类股权投资资产，包括国际金融组织股权投资、投资基金股权投资、企业股权投资等。

（1）国际金融组织股权投资。国际金融组织主要包括国际货币基金组织、世界银行集团、国际开发协会、国际金融公司、国际发展援助机构、国际清算银行、亚洲开发银行等。随着我国国际地位和影响力的大幅提升，我国无论是在深度还是广度上，都着力加强了与国际金融组织全方位的合作。一方面，利用国际金融组织平台可以调动国际资源支持国内的发展；另一方面，我国认缴国际金融组织股本，可以以股东国的身份、更加积极的姿态参与国际经济治理。我国政府财政代表政府认缴国际金融组织股本,构成了对国际金融组织的股权投资。

（2）投资基金股权投资。目前,政府财政资金股权投资可分为直接股权投资和间接股权投资两种方式。直接股权投资是指政府财政资金通过委托名义出资人,按照政府的投资意愿以股权形式直接投资到部门、企业或组织;间接股权投资则是指政府财政资金不直接投入部门、企业或组织,而是与社会资本共同发起设立股权投资基金,再由股权投资基金按照政府意愿进行财政资金的投放,间接投资于所需扶持的企业,激励企业创新,促进技术产业化,鼓励创业。可见,投资基金股权投资是政府资金间接股权投资的重要形式。

（3）企业股权投资。它是政府财政资金的直接股权投资,一般具有以下特点:一是政府财政资金通常委托国有投资管理公司或事业单位作为政府名义出资人直接投资于所需扶持领域的企业;二是政府财政资金通常委托国有投资管理公司负责具体投资业务;三是政府财政资金的投资对象多为战略新兴产业早期企业或早中期企业;四是政府财政资金的投资对象一般受地域限制,多以促进本地区经济发展和产业结构优化升级为主要目标。[①]

政府财政通过设置"股权投资"账户核算政府持有的各类股权投资。该账户的借方登记股权投资的增加;贷方登记股权投资的减少;期末借方余额反映政府持有的各种股权投资金额。"股权投资"账户应当按照"国际金融组织股权投资""投资基金股权投资""企业股权投资"设置一级明细账户,在一级明细账户下,可根据管理需要,按照被投资主体进行明细核算。对每一被投资主体还可按"投资成本""收益转增投资""损益调整""其他权益变动"进行明细核算。

长期股权投资的编列方法可以分为成本法和权益法两种。根据《财政总预算会计制度》的规定,政府财政股权投资一般采用权益法进行投资资产和投资损益的列报。所谓权益法,就是政府财政投资要按照在被投资会计主体所拥有的权益比例和净资产的变化来调整"股权投资"账户的账面价值。采用权益法列报政府管理的长期股权投资,可以通过被投资会计主体提供的财务报表,推算出政府对其所享有的所有者权益或净资产份额或利润份额。

1. 国际金融组织股权投资的账务处理

政府财政代表政府认缴国际金融组织股本时,按照实际支付的金额,借记"一般公共预算本级支出"等账户,贷记"国库存款"账户;根据股权投资确认相关资料,按照确定的股权投资成本,借记"股权投资"账户,贷记"资产基金——股权投资"账户。

政府财政从国际金融组织撤出股本时,按照收回的金额,借记"国库存款"账户,贷记"一般公共预算本级支出"账户;根据股权投资清算相关资料,按照实际撤出的股本,借记"资产基金——股权投资"账户,贷记"股权投资"账户。

---

① 谭祖卫、刘春晓、孟兆辉,"我国政府资金股权投资模式创新研究",《科技管理研究》,2014年第21期。

【例 3-9】 2016 年 1 月 5 日,我国与某国际金融组织签订协议,认缴该国际金融组织股本 5 000 000 美元,当日即期汇率为 1 美元＝6.5 元人民币。2018 年 12 月 31 日,根据协议撤出股本 1 000 000 美元,假定当日即期汇率为 1 美元＝6.4 元人民币。编制相关的会计分录。

（1）认缴国际金融组织股本。

借：一般公共预算本级支出　　　　　　　　　　32 500 000
　　贷：国库存款　　　　　　　　　　　　　　　　　　32 500 000
借：股权投资——国际金融组织股权投资（投资成本）　32 500 000
　　贷：资产基金——股权投资　　　　　　　　　　　　32 500 000

（2）从国际金融组织撤出股本。

① 收到股本款：

借：国库存款　　　　　　　　　　　　　　　　6 400 000
　　贷：一般公共预算本级支出　　　　　　　　　　　　6 400 000

② 按照实际撤出的股本：

借：资产基金——股权投资　　　　　　　　　　6 500 000
　　贷：股权投资——国际金融组织股权投资（投资成本）　6 500 000

2. 投资基金股权投资的账务处理

① 取得投资。政府财政对投资基金进行股权投资时,按照实际支付的金额,借记"一般公共预算本级支出"等账户,贷记"国库存款"等账户;根据股权投资确认相关资料,按照实际支付的金额,借记"股权投资——投资成本"账户,按照确定的在被投资基金中占有的权益金额与实际支付金额的差额,借记或贷记"股权投资——其他权益变动"账户,按照确定的在被投资基金中占有的权益金额,贷记"资产基金——股权投资"账户。

② 持有投资。年末,根据政府财政在被投资基金当期净利润或净亏损中占有的份额,借记或贷记"股权投资——损益调整"账户,贷记或借记"资产基金——股权投资"账户。

政府财政将归属财政的收益留作基金滚动使用时,借记"股权投资——收益转增投资"账户,贷记"股权投资——损益调整"账户。

被投资基金宣告发放现金股利或利润时,按照应上缴政府财政的部分,借记"应收股利"账户,贷记"资产基金——应收股利"账户;同时按照相同的金额,借记"资产基金——股权投资"账户,贷记"股权投资——损益调整"账户。

被投资基金发生除净损益以外的其他权益变动时,按照政府财政持股比例计算应享有的部分,借记或贷记"股权投资——其他权益变动"账户,贷记或借记"资产基金——股权投资"账户。

③ 收回投资。有时,因投资基金存续期满、清算或政府财政从投资基金退出需收回出资时,政府财政按照实际收回的资金,借记"国库存款"等账户,按照收回的原实际出资部分,贷记"一般公共预算本级支出"等账户,按照超出原实际出资的部分,贷记"一般公共预算本级收入"等账户;根据股权投资清算相关资料,按照因收回股权投资而减少在被投资基金中占有的权益金额,借记"资产基金——股权投资"账户,贷记"股权投资"账户。

【例3-10】 某省财政根据发生的投资基金股权投资业务,编制相关的会计分录。

(1) 2016年1月5日,以国库存款60 000 000元取得某投资基金35%的股权,采用权益法核算,同日,该基金净资产为200 000 000元。

① 支付投资款,确认支出:

| 借:一般公共预算本级支出 | 60 000 000 | |
| 贷:国库存款 | | 60 000 000 |

② 确认股权投资:

借:股权投资——投资成本	60 000 000	
——其他权益变动	10 000 000	
贷:资产基金		70 000 000

(2) 2016年该投资基金运营获利60 000 000元。

政府财政在被投资基金当期净利润中占有的份额=60 000 000×35%=21 000 000(元)

| 借:股权投资——损益调整 | 21 000 000 | |
| 贷:资产基金——股权投资 | | 21 000 000 |

政府财政将归属财政的收益留作基金滚动使用时,借记"股权投资——收益转增投资"账户,贷记"股权投资——损益调整"账户。

(3) 2017年3月,被投资基金宣告发放现金股利20 000 000元。

政府财政应分享现金股利=20 000 000×35%=7 000 000(元)

| 借:应收股利 | 7 000 000 | |
| 贷:资产基金——应收股利 | | 7 000 000 |

同时,按照相同的金额:

| 借:资产基金——股权投资 | 7 000 000 | |
| 贷:股权投资——损益调整 | | 7 000 000 |

3. 企业股权投资的账务处理

企业股权投资的账务处理,可以根据管理条件和管理需要参照投资基金股权投资的账务处理进行。

第五节　应收股利和其他应收款

一、应收股利

应收股利是指政府因持有股权投资应当收取的现金股利或利润。它是政府财政因持有股权投资而引起的资产增加。一般来说,现金股利或利润数额的多少,取决于政府财政对被投资方控制、影响的程度以及投资合约的约定。受被投资方股利或利润核算复杂性的影响,与财政总预算会计的其他核算方法相比,确认现金股利或利润的会计处理的难度大,需要会计人员思路清晰且理解正确,否则会计处理中会出现差错,直接影响会计信息质量。

政府财政通过设置"应收股利"账户核算政府因持有股权投资应当收取的现金股利或

利润的增减变动情况。该账户借方登记应收股利的增加,贷方登记应收股利的减少;期末借方余额反映政府尚未收回的现金股利或利润。其明细账应当按照被投资主体设置并进行明细核算。

政府财政持有股权投资期间被投资主体宣告发放现金股利或利润的,按应上缴政府财政的部分,借记"应收股利"账户,贷记"资产基金——应收股利"账户;按照相同的金额,借记"资产基金——股权投资"账户,贷记"股权投资——损益调整"账户。

政府财政实际收到现金股利或利润,借记"国库存款"等账户,贷记有关收入账户;按照相同的金额,借记"资产基金——应收股利"账户,贷记"应收股利"账户。

二、其他应收款

其他应收款是指政府财政临时发生的其他应收、暂付、垫付款项。其他应收款是某级政府财政让渡其资金使用权,而被其他会计主体临时占用的资金。各级政府财政应当及时清理长期应收款,不得长期挂账。

政府财政通过设置"其他应收款"账户核算政府财政临时发生的其他应收、暂付、垫付款项。项目单位拖欠外国政府和国际金融组织贷款本息和相关费用导致相关政府财政履行担保责任,代偿的贷款本息也通过"其他应收款"账户核算。该账户的借方登记其他应收款的增加;贷方登记其他应收款的减少;年终,原则上应无余额。其明细账应当按照资金性质、债务单位等设置并进行明细核算。

政府财政发生其他应收款项时,借记"其他应收款"账户,贷记"国库存款""其他财政存款"等账户;收回或转作预算支出时,借记"国库存款""其他财政存款"或有关支出账户,贷记"其他应收款"账户。

政府财政对使用外国政府和国际金融组织贷款资金的项目单位履行担保责任,代偿贷款本息时,借记"其他应收款"账户,贷记"国库存款""其他财政存款"等账户。政府财政行使追索权,收回项目单位贷款本息时,借记"国库存款""其他财政存款"等账户,贷记"其他应收款"账户。政府财政最终未收回项目单位贷款本息,经核准列支时,借记"一般公共预算本级支出"等账户,贷记"其他应收款"账户。

第六节　应收转贷款

应收转贷款是指政府财政将借入的资金转贷给下级政府财政的款项,包括应收地方政府债券转贷款、应收主权外债转贷款等。

一、应收地方政府债券转贷款

应收地方政府债券转贷款是指本级政府财政转贷给下级政府财政的地方政府债券资金的本金及利息。地方政府债券是指地方政府经批准并承担还本付息责任而筹集资金的债务凭证。该债券以当地政府的税收能力作为还本付息的担保,发债资金主要用于交通、通信、住宅、教育、医院和污水处理系统等地方性公共设施的建设。地方政府债券有两种模式:一是地方政府直接发债,筹集资金;二是中央政府发债或省、自治区、直辖市政府举债,将资金转给地方使用。转贷资金应当用于农林水利投资、交通建设投资、城市基础设施和环境保护建设投资、城乡电网建设与改造和其他国家明确的建设项目。

政府财政通过设置"应收地方政府债券转贷款"账户核算本级政府财政转贷给下级政府财政的地方政府债券资金的本金及利息的增减变动情况。该账户借方登记向下级政府财政转贷地方政府债券的本金及利息;贷方登记收回下级政府财政偿还的转贷款本金及利息;期末借方余额反映政府财政应收未收的地方政府债券转贷款本金及利息。

"应收地方政府债券转贷款"账户应当设置"应收地方政府一般债券转贷款"和"应收地方政府专项债券转贷款"明细账户,其下分别设置"应收本金"和"应收利息"两个明细账户,并按照转贷对象进行明细核算。其账务处理如下:

1. 转贷资金

政府财政向下级政府财政转贷地方政府债券资金时,按照转贷的金额,借记"债务转贷支出"账户,贷记"国库存款"账户;根据债务管理部门转来的相关资料,按照到期应收回的转贷本金金额,借记"应收地方政府债券转贷款——应收本金"账户,贷记"资产基金——应收地方政府债券转贷款"账户。

2. 期末确认应收利息

期末确认地方政府债券转贷款的应收利息时,根据债务管理部门计算出的转贷款本期应收未收的利息金额,借记"应收地方政府债券转贷款——应收利息"账户,贷记"资产基金——应收地方债券贷款"账户。

3. 收回本息

政府财政收回下级政府财政偿还的转贷款本息时,按照收回的金额,借记"国库存款"等账户,贷记"其他应付款"或"其他应收款"账户;根据债务管理部门转来的相关资料,按照收回的转贷款本金及已确认的应收利息金额,借记"资产基金——应收地方政府债券转贷款"账户,贷记"应收地方政府债券转贷款"账户。

4. 扣缴本息

政府财政扣缴下级政府财政的转贷款本息时,按照扣缴的金额,借记"与下级往来"账户,贷记"其他应付款"或"其他应收款"账户;根据债务管理部门转来的相关资料,按照扣缴的转贷款本金及已确认的应收利息金额,借记"资产基金——应收地方政府债券转贷款"账户,贷记"应收地方政府债券转贷款"账户。

【例3-11】 2016年,某省财政根据发生的应收地方政府债券转贷款业务,编制相关的会计分录。

(1) 2016年1月1日,向下级政府财政转贷地方政府债券资金20 000 000元,期限为2年,年利率为4.8%,以国库存款支付。

借:债务转贷支出   20 000 000

 贷:国库存款   20 000 000

同时,

借:应收地方政府债券转贷款——应收本金   20 000 000

　　　　贷：资产基金——应收地方政府债券转贷款　　　　　　　　20 000 000

　（2）2016年12月31日，确认地方政府债券转贷款的应收利息。

本期应收未收利息 = 20 000 000×4.8% = 960 000（元）

　　　　借：应收地方政府债券转贷款——应收利息　　　　960 000

　　　　　　贷：资产基金——应收地方政府债券转贷款　　　　　960 000

　（3）2017年12月31日，收回下级政府财政偿还的转贷款本息。

　　　　借：国库存款　　　　　　　　　　　　　　　　20 960 000

　　　　　　贷：其他应收款　　　　　　　　　　　　　　　20 960 000

　　　　借：资产基金——应收地方政府债券转贷款　　　20 960 000

　　　　　　贷：应收地方政府债券转贷款　　　　　　　　　20 960 000

　（4）假设政府财政扣缴下级政府财政的转贷款本息。

　　　　借：与下级往来　　　　　　　　　　　　　　　　20 960 000

　　　　　　贷：其他应收款　　　　　　　　　　　　　　　20 960 000

　　　　借：资产基金——应收地方政府债券转贷款　　　20 960 000

　　　　　　贷：应收地方政府债券转贷款——应收本金　　　20 000 000

　　　　　　　　　　　　　　　　　　　　——应收利息　　　　960 000

二、应收主权外债转贷款

　　应收主权外债转贷款是指本级政府财政转贷给下级政府财政的外国政府和国际金融组织贷款等主权外债资金的本金及利息。

（一）外债和外债转贷款的内涵

1. 外债的内涵

　　外债是中国境内的机关、团体、企业、事业单位、金融机构或者其他机构对中国境外的国际金融组织、外国政府、金融机构、企业或者其他机构用外国货币承担的具有契约性偿还义务的全部债务。政府举借外债可以促进本国经济增长，弥补财政赤字或外汇短缺。

　　按债务偿还责任划分，外债分为主权外债和非主权外债。主权外债也称政府外债，是指由国务院授权机构代表国家举借的、以国家信用保证对外偿还的外债；主权外债由国家统一对外偿还。主权外债以外的外债为非主权外债。

2. 外债转贷款的内涵

　　外债转贷款是指国内机构（即转贷款债权人）从境外借用外债后，按照国家相关规定或者根据自身与境外债权人关于资金用途的约定，在对外承担第一还款责任的前提下，向境内其他机构（即转贷款债务人）继续发放的贷款资金。

　　外债转贷款包括政策性外债转贷款和商业性外债转贷款。其中，政策性外债转贷款包括两类：一类是财政外债转贷款，指国家财政部门代表中央政府对外谈判和签约，并由国家财政部门作为转贷款债权人（或直接外债的债务人）向下级财政部门或境内其他机构继续发放的贷款；另一类是财政性外债转贷款，指国家财政部门代表中央政府参与对外谈判和签约，并在其委托下根据政府协议等规定，由开展转贷款业务的政策性银行、国有商业银行和股份制商业银行作为转贷款债权人(或直接外债的债务人)向境内其他机构继续发放的贷款。

外债转贷款作为引进外资、利用外资的一种重要途径,具有贷款条件优惠、期限长等特点。它在调整农业产业结构、生态环境保护、改善城市交通设施及医院医疗设施等领域发挥了重要的资金支持作用。

(二)财务处理

政府财政通过设置"应收主权外债转贷款"账户核算本级政府财政转贷给下级政府财政的外国政府和国际金融组织贷款等主权外债资金的本金及利息。期末借方余额反映政府财政应收未收的主权外债转贷款本金及利息。该账户应当设置"应收本金"和"应收利息"两个明细账户,并按照转贷对象进行明细核算。(由于它与应收地方政府债券转贷款同属于转贷款项范围,因此,它与应收地方政府债券转贷款的账务处理有相似之处。)

本级政府财政向下级政府财政转贷主权外债资金,且主权外债的最终还款责任由下级政府财政承担的,相关账务处理如下:

1. 支付转贷款项

本级政府财政支付转贷资金时,根据转贷资金支付相关资料,借记"债务转贷支出"账户,贷记"其他财政存款"账户;根据债务管理部门转来的相关资料,按照实际持有的债权金额,借记"应收主权外债转贷款——应收本金"账户,贷记"资产基金——应收主权外债转贷款"账户。

2. 直接付给用款单位或供应商转贷款

外方将贷款资金直接支付给用款单位或供应商时,本级政府财政根据转贷资金支付相关资料,借记"债务转贷支出"账户,贷记"债务收入"或"债务转贷收入"账户;根据债务管理部门转来的相关资料,按照实际持有的债权金额,借记"应收主权外债转贷款"账户,贷记"资产基金——应收主权外债转贷款"账户;同时,借记"待偿债净资产"账户,贷记"借入款项"或"应付主权外债转贷款"账户。

3. 期末确认应收利息

政府财政期末确认主权外债转贷款的应收利息时,根据债务管理部门计算出的本期应收未收利息金额,借记"应收主权外债转贷款——应收利息"账户,贷记"资产基金——应收主权外债转贷款"账户。

4. 收回本息

政府财政收回转贷给下级政府财政主权外债的本息时,按照收回的金额,借记"其他财政存款"账户,贷记"其他应付款"或"其他应收款"账户;根据债务管理部门转来的相关资料,按照实际收回的转贷款本金及已确认的应收利息金额,借记"资产基金——应收主权外债转贷款"账户,贷记"应收主权外债转贷款"账户。

5. 扣缴本息

政府财政扣缴下级政府财政的转贷款本息时,按照扣缴的金额,借记"与下级往来"账户,贷记"其他应付款"或"其他应收款"账户;根据债务管理部门转来的相关资料,按照扣缴的转贷款本金及已确认的应收利息金额,借记"资产基金——应收主权外债转贷款"账户,贷记"应收主权外债转贷款"账户。

【例 3-12】 2016 年,某省财政根据发生的应收主权外债转贷款业务,编制相关的会计分录。

(1)1 月 1 日,本级政府财政支付转贷资金 50 000 000 元,期限为 3 年,年利率为 5%,以其他财政存款支付。

借:债务转贷支出　　　　　　　　　　　　　　　　　50 000 000
　　贷:其他财政存款　　　　　　　　　　　　　　　　　　　50 000 000
同时,
　　借:应收主权外债转贷款——应收本金　　　　　　　　50 000 000
　　　　贷:资产基金——应收主权外债转贷款　　　　　　　　　50 000 000

(2)7 月 1 日,外方将贷款资金直接支付给用款单位,该贷款折合人民币 30 000 000 元,期限为 2 年,年利率为 4%。

借:债务转贷支出　　　　　　　　　　　　　　　　　30 000 000
　　贷:债务收入　　　　　　　　　　　　　　　　　　　　30 000 000
借:应收主权外债转贷款——应收本金　　　　　　　　30 000 000
　　贷:资产基金——应收主权外债转贷款　　　　　　　　　30 000 000
借:待偿债净资产　　　　　　　　　　　　　　　　　30 000 000
　　贷:借入款项或应付主权外债转贷款　　　　　　　　　30 000 000

(3)期末确认主权外债转贷款的应收利息。

主权外债转贷款应收利息 = 30 000 000×4%÷2 = 600 000(元)

借:应收主权外债转贷款——应收利息　　　　　　　　600 000
　　贷:资产基金——应收主权外债转贷款　　　　　　　　　600 000

(4)收回转贷给下级政府财政主权外债的本息,转贷资金使用期限为 18 个月,应收利息已确认入账。

借:其他财政存款　　　　　　　　　　　　　　　　　31 800 000
　　贷:其他应收款　　　　　　　　　　　　　　　　　　　31 800 000
借:资产基金——应收主权外债转贷款　　　　　　　　31 800 000
　　贷:应收主权外债转贷款——应收本金　　　　　　　　　30 000 000
　　　　　　　　　　　　——应收利息　　　　　　　　　　1 800 000

第七节　在途款、待发国债

一、在途款

在途款是指决算清理期和库款报解整理期内发生的需要过渡处理的属于上年度收入、支出等业务的资金数。

为了正确反映各财政年度财政收支的数额,财政总预算会计将年度终了后的一定时间设定为"决算清理期和库款报解整理期",在整理期内,财政总预算会计收到的属于上年度的预算收入应当记入上年度账,上年度已经拨付的不属于上年度的支出应当予以收回,这些款项称为在途款。

政府财政通过设置"在途款"账户核算需要过渡处理的属于上年度收入、支出等业务的资金增减变动情况。该账户的借方登记在途款的增加;贷方登记在途款的减少;期末借方余额反映政府财政持有的在途款。

政府财政在决算清理期和库款报解整理期内收到属于上年度收入时,在上年度账务中,借记"在途款"账户,贷记有关收入账户;收回属于上年度拨款或支出时,在上年度账务中,借记"在途款"账户,贷记"预拨经费"或有关支出账户。

政府财政冲转在途款时,在本年度账务中,借记"国库存款"账户,贷记"在途款"账户。

二、待发国债

待发国债是指为弥补中央财政预算收支差额,中央财政预计发行国债与实际发行国债之间的差额。

政府财政通过设置"待发国债"账户核算为弥补中央财政预算收支差额,中央财政预计发行国债与实际发行国债之间差额的情况。该账户的借方登记待发国债数额的增加;贷方登记待发国债数额的减少;期末借方余额反映中央财政尚未使用的国债发行额度。

年度终了,实际发行国债收入用于债务还本支出后,小于为弥补中央财政预算收支差额中央财政预计发行国债时,按两者的差额,借记"待发国债"账户,贷记相关账户;实际发行国债收入用于债务还本支出后,大于为弥补中央财政预算收支差额中央财政预计发行国债时,按两者的差额,借记相关账户,贷记"待发国债"账户。

【关键词汇】

国库存款(deposit at treasury)

有价证券(securities)

预拨经费(advance appropriation)

应收股利(dividends receivable)

与下级往来(contact with subordinates)

其他应收款(accounts receivable-other)

股权投资(equity investment)

【思考题】

1. 何谓财政总预算会计资产?它是如何分类的?具体包括哪些内容?

2. 财政存款包括哪些内容?各自的用途是什么?

3. 试阐述预拨经费、借出款项和与下级往来三者的关系。

4. 有价证券和股权投资的会计处理有何不同?其原因是什么?

5. 政府财政长期股权投资的核算方法一般包括哪些?《财政总预算会计制度》中,政府财政股权投资一般采用什么方法？

6. 应收地方政府债券转贷款和应收主权外债转贷款的会计核算各有何特点？试说明两者会计处理的主要区别。

【练习题】

1. 某省财政部门发生有关有价证券的业务如下：用一般公共预算结转结余购买国债 40 000 000 元，用政府性基金预算结余购买国债 20 000 000 元，用财政专户管理结余购买国债 15 000 000 元，该国债年利率为 4%；3 年后国债到期，将国债本息的资金存入相关存款账户。

要求：编制该省财政与国债相关业务的会计分录。

2. 某省财政部门 2016 年发生与资产相关的业务如下：①该省所属某县财政部门因一般预算资金周转困难向省财政部门临时借款 3 000 万元，款项已经拨付到县国库存款账户；②县财政部门根据收入实现情况向省财政部门归还临时借款 2 000 万元；③年底因为县财政收入实现情况不好，省财政部门决定向县财政追加 1 000 万元的均衡性转移支付补助，抵消县财政尚未归还的临时借款；④省在库款报解整理期内收到属于上一年度的公共财政预算收入 280 000 元；⑤因所属单位临时急需资金而借给所属单位的暂付款 15 000 元，经研究已落实预算，全数转作公共财政预算支出。

要求：分别编制省、县财政与上述业务相关的会计分录。

3. 某省财政部门发生发行和转贷地方政府债券的业务如下：①收到中央财政部门代理发行的地方政府债券 2 000 000 000 元，该债券期限为 3 年，到期一次还本付息，年利率为 5%，不考虑债券发行费用；②将地方政府债券款中的 400 000 000 元转贷给下属甲市财政部门，300 000 000 元转贷给下属乙市财政部门；③将地方政府债券资金 250 000 000 元作为专项转移支付拨给丙市财政部门；④乙市用财政拨付的地方政府债券资金 100 000 000 元支付环境保护建设项目；⑤地方政府债券即将到期，甲市财政部门将应当归还的地方政府债券本金 400 000 000 元、利息 120 000 000 元上缴省财政部门。

要求：根据上述业务，分别编制省、市两级财政与上述业务相关的会计分录。

4. 某省获得外国政府的项目贷款，该项目的管理费用为贷款金额的 1%。与该项目相关的经济业务如下：

（1）收到中央财政部门转贷的项目贷款 700 000 000 元，扣除项目管理费后的贷款资金已存入省财政专户。

（2）省财政部门将该项目贷款中的 100 000 000 元转贷给下属甲市财政部门，贷款中的 150 000 000 元转贷给下属乙市财政部门，其余项目贷款留作省财政部门使用资金。之后，省财政部门将该项目贷款 50 000 000 元作为转移支付资金拨付给丙市财政部门。

（3）省财政部门收到中央财政下达的该项目贷款付息通知，要求支付贷款利息 14 000 000 元、汇兑费用 750 000 元。

（4）省财政部门向中央财政部门支付该项目贷款本金 700 000 000 元，其中为甲市垫付本金 50 000 000 元。

（5）省财政部门收到乙市财政部门补缴的该项贷款利息 30 000 000 元、汇兑费用 150 000 元。

（6）甲市财政部门将该项目贷款 30 000 000 元转贷给实施该项目的市属 M 公司。甲市财政部门收到 M 公司提前支付的贷款利息 300 000 元，并支付汇兑费用 15 000 元。提前归还贷款本金 15 000 000 元。向省财政部门交付贷款利息 2 000 000 元、汇兑费用 100 000 元（包括为 M 公司交付的 300 000 元、汇兑费用 15 000 元）。

（7）乙市用省财政拨付的该项目贷款 50 000 000 元支付事业单位项目用款。

（8）该项目贷款到期，甲市财政部门向省财政部门归还贷款本金 75 000 000 元（其中包括收回转贷的本金 15 000 000 元）。

（9）乙市财政部门向省财政部门归还贷款本金 150 000 000 元；

（10）年终结算，省财政部门扣缴了为甲市财政部门垫付的项目贷款本金 25 000 000 元。甲市财政部门将被省财政部门扣缴的该项目贷款本金转列支出。

要求：根据上述业务，编制该省与上述业务相关的会计分录。

【案例题】

第四章　财政总预算会计负债和净资产

【本章纲要】

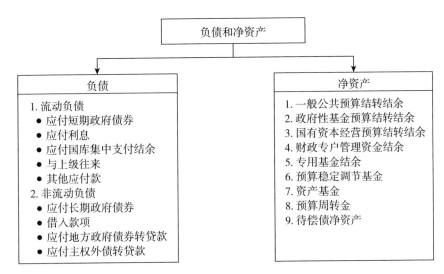

【学习目标、重点和难点】

● 通过本章的学习,应了解负债和净资产的性质、负债和净资产之间的关系,掌握负债和净资产的内容及其账务处理方法。

● 应付短期政府债券、应付长期政府债券、借入款项、应付地方政府债券转贷款、应付主权外债转贷款、各种预算结转结余、财政专户管理资金结余、专用基金结余、资产基金、待偿债净资产等的内涵及账务处理为本章的重点。

● 应付长期政府债券、借入款项、应付地方政府债券转贷款、应付主权外债转贷款、资产基金及待偿债净资产等为本章的难点。

第一节　负　债

一、负债概述

(一) 负债的概念及特征

负债是指政府财政承担的能以货币计量、需以资产偿付的债务,包括应付国库集中支付结余、暂收及应付款项、应付政府债券、借入款项、应付转贷款、其他负债、应付代管资金等。

一般而言,负债是某一会计主体由过去的经济业务或事项发生而导致的其资源流出的现时义务。首先,负债是一项现时义务,并且是一项法定的约束义务或非法定的约束义务,会计主体几乎不能或完全没有替代方案避免该义务,该义务要求主体向另一方提供一定的服务或经济利益;其次,负债清偿必须导致会计主体流出服务潜能或经济利益,无须资源流出即可偿还的义务不能是负债;最后,负债必须是由过去的交易或事项发生而导致的,会计主体发生的经济业务或事项具有一定的复杂性,其发生和运营中有数个潜在的时间节点可能产生一项现时义务,因此,在决定一项义务是否是现时义务时,辨别经济业务或事项的过去状况尤其重要。

基于财政总预算会计职能的特殊性,其负债也具有独特性,具体表现为:①债务主体的特殊性。财政总预算会计负债的主体是一级政府,而不是财政机关这一职能部门,这种债务关系对债权人的权益不会带来损失。②债务偿还方式的特殊性。财政总预算会计负债的偿还只能以减少资产的方式,并且仅以货币资金的方式清偿,这有别于企业负债偿还方式的多样化。③债务形式的特殊性。财政总预算会计负债的种类较少,主要是本级政府与上级或下级政府之间的资金转移、本级政府与所属预算单位之间的资金转移,以及政府信用形成的债务。④存在无偿性债务。无偿性债务是指不需要偿还利息的债务。财政总预算会计的负债中,因体制结算、向上级财政借入等与上级往来款项,以及待清理的不明性质暂存款,一般具有无偿性债务特征。

（二）负债的分类

财政总预算会计核算的负债按其流动性可分为流动负债和非流动负债。

（1）流动负债。它是指预计在 1 年内(含 1 年)偿还的负债,包括应付短期政府债券、应付利息、应付国库集中支付结余、与上级往来、其他应付款、应付代管资金、1 年内到期的非流动负债等。

（2）非流动负债。它是指流动负债以外的负债,包括应付长期政府债券、借入款项、应付地方政府债券转贷款、应付主权外债转贷款和其他负债等。

（三）负债确认与计量的基本原则

根据《财政总预算会计制度》的规定,符合负债定义的债务应当在对其承担偿还责任,并且能够可靠地进行货币计量时确认。符合负债定义并确认的负债项目,应当列入资产负债表。政府财政承担或有责任(偿债责任需要通过未来不确定事项的发生或不发生予以证实)的负债,不列入资产负债表,但应当在报表附注中披露。

同时,该制度规定,负债应当按照承担的相关合同金额或实际发生金额进行计量。

二、应付国库集中支付结余

应付国库集中支付结余是指在国库集中支付中,按照财政部门批复的部门预算,当年未支而需结转下一年度支付的款项采用权责发生制列支后形成的债务。

《财政总预算会计制度》规定,预算收支核算以收付实现制为核算基础,财政支出以实际财政拨款数列报,对于跨年度安排及所需资金较大的项目,需要按项目进度分次拨付资金。对于已批复的预算,可能出现当年末实际支出数小于预算安排数的情况,从而形成结余。该部分结余实际上是应付已实施项目的必需资金而未付的部分,应根据"部分经济业务或者事项应当按照规定采用权责发生制核算"的要求,将其按照权责发生制基础列支并确认为应付款项。

政府财政通过设置"应付国库集中支付结余"账户核算政府财政采用权责发生制列支,预算单位尚未使用的国库集中支付结余资金的增减变动情况。该账户的贷方登记年末对当年形成的国库集中支付结余采用权责发生制列支的数额;借方登记以后年度实际支付国库集中支付的结余资金;期末贷方余额反映政府财政尚未支付的国库集中支付结余。该账户应当根据管理需要,按照政府收支分类科目等进行相应的明细核算。

年末,政府财政对当年形成的国库集中支付结余采用权责发生制列支时,借记有关支出账户,贷记"应付国库集中支付结余"账户。

以后年度,政府财政实际支付国库集中支付结余资金时,分别按以下情况处理:一是按原结转预算账户支出的,借记"应付国库集中支付结余"账户,贷记"国库存款"账户;二是调整支出预算账户的,应当按原结转预算账户作冲销处理,借记"应付国库集中支付结余"账户,贷记有关支出账户。同时,按实际支出预算账户作列支账务处理,借记有关支出账户,贷记"国库存款"账户。

【例 4-1】 2016 年度终了,某市财政纳入国库集中支付管理的、当年未支而需结转下一年度支付的国库集中支付结余 5 000 000 元,全部确认为该年度一般公共预算本级支出。次年,实际支付国库集中支付结余资金 5 000 000 元。

（1）采用权责发生制将结余列支。

借:一般公共预算本级支出   5 000 000

   贷:应付国库集中支付结余   5 000 000

（2）次年,支付国库集中支付结余资金。

借:应付国库集中支付结余   5 000 000

   贷:国库存款   5 000 000

三、暂收及应付款项

暂收及应付款项是指政府财政业务活动中形成的债务,包括与上级往来和其他应付款等。暂收及应付款项是本级政府财政占用其他会计主体的待结算的资金,各级政府会计主体应当加强对暂收及应付款项的管理,不得将应当纳入本级财政收入管理的款项列入暂收及应付款项,对各种暂收及应付款项应当及时清理、结算,不得长期挂账。

（一）与上级往来

与上级往来是指本级政府财政与上级政府财政往来待结算的款项。它是上下级财政之间由于财政资金的周转调度以及预算补助、上解结算等事项而形成的债务。

政府财政通过设置"与上级往来"账户核算本级政府财政与上级政府财政的往来待结算款项的增减变动情况。该账户的贷方登记与上级往来款项的增加;借方登记与上级往来款项的减少；期末贷方余额反映本级政府财政欠上级政府财政的款项；借方余额反映上级政府财政欠本级政府财政的款项。其明细账应当按照往来款项的类别和项目等设置并进行明细核算。

本级政府财政从上级政府财政借入款项或体制结算中发生应上交上级政府财政款项时，借记"国库存款""上解支出"等账户，贷记"与上级往来"账户；本级政府财政归还借款、转作上级补助收入或体制结算中应由上级补给款项时，借记"与上级往来"账户，贷记"国库存款""补助收入"等账户。

【例4-2】 某县财政根据财政体制结算的规定，年终计算出本级财政向市级财政上解的一般预算款项计700 000元。实际已上解550 000元，未上解部分经批准作往来款项处理。双方分别编制相关的会计分录。

（1）县财政总预算会计。

借：上解支出	150 000	
贷：与上级往来——某市		150 000

（2）市财政总预算会计。

借：与下级往来——某县	150 000	
贷：上解收入		150 000

需要说明的是，"与上级往来"账户和"与下级往来"账户之间存在一定的关系：

（1）"与上级往来"账户核算的业务内容和"与下级往来"账户核算的业务内容是对应的，在本级财政发生与上级往来的业务时，上级财政即发生与下级往来业务。

（2）"与上级往来"和"与下级往来"账户均属于双重性质的账户。一般而言，"与下级往来"账户的期末余额应在借方，反映下级财政欠本级财政的款项，属于本级财政的资产；"与下级往来"账户的期末余额如果为贷方，反映本级财政欠下级财政的款项，在资产负债表中以负数反映。"与上级往来"账户的期末余额应在贷方，反映本级财政欠上级财政的款项，属于本级财政的负债；"与上级往来"账户的期末余额如果为借方，反映上级财政欠本级财政的款项，在资产负债表中以负数反映。

（二）其他应付款

其他应付款是指政府财政临时发生的暂收、应付和收到的不明性质款项。由于其他应付款项属于待结算款项，无论其金额大小，必须及时清理，不能长期挂账。清理结算时，应根据款项的性质，退还或转作收入。

政府财政通过设置"其他应付款"账户核算政府财政临时发生的暂收、应付和收到的不明性质款项的增减变动情况。该账户的贷方登记其他应付款的增加；借方登记其他应付款的减少；期末贷方余额反映政府财政尚未结清的其他应付款项。其明细账应当按照债权单位或资金来源等设置并进行明细核算。

需要说明的是，税务机关代征入库的社会保险费、项目单位使用并承担还款责任的外国政府和国际金融组织贷款，也通过"其他应付款"账户核算。

政府财政收到暂存款项时，借记"国库存款""其他财政存款"等账户，贷记"其他应付款"账户；将暂存款项清理退还或转作收入时，借记"其他应付款"账户，贷记"国库存款"

"其他财政存款"或有关收入账户。社会保险费代征入库时,借记"国库存款"账户,贷记"其他应付款"账户;社会保险费国库缴存社保基金财政专户时,借记"其他应付款"账户,贷记"国库存款"账户。收到项目单位承担还款责任的外国政府和国际金融组织的贷款资金时,借记"其他财政存款"账户,贷记"其他应付款"账户;付给项目单位时,借记"其他应付款"账户,贷记"其他财政存款"账户。收到项目单位偿还的贷款资金时,借记"其他财政存款"账户,贷记"其他应付款"账户;付给外国政府和国际金融组织项目单位时,借记"其他应付款"账户,贷记"其他财政存款"账户。

【例 4-3】 2016 年 12 月,某市财政根据国库存款账户发生的其他应付款业务,编制相关的会计分录。

(1)收到某单位性质不明的缴款 125 000 元。

借:国库存款　　　　　　　　　　　　　　　　　125 000
　　贷:其他应付款——某单位——性质不明款项　　　　　　　125 000

(2)经查明,已计入其他应付款的 125 000 元为该单位记账差错所致,予以退回。

借:其他应付款——某单位——性质不明款项　　　　　125 000
　　贷:国库存款　　　　　　　　　　　　　　　　　　　　125 000

四、应付政府债券

(一) 应付政府债券概述

应付政府债券是指政府财政采用发行政府债券方式筹集资金而形成的负债,包括应付短期政府债券和应付长期政府债券。政府发行债券筹集的资金在使用上和税收一样,主要用于社会公共服务领域,如环境保护设施、国防装备和设施、公共行政设施、道路、桥梁等。

目前,我国的政府债券按照发行主体可分为:①中央政府债券,亦称国债。它包括国内发行的国债和在国际上发行的主权债券。发行国债收入列入中央预算,由中央政府安排支出和使用,还本付息也由中央政府承担。②地方政府债券。它是由省、市地方政府发行的债券。分为地方政府直接发行和债转贷两种方式,其中,债转贷是指中央政府增发一定数量的国债,通过财政部将国债资金转贷给省级政府用于地方的经济和社会发展建设项目。省级人民政府在本省范围内统借、统筹、统还;省级财政部门作为省级政府的债权、债务人的代表,负责对财政部的还本付息工作。

2015 年起实施的新《预算法》规定,经国务院批准的省、自治区、直辖市的预算中,必需的建设投资的部分资金可以在国务院确定的限额内,通过发行地方政府债券的方式筹措。地方政府债券由地方政府发行和偿还,其债务收入列入地方预算,由地方政府安排使用,还本付息也由地方政府承担,但地方政府债券的发行范围并不局限于本地区。

政府债券按照偿还期限是否确定可分为定期债券和不定期债券。其中,定期债券是指政府发行的严格规定有还本付息期限的国债,如发行期限在 1 年以内的国债为短期国债;发行期限在 1 年以上、10 年以下的国债(包含 1 年但不含 10 年)为中期国债;发行期限在 10 年以上的国债(含 10 年)为长期国债。不定期国债是指政府发行的不规定还本付息期限的国债。

政府债券按照发行方式可分为按面值发行、溢价发行和折价发行三种。其中,以债券的票面金额作为发行价格的,为按面值发行;以高于债券面额的价格发行的,为溢价发行;以低于债券面额的价格发行的,为折价发行。

政府通过发行债券方式筹集资金是一把"双刃剑",它在增加各级政府的财务资源的同时,也加大了其偿债风险。为了控制政府的负债规模,保持适当的短期偿债能力和长期偿债能力,实现控制偿债风险的管理目标,政府会计应根据地方政府举借债务的特点,全面、客观、及时地提供政府举借债务的信息,正确反映政府的财务状况。

（二）应付短期政府债券

应付短期政府债券是指政府财政部门以政府名义发行的期限不超过 1 年(含 1 年)的国债和地方政府债券。

政府财政通过设置"应付短期政府债券"账户核算政府财政部门短期应付债券的增减变动情况。该账户的贷方登记应付短期政府债券的增加;借方登记应付短期政府债券的减少;期末贷方余额反映政府财政尚未偿还的短期政府债券本金和利息。

"应付短期政府债券"账户应当设置"应付国债""应付地方政府一般债券""应付地方政府专项债券"等一级明细账户,在一级明细账户下,再分别设置"应付本金""应付利息"明细账户,分别核算政府债券的应付本金和利息。债务管理部门应当设置相应的辅助账,详细记录每期政府债券的金额、种类、期限、发行日、到期日、票面利率、偿还本金及付息情况等。

1. 发行债券

政府财政实际收到短期政府债券发行收入时,按照实际收到的金额,借记"国库存款"账户;按照短期政府债券实际发行额,贷记"债务收入"账户;按照发行收入和发行额的差额,借记或贷记有关支出账户。根据债券发行确认文件等相关债券管理资料,按照到期应付的短期政府债券本金金额,借记"待偿债净资产"账户,贷记"应付短期政府债券"账户。

2. 确认应付利息

期末,政府财政确认短期政府债券的应付利息时,根据债务管理部门计算出的本期应付未付利息金额,借记"待偿债净资产"账户,贷记"应付短期政府债券"账户。

3. 支付利息

政府财政实际支付本级政府财政承担的短期政府债券利息时,借记"一般公共预算本级支出"或"政府性基金预算本级支出"账户,贷记"国库存款"等账户;实际支付利息金额中属于已确认的应付利息部分时,还应根据债券兑付确认文件等相关债券管理资料,借记"应付短期政府债券"账户,贷记"待偿债净资产"账户。

4. 偿还债券本金

政府财政实际偿还本级政府财政承担的短期政府债券本金时,借记"债务还本支出"账户,贷记"国库存款"等账户;根据债券兑付确认文件等相关债券管理资料,借记"应付短期政府债券"账户,贷记"待偿债净资产"账户。

5. 置换存量债务

省级财政部门采用定向承销方式发行短期地方政府债券置换存量债务时,根据债权债务确认相关资料,按照置换本级政府存量债务的额度,借记"债务还本支出"账户,贷记"债务收入"账户;根据债务管理部门转来的相关资料,按照置换本级政府存量债务的额度,借记"待偿债净资产"账户,贷记"应付短期政府债券"账户。

【例4-4】 某省财政根据发生的短期政府债券业务,编制相关的会计分录。

(1) 经政府批准,2016 年 7 月 1 日,发行为期 10 个月的一般债券 30 000 000 元,发行为期 8 个月的专项债券 50 000 000 元,支付债券印刷、发行等费用 4 800 000 元,债券利息按月计息并支付,月利率为 4‰。

① 计算收到发行债券款的净额并分摊相关费用。

实际收到的发行债券款 = 30 000 000+50 000 000-4 800 000 = 75 200 000(元)

地方政府一般债券分摊的债券印刷、发行等费用 = $4\ 800\ 000 \times \dfrac{30\ 000\ 000}{80\ 000\ 000} = 1\ 800\ 000$(元)

地方政府专项债券分摊的债券印刷、发行等费用 = $4\ 800\ 000 \times \dfrac{50\ 000\ 000}{80\ 000\ 000} = 3\ 000\ 000$(元)

② 发行债券。

借:国库存款   75 200 000

 一般公共预算本级支出   1 800 000

 政府性基金预算本级支出   3 000 000

 贷:债务收入   80 000 000

借:待偿债净资产   80 000 000

 贷:应付短期政府债券——应付地方政府一般债券——应付本金

                 30 000 000

      ——应付地方政府专项债券——应付本金

                 50 000 000

(2) 每月计提债券应付利息。

地方政府一般债券利息 = 30 000 000×4‰ = 120 000(元)

地方政府专项债券利息 = 50 000 000×4‰ = 200 000(元)

借:待偿债净资产   320 000

 贷:应付短期政府债券——应付地方政府一般债券——应付利息

                120 000

      ——应付地方政府专项债券——应付利息

                200 000

(3) 每月实际支付债券利息。

借:一般公共预算本级支出   120 000

政府性基金预算本级支出   200 000
　　贷:国库存款   320 000
　借:应付短期政府债券——应付地方政府一般债券——应付利息
　　　　　　　　　　　　　　　　　　　　　　120 000
　　　　　　——应付地方政府专项债券——应付利息
　　　　　　　　　　　　　　　　　　　　　　200 000
　　贷:待偿债净资产   320 000

（4）2017 年 3 月 28 日,地方政府专项债券到期。
　借:应付短期政府债券——应付地方政府专项债券——应付本金
　　　　　　　　　　　　　　　　　　　　　50 000 000
　　贷:待偿债净资产   50 000 000

（5）2017 年 4 月 30 日,偿还本级短期政府一般债券全部本金。
　借:债务还本支出   30 000 000
　　贷:国库存款   30 000 000
　借:应付短期政府债券——应付地方政府一般债券——应付本金
　　　　　　　　　　　　　　　　　　　　　30 000 000
　　贷:待偿债净资产   30 000 000

（6）2017 年 6 月 30 日,采用定向承销方式发行短期政府专项债券以置换存量债务,置换本级政府存量债务的额度为 50 000 000 元。
　借:债务还本支出   50 000 000
　　贷:债务收入   50 000 000
　借:待偿债净资产   50 000 000
　　贷:应付短期政府债券——应付地方政府专项债券——应付本金
　　　　　　　　　　　　　　　　　　　　　50 000 000

（三）应付长期政府债券

应付长期政府债券是指政府财政部门以政府名义发行的期限超过 1 年的国债和地方政府债券的应付本金和利息。

政府财政部门通过设置"应付长期政府债券"账户核算应付长期政府债券的增减变动情况。该账户的贷方登记应付长期政府债券的增加;借方登记应付长期政府债券的减少;期末贷方余额反映政府财政尚未偿还的长期政府债券本金和利息。

"应付长期政府债券"账户应当设置"应付国债""应付地方政府一般债券""应付地方政府专项债券"等一级明细账户;在一级明细账户下,再分别设置"应付本金""应付利息"明细账户,分别核算政府债券的应付本金和利息。债务管理部门应当设置相应的辅助账,详细记录每期政府债券的金额、种类、期限、发行日、到期日、票面利率、偿还本金及付息情况等。

1. 发行债券

政府财政实际收到长期政府债券发行收入时,按照实际收到的金额,借记"国库存款"

账户;按照长期政府债券的实际发行额,贷记"债务收入"账户;按照发行收入和发行额的差额,借记或贷记有关支出账户。根据债券发行确认文件等相关债券管理资料,按照到期应付的长期政府债券本金金额,借记"待偿债净资产"账户,贷记"应付长期政府债券"账户。

2. 确认应付利息

期末政府财政确认长期政府债券的应付利息时,根据债务管理部门计算出的本期应付未付利息金额,借记"待偿债净资产"账户,贷记"应付长期政府债券"账户。

3. 支付利息

政府财政支付本级政府财政承担的长期政府债券利息时,借记"一般公共预算本级支出"或"政府性基金预算本级支出"账户,贷记"国库存款"等账户;实际支付利息金额中属于已确认的应付利息部分时,还应根据债券兑付确认文件等相关债券管理资料,借记"应付长期政府债券"账户,贷记"待偿债净资产"账户。

4. 偿还本金

政府财政实际偿还本级政府财政承担的长期政府债券本金时,借记"债务还本支出"账户,贷记"国库存款"等账户;根据债券兑付确认文件等相关债券管理资料,借记"应付长期政府债券"账户,贷记"待偿债净资产"账户。

5. 偿还下级政府承担的债券本息

本级政府财政偿还下级政府财政承担的地方政府债券本息时,借记"其他应付款"或"其他应收款"账户,贷记"国库存款"账户;根据债券兑付确认文件等相关债券管理资料,按照实际偿还的长期政府债券本金及已确认的应付利息金额,借记"应付长期政府债券"账户,贷记"待偿债净资产"账户。

6. 转换存量债务

省级财政部门采用定向承销方式发行长期地方政府债券置换存量债务时,根据债权债务确认相关资料,按照置换本级政府存量债务的额度,借记"债务还本支出"账户;按照置换下级政府存量债务的额度,借记"债务转贷支出"账户;按照置换存量债务的总额度,贷记"债务收入"账户。根据债务管理部门转来的相关资料,按照置换存量债务的总额度,借记"待偿债净资产"账户,贷记"应付长期政府债券"账户。同时,按置换下级政府存量债务额度,借记"应收地方政府债券转贷款"账户,贷记"资产基金"账户。

【例4-5】 2016年,中央财政根据发生的国债部分经济业务,编制相关的会计分录。

(1)中央财政对国内平价发行5年期国债60 000 000 000元,每年付息一次,年利率为5%。收到国债资金60 000 000 000元,支付银行代理发行费用60 000 000元,从发行收入中扣除。

借:国库存款	59 940 000 000	
一般公共预算本级支出	60 000 000	
贷:债务收入		60 000 000 000
借:待偿债净资产	60 000 000 000	
贷:应付长期政府债券		60 000 000 000

（2）期末确认长期政府债券的应付利息。

本期应付未付利息 = 60 000 000 000×5% = 3 000 000 000（元）

借：待偿债净资产   3 000 000 000

  贷：应付长期政府债券   3 000 000 000

（3）次年实际支付利息 3 000 000 000 元。

借：一般公共预算本级支出   3 000 000 000

  贷：国库存款   3 000 000 000

借：应付长期政府债券   3 000 000 000

  贷：待偿债净资产   3 000 000 000

（4）国债到期兑付时，偿还国债本金和最后 1 年的利息，共计 63 000 000 000 元。

借：债务还本支出   60 000 000 000

  一般公共预算本级支出   3 000 000 000

  贷：国库存款   63 000 000 000

借：应付长期政府债券   60 000 000 000

  贷：待偿债净资产   60 000 000 000

【例 4-6】 2016 年，某省财政厅根据发生的长期政府债券经济业务，编制相关的会计分录。

（1）1 月 1 日，发行 2 年期地方政府一般债券 60 000 000 元，发行 3 年期地方政府专项债券 80 000 000 元，共计支付债券发行费用 7 700 000 元，每年年末支付利息一次，年利率为 4.5%。

实际收到的发行债券款 = 60 000 000+80 000 000−7 700 000 = 132 300 000（元）

$$地方政府一般债券的发行费用 = 7\ 700\ 000×\frac{60\ 000\ 000}{140\ 000\ 000} = 3\ 300\ 000（元）$$

$$地方政府专项债券分摊的发行费用 = 7\ 700\ 000×\frac{80\ 000\ 000}{140\ 000\ 000} = 4\ 400\ 000（元）$$

借：国库存款   132 300 000

  一般公共预算支出   3 300 000

  政府性基金预算支出   4 400 000

  贷：债务收入   140 000 000

借：待偿债净资产   140 000 000

  贷：应付长期政府债券——应付地方政府一般债券——应付本金

                 60 000 000

      ——应付地方政府专项债券——应付本金

                 80 000 000

（2）期末确认长期政府债券的应付利息。

本期一般债券应付未付利息 = 60 000 000×4.5% = 2 700 000（元）

本期专项债券应付未付利息 = 80 000 000×4.5% = 3 600 000（元）

借:待偿债净资产   6 300 000

 贷:应付长期政府债券——应付地方政府一般债券——应付利息

                2 700 000

    ——应付地方政府专项债券——应付利息

                3 600 000

（3）次年实际支付本级政府财政承担的长期政府债券利息。

借:一般公共预算本级支出   2 700 000

 政府性基金预算支出   3 600 000

 贷:国库存款   2 700 000

  其他财政存款   3 600 000

借:应付长期政府债券——应付地方政府一般债券——应付利息

                2 700 000

    ——应付地方政府专项债券——应付利息

                3 600 000

 贷:待偿债净资产   6 300 000

（4）实际偿还本级政府财政承担的 2 年期政府债券本金。

借:债务还本支出——应付地方政府一般债券——应付本金

               60 000 000

 贷:国库存款   60 000 000

借:应付长期政府债券——应付地方政府一般债券——应付本金

               60 000 000

 贷:待偿债净资产——应付长期政府债券 60 000 000

（5）实际偿还本级政府财政承担的 3 年期的政府债券本金:

借:债务还本支出——应付地方政府专项债券——应付本金

               80 000 000

 贷:其他财政存款   80 000 000

借:应付长期政府债券——应付地方政府专项债券——应付本金

               80 000 000

 贷:待偿债净资产——应付长期政府债券 80 000 000

五、借入款项

借入款项是指政府财政部门以政府名义向外国政府、国际金融组织等借入的款项,以及通过经国务院批准的其他方式借款形成的负债。

根据我国《外债管理暂行办法》,外债是指境内机构对非居民承担的以外币表示的债务。其中,境内机构是指在中国境内依法设立的常设机构,包括但不限于政府机关,境内金融机构,企业、事业单位和社会团体;非居民是指中国境外的机构、自然人及其在中国境内依法设立的非常设机构。

外债可以按照不同标准进行分类,按照债务类型可分为外国政府贷款、国际金融组织贷款和国际商业贷款。其中,外国政府贷款是指中国政府向外国政府举借的官方信贷;国际金融组织贷款是指中国政府向世界银行、亚洲开发银行、联合国农业发展基金会和其他国际性、地区性金融机构举借的非商业性信贷;国际商业贷款是指境内机构向非居民举借的商业性信贷。

按照偿还责任可分为主权外债和非主权外债。其中,主权外债是指由国务院授权机构代表国家举借的、以国家信用保证对外偿还的外债;主权外债以外的其他外债为非主权外债。

主权外债可分为中央政府主权外债和地方政府主权外债。中央政府主权外债是指以中华人民共和国名义向世界银行、亚洲开发银行等国际金融组织或外国政府所举借的,再由财政部、转贷银行或其他转贷机构向地方政府或相关部门转贷的债务;地方政府主权外债是由省、市、县三级地方政府授权机构(主要是财政部门)分别代表本级政府向上一级政府转贷举借的,或者以地方政府信用保证对外偿还的债务。

政府财政部门通过设置“借入款项”账户核算借入款项的增减变动情况。该账户的贷方登记借入款项的增加;借方登记借入款项的减少;期末贷方余额反映本级政府财政尚未偿还的借入款项本金和利息。

“借入款项”账户应当设置“应付本金”“应付利息”明细账户,分别对借入款项的应付本金和利息进行明细核算,同时,还应当按照债权人进行明细核算。债务管理部门应当设置相应的辅助账,详细记录每笔借入款项的期限、借入日期、偿还及付息情况等。

(一)借入主权外债

政府财政收到借入的主权外债资金并存入银行时,借记“其他财政存款”账户,贷记“债务收入”账户;根据债务管理部门转来的相关资料,按照实际承担的债务金额,借记“待偿债净资产”账户,贷记“借入款项”账户。

本级政府财政借入主权外债,且由外方将贷款资金直接支付给用款单位或供应商时,应根据以下情况分别进行处理:

(1)本级政府财政承担还款责任,贷款资金由本级政府财政同级部门(单位)使用的,本级政府财政部门根据贷款资金支付相关资料,借记“一般公共预算本级支出”等账户,贷记“债务收入”账户;根据债务管理部门转来的相关资料,按照实际承担的债务金额,借记“待偿债净资产”账户,贷记“借入款项”账户。

(2)本级政府财政承担还款责任,贷款资金由下级政府财政同级部门(单位)使用的,本级政府财政部门根据贷款资金支付相关资料及预算指标文件,借记“补助支出”账户,贷记“债务收入”账户;根据债务管理部门转来的相关资料,按照实际承担的债务金额,借记“待偿债净资产”账户,贷记“借入款项”账户。

(3)下级政府财政承担还款责任,贷款资金由下级政府财政同级部门(单位)使用的,本级政府财政部门根据贷款资金支付相关资料,借记“债务转贷支出”账户,贷记“债务收入”账户;根据债务管理部门转来的相关资料,按照实际承担的债务金额,借记“待偿债净资产”账户,贷记“借入款项”账户;同时,借记“应收主权外债转贷款”账户,贷记“资产基金"账户。

（二）确认应付利息

期末,政府财政确认借入主权外债的应付利息时,根据债务管理部门计算出的本期应付未付利息金额,借记"待偿债净资产"账户,贷记"借入款项"账户。

（三）偿还主权外债本金和利息

（1）政府财政偿还本级政府财政承担的主权外债本金时,借记"债务还本支出"账户,贷记"国库存款""其他财政存款"等账户;根据债务管理部门转来的相关资料,按照实际偿还的本金金额,借记"借入款项"账户,贷记"待偿债净资产"账户。

政府财政偿还本级政府财政承担的主权外债利息时,借记"一般公共预算本级支出"等账户,贷记"国库存款""其他财政存款"等账户;实际支付利息金额中属于已确认的应付利息部分时,还应根据债务管理部门转来的相关资料,借记"借入款项"账户,贷记"待偿债净资产"账户。

（2）政府财政偿还下级政府财政承担的主权外债的本息时,借记"其他应付款"或"其他应收款"账户,贷记"国库存款""其他财政存款"等账户;根据债务管理部门转来的相关资料,按照实际偿还的本金及已确认的应付利息金额,借记"借入款项"账户,贷记"待偿债净资产"账户。

（四）上级政府财政扣缴借入主权外债的本息

被上级政府财政扣缴主权外债的本息时,借记"其他应收款"账户,贷记"与上级往来"账户;根据债务管理部门转来的相关资料,按照实际扣缴的本金及已确认的应付利息金额,借记"借入款项"账户,贷记"待偿债净资产"账户。列报支出时,对应由本级政府财政承担的本金支出,借记"债务还本支出"账户,贷记"其他应收款"账户;对应由本级政府财政承担的利息支出,借记"一般公共预算本级支出"等账户,贷记"其他应收款"账户。

【例4-7】 某省财政获得外国政府的项目贷款150 000 000元,年利率为4.5%,采用外方将贷款资金转入财政部门资金账户的方式使用此笔贷款,该贷款项目的管理费用为贷款金额的1.2%,在支付贷款时直接扣除。编制如下会计分录:

该贷款项目的管理费 = 150 000 000×1.2% = 1 800 000（元）

借:其他财政存款	148 200 000
一般公共预算本级支出	1 800 000
贷:债务收入	150 000 000
借:待偿债净资产	150 000 000
贷:借入款项——应付本金	150 000 000

【例4-8】 2016年,某省财政根据发生的借入主权外债业务,编制相关的会计分录。

（1）获得外国政府的项目贷款50 000 000元,由本级政府财政承担还款责任,且由外方将贷款资金直接支付给用款单位或供应商。贷款利率为4.5%,期限为3年。其中,由本级政府财政同级部门(单位)使用20 000 000元。

借:一般公共预算本级支出	20 000 000

贷:债务收入	20 000 000
借:待偿债净资产	20 000 000
贷:借入款项——应付本金	20 000 000

（2）由下级政府财政同级部门（单位）使用 20 000 000 元。

借:补助支出	20 000 000
贷:债务收入	20 000 000
借:待偿债净资产	20 000 000
贷:借入款项——应付本金	20 000 000

（3）期末政府财政确认主权外债的应付利息。

应付利息 = 150 000 000×4.5% = 6 750 000（元）

| 借:待偿债净资产 | 6 750 000 |
| 贷:借入款项——应付利息 | 6 750 000 |

（4）根据借款合同,该省财政偿还本级财政承担的主权外债本金 50 000 000 元。

借:债务还本支出	50 000 000
贷:其他财政存款	50 000 000
借:借入款项——应付本金	50 000 000
贷:待偿债净资产	50 000 000

（5）省财政偿还本级政府财政承担的借入主权外债 1 年的利息。

借:一般公共预算本级支出	6 750 000
贷:国库存款	6 750 000
借:借入款项——应付利息	6 750 000
贷:待偿债净资产	6 750 000

注:如果借入主权外债的本息由下级政府财政偿还并承担,则编制如下会计分录:

借:其他应收款	6 750 000
贷:国库存款	6 750 000
借:借入款项——应付利息	6 750 000
贷:待偿债净资产	6 750 000

（五）豁免主权外债本息

债权人豁免本级政府财政承担偿还责任的主权外债本息时,根据债务管理部门转来的相关资料,按照被豁免的本金及已确认的应付利息金额,借记"借入款项"账户,贷记"待偿债净资产"账户。

债权人豁免下级政府财政承担偿还责任的主权外债本息时,根据债务管理部门转来的相关资料,按照被豁免的本金及已确认的应付利息金额,借记"借入款项"账户,贷记"待偿债净资产"账户;同时,借记"资产基金"账户,贷记"应收主权外债转贷款"账户。

【例 4-9】 承例 4-8,假定该外国政府的项目贷款到期时,收到如下通知:该国政府豁免本级政府财政承担偿还责任的主权外债本金的 10%。编制如下会计分录:

| 借:借入款项——应付本金 | 5 000 000 |

贷:待偿债净资产   5 000 000

需要说明的是,上述方法也适用于政府财政部门借入非主权外债的财务处理。

六、应付转贷款

应付转贷款是指地方政府财政向上级政府财政借入转贷资金而形成的负债,包括应付地方政府债券转贷款和应付主权外债转贷款等。

(一)应付地方政府债券转贷款

应付地方政府债券转贷款是指地方政府财政从上级政府财政借入的地方政府债券转贷款的本金和利息。

地方政府财政通过设置"应付地方政府债券转贷款"账户核算其增减变动情况。该账户的贷方登记应付地方政府债券转贷款的增加;借方登记应付地方政府债券转贷款的减少;期末贷方余额反映本级政府财政尚未偿还的地方政府债券转贷款的本金和利息。

"应付地方政府债券转贷款"账户应当设置"应付地方政府一般债券转贷款"和"应付地方政府专项债券转贷款"一级明细账户,在一级明细账户下再分别设置"应付本金"和"应付利息"两个明细账户,分别对本金和利息进行核算。

1. 收到转贷款

政府财政收到上级政府财政转贷的地方政府债券资金时,借记"国库存款"账户,贷记"债务转贷收入"账户;根据债务管理部门转来的相关资料,按照到期应偿还的转贷款本金金额,借记"待偿债净资产"账户,贷记"应付地方政府债券转贷款"账户。

2. 期末确认应付利息

政府财政期末确认地方政府债券转贷款的应付利息时,根据债务管理部门计算出的本期应付未付利息金额,借记"待偿债净资产"账户,贷记"应付地方政府债券转贷款"账户。

3. 偿还本级政府财政承担的转贷款本金和利息

(1)偿还本级政府承担的本息。偿还本级政府承担的地方政府债券转贷款本金时,借记"债务还本支出"账户,贷记"国库存款"等账户;根据债务管理部门转来的相关资料,按照实际偿还的本金金额,借记"应付地方政府债券转贷款"账户,贷记"待偿债净资产"账户。

(2)偿还本级政府财政承担的地方政府债券转贷款的利息时,借记"一般公共预算本级支出"或"政府性基金预算本级支出"账户,贷记"国库存款"等账户;实际支付利息金额中属于已确认的应付利息部分时,还应根据债务管理部门转来的相关资料,借记"应付地方政府债券转贷款"账户,贷记"待偿债净资产"账户。

(3)偿还下级政府财政承担的转贷款本金和利息。偿还下级政府财政承担的地方政府债券转贷款的本息时,借记"其他应付款"或"其他应收款"账户,贷记"国库存款"等账户;根据债务管理部门转来的相关资料,按照实际偿还的本金及已确认的应付利息金额,借记"应付地方政府债券转贷款"账户,贷记"待偿债净资产"账户。

4. 上级政府财政扣缴转贷款本金和利息

政府财政被上级政府财政扣缴地方政府债券转贷款本息时，借记"其他应收款"账户，贷记"与上级往来"账户；根据债务管理部门转来的相关资料，按照实际扣缴的本金及已确认的应付利息金额，借记"应付地方政府债券转贷款"账户，贷记"待偿债净资产"账户。列报支出时，对本级政府财政承担的还本支出，借记"债务还本支出"账户，贷记"其他应收款"账户；对本级政府财政承担的利息支出，借记"一般公共预算本级支出"或"政府性基金预算本级支出"账户，贷记"其他应收款"账户。

5. 发行地方政府债券置换存量债务

采用定向承销方式发行地方政府债券置换存量债务时，省级以下（不含省级）财政部门根据上级财政部门提供的债权债务确认相关资料，按照置换本级政府存量债务的额度，借记"债务还本支出"账户，按照置换下级政府存量债务的额度，借记"债务转贷支出"账户，按照置换存量债务的总额度，贷记"债务转贷收入"账户；根据债务管理部门转来的相关资料，按照置换存量债务的总额度，借记"待偿债净资产"账户，贷记"应付地方政府债券转贷款"账户。同时，按照置换下级政府存量债务额度，借记"应收地方政府债券转贷款"账户，贷记"资产基金——应收地方政府债券转贷款"账户。

【例 4-10】 2016 年，某省财政部门根据与其下属市级财政部门发生的政府债券业务，编制相关的会计分录。

（1）收到中央财政部门代理发行的地方政府债券款 5 000 000 000 元,期限为 3 年,到期一次还本付息,年利率为 5%。并支付债券发行费用 30 000 000 元,列入一般公共预算本级支出。

借:国库存款　　　　　　　　　　　　　　4 970 000 000
　　一般公共预算本级支出　　　　　　　　　　30 000 000
　　贷:债务转贷收入　　　　　　　　　　　　　　　5 000 000 000
借:待偿债净资产　　　　　　　　　　　　5 000 000 000
　　贷:应付地方政府债券转贷款　　　　　　　　　　5 000 000 000

（2）省财政部门将地方政府债券款中的 1 500 000 000 元转贷给所属甲市财政部门，将其中的 3 000 000 000 元转贷给所属乙市财政部门，并向甲、乙两市财政会计发出承担债券发行费用的通知单，按各自所得转贷资金比例计算应承担的发行费用。

发行费用分配率 = 30 000 000 ÷ 5 000 000 000 = 6‰

甲市财政承担债券发行费用 = 1 500 000 000 × 6‰ = 9 000 000（元）

乙市财政承担债券发行费用 = 3 000 000 000 × 6‰ = 18 000 000（元）

借:债务转贷支出　　　　　　　　　　　　4 473 000 000
　　贷:国库存款　　　　　　　　　　　　　　　　4 473 000 000
借:应收地方政府债券转贷款　　　　　　　4 500 000 000
　　贷:资产基金　　　　　　　　　　　　　　　　4 500 000 000

（3）期末确认地方政府债券转贷款的应收利息。

本期应收未收利息 = 4 500 000 000 × 5% = 225 000 000（元）

借:应收地方政府债券转贷款　　　　　　　　　　　　225 000 000

　　贷:资产基金　　　　　　　　　　　　　　　　　　　225 000 000

（4）期末确认地方政府债券转贷款的应付利息。

应付未付利息 = 500 000 000×5% = 25 000 000（元）

借:待偿债净资产　　　　　　　　　　　　　　　　25 000 000

　　贷:应付地方政府债券转贷款　　　　　　　　　　　25 000 000

（5）偿还本级政府财政承担的地方政府债券转贷款本金。

借:债务还本支出　　　　　　　　　　　　　　　4 500 000 000

　　贷:国库存款　　　　　　　　　　　　　　　　　4 500 000 000

借:应付地方政府债券转贷款　　　　　　　　　　4 500 000 000

　　贷:待偿债净资产　　　　　　　　　　　　　　　4 500 000 000

（二）应付主权外债转贷款

主权外债转贷款包括主权外债和转贷款两方面的内容。主权外债的内容前已述及，故不再赘述。而一般意义的转贷款是指某一机构或组织既作为债务人，对外签订贷款协议，取得债务（借入）资金;又作为债权人，将此资金转贷给另一机构或组织的借入并贷出资金的活动。

应付主权外债转贷款是指政府财政从上级政府财政借入的主权外债转贷款的本金和利息。政府财政通过设置"应付主权外债转贷款"账户核算其增减变动情况。该账户的贷方登记应付主权外债转贷款的增加;借方登记应付主权外债转贷款的减少;期末贷方余额反映本级政府财政尚未偿还的主权外债转贷款本金和利息。"应付主权外债转贷款"账户应当设置"应付本金"和"应付利息"两个明细账户，分别对应付本金和利息进行核算。

1. 主权外债转贷款的取得

主权外债转贷款的取得有两种方式:

（1）借入主权外债转贷款转入本级财政存款。政府财政收到上级政府财政转贷的主权外债资金时，借记"其他财政存款"账户，贷记"债务转贷收入"账户;根据债务管理部门转来的相关资料，按照实际承担的债务金额，借记"待偿债净资产"账户，贷记"应付主权外债转贷款"账户。

（2）借入主权外债转贷款由外方直接付给用款单位或供应商。政府财政从上级政府财政借入主权外债转贷款，且由外方将贷款资金直接支付给用款单位或供应商时，应根据以下情况分别进行处理:①本级政府财政承担还款责任，贷款资金由本级政府财政同级部门（单位）使用的，本级政府财政根据贷款资金支付相关资料，借记"一般公共预算本级支出"等账户，贷记"债务转贷收入"账户;根据债务管理部门转来的相关资料，按照实际承担的债务金额，借记"待偿债净资产"账户，贷记"应付主权外债转贷款"账户。②本级政府财政承担还款责任，贷款资金由下级政府财政同级部门（单位）使用的，本级政府财政部门根据贷款资金支付相关资料及预算指标文件，借记"补助支出"账户，贷记"债务转贷收入"账户;根据债务管理部门转来的相关资料，按照实际承担的债务金额，借记"待偿债净资产"账户，贷记"应付主权外债转贷款"账户。③下级政府财政承担还款责任，贷款资金由下级政府财政同级部门(单位)使用的,本级政府财政部门根据贷款资金支付相关资料,借记"债务转贷支出"账户,贷记"债务转贷收入";根据债务管理部门转来的相关资料,按照实际承担的债务金额,借记"待偿债净资产"账户,贷记"应付主权外债转贷款"账户;同时,借记"应收主权外债转贷款"账户,贷记"资产基金"账户。

2. 期末确认应付利息

政府会计主体期末确认主权外债转贷款的应付利息时,按照债务管理部门计算出的本期应付未付利息金额,借记"待偿债净资产"账户,贷记"应付主权外债转贷款——应付利息"账户。

3. 偿还主权外债转贷款本息

(1)偿还本级政府财政承担的本息。政府会计主体偿还主权外债转贷款的本金时,借记"债务还本支出"账户,贷记"其他财政存款"等账户;根据债务管理部门转来的相关资料,按照实际偿还的本金金额,借记"应付主权外债转贷款——应付本金"账户,贷记"待偿债净资产"账户。

偿还主权外债转贷款的利息时,借记"一般公共预算本级支出"等账户,贷记"其他财政存款"等账户;实际偿还利息金额中属于已确认的应付利息部分,还应根据债务管理部门转来的相关资料,借记"应付主权外债转贷款——应付利息"账户,贷记"待偿债净资产"账户。

(2)偿还下级政府财政承担的本息。政府财政偿还下级政府财政承担的主权外债转贷款的本息时,借记"其他应付款"或"其他应收款"账户,贷记"其他财政存款"等账户;根据债务管理部门转来的相关资料,按照实际偿还的本金及已确认的应付利息金额,借记"应付主权外债转贷款——应付本金或应付利息"账户,贷记"待偿债净资产"账户。

4. 上级政府财政扣缴借入主权外债转贷款的本息

被上级政府财政扣缴借入主权外债转贷款的本息时,借记"其他应收款"账户,贷记"与上级往来"账户;根据债务管理部门转来的相关资料,按照被扣缴的本金及已确认的应付利息金额,借记"应付主权外债转贷款——应付本金或应付利息"账户,贷记"待偿债净资产"账户。列报支出时,对本级政府财政承担的还本支出,借记"债务还本支出"账户,贷记"其他应收款"账户;对本级政府财政承担的利息支出,借记"一般公共预算本级支出"等账户,贷记"其他应收款"账户。

【例4-11】 某省财政根据发生的外国政府项目贷款业务,编制相关的会计分录。

(1)省财政获得外国政府的项目贷款150 000 000元,采用外方将贷款资金转入财政部门资金账户的方式使用此笔贷款,贷款利率为4.5%,期限为3年。

借:其他财政存款   150 000 000

  贷:债务转贷收入   150 000 000

借:待偿债净资产   150 000 000

  贷:应付主权外债转贷款——应付本金   150 000 000

(2)期末确认应付利息。

本期应付未付利息 = 150 000 000×4.5% = 6 750 000(元)

借:待偿债净资产   6 750 000

  贷:应付主权外债转贷款——应付利息   6 750 000

（3）偿还转贷款本金。

借:债务还本支出   150 000 000

  贷:其他财政存款   150 000 000

借:应付主权外债转贷款——应付本金   150 000 000

  贷:待偿债净资产   150 000 000

（4）偿还转贷款利息。

应偿还的利息 = 6 750 000×3 = 20 250 000（元）

借:一般公共预算本级支出   20 250 000

  贷:其他财政存款   20 250 000

借:应付主权外债转贷款——应付利息   20 250 000

  贷:待偿债净资产   20 250 000

【例 4-12】 2016 年,某省财政根据发生的从财政部借入主权外债转贷款资金业务,编制相关的会计分录。

（1）从财政部借入主权外债转贷款资金 360 000 000 元,由本级政府财政承担还款责任,且由外方将贷款资金直接付给用款单位,贷款利率为 5%,期限为 2 年。其中,由本级政府财政同级部门使用 200 000 000 元、下级政府财政同级部门使用 160 000 000 元。

借:一般公共预算本级支出   200 000 000

  补助支出   160 000 000

  贷:债务转贷收入   360 000 000

借:待偿债净资产   360 000 000

  贷:应付主权外债转贷款——应付本金   360 000 000

（2）期末确认应付利息。

本期应付利息 = 360 000 000×4.5% = 16 200 000（元）

借:待偿债净资产   16 200 000

  贷:应付主权外债转贷款——应付利息   16 200 000

（3）转贷款到期偿还本金。

借:债务还本支出   360 000 000

  贷:其他财政存款   360 000 000

借:应付主权外债转贷款——应付本金   360 000 000

  贷:待偿债净资产   360 000 000

（4）偿还本级政府财政承担的转贷款利息。

应偿还的利息 = 16 200 000×2 = 32 400 000（元）

借:一般公共预算本级支出   32 400 000

  贷:其他财政存款   32 400 000

借:应付主权外债转贷款——应付利息   32 400 000

　　　　　　　贷:待偿债净资产　　　　　　　　　　　　　　　　　　　　　　32 400 000

　　【例 4-13】　承例 4-12,如果该省转贷款资金由下级政府财政承担还款责任。

　　(1)省级政府财政借入主权外债转给下级政府财政贷款 160 000 000 元。

　　　　借:债务转贷支出　　　　　　　　　　　　　　　　　160 000 000

　　　　　贷:债务转贷收入　　　　　　　　　　　　　　　　　160 000 000

　　　　借:待偿债净资产　　　　　　　　　　　　　　　　　160 000 000

　　　　　贷:应付主权外债转贷款——应付本金　　　　　　　　160 000 000

　　　　借:应收主权外债转贷款　　　　　　　　　　　　　160 000 000

　　　　　贷:资产基金　　　　　　　　　　　　　　　　　　　160 000 000

　　(2)期末确认应付利息。

　　本期应付利息 = 160 000 000×4.5% = 7 200 000(元)

　　　　借:待偿债净资产　　　　　　　　　　　　　　　　　　7 200 000

　　　　　贷:应付主权外债转贷款——应付利息　　　　　　　　　7 200 000

　　(3)偿还下级政府财政承担的转贷款本息。

　　偿还本息 = 160 000 000+160 000 000×4.5%×2 = 174 400 000(元)

　　　　借:其他应收款　　　　　　　　　　　　　　　　　174 400 000

　　　　　贷:其他财政存款　　　　　　　　　　　　　　　　174 400 000

　　　　借:应付主权外债转贷款——应付本金　　　　　　　160 000 000

　　　　　　　　　　　　　　　——应付利息　　　　　　　 14 400 000

　　　　　贷:待偿债净资产　　　　　　　　　　　　　　　　174 400 000

　　5.豁免主权外债转贷款本息

　　上级政府财政豁免主权外债转贷款本息时,根据以下情况分别进行处理:

　　(1)豁免本级政府财政承担偿还责任的主权外债转贷款本息时,根据债务管理部门转来的相关资料,按照豁免转贷款的本金及已确认的应付利息金额,借记"应付主权外债转贷款"账户,贷记"待偿债净资产"账户。

　　(2)豁免下级政府财政承担偿还责任的主权外债转贷款本息时,根据债务管理部门转来的相关资料,按照豁免转贷款的本金及已确认的应付利息金额,借记"应付主权外债转贷款"账户,贷记"待偿债净资产"账户;同时,借记"资产基金"账户,贷记"应收主权外债转贷款"账户。

七、应付代管资金、已结报支出和其他负债

(一)应付代管资金

　　财政代管资金是指政府财政通过开设财政代管资金专户,将预算单位自有资金实行统一管理、集中支付的资金。应付代管资金是指政府财政代为管理的、使用权属于被代管主体的资金。

　　政府财政通过设置"应付代管资金"账户核算其增减变动情况。该账户的贷方登记收到的代管资金;借方登记支付的代管资金;期末贷方余额反映政府财政尚未支付的代管资

金。该账户应当根据管理需要进行明细核算。

政府财政收到代管资金时,借记"其他财政存款"等账户,贷记"应付代管资金"账户;支付代管资金时,借记"应付代管资金"账户,贷记"其他财政存款"等账户;代管资金产生的利息收入按照相关规定仍属于代管资金的,应借记"其他财政存款"等账户,贷记"应付代管资金"账户。

【例 4-14】 某市财政根据发生的应付代管资金业务,编制相关的会计分录。

(1)收到相邻市汇来代管款项 500 000 元。

借:其他财政存款	500 000
贷:应付代管资金	500 000

(2)本期代管资金产生利息收入 25 000 元。

借:其他财政存款	25 000
贷:应付代管资金	25 000

(3)支付代管资金和利息。

借:应付代管资金	525 000
贷:其他财政存款	525 000

(二)已结报支出

已结报支出是指政府财政国库支付执行机构已清算的国库集中支付支出数额。

每日汇总清算后,财政国库支付执行机构会计根据有关划款凭证回执联和按部门分"类""款""项"汇总的"预算支出结算清单",对于财政直接支付的,借记"财政零余额账户存款"账户,贷记"已结报支出"账户;对于财政授权支付的,借记"一般公共预算本级支出""政府性基金预算本级支出""国有资本经营预算本级支出"等账户,贷记"已结报支出"账户。年终财政国库支付执行机构按照累计结清的支出金额,与有关方面核对一致后转账时,借记"已结报支出"账户,贷记"一般公共预算本级支出""政府性基金预算本级支出""国有资本经营预算本级支出"等账户。

【例 4-15】 2016 年,某市财政国库支付执行机构根据发生的已结报支出业务,编制相关的会计分录。

(1)某日,为预算单位直接支付以一般预算资金安排的支出 5 000 000 元。该机构当日汇总"预算支出结算清单",其中财政直接支付金额 5 000 000 元,该清单已送财政总预算会计结算资金。

借:一般公共预算本级支出	5 000 000
贷:财政零余额账户存款	5 000 000
借:财政零余额账户存款	5 000 000
贷:已结报支出——财政直接支付	5 000 000

(2)某日,收到财政授权支付方式下代理银行报来的"财政支出日报表",列示当日一般预算支出 1 500 000 元,基金预算支出 300 000 元。

借:一般公共预算本级支出	1 500 000
政府性基金预算本级支出	300 000

贷:已结报支出——财政授权支付　　　　　　　　　　　　　1 800 000

（3）年终,该市财政国库支付执行机构将预算支出与有关方面核对一致后转账,其中一般公共预算本级支出 210 000 000 元,政府性基金预算本级支出 60 000 000 元。

借:已结报支出　　　　　　　　　　　　　　　270 000 000

贷:一般公共预算本级支出　　　　　　　　　210 000 000

政府性基金预算本级支出　　　　　　　　60 000 000

（三）其他负债

其他负债是指政府财政因有关政策明确要求其承担支出责任的事项而形成的应付未付款项。

政府财政通过设置"其他负债"账户核算其增减变动情况。该账户的贷方登记政府财政应承担的支出责任;借方登记实际偿还负债;期末贷方余额反映政府财政承担的、尚未支付的其他负债余额。该账户应当按照债权单位和项目等进行明细核算。

政府财政根据有关政策已明确政府财政应承担的支出责任,按照确定应承担的负债金额,借记"待偿债净资产"账户,贷记"其他负债"账户。政府财政实际偿还负债时,借记有关支出等账户,贷记"国库存款"等账户;同时,按照相同的金额,借记"其他负债"账户,贷记"待偿债净资产"账户。

第二节　净资产

一、净资产概述

（一）净资产的概念及特征

净资产是指政府财政资产减去负债的差额。它由资产、负债两个会计要素组成,反映了财政总预算会计主体所拥有或控制的经济资源在抵偿了一切现存义务以后的差额,用公式可表示为:"资产-负债=净资产"。从资产、负债和净资产三个要素之间的数量关系来看,净资产的变动不能独立于该会计主体的资产和负债,是由资产和负债两个会计要素之间或某一会计要素单方面的增减变动引起的,是对资产和负债分别计量并相互抵减的结果。净资产体现了财政总预算会计主体在某一特定日期拥有和控制的经济资源的净额,反映了该主体在持续发展过程中预期能够产生服务潜力或者带来经济利益流入的能力;净资产会因政府会计主体取得收入扣除费用或支出后的正差额而增加,也会因收入扣除费用或支出后的负差额而减少。

财政总预算会计净资产具有以下特征:

（1）根据"净资产=资产-负债"的计算过程来看,净资产不像资产、负债要素那样在发生时可按规定的方法单独计量,净资产的确认也是在资产和负债计量之后确定的。因此,净资产的确认与计量取决于资产和负债确认与计量的状况和结果。

（2）一般来说,引起净资产增减变动的原因主要有两个:①由于含有经济利益或服务潜力的经济资源流入会计主体,使其资产增加或负债减少,从而导致净资产增加,即财政总预算会计主体获得了收入而导致净资产增加;②由于含有经济利益或服务潜力的经济资源流出会计主体,使财政总预算会计主体的资产减少或负债增加,从而导致净资产减少,即财政总预算会计主体发生了费用或支出而导致净资产减少。

政府财政总预算会计核算的净资产包括:一般公共预算结转结余、政府性基金预算结转结余、国有资本经营预算结转结余、财政专户管理资金结余、专用基金结余、预算稳定调节基金、资产基金、预算周转金和待偿债净资产。

需要说明的是,"结转结余"概念包括两层含义:一是财政拨款结转资金(简称"结转资金"),指当年支出预算已执行但尚未完成,或因故未执行,下年需按原用途继续使用的财政拨款资金;二是财政拨款结余资金(简称"结余资金"),指支出预算工作目标已完成,或由于受政策变化、计划调整等因素影响工作终止,当年剩余的财政拨款资金。

(二)净资产确认与计量的基本原则

由于净资产是资产扣减负债后的差额,因此,无论是其确认还是计量都不能单独进行,只能在采用一定方法分别确认、计量资产和负债后,方可确定净资产。因此,《基本准则》规定,净资产金额取决于资产和负债的计量。

二、预算资金的结转结余

(一)一般公共预算结转结余

一般公共预算结转结余是指政府财政纳入一般公共预算管理的收支相抵后形成的结转结余。它在一定程度上反映了政府一般公共预算执行的结果。

政府财政通过设置"一般公共预算结转结余"账户核算一般公共预算结转结余的增减变动情况。该账户的贷方登记一般公共预算结转结余的增加;借方登记一般公共预算结转结余的减少;期末贷方余额反映一般公共预算收支相抵后的滚存结转结余。

年终转账时,应将一般公共预算的有关收入账户贷方余额转入本账户的贷方:借记"一般公共预算本级收入""补助收入——一般公共预算补助收入""上解收入——一般公共预算上解收入""地区间援助收入""调入资金——一般公共预算调入资金""债务收入——一般债务收入""债务转贷收入——地方政府一般债务转贷收入""动用预算稳定调节基金"等账户,贷记"一般公共预算结转结余"账户。

年终转账时,应将一般公共预算的有关支出账户借方余额转入本账户的借方:借记"一般公共预算结转结余"账户,贷记"一般公共预算本级支出""上解支出——一般公共预算上解支出""补助支出——一般公共预算补助支出""地区间援助支出""调出资金——一般公共预算调出资金""安排预算稳定调节基金""债务转贷支出——地方政府一般债务转贷支出""债务还本支出——一般债务还本支出"等账户。

政府财政设置和补充预算周转金时,借记"一般公共预算结转结余"账户,贷记"预算周转金"账户。

【例 4-16】 2016 年,某省年终转账前与一般公共预算相关的收支账户余额如表 4-1 所示。

表 4-1　一般公共预算相关收支账户余额　　　　　单位:元

借方余额账户	金额	贷方余额账户	金额
一般公共预算本级支出	146 000 000 000	一般公共预算本级收入	158 000 000 000
上解支出——一般公共预算上解支出	100 000 000	补助收入——一般公共预算补助收入	120 000 000
补助支出——一般公共预算补助支出	100 000 000	上解收入——一般公共预算上解收入	80 000 000
地区间援助支出	500 000 000	地区间援助收入	300 000 000
调出资金——一般公共预算调出资金	130 000 000	调入资金——一般公共预算调入资金	150 000 000
安排预算稳定调节基金	800 000 000	债务收入——一般债务收入	1 000 000 000
债务转贷支出——地方政府一般债务转贷支出	65 000 000	债务转贷收入——地方政府一般债务转贷收入	60 000 000
债务还本支出——一般债务还本支出	900 000 000	动用预算稳定调节基金	100 000 000
合计	148 595 000 000	合计	159 810 000 000

（1）结转有关收入账户贷方余额。

借:一般公共预算本级收入　　　　　　　　　　158 000 000 000

　　补助收入——一般公共预算补助收入　　　　　120 000 000

　　上解收入——一般公共预算上解收入　　　　　　80 000 000

　　地区间援助收入　　　　　　　　　　　　　　300 000 000

　　调入资金——一般公共预算调入资金　　　　　150 000 000

　　债务收入——一般债务收入　　　　　　　　1 000 000 000

　　债务转贷收入——地方政府一般债务转贷收入　　60 000 000

　　动用预算稳定调节基金　　　　　　　　　　　100 000 000

　　贷:一般公共预算结转结余　　　　　　　　159 810 000 000

（2）结转有关支出账户借方余额。

借:一般公共预算结转结余　　　　　　　　　　148 595 000 000

　　贷:一般公共预算本级支出　　　　　　　　146 000 000 000

　　　　上解支出——一般公共预算上解支出　　　100 000 000

　　　　补助支出——一般公共预算补助支出　　　100 000 000

　　　　地区间援助支出　　　　　　　　　　　　500 000 000

　　　　调出资金——一般公共预算调出资金　　　130 000 000

　　　　安排预算稳定调节基金　　　　　　　　　800 000 000

　　　　债务转贷支出——地方政府一般债务转贷支出　65 000 000

　　　　债务还本支出——一般债务还本支出　　　900 000 000

经计算,一般公共预算结转结余为 11 215 000 000 元(159 810 000 000-148 595 000 000)。

(二)政府性基金预算结转结余

政府性基金预算结转结余是指政府财政纳入政府性基金预算管理的收支相抵后形成的结转结余。

政府财政通过设置"政府性基金预算结转结余"账户核算政府性基金预算结转结余的增减变动情况。该账户的贷方登记政府性基金预算结转结余的增加;借方登记政府性基金预算结转结余的减少;期末贷方余额反映政府性基金预算收支相抵后的滚存结转结余。其明细账应当根据管理需要,按照政府性基金的种类设置并进行明细核算。

年终转账时,应将政府性基金预算的有关收入账户贷方余额按照政府性基金种类分别转入本账户下相应明细账户的贷方:借记"政府性基金预算本级收入""补助收入——政府性基金预算补助收入""上解收入——政府性基金预算上解收入""调入资金——政府性基金预算调入资金""债务收入——专项债务收入""债务转贷收入——地方政府专项债务转贷收入"等账户,贷记"政府性基金预算结转结余"账户。

年终转账时,应将政府性基金预算的有关支出账户借方余额按照政府性基金种类分别转入本账户下相应明细账户的借方:借记"政府性基金预算结转结余"账户,贷记"政府性基金预算本级支出""上解支出——政府性基金预算上解支出""补助支出——政府性基金预算补助支出""调出资金——政府性基金预算调出资金""债务还本支出——专项债务还本支出""债务转贷支出——地方政府专项债务转贷支出"等账户。

【例 4-17】 2016 年,某省年终转账前与政府性基金预算相关的收支账户余额如表 4-2 所示。

表 4-2 政府性基金预算相关收支账户余额 单位:元

借方余额账户	金额	贷方余额账户	金额
政府性基金预算本级支出	28 000 000 000	政府性基金预算本级收入	32 000 000 000
补助支出——政府性基金预算补助支出	150 000 000	补助收入——政府性基金预算补助收入	170 000 000
上解支出——政府性基金预算上解支出	220 000 000	上解收入——政府性基金预算上解收入	260 000 000
调出资金——政府性基金预算调出资金	150 000 000	调入资金——政府性基金预算调入资金	180 000 000
债务还本支出——专项债务还本支出	200 000 000	债务收入——专项债务收入	200 000 000
债务转贷支出——地方政府专项债务转贷支出	1 650 000 000	债务转贷收入——地方政府专项债务转贷收入	1 900 000 000
合计	30 370 000 000	合计	34 710 000 000

(1)结转有关收入账户贷方余额。

借:政府性基金预算本级收入 32 000 000 000

补助收入——政府性基金预算补助收入   170 000 000

上解收入——政府性基金预算上解收入   260 000 000

调入资金——政府性基金预算调入资金   180 000 000

债务收入——专项债务收入   200 000 000

债务转贷收入——地方政府专项债务转贷收入   1 900 000 000

  贷:政府性基金预算结转结余   34 710 000 000

（2）结转有关支出账户借方余额。

借:政府性基金预算结转结余   30 370 000 000

  贷:政府性基金预算本级支出   28 000 000 000

补助支出——政府性基金预算补助支出   150 000 000

上解支出——政府性基金预算上解支出   220 000 000

调出资金——政府性基金预算调出资金   150 000 000

债务还本支出——地方政府专项债务转贷支出   200 000 000

债务转贷支出——专项债务还本支出   1 650 000 000

经计算,政府性基金预算结转结余为 4 340 000 000 元(34 710 000 000-30 370 000 000)。

（三）国有资本经营预算结转结余

国有资本经营预算结转结余是指政府财政纳入国有资本经营预算管理的收支相抵后形成的结转结余,也是政府持有国有资产运营结果的综合反映。

政府财政通过设置"国有资本经营预算结转结余"账户核算国有资本经营预算结转结余的增减变动情况。该账户的贷方登记国有资本经营预算的有关收入转入数;借方登记国有资本经营预算的有关支出转入数;期末贷方余额反映国有资本经营预算收支相抵后的滚存结转结余。

年终转账时,应将国有资本经营预算的有关收入账户贷方余额转入本账户的贷方:借记"国有资本经营预算本级收入"等账户,贷记"国有资本经营预算结转结余"账户;应将国有资本经营预算的有关支出账户借方余额转入本账户的借方:借记"国有资本经营预算结转结余"账户,贷记"国有资本经营预算本级支出""调出资金——国有资本经营预算调出资金"等账户。

【例 4-18】 某省财政年终结账时,"国有资本经营预算收入"账户的贷方余额为 34 500 000 000元;"国有资本经营预算支出"账户的借方余额为 30 100 000 000 元。编制如下会计分录:

（1）结转国有资本经营预算收入。

借:国有资本经营预算本级收入   34 500 000 000

  贷:国有资本经营预算结转结余   34 500 000 000

（2）结转国有资本经营预算支出。

借:国有资本经营预算结转结余   30 100 000 000

  贷:国有资本经营预算本级支出   30 100 000 000

经计算,国有资本经营预算结转结余为 4 400 000 000 元(34 500 000 000-30 100 000 000)。

三、财政专户管理资金结余

财政专户管理资金结余是指政府财政纳入财政专户管理的教育收费等资金收支相抵后形成的结余。

政府财政通过设置"财政专户管理资金结余"账户核算财政专户管理资金结余的增减变动情况。该账户的贷方登记财政专户管理资金结余的增加;借方登记财政专户管理资金结余的减少;期末贷方余额反映政府财政纳入财政专户管理的资金收支相抵后的滚存结余。其明细账应当根据管理需要,按照部门(单位)等设置并进行明细核算。

年终转账时,应将财政专户管理资金的有关收入账户贷方余额转入本账户的贷方:借记"财政专户管理资金收入"等账户,贷记"财政专户管理资金结余"账户;应将财政专户管理资金的有关支出账户借方余额转入本账户的借方,借记"财政专户管理资金结余"账户,贷记"财政专户管理资金支出"等账户。

【例4-19】 某省财政年终结账时,财政专户管理资金结余相关账户的总账及明细账资料为:"财政专户管理资金收入——教育收费收入"165 000 000 元、"财政专户管理资金收入——彩票业务费收入"435 000 000 元;"财政专户管理资金支出——教育经费支出"140 000 000 元、"财政专户管理资金收入——彩票业务费支出"385 000 000 元。编制如下会计分录:

(1)结转财政专户管理收入。

借:财政专户管理资金收入——教育收费收入   165 000 000

             ——彩票业务费收入   435 000 000

    贷:财政专户管理资金结余   600 000 000

(2)结转财政专户管理支出。

借:财政专户管理资金结余   525 000 000

    贷:财政专户管理资金支出——教育经费支出   140 000 000

              ——彩票业务费支出   385 000 000

经计算,财政专户管理资金结余为75 000 000 元(600 000 000-525 000 000)。

四、基金

(一)预算稳定调节基金

预算稳定调节基金是指政府财政安排用于弥补以后年度预算资金不足的储备资金。

政府财政通过设置"预算稳定调节基金"账户核算预算稳定调节基金的增减变动情况。该账户的贷方登记预算稳定调节基金的增加;借方登记预算稳定调节基金的减少;期末贷方余额反映预算稳定调节基金的规模。

政府财政使用超收收入或一般公共预算结余补充预算稳定调节基金时,借记"安排预算稳定调节基金"账户,贷记"预算稳定调节基金"账户;政府财政将预算周转金转入预算稳定调节基金时,借记"预算周转金"账户,贷记"预算稳定调节基金"账户;政府财政调用预算稳定调节基金时,借记"预算稳定调节基金"账户,贷记"动用预算稳定调节基金"账户。

【例4-20】 2016年,某省财政根据发生的预算稳定调节基金业务,编制相关的会计分录。

（1）补充预算稳定调节基金35 000 000元。其中,从政府财政使用超收收入中转入20 000 000元,其余从一般公共预算结余中转入。

借:安排预算稳定调节基金　　　　　　　　　　　　　35 000 000

　　贷:预算稳定调节基金　　　　　　　　　　　　　　　　35 000 000

（2）政府财政将预算周转金35 000 000元调入预算稳定调节基金。

借:预算周转金　　　　　　　　　　　　　　　　　　35 000 000

　　贷:预算稳定调节基金　　　　　　　　　　　　　　　　35 000 000

（3）调用预算稳定调节基金5 000 000元。

借:预算稳定调节基金　　　　　　　　　　　　　　　5 000 000

　　贷:动用预算稳定调节基金　　　　　　　　　　　　　　5 000 000

（二）资产基金

资产基金是指政府财政持有的债权和股权投资等资产（与其相关的资金收支纳入预算管理）在净资产中占用的金额。构成资产基金的债权和股权投资等资产包括应收地方政府债券转贷款、应收主权外债转贷款、股权投资和应收股利。资产基金具有以下特点:一是资产基金中的"资产"是财政总预算会计主体的部分资产而不是其全部资产;二是资产基金随债权、股权投资资产增加而增加,随债权、股权投资资产减少而减少;三是资产基金数额与其对应的资产数额相一致。

政府财政通过设置"资产基金"账户核算其持有的应收地方政府债券转贷款、应收主权外债转贷款、股权投资和应收股利等资产（与其相关的资金收支纳入预算管理）在净资产中占用的金额的增减变动情况。该账户的贷方登记资产基金的增加;借方登记资产基金的减少;期末贷方余额反映政府财政持有应收地方政府债券转贷款、应收主权外债转贷款、股权投资和应收股利等资产（与其相关的资金收支纳入预算管理）在净资产中占用的金额。其明细账应当按"应收地方政府债券转贷款""应收主权外债转贷款""股权投资""应收股利"等设置,并进行明细核算。

资产基金的账务处理在有关章节中已作说明,在此不再赘述。

（三）专用基金结余

专用基金结余是指专用基金收支的执行结果,亦指政府财政管理的专用基金收支相抵后形成的结余。

政府财政通过设置"专用基金结余"账户核算专用基金结余的增减变动情况。该账户的贷方登记专用基金结余的增加;借方登记专用基金结余的减少;期末贷方余额反映政府财政管理的专用基金收支相抵后的滚存结余。其明细账应当根据专用基金的种类进行明细核算。

年终转账时,应将专用基金的有关收入账户贷方余额转入本账户的贷方:借记"专用基金收入"等账户,贷记"专用基金结余"账户;应将专用基金的有关支出账户借方余额转入本账户的借方:借记"专用基金结余"账户,贷记"专用基金支出"等账户。

【例 4-21】 2016 年 12 月,某省财政年终结账时,"专用基金结余"账户的贷方余额为 83 000 000 元。"专用基金收入"账户贷方发生额合计为 36 000 000 元;"专用基金支出"账户借方发生额合计为 20 000 000 元。该省财政编制如下会计分录:

(1) 结转专用基金收入。

借:专用基金收入   36 000 000

   贷:专用基金结余   36 000 000

(2) 结转专用基金支出。

借:专用基金结余   20 000 000

   贷:专用基金支出   20 000 000

年末,"专用基金结余"账户贷方余额 = 83 000 000 + (36 000 000 - 20 000 000)

= 99 000 000(元)

五、预算周转金

预算周转金是指政府财政为调剂预算年度内季节性收支差额,保证及时用款而设置的库款周转资金。《预算法》规定,各级一般公共预算按照国务院的规定可以设置预算周转金,用于本级政府调剂预算年度内季节性收支差额。

各级财政的总预算确定后,受客观条件等因素的影响,预算收入在年度、季度、月度中往往有淡旺的差别,而预算支出的拨付又往往需要均衡地进行,所以支出不能完全与收入相适应。因此,在预算执行中,资金使用不平衡的矛盾是经常存在的。为了解决这个矛盾,保证预算资金的正常供应,各级一般公共预算按照国务院的规定可以设置预算周转金。预算周转金的来源,原则上是上年结余,也可以在年度预算中视财力可能机动安排增设。预算周转金只能用于年度预算执行中的周转调剂,即在资金收少支多时用于临时垫支,在资金收多支少时如数补充归还,不能用于追加新的支出,年终必须保持原额,逐年结转使用。

预算周转金应根据《预算法》的要求设置。其来源有二:一是从本级财政预算结余中设置和补充;二是由上级财政部门拨入。

预算周转金是一种有偿使用的财政资金。与一般的财政资金相比,其特殊性体现在以下几个方面:

(1) 它一般是有偿使用的资金,在性质上与银行的信贷资金相同;

(2) 在资金使用上,其与一般的财政资金相同,主要用于非营利性事业;

(3) 在数量上,国家对其进行限制,主要目的是保证金融市场的秩序稳定;

(4) 在管理方式上,国家采取一系列严格的方式对其进行管理与监督。

政府财政通过设置"预算周转金"核算库款周转资金的增减变动情况。该账户的贷方登记设置和补充的预算周转金;借方登记将转出的预算周转金;期末贷方余额反映预算周转金的规模。

政府财政设置和补充预算周转金时,借记"一般公共预算结转结余"账户,贷记"预算周转金"账户;将预算周转金调入预算稳定调节基金时,借记"预算周转金"账户,贷记"预算稳定调节基金"账户。

【例 4-22】 某县财政总预算会计根据发生的预算周转金业务,编制相关的会计分录。

(1)经上级财政机关批准,从本县上年结余中补充预算周转金 1 000 000 元。

借:一般公共预算结转结余　　　　　　　　　　1 000 000

　　贷:预算周转金　　　　　　　　　　　　　　　　1 000 000

(2)将预算周转金 600 000 元调入预算稳定调节基金。

借:预算周转金　　　　　　　　　　　　　　600 000

　　贷:预算稳定调节基金　　　　　　　　　　　　600 000

六、待偿债净资产

待偿债净资产是指政府财政因承担应付短期政府债券、应付长期政府债券、借入款项、应付地方政府债券转贷款、应付主权外债转贷款、其他负债等负债(与其相关的资金收支纳入预算管理)而相应需在净资产中冲减的金额。

关于待偿债净资产概念,可以从以下两个方面理解:一是待偿债净资产伴随相关负债项目的确认而确认。也就是说,当财政总预算会计主体增加该概念中的某个负债项目时,待偿债净资产也随之增加;反之,待偿债净资产减少。二是待偿债净资产实质上是财政总预算会计主体净资产减少,但在经济资源流出会计主体前,待偿债净资产是财政总预算会计主体净资产整体的抵减项目。

政府财政通过设置"待偿债净资产"账户核算政府待偿债净资产的增减变动情况。该账户的借方登记待偿债净资产的增加;贷方登记待偿债净资产的减少;期末借方余额反映政府财政应冲减的净资产的金额。该账户应当设置"应付短期政府债券""应付长期政府债券""借入款项""应付地方政府债券转贷款""应付主权外债转贷款""其他负债"等明细账户,进行明细核算。待偿债净资产的具体核算方法已在本章第一节讲解,在此不再赘述。

【关键词汇】

应付短期政府债券(short term government bonds payable)

应付国库集中支付结余(treasury centralized payment balances payable)

与上级往来(to contact with the superior)

其他应付款(accounts payable-others)

应付长期政府债券(long-term government bonds payable)

借入款项(borrowed money)

应付地方政府债券转贷款(local government bonds payable)

应付主权外债转贷款(sovereign debt transfer loan)

一般公共预算结转结余(general public budget balance)

政府性基金预算结转结余(government fund budget balance)

国有资本经营预算结转结余(state owned capital operating budget balance)

财政专户管理资金结余(the balance of the financial accounts management funds)

专用基金结余(surplus of special purpose funds)

预算稳定调节基金(budget stabilization fund)

预算周转金(public finance-budgetary revolving fund)

资产基金(fund assets)

待偿债净资产(net assets to be sinking)

【思考题】

1. 什么是财政总预算会计负债？它具体包括哪些内容？它是如何分类的？财政总预算会计负债的确认与计量标准是什么？

2. 什么是应付国库集中支付结余？对其采用何种会计基础进行核算？采用该会计基础的原因是什么？

3. 财政总预算会计暂收及应付款项包括哪些内容？如何对其进行核算与管理？

4. 什么是应付政府债券？它包括哪些内容？与借入款项相比，两者的区别和联系表现在哪些方面？

5. 什么是应付转贷款？它包括哪些内容？

6. 什么是净资产？它包括哪些内容？简述它与负债的关系。

7. 预算结转结余包括哪些内容？与财政专户管理资金结余、专用基金结余有何不同？其如何进行账务处理？

8. 预算稳定调节基金与预算周转金的区别是什么？两者的账务处理有何不同？

9. 什么是资产基金和待偿债净资产？两者各包括哪些内容？两者均属于净资产的重要内容，但在账务处理上有何不同？

【练习题】

某省财政部门 2016 年发生如下经济业务：

（1）收到中国人民银行国库报来的预算收入日报表等凭证，当日共收到财政预算收入 6 356 000 000 元。其中，本级公共财政预算收入 4 300 000 000 元，政府性基金预算收入 500 000 000 元，国有资本经营预算收入 1 500 000 000 元，上级财政补助收入 560 000 000 元。

（2）办理农村义务教育中央专项资金财政直接支付业务，向有关货品和服务供应商支付 36 000 000 元。

（3）该省某市因一般预算资金周转困难向省财政部门临时借款 60 000 000 元，款项已经拨付到市国库存款账户；市财政部门根据收入实现情况向省财政部门归还临时借款 30 000 000 元。

（4）省财政以财政结余资金购买 3 年期一次还本付息的国债 185 000 000 元。其中，一般预算结余资金占 100 000 000 元，财政专户管理资金占 85 000 000 元。该国债年利率为 4%。国债到期时，兑付国债本息的资金存入国库及财政专户。

（5）某省财政部门收到中央财政代理发行的地方政府债券 3 000 000 000 元,年利率为 6%,到期一次还本付息。存在以下两种情况:

① 政府债券期限为 10 个月,实际收到债券发行收入 2 950 000 000 元;6 个月后,确认该债券的应付利息;支付本级政府财政承担的债券利息;偿还本级财政承担的债券本金。

② 政府债券期限为 3 年,其他资料同①。

（6）某省获得外国政府的项目贷款 1 500 000 000 元,该贷款项目的管理费用为贷款金额的 0.8%,在提供贷款时直接扣除。存在以下几种情况:

① 省财政收到借入的主权外债资金。

② 省财政借入主权外债,且由外方将贷款资金直接支付给用款单位使用。贷款使用情况和还款责任具体如下:

情形一:省财政承担还款责任,贷款资金由省卫生局使用 800 000 000 元,农林局使用 300 000 000 元,教育局使用 400 000 000 元。

情形二:省财政承担还款责任,贷款资金由所属 A 市财政同级文化局使用 200 000 000 元,B 市财政同级环保局使用 600 000 000 元,C 市国土资源局使用 700 000 000 元。

情形三:省级所属市级财政承担还款责任,贷款资金由市级财政同级部门使用,使用部门和贷款金额同情形二。

③ 期末确认主权外债的应付利息 90 000 000 元。

④ 使用其他财政存款偿还本级政府财政承担的主权外债本金和利息。偿还的利息中,属于已确认的应付利息为 60 000 000 元。

⑤ 偿还市级政府财政承担的主权外债的本息。

⑥ 外国政府同意豁免省级政府财政承担偿还责任的主权外债本息的 20%。

⑦ 外国政府同意豁免市级政府财政承担偿还责任的主权外债本息的 40%。

（7）2016 年 1 月初,某省所属 A 市收到省级政府财政转贷的地方政府债券资金 300 000 000 元,期限为 3 年,年利率为 6%。存在以下几种情况:

① 收到上级政府财政转贷的地方政府债券资金。

② 年末确认地方政府债券转贷款的应付利息。

③ A 市偿还由其财政承担的地方政府债券转贷款本金和利息。

④ A 市偿还由县级财政承担的地方政府债券转贷款本金和利息。

⑤ 省级财政扣缴地方政府债券转贷款本金和利息。

（8）资料同业务(7),且已知资金为省级财政从中央财政借入的主权外债转贷款。

要求:根据上述业务,分别进行相关的会计处理

【案例题】

第五章 财政总预算会计收入和支出

【本章纲要】

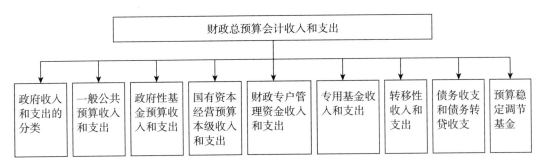

【学习目标、重点和难点】

● 通过本章的学习,应了解收入和支出的含义与内容;理解收入和支出的确认、计量理论与方法;掌握一般公共预算本级收入、政府性基金预算本级收入、国有资本经营预算本级收入、财政专户管理资金收入、专用基金收入、转移性收入、债务收入、债务转贷收入的核算;掌握一般公共预算本级支出、政府性基金预算本级支出、国有资本经营预算本级支出、财政专户管理资金支出、专用基金支出、转移性支出、债务还本支出、债务转贷支出的核算。

● 预算收入和支出、财政专户管理资金收入和支出、专用基金收入和支出、转移性收入和支出、债务收支和债务转贷收支等为本章的重点。

● 转移性收支、债务收支、债务转贷收支等为本章的难点。

第一节 政府收入和支出的分类

一、政府收支分类体系

（一）政府收支分类的内涵

所谓政府收支分类,就是按照一定的原则和方法,对政府收入和支出项目进行分类和层次划分,并在此基础上形成政府收支科目,如实反映政府的收支活动。

全面体现一国政府职能,反映一定时期国家的方针、政策,在一定程度上依赖于正确和科学的收支分类。政府是一个庞大的系统,其收入和支出的名目繁多、内容复杂。依据政府收支的内在性质和逻辑关系,进行科学、系统的归并和排列,并根据政府预算管理需要进行分类设计,能够确切反映政府的活动范围和方向,反映政府收入的来源和分配去向,并且通过将政府收支项目分类归口,明确不同类别收支管理的权责要求,既有利于促进和加强预算管理,也有利于建立统一规范的收支科目,便于比较分析和有效组织预算编制、执行、决算、收支统计、会计核算等财政工作。

在众多的国家中,政府收入通常分为具有强制性的税收收入和非税收入两大类。除此之外,收入也可根据法律基础、负责征收的行政机构进行分类,还可按照经济效应或税负归宿情况进行分类。

政府收支分类的核心是支出分类。支出分类系统由功能分类、组织分类、经济分类、管理分类、融资(来源)分类等子系统组成。目前,各国普遍的做法是按功能、规划、活动和成本要素进行划分,以满足不同的目的和需求。但功能分类是最主要的分类系统,旨在明确地揭示政府服务的功能领域。

(二)我国政府收支分类体系

目前,我国政府收支按照科学标准和国际通行做法,建立了一套由"收入分类""支出功能分类""支出经济分类"三部分组成的完整、规范的政府收支分类体系。

1. 收入的分类体系

政府收入是预算年度内通过一定的形式和程序,有计划地筹措到的归国家支配的资金,是国家参与国民收入分配的主要形式,是政府履行职能的财力保障。而政府收入分类是将各类政府收入按其性质进行归类和层次划分,以便全面、准确、细致地反映政府收入的来源、结构及其总量等情况。

根据《2016 年政府收支分类科目》,我国政府收入划分为税收收入、社会保险基金收入、非税收入、贷款转贷回收本金收入、债务收入以及转移性收入等。从分类结构上看,分设类、款、项、目四级,以满足不同层次的管理需求,这为进一步加强收入管理和数据统计分析创造了有利条件。

2. 支出的分类体系

政府支出分类是将政府支出的内容进行合理的归纳,以便准确反映和科学分析支出活动的性质、结构、规模以及支出效益。我国现行支出分类采用了国际通行做法,即同时使用支出功能分类和支出经济分类两种方法对政府支出进行分类。

(1)支出的功能分类。简单地讲,支出功能分类就是按政府的主要职能活动进行分类。各类支出主要反映政府的各项职能活动,分类的目的是反映政府的钱"干了什么",起到了怎样的社会作用或效果。

按功能分类,政府支出一般可分为四类:①一般公共(一般政府)服务支出,主要包括一般公共管理、国防、公共秩序与安全等方面的支出,其特点是没有具体的受益对象;②社会服务支出,主要包括教育、卫生、社会保障等方面的支出,其特点是支出具有明确的受益人;③经济服务支出,指着重于提高经济运行效率的支出,主要包括交通、电力、工业、农业等方面的支出;④其他支出,如利息、转移支付等。

根据政府管理和部门预算的要求,按支出功能统一设置类、款、项三级科目。类级科目综合反映政府的职能活动,如国防、外交、教育、科学技术、社会保障、环境保护等;款级科目反映为完成某项政府职能所进行的某一方面的工作,如"教育"类下的"普通教育";项级科目反映为完成某一方面的工作所发生的具体支出事项,如"水利"款下的"抗旱""水土保持"等。

支出功能分类科目能够清楚地反映现阶段我国政府支出的方向,以及政府各项职能活动支出的总量、结构和方向,有利于有效地进行总量控制和结构调整,满足宏观经济调控的需要。

(2)支出的经济分类。支出的经济分类是指按支出的经济性质和具体用途所做的一种分类。如果说支出功能分类是对政府各项职能活动的总括反映,那么支出经济分类则是按经济性质对政府各项支出的具体细化;如果说支出功能分类是反映政府支出"做了什么事",那么支出经济分类则是反映"怎样去做",即政府的每一笔钱具体是怎样花的,如办学校的钱究竟是发了工资,还是买了设备、盖了校舍。

我国政府支出经济分类科目设类、款两级科目。其中,类级科目一般包括工资福利、商品和服务支出、对个人和家庭的补助、转移支付、基本建设支出等;款级科目是对类级科目的细化,主要体现部门预算编制和单位财务管理等有关方面的要求。

我国政府收支分类体系能够充分发挥"数据辞典"的作用,在财政信息管理系统的有力支持下,可对任何一项财政收支进行"多维"定位,清楚地说明政府的钱是怎样来的,做了什么事,怎样做的,从而为预算管理、统计分析、宏观决策和财政监督等提供全面、真实、准确的经济信息。

需要说明的是,无论政府收支如何分类,我国《预算法》明确规定,政府的全部收入和支出都应当纳入预算管理。

二、政府收入的具体分类

为了全面、规范、细致地反映政府的各项收入,需要对政府的收入按照科学标准和国际通行做法进行分类。具体可见财政部制定的政府财政收支科目。

(一)税收收入

税收收入是指国家依据其政治权力,按照预定标准向纳税人强制征收的收入,是政府收入的主要来源。

目前,我国税收收入按照经济性质分为类、款、项、目四级。款级科目包括"增值税""消费税""企业所得税""个人所得税"等,各款级科目又进一步细分为项和目。感兴趣的读者可自行学习相关税收知识,在此不再深入讲解。

(二)非税收入

非税收入是指除税收以外,由各级政府、国家机关、事业单位、代行政府职能的社会团体及其他组织依法利用政府权力、政府信誉、国家资源、国有资产或提供特定公共服务、准公共服务取得并用于满足社会公共需要或准公共需要的财政资金，是政府财政收入的重要组成部分，是政府参与国民收入分配和再分配的一种形式。

非税收入的款级科目包括以下几种：①政府性基金收入，指各级人民政府及其所属部门根据法律、行政法规和中共中央、国务院文件规定，为支持特定公共基础设施建设和公共事业发展，向公民、法人和其他组织无偿征收的具有专项用途的财政资金。②专项收入，指根据特定需要由国务院批准或者经国务院授权由财政部批准，设置、征集和纳入预算管理、有专门用途的收入，包括排污费收入、水资源费收入、教育费附加收入、矿产资源补偿费收入等。③彩票资金收入，指政府为支持社会公益事业发展，通过发行彩票筹集的专项财政资金。④行政事业性收费收入，指国家机关、事业单位、代行政府职能的社会团体及其他组织根据法律、行政法规、地方性法规等有关规定，依照国务院规定程序批准，在向公民、法人提供特定服务的过程中，按照成本补偿和非营利原则向特定服务对象收取费用形成的收入。⑤罚没收入，指国家司法、公安、行政、海关或其他经济管理部门对违反法律、法令或行政法规的行为按规定课以罚金、罚款或没收赃款、赃物变价款而后上缴国家预算的收入。⑥国有资本经营收入，指各级人民政府及其部门以所有者身份依法取得的国有资本收益，主要包括国有独资企业按规定上交国家的利润、国有控股或参股企业国有股权股份获得的股利股息、企业国有产权或国有股份的转让收入以及国有独资企业清算净收入、国有控股或参股企业国有股权股份分享的公司清算净收入等。⑦国有资源（资产）有偿使用收入，指有偿转让国有资源（资产）使用权而取得的收入。⑧其他收入。

（三）贷款转贷回收本金收入

贷款转贷是指政府借入的贷款委托银行再贷给债务人并由受托银行负责贷款资金的提取和支付、本息和费用的回收以及对外偿付等的活动。贷款转贷回收的本金是我国政府会计收入的有机组成部分。

（四）债务收入

债务收入是指国家通过借贷的方式，从国内外取得的收入。国家财政部门在国内外发行债券、向外国或国际金融机构取得借款，都形成债务收入。该收入具有有偿性、自愿性、灵活性和广泛性等特点。

（五）转移性收入

转移性收入是指根据财政管理体制规定在各级财政间进行资金转移以及在本级财政各项资金间进行资金调剂所形成的收入。包括：①返还性收入；②一般性转移支付收入；③专项转移支付收入；④政府性基金转移收入；⑤上年结余收入；⑥调入资金；⑦地震灾后恢复重建调入资金；⑧调入预算稳定调节基金；⑨债券转贷收入；⑩转贷财政部代理发行地方政府债券收入。

三、政府支出的具体分类

政府支出是指政府为了完成其公共职能，对购买的所需商品和劳务进行的各种财政资金的支付活动。我国政府支出体系现在划分为支出功能分类体系、支出经济分类体系两类。两者的类级科目如表5-1所示。

表 5-1　我国政府支出功能分类和经济分类的类级项目

支出功能分类	支出经济分类
1. 一般公共服务	1. 工资福利支出
2. 外交	2. 商品和服务支出
3. 国防	3. 对个人和家庭的补助
4. 公共安全	4. 对企事业单位的补贴
5. 教育	5. 转移性支出
6. 科学技术	6. 赠予
7. 文化体育与传媒	7. 债务利息支出
8. 社会保障和就业	8. 债务还本支出
9. 社会保险基金支出	9. 基本建设支出
10. 医疗卫生	10. 其他资本性支出
11. 环境保护	11. 贷款转贷及产权参股
12. 城乡社区事务	12. 其他支出
13. 农林水事务	
14. 交通运输	
15. 工业商业金融等事务	
16. 其他支出	
17. 转移性支出	

第二节　一般公共预算收入和支出

一、一般公共预算概述

(一) 一般公共预算的内涵

一般公共预算是指将以税收为主体的财政收入用于保障和改善民生、推动经济社会发展、维护国家安全、维持国家机构正常运转等方面的收支预算。它与政府性基金预算、国有资本经营预算和社会保险基金预算组成了政府预算体系。

一般公共预算的预算目标是推动经济社会发展,保障和改善民生。它凭借政府的行政权力,建立在税收法律关系以及收费法律关系的基础之上,主要的收入来源是税收和收费。其支出范围体现了政府社会管理和经济管理的职能,典型的支出项目包括国防支出、外交支出、一般公共服务支出、公共安全支出、教育支出、社会保障支出,这些支出集中在公共产品或公共服务领域。因此,一般公共预算是国家预算体系的基础和主体。

（二）一般公共预算的种类

按照预算管辖范围划分，一般公共预算可分为中央一般公共预算和地方各级一般公共预算。中央一般公共预算包括中央各部门的预算和中央对地方的税收返还、转移支付预算。其中，中央一般公共预算收入包括中央本级收入和地方向中央的上解收入；中央一般公共预算支出包括中央本级支出、中央对地方的税收返还和转移支付。地方各级一般公共预算包括本级各部门的预算和税收返还、转移支付预算。其中，地方各级一般公共预算收入包括地方本级收入、上级政府对本级政府的税收返还和转移支付、下级政府的上解收入；地方各级一般公共预算支出包括地方本级支出、对上级政府的上解支出、对下级政府的税收返还和转移支付。

按照预算内容划分，一般公共预算可分为公共预算的收入和公共预算的支出。公共预算的收入主要包括税收收入、非税收入、债务收入和转移收入四类。其中，税收收入主要包括增值税、企业所得税、个人所得税、资源税、车船税等税种的收入；非税收入主要包括专项收入、行政事业性收费收入、罚没收入、国有资本经营收入、国有资源（资产）有偿使用收入、捐赠收入等收入；债务收入包括中央债务收入和地方债务收入；转移收入主要包括返还性收入、一般性转移支付收入、专项转移支付收入、上年结余收入、调入收入、债务转贷收入等收入。公共预算的支出主要包括一般公共服务支出、外交支出、国防支出、教育支出、科学技术支出、文化体育与传媒支出、农林水支出、社会保障和就业支出、医疗卫生与计划生育支出、节能环保支出、城乡社区支出、交通运输支出、资源勘探信息等支出、商业服务业等支出、金融支出、援助其他地区支出、国土海洋气象等支出、住房保障支出、粮油物资储备支出、转移支出、债务还本支出、债务付息支出、债务发行费用支出、预备费和其他支出等。

（三）一般公共预算的确认和计量

一般公共预算收入和支出的核算是由确认、计量、记录和报告四个相互联系的环节构成的。确认是一般公共预算核算过程的初始环节，其功能是解决一般公共预算的定性问题，主要包括以下内容：①对取得的预算数据进行识别、判断、选择和归类；②确定一般公共预算收支涉及哪项会计要素；③确定一般公共预算收支业务或事项所引起的会计要素变动应记入哪个会计期间，在财务报表的哪个项目中列示。

一般公共预算收入和支出分别属于预算收入与预算支出的范畴。根据《基本准则》中关于预算收入、预算支出确认和计量的规定，一般公共预算收入通常在实际收到时予以确认，以实际收到的金额计量；一般公共预算支出通常在实际支付时予以确认，以实际支付的金额计量。

二、一般公共预算本级收入

（一）一般预算收入的缴库与划分

1. 一般预算收入的缴库

政府预算收入的收纳缴库，一律通过国库办理。国库是预算收入的出纳机构，负责预算收入的收纳、划分、报解工作。取得的一般预算收入由国库负责收纳入库管理,并按财政体制的要求划分为中央财政收入和地方财政收入,分别报解财政部门。按现行国库制度的规定,预算收入的缴库方式有直接缴库和集中汇缴两种。

(1)直接缴库(就地缴库)。它是指基层缴款单位或缴款人按征收机关规定的缴款期限直接将应缴款项缴入财政国库或国库经收处的缴款方式。

(2)集中缴库。它是指基层缴款单位将应缴的款项通过银行汇到上级主管部门,由主管部门按征收机关规定的缴款期限汇总后缴入财政国库或国库经收处的缴款方式。采用集中缴库方式需经同级财政部门同意。

直接缴库和集中缴库是财政国库单一账户制度下的一般预算收入收缴方式。在这种方式下,征收机关既不需要设立应缴款项的过渡科目,也不需要将应缴款项先存入在银行开立的专门账户,再通过该账户缴入财政国库存款账户。

2.一般预算收入的划分

国库在收到一般预算收入后,应按照财政管理体制的要求,将一般预算收入在中央财政与地方财政之间、地方各级财政之间进行划分,主要是按税种分为“固定收入”和“共享收入”两大部分。固定收入又分为“中央固定收入”和“地方固定收入”;共享收入则是以一定的比例或其他方法进行分配。具体的收入内容和分配方式通过财政管理体制加以规定。一般预算收入在中央财政与地方财政之间的划分情况为:

(1)中央固定收入。具体包括关税,海关代征消费税和增值税,消费税,地方银行和外资银行及非银行金融企业(包括信用社)所得税,铁道部门、各银行总行、保险总公司等集中缴纳的收入(包括所得税、利润和城市维护建设税),中央企业上缴利润等。

(2)地方固定收入。具体包括个人所得税(现在是共享税),城镇土地使用税,城市维护建设税(不含铁道部门、各银行总行、各保险总公司集中缴纳的部分),房产税,车船税,印花税,屠宰税(已经停征),耕地占用税,契税,土地增值税,国有土地有偿使用收入等。

(3)中央与地方共享收入。具体包括增值税,个人所得税、企业所得税,资源税(除海洋石油资源税为中央收入外,其他为地方收入)等。

一般预算收入在地方各级财政之间的划分,按照由上一级财政制定的本级与下一级财政之间的财政管理体制执行。由于各地情况不同,划分的方法也不尽相同。

(二)一般公共预算本级收入的账务处理

政府财政通过设置“一般公共预算本级收入”账户核算一般公共预算本级收入的增减变动情况。该账户的贷方登记一般公共预算本级收入的增加;借方登记一般公共预算本级收入的减少;平时贷方余额反映一般公共预算本级收入的累计数。期末结转后,本账户无余额。“一般公共预算收入”账户应根据《2016年政府收支分类科目》中“一般公共预算收入科目”规定进行明细核算。

政府财政发生一般公共预算本级收入并收到款项时,根据当日预算收入日报表所列一般公共预算本级收入数,借记“国库存款”等账户,贷记“一般公共预算本级收入”账户。

【例5-1】 某省财政收到人民银行国库报来的公共财政预算收入日报表(见表5-2),当日共收到公共财政预算收入 526 500 元。

表 5-2 预算收入日报表（部分）

级次:省 单位:元

预算科目				本日收入
类	款	项	目	
税收收入	增值税	国内增值税	国有企业增值税	165 000 000
			集体企业增值税	40 000 000
	消费税	国内消费税	国有企业消费税	23 000 000
	企业所得税	国有铁道企业所得税	铁道运输企业所得税	280 000 000
	个人所得税	个人所得税	储蓄存款利息所得税	20 000 000
	城市维护建设税	国有企业城市维护建设税		13 000 000
		集体企业城市维护建设税		2 800 000
	房产税	国有企业房产税		82 000 000
	印花税	证券交易印花税	证券交易印花税	3 000 000
合计	——	——	——	628 800 000

根据表 5-2,编制如下会计分录:

借:国库存款　　　　　　　　　　　　　　628 800 000

　　贷:一般公共预算本级收入——税收收入(增值税)　205 000 000

　　　　　　——税收收入(消费税)　　23 000 000

　　　　　　——税收收入(企业所得税)280 000 000

　　　　　　——税收收入(个人所得税)　20 000 000

　　　　　　——税收收入(城市维护建设税)

　　　　　　　　　　　　　　　　　　15 800 000

　　　　　　——税收收入(房产税)　　82 000 000

　　　　　　——税收收入(印花税)　　3 000 000

三、一般公共预算本级支出

政府财政通过设置"一般公共预算本级支出"账户核算一般公共预算本级支出的增减变动情况。该账户的借方登记一般公共预算本级支出的增加;贷方登记一般公共预算本级支出的减少;平时借方余额反映一般公共预算本级支出的累计数。期末结转后,本账户无余额。

"一般公共预算本级支出"账户应根据《2016 年政府收支分类科目》中支出功能分类科目设置明细账户。同时,根据管理需要,按照支出经济分类科目、部门等进行明细核算。

政府财政实际发生一般公共预算本级支出时,借记"一般公共预算本级支出"账户,贷记"国库存款""其他财政存款"等账户。

【例 5-2】 2017 年 3 月 10 日,某省财政发生的一般公共预算本级支出业务如表 5-3 所示,编制相关的会计分录。

表 5-3　预算支出结算清单(部分)

代理银行:工商银行××分行

列支日期:2017 年 3 月 10 日   单位:元

预算部门	预算科目名称(项)支出功能分类	本日列支金额		
		合计	财政直接支付	财政授权支付
环境保护厅	行政运行	75 000 000	70 000 000	5 000 000
	机关服务	20 000 000	16 000 000	4 000 000
污染防治研究所	污染防治	118 000 000	110 000 000	8 000 000
环境监测与监察中心	环境监测与监察	58 000 000	58 000 000	
某市自然生态保护局	自然生态保护	79 000 000	73 000 000	6 000 000
	天然林保护	42 000 000	32 000 000	10 000 000
合计	——	392 000 000	359 000 000	33 000 000

根据表 5-3,某省财政实际发生一般公共预算本级支出时,编制如下会计分录:

借:一般公共预算本级支出

　　　　——节能环保(环境保护管理事务)——行政运行　75 000 000

　　　　　　　　　　　(环境保护管理事务)——机关服务　20 000 000

　　　　——污染防治(排污费安排的支出)　　　118 000 000

　　　　——环境监测与监察(其他支出)　　　　 58 000 000

　　　　——自然生态保护(自然保护区)　　　　 79 000 000

　　　　——天然林保护(森林管护)　　　　　　 42 000 000

　　　贷:国库存款　　　　　　　　　　　　　　　　359 000 000

　　　　零余额账户用款额度　　　　　　　　　　　　 33 000 000

四、一般公共预算本级收入和支出的期末结转

年度终了,对纳入国库集中支付管理的、当年未支而需结转下一年度支付的款项(国库集中支付结余),采用权责发生制确认支出时,借记"一般公共预算本级支出"账户,贷记"应付国库集中支付结余"账户。

【例 5-3】　年度终了,某省所属某市自然生态保护局结转纳入国库集中支付管理的、当年未支而需要下一年度支付的款项 3 000 000 元。

借:一般公共预算本级支出——节能环保　　　　 3 000 000

　　贷:应付国库集中支付结余　　　　　　　　　　　3 000 000

政府财政年终转账时,应将"一般公共预算本级收入"账户的贷方余额全数转入"一般公共预算结转结余"账户,借记"一般公共预算本级收入"账户,贷记"一般公共预算结转结余"账户。同时,应将"一般公共预算本级支出"账户的借方余额全数转入"一般公共预算结转结余"账户,借记"一般公共预算结转结余"账户,贷记"一般公共预算本级支出"账户。

具体会计处理见第四章第二节。

第三节 政府性基金预算收入和支出

一、政府性基金的概述

（一）政府性基金的内涵

政府性基金是指各级人民政府及其所属部门根据法律、行政法规和中共中央、国务院文件规定，为支持特定公共基础设施建设和公共事业发展，向公民、法人和其他组织无偿征收的具有专项用途的财政资金，如铁路建设基金、南水北调工程建设资金、教育费附加、民航机场管理建设费等基金、资金、附加和专项收费。

政府性基金产生于20世纪80年代，是为应对国家在经济体制改革之初的基础设施落后以及财政资金不足的现实困境而开征的。其目标是"支持特定公共事业的发展"，收入来源于向特定对象征收、收取或者以其他方式筹集的资金，不同基金项目支出的差异较大。

（二）政府性基金的特征

政府性基金具有以下特征：

（1）历史性。每一项基金项目的开征都有特定的历史背景和时代需要，且会随着目的的达成而退出历史舞台。

（2）征收关系。每一项基金来源于特定对象，也就是公民、法人和其他组织。征收主体为各级政府，具体指国家机关、事业单位、具有行政管理职能的社会团体、企业主管部门（集团）、政府或行政事业单位委托机构。

（3）专款专用。每一项政府性基金都是专门用于特定公共事业的发展，而非一般性地增加财政收入（有别于行政事业性收费和税收）；限定性的资金资源这一性质决定了政府性基金必须专款专用，不能随意挪作他用。

（4）依法设置。设置政府性基金要以相应的法律、行政法规为依据，其资金征集、分配、使用要依法进行。

（5）无偿性。政府性基金是政府凭借国家权力向公民、法人和其他组织无偿征收的一种财政收入形式，具有显著的无偿性。

（三）政府性基金的分类

按照《2016年政府收支分类科目》，政府性基金预算收入可分为非税收入、债务收入和转移性收入三类。每一类中的具体项目较多，读者可自行查阅《2016年政府收支分类科目》。

以政府收入形式为分类依据，政府性基金还可分为：①具有"准税收"性质的政府性基金，如教育费附加收入、城市公用事业附加收入、文化事业建设费收入、城市基础设施配套费收入等；②具有"租"性质的政府性基金，如国有土地使用权出让收入、铁路资产变现收入等；③具有"使用者付费"性质的政府性基金，如船舶港务费、无线电频道占用费、废弃电器电子产品处理基金收入等；④具有"价格"性质的收入，即电价、票价等价格中附加的收入，包括农网还贷资金收入、铁路建设基金收入、民航发展基金收入等；⑤其他，如船舶油污损害赔偿基金收入、政府住房基金收入等。

二、政府性基金预算本级收入

政府性基金预算本级收入是指政府财政筹集的纳入本级政府性基金预算管理的非税收入。

政府财政通过设置"政府性基金预算本级收入"账户核算政府性基金预算本级收入的增减变动情况。该账户的贷方登记政府性基金预算本级收入的增加;借方登记政府性基金预算本级收入的减少;平时贷方余额反映政府性基金预算本级收入的累计数,期末结转后,本账户无余额。其明细账应当根据《2016 年政府收支分类科目》中"政府性基金预算收入科目"的规定进行明细核算。

政府财政收到款项时,应当根据当日预算收入日报表所列政府性基金预算本级收入数,借记"国库存款"等账户,贷记"政府性基金预算本级收入"账户。

【例 5-4】 某省财政收到同级国库报来的预算收入日报表,如表 5-4 所示。经审核后按照日报表的预算收入金额编制会计分录。

表 5-4 预算收入日报表(部分)

级次:省

单位:元

预算科目				本日收入
类	款	项	目	
非税收入	政府性基金收入	农网还贷资金收入	地方农网还贷资金收入	165 000 000
		文化事业建设费收入	地方文化事业建设费收入	40 000 000
		育林基金收入	地方育林基金收入	22 000 000
		彩票公益金收入	体育彩票公益金收入	280 000 000
		政府住房基金收入	廉租住房租金收入	20 000 000
合计	——	——	——	527 000 000

根据表 5-4,编制如下会计分录:

借:国库存款 527 000 000
　　贷:政府性基金预算本级收入
　　　　——农网还贷资金收入(地方农网还贷资金收入)　165 000 000
　　　　——文化事业建设费收入(地方文化事业建设费收入)　40 000 000
　　　　——育林基金收入(地方育林基金收入)　22 000 000
　　　　——彩票公益金收入(体育彩票公益金收入)　280 000 000
　　　　——政府住房基金收入(廉租住房租金收入)　20 000 000

三、政府性基金预算本级支出

政府性基金预算本级支出是指政府财政管理的、由本级政府使用的、列入政府性基金预算的支出。

政府财政通过设置"政府性基金预算本级支出"账户核算政府性基金预算本级支出的增减变动情况。该账户的借方登记政府性基金预算本级支出的增加;贷方登记政府性基金预算本级支出的减少;平时借方余额反映政府性基金预算本级支出的累计数。期末结转后,本账户无余额。

"政府性基金预算本级支出"账户应当按照《2016年政府收支分类科目》中支出功能分类科目设置明细账户。同时,根据管理需要,按照支出经济分类科目、部门等进行明细核算。

政府财政实际发生政府性基金预算本级支出时,借记"政府性基金预算本级支出"账户,贷记"国库存款"账户。

【例5-5】 某省财政总预算会计收到财政国库支付执行机构报来的预算支出结算清单,财政国库支付执行机构以财政直接支付的方式,通过财政零余额账户支付相关政府性预算基金支出 246 000 000 元,具体情况如表5-5所示。

表5-5 预算支出结算清单(部分)

级次:省   单位:元

预算科目			本日收入
类	款	项	
社会保障和就业	大中型水库移民后期扶持基金支出	基础设施建设和经济发展	65 000 000
城乡社区事务	政府住房基金支出	公共租赁住房维护和管理支出	20 000 000
农林水事务	大中型水库库区基金支出	基础设施建设和经济发展	11 000 000
资源勘探电力信息等事务	新型墙体材料专项基金支出	技术研发和推广	140 000 000
其他支出	彩票公益金安排的支出	用于教育事业的彩票公益金支出	10 000 000
合计	——	——	246 000 000

根据表5-5,编制如下会计分录:

借:政府性基金预算本级支出

  ——社会保障和就业(大中型水库移民后期扶持基金支出)

           65 000 000

  ——城乡社区事务(政府住房基金支出) 20 000 000

  ——农林水事务(大中型水库库区基金支出) 11 000 000

  ——资源勘探电力信息等事务(新型墙体材料专项基金支出)

           140 000 000

  ——其他支出(彩票公益金安排的支出) 10 000 000

贷：国库存款　　　　　　　　　　　　　　　　　　　246 000 000

四、政府性基金预算本级收入和支出的期末结转

政府财政年终转账时,应将"政府性基金预算本级收入"账户的贷方余额全数转入"政府性基金预算结转结余"账户,借记"政府性基金预算本级收入"账户,贷记"政府性基金预算结转结余"账户。具体会计处理见第四章第二节。

政府财政年度终了,对纳入国库集中支付管理的、当年未支而需结转下一年度支付的款项(国库集中支付结余),采用权责发生制确认支出时,借记"政府性基金预算本级支出"账户,贷记"应付国库集中支付结余"账户。

第四节　国有资本经营预算本级收入和支出[①]

一、国有资本经营预算概述

（一）国有资本经营预算的性质

国有资本经营预算是对国有资本收益进行分配的收支预算。建立国有资本经营预算制度,目的在于增强政府的宏观调控能力,完善国有企业收入分配制度,推进国有经济布局和结构的战略性调整,集中解决国有企业发展中的体制性、机制性问题,划分政府的社会管理和资产所有者双重身份的不同属性和不同要求,实现政府公共预算与国有资本经营预算分离。把政府作为社会管理者征收的税收收入和作为资产所有者获得的资本经营收益,分别纳入一般公共预算和国有资本经营预算进行管理和使用,以期体现既有利于政企分开、政资分开,又有利于深化国有资产管理和营运效率改革的目标。

国有资本经营预算与一般公共预算是政府预算的主要组成部分。政府进行的财政活动一般局限于公共财政和国有资本财政两大领域内,两者在活动目的、运作方式和收支内容等方面存在差异。两者的主要区别:一是一般公共预算的收入主要来自国家的税收收入,而国有资本经营预算的收入主要来自国家依法取得的国有资本收益;二是国有资本经营预算在编制上相对独立于一般公共预算,即国有资本经营预算按照当年取得的国有资本收益确定支出规模,量入为出,不列赤字;三是与一般公共预算相比,目前国有资本经营预算的收支规模相对较小。

（二）国有资本经营预算的组成

国有资本经营预算由收入预算和支出预算组成。

1. 国有资本经营预算收入预算

国有资本经营预算收入预算是指各级政府以国有资产出资人身份,对经营性国有资产进行投资经营和产权运作所产生的收入编制的预算。《国务院关于试行国有资本经营预算的意见》(国发〔2007〕26 号)指出,国有资本经营预算的收入是指各级人民政府及其

[①]　财政部,《中央国有资本经营预算管理暂行办法》,2016 年 1 月。

部门、机构履行出资人职责的企业(即一级企业,下同)上交的国有资本收益,主要包括:国有独资企业按规定上交国家的利润;国有控股、参股企业国有股权(股份)获得的股利、股息;企业国有产权(含国有股份)转让收入;国有独资企业清算收入(扣除清算费用),以及国有控股、参股企业国有股权(股份)分享的公司清算收入(扣除清算费用);其他收入。

根据《2016 年政府收支分类科目》,国有资本经营预算收入分为非税收入和转移性收入两类。每一类中的具体项目较多,读者可自行查阅《2016 年政府收支分类科目》。

2. 国有资本经营预算支出预算

国有资本经营预算支出预算是指各级政府以国有资产出资人身份进行投资支出所编制的预算。《国务院关于试行国有资本经营预算的意见》(国发〔2007〕26 号)指出,国有资本经营预算的支出主要包括资本性支出(根据产业发展规划、国有经济布局和结构调整、国有企业发展要求,以及国家战略、安全等需要,安排的资本性支出)、费用性支出(用于弥补国有企业改革成本等方面的费用性支出)和其他支出。

二、国有资本经营预算本级收入

一般来说,国有资本经营预算收入是指经营和使用国有财产所取得的收入。而国有资本经营预算本级收入是指政府财政筹集的纳入本级国有资本经营预算管理的非税收入。政府财政取得国有资本经营预算本级收入的多少,既能够反映预算期内本级国有资本经营的过程、结果、效率、筹资与投资规划、资金安排和收益分配等管理工作水平的高低,也是评价各级政府国有资本经营管理质量优劣的依据。

政府财政通过设置“国有资本经营预算本级收入”账户核算国有资本经营预算本级收入的增减变动情况。该账户的贷方登记国有资本经营预算本级收入的增加;借方登记国有资本经营预算本级收入的减少;平时贷方余额反映国有资本经营预算本级收入的累计数。期末结转后,本账户无余额。其明细账户应当根据《2016 年政府收支分类科目》中“国有资本经营预算收入科目”的规定进行明细核算。

政府财政收到款项时,应当根据当日预算收入日报表所列国有资本经营预算本级收入数,借记“国库存款”等账户,贷记“国有资本经营预算本级收入”账户。

【例 5-6】 某省财政收到中国人民银行国库报来的国有资本经营预算收入日报表(国有资本经营收入部分),当日共收到国有资本经营预算收入 101 500 元。具体内容如表 5-6 所示。

表 5-6 预算收入日报表(部分)

级次:省 单位:元

预算科目				本日收入
类	款	项	目	
非税收入	国有资本经营收入	利润收入	投资服务企业利润收入	5 360 000 000
			纺织轻工企业利润收入	6 500 000 000
			建筑施工企业利润收入	4 100 000 000

预算科目				本日收入
类	款	项	目	
		股利、利息收入		280 000 000
		产权转让收入		820 000 000
		其他国有资本经营收入		2 000 000
合计	——	——	——	17 062 000 000

根据表5-6，编制如下会计分录：

借：国库存款   17 062 000 000

  贷：国有资本经营预算本级收入

      ——利润收入（投资服务企业利润收入）   5 360 000 000

      ——利润收入（纺织轻工企业利润收入）   6 500 000 000

      ——利润收入（建筑施工企业利润收入）   4 100 000 000

      ——股利、利息收入   280 000 000

      ——产权转让收入   820 000 000

      ——其他国有资本经营收入   2 000 000

三、国有资本经营预算本级支出

国有资本经营预算本级支出是指政府财政管理的、由本级政府使用的、列入国有资本经营预算的支出。国有资本经营预算支出的内容主要包括：一是资本性支出，主要基于国家产业发展规划、国有经济布局和结构调整规划，用于支持国有企业改制、重组、自主创新，提高企业核心竞争力；二是费用性支出，主要用于弥补国有企业改革成本，解决历史遗留问题；三是其他支出，即用于社会保障等方面的支出。

政府财政通过设置"国有资本经营预算本级支出"账户核算国有资本经营预算本级支出的增减变动情况。该账户的借方登记由本级政府使用的、列入国有资本经营预算的支出；贷方登记期末转入国有资本经营预算结转结余的数额；平时借方余额反映国有资本经营预算本级支出的累计数。期末结转后，本账户无余额。

"国有资本经营预算本级支出"账户应当按照《2016年政府收支分类科目》中支出功能分类科目设置明细账户。同时，根据管理需要，按照支出经济分类科目、部门等进行明细核算。

政府财政实际发生国有资本经营预算本级支出时，借记"国有资本经营预算本级支出"账户，贷记"国库存款"账户。

【例5-7】 某省财政总预算会计收到财政国库支付执行机构报来的预算支出结算清单，如表5-7所示。财政国库支付执行机构以财政直接支付的方式，通过财政零余额账户支付的、属于国有资本经营预算支出的款项共计1 260 000 000元。

表 5-7　预算支出结算清单(部分)

级次:省 单位:元

预算科目			本日收入
类	款	项	
科学技术	技术研究与开发	应用技术研究与开发	60 000 000
社会保障和就业	补充全国社会保障基金	国有资本经营预算补充基金支出	53 000 000
农林水事务	农业	农业企业国有资本经营预算支出	1 067 000 000
商业服务业等事务	商品流通事务	商品流通企业国有资本经营预算支出	80 000 000
合计	——	——	1 260 000 000

经与中国人民银行报来的财政直接支付申请划款凭证及其他有关凭证核对无误后,在财政总预算会计中列报国有资本经营预算支出。根据表 5-7,编制如下会计分录:

借:国有资本经营预算本级支出

　　——技术研究与开发(应用技术研究与开发)　　60 000 000

　　——补充全国社会保障基金(国有资本经营预算补充基金支出)

　　　　　　　　　　　　　　　　　　　　　　53 000 000

　　——农业(农业企业国有资本经营预算支出)　1 067 000 000

　　——商品流通事务(商品流通企业国有资本经营预算支出)

　　　　　　　　　　　　　　　　　　　　　　80 000 000

　贷:国库存款　　　　　　　　　　　　　　1 260 000 000

四、国有资本经营预算本级收入和支出的期末结转

政府财政年终转账时,应将"国有资本经营预算本级收入"账户的贷方余额全数转入"国有资本经营预算结转结余"账户,借记"国有资本经营预算本级收入"账户,贷记"国有资本经营预算结转结余"账户。具体会计处理见第四章第二节。

政府财政年度终了,对纳入国库集中支付管理的、当年未支而需结转下一年度支付的款项(国库集中支付结余),采用权责发生制确认支出时,借记"国有资本经营预算本级支出"账户,贷记"应付国库集中支付结余"账户。

第五节　财政专户管理资金收入和支出

一、财政专户管理资金概述

财政专户管理资金是指核算未纳入预算并实行财政专户管理的资金,包括教育收费、彩票发行机构和彩票销售机构业务费用等资金。

财政专户管理资金的概念包括"财政专户"和纳入该账户管理的"资金"这两方面内容。其中,财政专户是指县级(含市辖区和县级开发区)以上财政部门为履行财政管理职

能,在银行业金融机构开设的用于管理核算特定资金的银行结算账户;该专户"资金"是实行集中管理、分账核算的资金,除依照法律法规和国务院、财政部规定纳入财政专户管理的资金外,预算安排的资金应全部实行国库集中支付制度,不得转入财政专户。财政专户管理资金既不纳入财政预算管理范围,也不用于和财政预算资金之间的调剂。该资金实行收支两条线,分为财政专户管理资金收入和财政专户管理资金支出。

对于财政专户管理资金支出,原则上应按照预算、用款计划、项目进度和规定程序支付,具备条件的地区可比照国库集中支付制度支付。除应及时缴入国库单一账户的非税收入资金以及国家另有规定外,财政专户资金可在确保资金安全的前提下开展保值增值管理。

财政部门收到教育事业单位和彩票发行、销售机构等交来的财政专户管理资金时,财政会计应确认为财政专户管理资金的收入,财政专户管理资金产生的存款利息,也应作为财政专户管理资金的收入;财政部门按照单位预算将财政专户管理资金拨付给教育事业单位和彩票发行、销售机构时,财政会计应确认为财政专户管理资金的支出。财政专户管理资金在期末要进行收支的转账,在收支转账时核算财政专户管理资金的结余。

二、财政专户管理资金收入

财政专户管理资金收入是指政府财政纳入财政专户管理的教育收费等资金收入。政府财政通过设置"财政专户管理资金收入"账户核算政府财政纳入财政专户管理的教育收费等资金收入的增减变动情况。该账户的贷方登记收到的财政专户管理资金;借方登记年终将财政专户管理资金转入财政专户管理资金结余的数额;平时贷方余额反映财政专户管理资金收入的累计数。期末结转后,本账户无余额。该账户应当按照《2016 年政府收支分类科目》中的收入分类科目设置明细账户。同时,根据管理需要,按部门(单位)等进行明细核算。

政府财政收到财政专户管理资金时,借记"其他财政存款"账户,贷记"财政专户管理资金收入"账户。

【例 5-8】 某省财政根据发生的财政专户管理资金收入业务,编制相关的会计分录。

(1)收到财政专户管理资金收入共计 280 000 000 元。其中,高等学校学费收入 100 000 000 元,公安教育收费收入 50 000 000 元,卫生教育费收入 70 000 000 元,党校短期培训进修费收入 60 000 000 元。

借:其他财政存款　　　　　　　　　　　　　280 000 000
　　贷:财政专户管理资金收入
　　　　——教育行政事业性收费收入(高等学校学费)　100 000 000
　　　　——公安行政事业性收费收入(教育收费)　　　 50 000 000
　　　　——卫生行政事业性收费收入(教育收费)　　　 70 000 000
　　　　——党校行政事业性收费收入(短期培训进修费)　60 000 000

(2)收到彩票销售机构划拨的彩票销售收入 250 000 000 元。其中,200 000 000 元为提取的福利彩票公益金收入,缴入国库;50 000 000 元为彩票销售机构业务费收入,缴入财政专户。

① 将福利彩票公益金收入缴入国库。

借:国库存款   200 000 000

 贷:一般公共预算本级收入——彩票公益金收入(福利彩票公益金收入)

                     200 000 000

② 将彩票销售机构业务费收入缴入财政专户。

借:其他财政存款   50 000 000

 贷:财政专户管理资金收入——彩票业务费收入(彩票销售机构的业务费)

                     50 000 000

三、财政专户管理资金支出

财政专户管理资金支出是指政府财政用纳入财政专户管理的教育收费等资金安排的支出。政府财政通过设置"财政专户管理资金支出"账户核算政府财政用纳入财政专户管理的教育收费等资金安排支出的增减变动情况。该账户的借方登记发生的财政专户管理资金支出;贷方登记年终将财政专户管理资金支出转入财政专户管理资金结余的数额;平时借方余额反映财政专户管理资金支出的累计数。期末结转后,本账户无余额。该账户应当按照《2016 年政府收支分类科目》中支出功能分类科目设置明细账户。同时,根据管理需要,按照支出经济分类科目、部门(单位)等进行明细核算。

政府财政发生财政专户管理资金支出时,借记"财政专户管理资金支出"账户,贷记"其他财政存款"等账户。

【例 5-9】 2016 年,某省财政发生财政专户管理资金支出业务,编制相关的会计分录。

(1)财政专户管理的资金支出共计 280 000 000 元。其中,普通教育支出(初中教育)200 000 000 元,特殊教育(特殊学校教育)80 000 000 元。

借:财政专户管理资金支出——教育支出——普通教育(初中教育) 200 000 000

         ——教育支出——特殊教育(特殊学校教育)

                     80 000 000

 贷:其他财政存款   280 000 000

(2)彩票发行机构和彩票销售机构的业务费支出 250 000 000 元。

借:财政专户管理资金支出——非税支出(其他支出) 250 000 000

 贷:其他财政存款   250 000 000

四、财政专户管理资金收入和支出的期末结转

政府财政年终转账时,应将"财政专户管理资金收入"账户余额、"财政专户管理资金支出"账户余额全数转入"财政专户管理资金结余"账户。具体会计处理见第四章第二节。

第六节　专用基金收入和支出

一、专用基金概述

一般而言,专用基金是指按照规定提取或者设置的具有专门用途的资金。财政总预算会计领域的专用基金是指政府财政通过本级预算支出安排取得的,或由上级财政部门拨入的具有专门用途的资金,如粮食风险基金等。专用基金具有以下特征:一是目的性,即任何基金都必须依特定的目的或活动设立。二是限制性,即任何基金的设立、基金财务资源的筹集和运用都必须按国家法律、行政令、资源提供者的限定予以限制。从基金收入、支出是否具有对应性来看,基金可分为完全基金和不完全基金。完全基金是指收、支两方面都具有限定性,且收、支对应关系明确的资金,即用特定的收入来满足特定的支出需要。不完全基金,通常对收入没有专门的限定,对支出的用途却有专门的规定。三是广泛的受托责任,即基金筹集与运用对立法机构、资源提供者、公共服务的对象以及社会公众负有政治的、经济的、法律的和社会的广泛责任。四是非实体性,基金不是一个经济实体,没有相应的组织机构和人员,其本身只是一个有着特定来源和用途的财务个体。为此,在对其进行会计核算时,需要采用特定的程序和方法。五是形式多样性,基金既可以是现金,也可以是物资。

二、专用基金收入

专用基金收入是指财政总预算会计管理的各项具有专门用途的资金收入。该收入来源具有特定的渠道,其使用也具有专款专用的特点,有时需要专户存储、专户核算。

专用基金收入与政府性基金预算收入均属于财政总预算会计管理和核算的范畴,且都具有专款专用的特征,但两者存在一定的差异,即政府性基金预算收入纳入政府财政预算管理,其款项存入财政国库存款账户,而专用基金收入不纳入政府财政预算管理,其款项存入其他财政存款账户。

政府财政通过设置"专用基金收入"账户核算专用基金收入的增减变动情况。该账户的贷方登记预算支出安排取得的专用基金收入的数额;借方登记退回的专用基金收入,以及年终转账时将本账户贷方余额全数转入"专用基金结余"账户的数额;平时贷方余额反映取得专用基金收入的累计数。期末结转后,本账户无余额。本账户应当按照专用基金的种类进行明细核算。

政府财政通过预算支出安排取得专用基金收入转入财政专户的,借记"其他财政存款"账户,贷记"专用基金收入"账户;同时,借记"一般公共预算本级支出"等账户,贷记"国库存款""补助收入"等账户。退回专用基金收入时,借记"专用基金收入"账户,贷记"其他财政存款"账户。

政府财政通过预算支出安排取得的专用基金收入仍存在国库的,借记"一般公共预算本级支出"等账户,贷记"专用基金收入"账户。

【例 5-10】　2016 年,某市财政根据发生的专用基金收入业务,编制相关的会计分录。

（1）收到省财政拨入的粮食风险基金 1 800 000 元,存入银行。

借:其他财政存款   1 800 000

 贷:专用基金收入——粮食风险基金   1 800 000

（2）通过本级预算支出安排取得专用基金收入 2 500 000 元。

借:一般公共预算本级支出   2 500 000

 贷:国库存款   2 500 000

借:其他财政存款   2 500 000

 贷:专用基金收入   2 500 000

三、专用基金支出

专用基金支出是指政府财政用专用基金收入安排的支出。专用基金支出的管理原则是:先收后支,量入为出;按规定用途安排使用;从其他财政存款账户中支付。

政府财政通过设置"专用基金支出"账户核算政府财政用专用基金收入安排的支出的增减变动情况。该账户的借方登记专用基金支出的增减变动情况;贷方登记年终将专用基金支出转入专用基金结余的数额;平时借方余额反映专用基金支出的累计数。期末结转后,本账户无余额。

政府财政发生专用基金支出时,借记"专用基金支出"账户,贷记"其他财政存款"等账户。退回专用基金支出时,做相反的会计分录。

【例 5-11】 2016 年,某省财政根据发生的专用基金支出业务,编制相关的会计分录。

（1）根据有关规定从其他财政存款账户向粮食部门拨付粮食风险基金 1 850 000 元。

借:专用基金支出——粮食风险基金   1 850 000

 贷:其他财政存款   1 850 000

（2）根据有关规定,粮食部门退回拨付粮食风险基金 300 000 元。

借:其他财政存款   300 000

 贷:专用基金支出——粮食风险基金   300 000

四、专用基金收入和支出的期末结转

政府财政年终转账时,应将专用基金收入余额转入专用基金结余,借记"专用基金收入"账户,贷记"专用基金结余"账户;同时,应将专用基金支出余额转入专用基金结余,借记"专用基金结余"账户,贷记"专用基金支出"账户。

具体会计处理见第四章第二节。

第七节 转移性收入和支出

一、财政转移支付制度概述

（一）转移支付的内涵与种类

转移支付的原义为资金的转移或转让。广义上讲,凡是在政府、企业、其他经济主体、

居民等国民经济主体之间进行的一切非购买性无偿支出,均可称为转移支付。在政府财政领域,财政转移支付制度有其特定的含义。根据国际货币基金组织编写的《政府财政统计手册》中的支出分析框架,可将政府财政转移支付分为两类,即国际间的政府转移支付和一个国家内部的政府转移支付。

一个国家内部的政府转移支付既包括政府向家庭进行的转移支付,如养老金、住房补贴等;也包括政府向国有企业提供的各种形式的补贴;此外,还包括各级政府间的财政资金转移支付。

我国现行的财政转移支付制度是我国财政体系下收支划分模式的必然产物。该制度的核心内容是以各级政府之间存在的财政能力差异为基础,以实现各地公共服务水平的均等化为主旨,而实行的一种财政资金转移或财政平衡制度。其形式是共享税的分配、上级政府拨付给下级政府各项补助、下级政府向上级政府上缴收入和富裕地区向贫困地区提供补助等。

我国的政府转移支付既包括根据行政设置级次在政府间转移的上下垂直的拨款,如上级政府对下级政府的收入转移、下级政府向上级政府的收入转移(下拨和上缴),也包括在同级政府之间转移的非垂直的拨款。该制度的特点有:第一,以解决中央和地方财政之间的纵向不平衡,以及各地区财政之间的横向不平衡为重点;第二,以均衡地区间基本财力、由地方政府统筹安排使用的一般性转移支付为主体;第三,一般性转移支付和专项转移支付相结合。其中,一般性转移支付是指为弥补财政实力薄弱地区的财力缺口,均衡地区间财力差距,实现地区间基本公共服务能力的均等化,中央财政安排给地方财政的补助支出。其由地方统筹安排。目前一般性转移支付包括均衡性转移支付、民族地区转移支付等。专项转移支付是指中央财政为实现特定的宏观政策及事业发展战略目标,以及对委托地方政府代理的一些事务或中央地方共同承担的事务进行补偿而设立的补助资金,需按规定用途使用。专项转移支付重点用于教育、医疗卫生、社会保障、支农等公共服务领域。一般性转移支付与专项转移支付具有不同的特点:一般性转移支付能够更好地发挥地方政府了解居民公共服务实际需求的优势,有利于地方因地制宜地统筹安排财政支出和落实管理责任;专项转移支付则能够更好地体现中央政府的意图,促进相关政策的落实,且便于监督检查。

财政转移支付制度在缩小地区间财力差距,体现公共财政的效率、公平和稳定三大职能,以及促进基本公共服务均等化方面起到了重要作用。

(二) 转移性支付的内容

根据资金转让和受让方的不同,转移性支付可分为转移性收入和转移性支出。

1. 转移性收入

转移性收入是指根据财政管理体制规定,在各级财政间进行资金转移以及在本级财政各项资金间进行资金调剂所形成的收入。例如,下级财政收到上级财政的一般性转移支付收入、专项转移支付收入,本级公共财政预算从政府性基金预算中调入一部分资金等,都会形成转移性收入。按照政府财政总预算的分类,转移性收入还可分为一般公共预算的转移性收入、政府性基金预算的转移性收入。其中,一般公共预算中的转移性收入类级科目中设置了返还性收入、一般性转移支付收入、专项转移支付收入、上年结余收入、调入资金、债券转贷收入、接受其他地区援助收入等款级科目;政府性基金预算中的转移性收入类级科目中设置了政府性基金补助收入、上年结余收入、调入资金等款级科目。

需要说明两点:第一,按照《2016年政府收支分类科目》,转移性收入是与税收收入、非税收入、债务收入相并列的一个收入种类,属于类级科目;第二,目前国有资本经营预算没有设置转移性收入科目。社会保险基金预算既没有设置反映各级财政之间资金转移的转移性收入科目,也没有设置反映不同性质资金之间调剂的转移性收入科目,只设置了预算意义上的上年结余收入转移性收入科目。

2. 转移性支出

关于转移性支出需要说明以下三点:第一,转移性支出是与转移性收入相对应的,一方取得转移性收入,另一方则为转移性支出。两者都是根据财政管理体制规定,在各级财政之间进行资金转移以及在本级财政各项资金之间进行资金调剂所形成的收入或支出。第二,转移性支出除包括一般公共预算的转移性支出、政府性基金预算的转移性支出外,与转移性收入相比,社会保险基金预算的处理原则未变,但增加了国有资本经营预算的转移性支出。第三,按照《2016年政府收支分类科目》,转移性支出是与一般公共服务支出、外交支出、国防支出、公共安全支出、教育支出等功能支出相并列的一个支出种类,属于类级科目。

（三）财政总预算会计科目与政府收支分类科目的比较

关于转移性支付,财政总预算会计设置的科目与政府收支分类所设置的科目并不完全一致。两者的关系如表5-8所示。

表5-8 转移性支付财政总预算会计科目和政府收支分类科目设置的比较

收入		支出	
财政总预算会计科目	政府收支分类科目	财政总预算会计科目	政府收支分类科目
补助收入	返还性收入、一般性转移支付收入（指下级政府收到的上级政府补助）、专项转移支付收入（指下级政府收到的上级政府补助）、政府性基金补助收入	补助支出	返还性支出、一般性转移支付（指上级政府对下级政府的补助支出）、专项转移支付（指上级政府对下级政府的补助支出）、政府性基金补助支出
上解收入	一般性转移支付收入（指上级政府收到的下级政府的补助）、专项转移支付收入（指上级政府收到的下级政府补助）、政府性基金上解收入	上解支出	一般性转移支付（指下级政府对上级政府的上解支出）、专项转移支付（指下级政府对上级政府的上解支出）、政府性基金上解支出
地区间援助收入	接受其他地区援助收入	地区间援助支出	接受其他地区援助支出

收入		支出	
财政总预算会计科目	政府收支分类科目	财政总预算会计科目	政府收支分类科目
调入资金	调入资金	调出资金	国有资产经营预算调出资金
动用预算稳定调节基金	——	安排预算稳定调节基金	——
债务转贷收入	债务转贷收入	债务转贷支出	债务转贷支出
	上年结余收入		年终结余

二、补助收入和支出

由于历史和自然条件的影响,有些地区经济基础较差,税源狭小、财政支出大于财政收入、财政状况拮据,与此同时,其比发达地区需要更多的基础设施等方面的投资。为了保持一级预算的收支平衡,促进地区发展,对支出大于收入的部分,由上级财政予以补助。

(一)补助收入

补助收入是指上级财政按财政管理体制规定或因专项需求等原因对本级财政进行补助而形成的收入,包括税收返还收入、一般性转移支付补助收入、专项转移支付补助收入、政府性基金转移支付补助收入、上级财政对本级财政的专项补助和临时补助等。补助收入会增加本级财政的收入,相应地减少上级财政的财力,但它属于不同级次政府之间的财力转移,对上级和本级财政的财力总量不会产生影响。

政府财政通过设置"补助收入"账户核算上级政府财政按照财政管理体制规定或因专项需要补助给本级政府财政的款项的增减变动情况。该账户下应当按照不同的资金性质设置"一般公共预算补助收入""政府性基金预算补助收入"等明细账户。该账户平时贷方余额反映补助收入的累计数。期末结转后,本账户无余额。

平时,政府财政部门收到上级政府财政按照财政管理体制规定或因专项需要补助给本级政府财政的补助款时,借记"国库存款""其他财政款"等账户,贷记"补助收入"账户。政府财政补助收入从"与上级往来"账户转入时,借记"与上级往来"账户,贷记"补助收入"账户。

政府专项转移支付资金实行特设专户管理的,政府财政应当根据上级政府财政下达的预算文件确认补助收入。年中收到转移支付资金时,借记"其他财政存款"账户,贷记"与上级往来"等账户;年度终了,根据专项转移支付资金预算文件,借记"与上级往来"账户,贷记"补助收入"账户。

有主权外债业务的财政部门,贷款资金由本级政府财政同级部门(单位)使用,且贷款的最终还款责任由上级政府财政承担的,本级政府财政部门收到贷款资金时,借记"其他财政存款"账户,贷记"补助收入"账户;外方将贷款资金直接支付给供应商或用款单位时,借记"一般公共预算本级支出"账户,贷记"补助收入"账户。

【例5-12】 某市财政根据发生的补助收入业务,编制相关的会计分录。

（1）收到省财政补助款 50 000 000 元，其中体制补助收入 35 000 000 元、政府性基金收入 15 000 000 元，全部款项存入国库存款账户。

借：国库存款	50 000 000
贷：补助收入——一般公共预算补助收入	35 000 000
——政府性基金预算补助收入	15 000 000

（2）年度终了，该级财政将已记入"与上级往来"账户的专项转移支付资金 23 600 000 元转入补助收入。

| 借：与上级往来 | 23 600 000 |
| 贷：补助收入——一般公共预算补助收入 | 23 600 000 |

【例 5-13】 2016 年，某省财政收到两笔主权外债贷款资金共计 800 000 000 元，该笔资金由省政府财政同级部门使用，且贷款的最终还款责任由中央财政承担。其中，600 000 000 元贷款资金转入省财政部；其余贷款资金由外方直接支付给用款单位。编制相关的会计分录。

（1）收到财政资金。

| 借：其他财政存款 | 600 000 000 |
| 贷：补助收入——一般公共预算补助收入 | 600 000 000 |

（2）外方将贷款资金直接支付给用款单位。

| 借：一般公共预算本级支出 | 200 000 000 |
| 贷：补助收入——一般公共预算补助收入 | 200 000 000 |

（二）补助支出

补助支出是指本级财政按财政管理体制规定或因专项需要补助给下级财政的款项，包括返还性补助支出、一般性转移支付补助支出、专项转移支付补助支出、政府性基金转移支付补助支出等。补助支出属于不同级次政府间的财力转移，对本级和下级财政的财力总量不会产生影响，但减少本级财政的财力，会相应地增加下级财政的财力。

政府财政通过设置"补助支出"账户核算本级政府财政按财政体制规定或因专项需要补助给下级政府财政的款项的增减变动情况。该账户下应当按照不同资金性质设置"一般公共预算补助支出""政府性基金预算补助支出"等明细账户，同时还应当按照补助地区进行明细核算。

政府财政发生补助支出或从"与下级往来"账户转入时，借记"补助支出"账户，贷记"国库存款""其他财政存款""与下级往来"等账户。

政府专项转移支付资金实行特设专户管理的，本级政府财政应当根据本级政府财政下达的预算文件确认补助支出，借记"补助支出"账户，贷记"国库存款""与下级往来"等账户。

有主权外债业务的财政部门，贷款资金由下级政府财政同级部门（单位）使用，且贷款最终还款责任由本级政府财政承担的，本级政府财政部门支付贷款资金时，借记"补助支出"账户，贷记"其他财政存款"账户；外方将贷款资金直接支付给用款单位或供应商时，借记"补助支出"账户，贷记"债务收入""债务转贷收入"等账户；根据债务管理部门转来的相关外债转贷管理资料,按照实际支付的金额,借记"待偿债净资产"账户,贷记"借入款项""应付主权外债转贷款"等账户。

年终,与上级政府财政结算时,根据预算文件需要退还或核减补助收入时,借记"补助收入"账户,贷记"国库存款""与上级往来"等账户。

【例5-14】 2016年,中央财政通过财政国库拨付一般性转移资金978 000 000元,其中,向M省财政拨付资金395 000 000元、向N省财政拨付县级基本财力保障机制奖补资金583 000 000元。编制如下会计分录:

  借:补助支出——一般公共预算补助支出——M省 395 000 000
           ——N省 583 000 000
   贷:国库存款   978 000 000

【例5-15】 2016年,该市财政根据发生的转移支付业务,编制相关的会计分录。

(1) 向所属甲县财政拨付临时性一般预算补助款33 500 000元。

  借:补助支出——一般公共预算补助支出   33 500 000
   贷:国库存款   33 500 000

(2) 从政府基金中向所属乙县拨付补助资金8 300 000元,支持该县的生态环境建设。

  借:补助支出——政府性基金预算补助支出   8 300 000
   贷:国库存款   8 300 000

(3) 通过财政直接支付方式,为所属丙县财政支付该县医疗专项采购支出款16 200 000元,用以专项补助丙县医疗事业。

  借:补助支出——专项转移支付(医疗卫生)——丙县 16 200 000
   贷:国库存款   16 200 000

(4) 经批准,将原借给所属丁县财政周转调度的款项6 500 000元转作对该县的一般预算补助。

  借:补助支出——一般公共预算补助支出   6 500 000
   贷:与下级往来   6 500 000

(三) 补助收入和支出的期末结转

政府财政年终转账时,应将"补助收入"账户的贷方余额根据资金的不同性质分别转入对应的结转结余账户,借记"补助收入"账户,贷记"一般公共预算结转结余""政府性基金预算结转结余"等账户;同时,应将"补助支出"账户的借方余额根据资金的不同性质分别转入对应的结转结余账户,借记"一般公共预算结转结余""政府性基金预算结转结余"等账户,贷记"补助支出"账户。

具体会计处理见第四章第二节。

三、上解收入和支出

(一) 上解收入

上解收入是指按照财政管理体制规定由下级财政上交给本级财政的款项,包括按财政管理体制规定由国库在下级预算收入中直接划解给本级财政的一般性转移支付上解收入、政府性基金转移上解收入,以及按财政管理体制结算后由下级财政补缴给本级财政的收入和各种专项转移支付上解收入等。

产生上解收入的原因有以下两点:一是我国地区之间经济发展的不平衡。由于历史和自然条件的影响,有些地区经济基础较好,财政收入大于财政支出,收支平衡后,多余的部分就要上解上级财政;二是财政管理体制收支划分办法的规定。有些地区经济基础较好,财政收入较多,但是,根据财政管理体制收支划分办法的规定,其中部分财政收入要划为上级财政的固定收入。上解收入会增加本级财政的收入,相应地减少下级财政的财力,但它属于不同级次政府之间的财力转移,对下级和本级财政的财力总量不会产生影响。

政府财政通过设置"上解收入"账户核算按照财政管理体制规定由下级财政上交给本级财政的款项的增减变动情况。该账户的贷方登记收到的下级财政的上解款;借方登记退还或核减的上解收入;平时贷方余额反映上解收入的累计数。期末结转后,本账户无余额。"上解收入"账户应当按照不同资金性质设置"一般公共预算上解收入""政府性基金预算上解收入"等明细账户。同时,还应当按照上解地区进行明细核算。

政府财政收到下级政府财政的上解款时,借记"国库存款"等账户,贷记"上解收入"账户;政府财政退还或核减上解收入时,借记"上解收入"账户,贷记"国库存款""与下级往来"等账户。

与下级政府财政结算时,应根据预算文件,按照尚未收到的上解款金额,借记"与下级往来"账户,贷记"上解收入"账户。

【例5-16】 某市财政根据发生的上解收入业务,编制相关的会计分录。

(1)收到所属某县财政按财政管理体制规定要求上解的一般预算款项460 000元。

借:国库存款　　　　　　　　　　　　　　　　　　　　460 000

　　贷:上解收入——一般公共预算上解收入——某县　　　　　460 000

(2)在结算中,按财政管理体制规定应收所属某县财政应解未解政府性基金款项240 000元。

借:与下级往来——某县　　　　　　　　　　　　　　　240 000

　　贷:上解收入——一般公共预算上解收入——某县　　　　　240 000

(二)上解支出

相对于上级财政而言,本级财政按照财政管理体制规定上交给上级财政的款项,便形成了该级政府的"上解支出",包括按财政管理体制规定由国库在本级预算支出中直接上解给上级财政的一般性转移支付上解支出、政府性基金转移支付上解支出、各种专项转移支付上解支出等。上解支出属于不同级次政府之间的财力转移,对上级和本级财政的财力总量不产生影响,但减少本级财政的财力,会相应地增加上级财政的财力。

政府财政通过设置"上解支出"账户核算本级财政按照财政体制规定上交给上级财政的款项的增减变动情况。该账户的借方登记发生的上解支出;贷方登记退还或核减的上解支出;平时借方余额反映上解支出的累计数。期末结转后,本账户无余额。"上解支出"账户下应当按照不同资金性质设置"一般公共预算上解支出""政府性基金预算上解支出"等明细账户。

政府财政发生上解支出时,借记"上解支出"账户,贷记"国库存款""与上级往来"等账户;政府财政退还或核减上解支出时,借记"国库存款""与上级往来"等账户,贷记"上解支出"账户。

【例 5-17】 某市财政根据发生的上解支出业务,编制相关的会计分录。

(1) 按财政管理体制规定上解上级某省财政一般预算款项 540 000 元。

借:上解支出——一般公共预算上解支出　　　　　540 000
　　贷:国库存款　　　　　　　　　　　　　　　　　　540 000

(2) 按财政管理体制规定上解上级某省财政属于一般预算的某专项资金 80 000 元。

借:上解支出——一般公共预算上解支出　　　　　80 000
　　贷:国库存款　　　　　　　　　　　　　　　　　　80 000

(三) 上解收入和支出的期末结转

政府财政年终转账时,应将"上解收入"账户的贷方余额根据资金的不同性质分别转入对应的结转结余账户,借记"上解收入"账户,贷记"一般公共预算结转结余""政府性基金预算结转结余"等账户;同时,应将"上解支出"账户的借方余额根据资金的不同性质分别转入对应的结转结余账户,借记"一般公共预算结转结余""政府性基金预算结转结余"等账户,贷记"上解支出"账户。

具体会计处理见第四章第二节。

四、地区间援助收入和支出

(一) 地区间援助的特点

我国幅员辽阔,由于地理环境的差异、自然资源分布的不平衡、历史因素以及各级政府以往的政策和行为等,我国地区间的发展极不平衡。为了减少地区间发展不平衡所带来的一系列社会问题,地区间援助引起了各级政府的高度重视。

在政府领域,援助分为中央政府对地方政府的援助和地方政府之间的援助两种形式。而地区间援助是地方政府间援助的一种形式。援助是政府运作的最基本的再分配或转移支付制度。地区间援助作为政府援助的一种重要方式,其特点表现在以下几个方面:一是区域性,政府区域援助政策的作用对象是需要国家给予政策援助和支持的问题区域,而非带有"普惠"性质,对全国每个地区都适用;二是援助内容具有多样性,具体包括财政援助、教育援助、干部交流、紧急事件救援等;三是援助的主体为官方,即主要是以政府的名义进行官方援助;四是援助的无偿性、主动性,地区间的援助是无条件的,建立在双方自愿互利的基础上的主动性援助。

可见,地区间援助不仅是地方政府间横向合作的重要组成部分,而且是缩小地区差异、实现共同发展、摆脱危机事件困境的可行性选择。在一定程度上还能够分担中央政府的责任,减轻中央政府的财政负担。

(二) 地区间援助收入和支出

政府财政通过分别设置"地区间援助收入""地区间援助支出"账户核算其增减变动

情况。

"地区间援助收入"账户核算的是受援方政府财政收到的援助方政府财政转来的可统筹使用的各类援助、捐赠等资金收入。该账户的贷方登记收到的援助方政府财政转来的资金；借方登记年终将地区间援助收入转入相关结余的数额；平时贷方余额反映地区间援助收入的累计数。期末结转后，本账户无余额。"地区间援助收入"账户应当按照援助地区及管理需要进行明细核算。

"地区间援助支出"账户核算的是援助方政府财政安排用于受援方政府财政统筹使用的各类援助、捐赠等资金支出。该账户的借方登记发生的地区间援助支出；贷方登记年终将地区间援助支出转入相关结余的数额；平时借方余额反映地区间援助支出的累计数。期末结转后，本账户无余额。"地区间援助支出"账户应当按照受援地区及管理需要进行明细核算。

受援方政府财政收到援助方政府财政转来的资金时，借记"国库存款"账户，贷记"地区间援助收入"账户；政府财政发生地区间援助支出时，借记"地区间援助支出"账户，贷记"国库存款"账户。

【例 5-18】 2016 年，某西北地区省财政收到 M 省财政转来可统筹使用的捐助资金 65 000 000 元。编制相关的会计分录。

借：国库存款   65 000 000

    贷：地区间援助收入——M 省财政   65 000 000

【例 5-19】 2016 年，中央所属某直辖市向 N 自治区拨付可统筹使用的捐助资金 135 000 000 元。该直辖市编制相关的会计分录。

借：地区间援助支出——N 自治区   135 000 000

    贷：国库存款   135 000 000

（三）地区间援助收入和支出的期末结转

政府财政年终转账时，应将"地区间援助收入"账户的贷方余额全数转入"一般公共预算结转结余"账户，借记"地区间援助收入"账户，贷记"一般公共预算结转结余"账户；同时，应将"地区间援助支出"账户的借方余额全数转入"一般公共预算结转结余"账户，借记"一般公共预算结转结余"账户，贷记"地区间援助支出"账户。

具体会计处理见第四章第二节。

五、调入和调出资金

（一）资金调拨概述

在年度预算执行过程中，虽然预算收入陆续缴入国库，预算支出不断地通过国库予以拨付，但预算资金调度往往不平衡，其原因主要有以下几点：一是预算收支季节性不匹配的影响。如年度预算收支各 1 000 亿元，上半年的收入进度为 45%，支出进度为 50%，这样，收支进度差 5%，资金调度就亏空 50 亿元。由此上半年的资金调度会出现一个支大于收的差额。同样，在季度、月份之间，甚至是月初与月末之间也往往存在类似的问题。二是预算资金在集中和分配过程中的在途和周转占压问题。在安排年度政府预算时，并未考虑此问题,但它也是影响财政总预算会计资金调度不平衡的一个因素。三是地区间资金调度的不平衡。我国政府预算是一个统一的整体,在年度预算执行过程中,中央预算与地方预算之间以及地方预算的省、县之间的预算收入的进度有快有慢,预算支出的需要有急有缓。资金的需要与财政库存可能的矛盾在所难免,资金调度不平衡也成为必然。

(二)调入资金

调入资金,是指政府财政为平衡某类预算收支,从其他类型预算资金及其他渠道调入的资金。为了平衡一般预算收支,各级财政可能从政府性基金预算结余中或按规定从其他渠道,如自筹收入中调入资金补充一般公共预算资金。

调入资金不同于补助收入和上解收入,其属于预算资金之间的横向调剂或调度。调入资金既不影响上级财政、下级财政的财力,也不影响本级财政的财力,但会影响本级财政一般公共预算、政府性基金预算的收支平衡。调入资金仅限于弥补财政总预算赤字,在年终决算时一次使用。

政府财政通过设置"调入资金"账户核算政府财政为平衡某类预算收支,从其他类型预算资金及其他渠道调入资金的情况。该账户的贷方登记调入的资金额;借方登记年终转账将账户的贷方余额分别转入相应结转结余账户的资金数额;平时账户贷方余额反映调入资金的累计数。期末结转后,本账户无余额。该账户应当按照不同资金性质设置"一般公共预算调入资金""政府性基金预算调入资金"等明细账户。

政府财政从其他类型预算资金及其他渠道调入一般公共预算时,按照调入的资金金额,借记"调出资金——政府性基金预算调出资金""调出资金——国有资本经营预算调出资金""国库存款"等账户,贷记"调入资金——一般公共预算调入资金"账户;从其他类型预算资金及其他渠道调入政府性基金预算时,按照调入的资金金额,借记"调出资金——一般公共预算调出资金""国库存款"等账户,贷记"调入资金——政府性基金预算调入资金"账户。

【例5-20】 年终,某省财政从政府性基金预算调出 30 000 000 元、国有资本经营预算调出资金 28 000 000 元,计入一般公共预算。编制如下会计分录:

借:调出资金——政府性基金预算调出资金　　　　　30 000 000
　　　　　——国有资本经营预算调出资金　　　　　28 000 000
　贷:调入资金——一般公共预算调入资金　　　　　　　58 000 000

(三)调出资金

调出资金与调入资金相比,是指政府财政为平衡预算收支,从某类资金向其他类型预算调出的资金。由于调出资金的目的是平衡一般预算或基金预算,所以调出的资金主要包括从政府性基金预算结余调出到一般公共预算的资金,以及从一般公共预算结余调出到政府性基金预算的资金。

调出资金属于预算资金在本级预算内的横向调度,不影响上级财政、下级财政的财力,也不影响本级财政的财力,但会影响本级不同性质财政性资金的数额。因此,调出资金既不同于补助支出和上解支出,也不同于一般公共预算支出、政府性基金预算支出。

政府财政通过设置"调出资金"账户核算政府财政为平衡预算收支,从某类资金向其他类型预算调出资金的情况。该账户的借方登记从一般公共预算调出的资金数额;贷方登记年终转账将本账户的借方余额分别转入相应结转结余账户的资金数额;平时借方余额反映调出资金的累计数。期末结转后,本账户无余额。

"调出资金"账户下应当设置"一般公共预算调出资金""政府性基金预算调出资金"和"国有资本经营预算调出资金"等明细账户。

政府财政从一般公共预算调出资金时,按照调出的金额,借记"调出资金——一般公共预算调出资金"账户,贷记"调入资金"相关明细账户;从政府性基金预算调出资金时,按照调出的金额,借记"调出资金——政府性基金预算调出资金"账户,贷记"调入资金"相关明细账户;从国有资本经营预算调出资金时,按照调出的金额,借记"调出资金——国有资本经营预算调出资金"账户,贷记"调入资金"相关明细账户。

【例5-21】 年终,某省财政根据上级批文从国有资本经营预算调出资金13 000 000元用于弥补政府性基金预算收支缺口。编制如下会计分录:

借:调出资金——国有资本经营预算调出资金　　　13 000 000
　　贷:调入资金——政府性基金预算调入资金　　　　　　 13 000 000

(四)调入和调出资金的期末结转

政府财政年终转账时,应将"调入资金"账户的贷方余额分别转入相应的结转结余账户,借记"调入资金"账户,贷记"一般公共预算结转结余""政府性基金预算结转结余"等账户;同时,应将"调出资金"账户的借方余额分别转入相应的结转结余账户,借记"一般公共预算结转结余""政府性基金预算结转结余"和"国有资本经营预算结转结余"等账户,贷记"调出资金"账户。

具体会计处理见第四章第二节。

第八节　债务收支和债务转贷收支

一、政府债务收入和支出

(一)政府债务概述

政府债务是一个内涵十分丰富的概念,但在政府会计中,一般仅包括以下两层含义:一是政府财政按照国家法律、国务院规定,因发行债券而形成的还本付息的义务;二是政府财政按照国家法律、国务院规定,向外国政府、国际金融组织等机构借款而形成的债务。因债务有借入和归还两个方面,与此相适应,政府债务的核算也应分为债务收入和债务支出两部分内容。

(二)债务收入

债务收入是指政府财政按照国家法律、国务院规定,以发行债券等方式取得的,以及向外国政府、国际金融组织等机构借款取得的纳入预算管理的债务收入。

以政府的名义并通过信用手段获得的收入,一般包括国内债务收入和国外债务收入。

国内债务收入是指国家通过在国内借款或发行各种政府债券所获得的收入;国外债务收入是指国家向外国政府或国际金融机构组织借款、在国外发行债券,以及向各种官方或非官方借款而形成的收入。债务收入具有有偿性、自愿性、灵活性和广泛性等特点,在弥补财政赤字、调节经济运行等方面发挥着十分重要的作用。

政府财政通过设置"债务收入"账户核算债务收入的增减变动情况。该账户的贷方登记债务收入的增加;借方登记债务收入的减少;平时贷方余额反映债务收入的累计数。期末结转后,本账户无余额。其明细账户应当按照《2016年政府收支分类科目》中"债务收入"账户的规定进行明细核算。

1. 政府债券的发行

省级以上政府财政收到政府债券发行收入时,按照实际收到的金额,借记"国库存款"账户;按照政府债券实际发行额,贷记"债务收入"账户;按照发行收入和发行额的差额,借记或贷记有关支出账户。根据债务管理部门转来的债券发行确认文件等相关资料,按照到期应付的政府债券本金金额,借记"待偿债净资产——应付短期政府债券/应付长期政府债券"账户,贷记"应付短期政府债券""应付长期政府债券"等账户。

2. 境外借款

政府财政向外国政府、国际金融组织等机构借款时,按照借入的金额,借记"国库存款""其他财政存款"等账户,贷记"债务收入"账户;根据债务管理部门转来的相关资料,按照实际承担的债务金额,借记"待偿债净资产——借入款项"账户,贷记"借入款项"账户。

3. 借入主权外债

本级政府财政借入主权外债,且由外方将贷款资金直接支付给用款单位或供应商时,应根据以下情况分别进行处理:

(1)本级政府财政承担还款责任,贷款资金由本级政府财政同级部门(单位)使用的,本级政府财政根据贷款资金支付相关资料,借记"一般公共预算本级支出"账户,贷记"债务收入"账户;根据债务管理部门转来的相关资料,按照实际承担的债务金额,借记"待偿债净资产——借入款项"账户,贷记"借入款项"账户。

(2)本级政府财政承担还款责任,贷款资金由下级政府财政同级部门(单位)使用的,本级政府财政根据贷款资金支付相关资料及预算指标文件,借记"补助支出"账户,贷记"债务收入"账户;根据债务管理部门转来的相关资料,按照实际承担的债务金额,借记"待偿债净资产——借入款项"账户,贷记"借入款项"账户。

(3)下级政府财政承担还款责任,贷款资金由下级政府财政同级部门(单位)使用的,本级政府财政根据贷款资金支付相关资料,借记"债务转贷支出"账户,贷记"债务收入"账户;根据债务管理部门转来的相关资料,按照实际承担的债务金额,借记"待偿债净资产——借入款项"账户,贷记"借入款项"账户;同时,借记"应收主权外债转贷款"账户,贷记"资产基金——应收主权外债转贷款"账户。

【例5-22】 中央政府贴现发行1年期国债的面值为350 000 000元,发行价格为329 000 000元。全部款项已入国库。编制相关的会计分录。

借:国库存款 329 000 000
　　一般公共预算本级支出 21 000 000
　　贷:债务收入——中央政府债务收入(中央政府国内债务收入)
　　　　　　　　　　　　　　　　　　　350 000 000

同时,
借:待偿债净资产 350 000 000
　　贷:应付短期政府债券 350 000 000

【例5-23】　某省财政根据发生的债务收入,编制相关的会计分录。

(1)该省财政收到政府债券发行的一般债券款3 000 000 000元并存入国库存款,其中,为期10个月的政府债券为500 000 000元,其余政府债券的期限为3年。

借:国库存款 3 000 000 000
　　贷:债务收入——地方政府债务收入(一般债券收入)　3 000 000 000

同时,
借:待偿债净资产——应付短期政府债券 500 000 000
　　　　　　　　——应付长期政府债券 2 500 000 000
　　贷:应付短期政府债券 500 000 000
　　　　应付长期政府债券 2 500 000 000

(2)该省财政借入主权外债6 000 000 000元,由外方将贷款资金直接支付给用款单位,由省财政承担还款责任。其中,3 000 000 000元由省财政同级单位使用;2 000 000 000元由下级财政同级单位使用;1 000 000 000元由下级财政同级单位使用,并由下级财政承担还款责任。

① 省财政同级单位使用贷款。
借:一般公共预算本级支出 3 000 000 000
　　贷:债务收入——地方政府债务收入
　　　　(地方政府向外国政府借款收入)　3 000 000 000
借:待偿债净资产 3 000 000 000
　　贷:借入款项 3 000 000 000

② 下级财政同级单位使用贷款。
借:补助支出 2 000 000 000
　　贷:债务收入——地方政府债务收入
　　　　(地方政府向外国政府借款收入)　2 000 000 000
借:待偿债净资产 2 000 000 000
　　贷:借入款项 2 000 000 000

③ 下级政府财政同级单位使用贷款资金,承担还款责任。
借:债务转贷支出 1 000 000 000
　　贷:债务收入——地方政府债务收入
　　　　(地方政府向外国政府借款收入)　1 000 000 000

借:待偿债净资产——借入款项   1 000 000 000

  贷:借入款项   1 000 000 000

借:应收主权外债转贷款   1 000 000 000

  贷:资产基金——应收主权外债转贷款   1 000 000 000

(三)债务支出

一般而言,债务支出是指清偿债务所发生的支出,包括货币、实物以及无形资产。财政总预算会计中的"债务支出"是指政府财政偿还本级政府财政承担的纳入预算管理的债务本金支出。与债务收入分类一致,政府债务支出分为国内债务支出和国外债务支出。其中,国内债务支出是指各级政府向国内单位和个人发行各种形式的政府债券的还本付息支出,以及向银行借款、透支的还本付息支出;国外债务支出是指各级政府向国外举借各种形式债务的还本付息支出。

政府财政通过设置"债务还本支出"账户核算政府财政偿还本级政府财政承担的纳入预算管理的债务本金支出的增减变动情况。该账户的借方登记偿还本级政府财政承担的政府债券、主权外债等纳入预算管理的债务本金数额;贷方登记年终转账时转入"政府性基金预算结转结余"或"一般公共预算结转结余"账户的数额;平时借方余额反映本级政府财政债务还本支出的累计数。期末结转后,本账户无余额。"债务还本支出"账户应当根据《2016年政府收支分类科目》中"债务还本支出"账户的规定进行明细核算。

政府财政偿还本级政府财政承担的政府债券、主权外债等纳入预算管理的债务本金时,借记"债务还本支出"账户,贷记"国库存款""其他财政存款"等账户;根据债务管理部门转来的相关资料,按照实际偿还的本金金额,借记"应付短期政府债券""应付长期政府债券""借入款项""应付地方政府债券转贷款""应付主权外债转贷款"等账户,贷记"待偿债净资产"账户。

【例5-24】 某省财政根据发生的债务支出业务,编制相关的会计分录。

(1)以国库存款偿还本级财政承担的3年期政府债券债务本金360 000 000元。

借:债务还本支出——地方政府一般债务还本支出

        (地方政府一般债券还本支出)360 000 000

  贷:国库存款   360 000 000

借:应付长期政府债券   360 000 000

  贷:待偿债净资产   360 000 000

(2)以其他财政存款偿还本级财政承担的2年期主权外债债务本金280 000 000元。

借:债务还本支出——地方政府向外国政府借款还本支出   280 000 000

  贷:其他财政存款   280 000 000

借:借入债款——应付本金   280 000 000

  贷:待偿债净资产   280 000 000

(四)债务收入和支出的期末结转

政府财政年终转账时,应将"债务收入"账户下"专项债务收入"明细账户的贷方余额按照对应的政府性基金种类分别转入"政府性基金预算结转结余"相关明细账户,借记"债务收入——专项债务收入"账户,贷记"政府性基金预算结转结余"账户;并将"债务收入"账户下其他明细账户的贷方余额全数转入"一般公共预算结转结余"账户,借记"债务收入"账户(其他明细账户),贷记"一般公共预算结转结余"账户。同时,应将"债务还本支出"账户下"专项债务还本支出"明细账户的借方余额按照对应的政府性基金种类分别转入"政府性基金预算结转结余"相关明细账户,借记"政府性基金预算结转结余"账户,贷记"债务还本支出——专项债务还本支出"账户;并将"债务还本支出"账户下其他明细账户的借方余额全数转入"一般公共预算结转结余"账户,借记"一般公共预算结转结余"账户,贷记"债务还本支出"账户。

具体会计处理见第四章第二节。

二、债务转贷收入和支出

(一) 债务转贷概述

债务转贷是指政府财政按照国家法律、国务院规定,将以发行债券等方式取得的,以及向外国政府、国际金融组织等机构借款取得的债务资金,再贷给国内债务人。债务转贷主要包括:

(1) 国债转贷,即国家增发一定数量的国债,通过财政部转贷给省级政府,用于地方的经济和社会发展建设项目。国债转贷是中央政府运用积极的财政政策,针对国内有效需求不足,进行宏观调控的重要手段。

(2) 外债转贷,即财政部将其代表我国政府借入的贷款委托国内银行再贷给国内债务人,并由受托银行负责贷款资金的提取和支付、本息和费用的回收以及对外偿付等的活动。

(3) 中央代发地方政府债券,即地方政府债券将由财政部以记账式国债发行方式代理发行,实行年度发行额管理,地方政府承担还本付息责任,支付发行费和还本付息等具体事务由财政部代办,所筹资金主要用于中央投资地方配套的及其他难以吸引社会投资的公益性建设项目,不得安排用于经常性支出。

转贷资金主要用于农林水利投资、交通建设投资、城市基础设施和环境保护建设投资,以及城乡电网建设与改造,以及国家明确的其他建设项目等。

需要说明的是,上述债务转贷实质上是政府信用的一种新运作模式。传统的政府信用资金运行模式,如国债资金运行常规方式可划分为国债发行、国债资金使用、偿债资金归集和国债兑付四个相互关联的有机整体。特征表现为政府以金融工具为载体,以国家政权为基础,面向社会和市场直接融资。在整个信用行为过程中,政府既是资金的筹集者,也是资金的使用者。但债务转贷运作模式形成后,以国债资金为例,国债资金的信用环节发生了重大改变,并导致政府信用发生改变。首先,从中央财政来看,债务转贷政策下国债资金的筹集和债券到期的还本付息,与国债运作的常规方式相同,但政府对信用资金的使用和对偿债资金的归集却发生了根本性的改变。从其运用环节来看,中央财政采取与地方政府签署转贷协议的方式,将国债资金以贷款的方式注入相关的经济建设项目。

实质上是以国债为纽带,在双方之间搭建标准的借贷关系,地方政府采取类似接受银行"发放贷款"的信用方式使用中央财政的国债资金。此外,从国债转贷资金还本付息的来源来看,偿债资金不再取自中央税收,而是地方政府和项目企业的还本付息资金,国债资金的回流也不再是财政预算收入,而是债务人依据借贷合同的履约付款资金。

其次,从地方财政来看,国债资金转贷至地方后,使用主体主要有两个:一个是地方政府;另一个是项目企业。当地方政府使用转贷资金投资于政府的基础性建设项目时,中央财政资金就由原来的无偿使用变为了有偿使用,地方政府的角色也随之变为中央财政的"贷款客户"。当转贷资金到期时,地方财政必须以其财政资金归还贷款本息。两者之间形成了恰似银行接受其贷款客户归还贷款的信用特征。从转贷关系来看,中央财政先将资金转贷给地方政府,地方政府再转贷给项目企业,地方政府处在先借入国债再将国债贷出的信用中介地位。很显然,国债资金实行转贷,实际上是使地方财政扮演了"信用中介"角色,这是历史上一种新型的政府信用形式。

（二）债务转贷收入

债务转贷收入是指省级以下(不含省级)政府财政收到上级政府财政转贷的债务收入。政府财政通过设置"债务转贷收入"账户核算其增减变动情况。该账户的贷方登记收到的转贷资金数额;借方登记年终将转贷资金收入转入相关结余账户的数额,期末结转后本账户无余额。平时,本账户贷方余额反映债务转贷收入的累计数。

省级以下(不含省级)政府财政收到地方政府债券转贷收入时,按照实际收到的金额,借记"国库存款"账户,贷记"债务转贷收入"账户;根据债务管理部门转来的相关资料,按照到期应偿还的转贷款本金金额,借记"待偿债净资产"账户,贷记"应付地方政府债券转贷款"账户。

省级以下(不含省级)政府财政收到主权外债转贷资金时,借记"其他财政存款"账户,贷记"债务转贷收入"账户;根据债务管理部门转来的相关资料,按照实际承担的债务金额,借记"待偿债净资产——应付主权外债转贷款"账户,贷记"应付主权外债转贷款"账户。

【例 5-25】 某县财政收到市财政债券转贷资金 50 000 000 元,编制如下会计分录:

借:国库存款   50 000 000
 贷:债务转贷收入   50 000 000
借:待偿债净资产   50 000 000
 贷:应付地方政府债券转贷款   50 000 000

【例 5-26】 某省所属 A 市财政收到省财政主权外债转贷款 300 000 000 元,外方采用将资金直接转入财政部门资金账户的方式,不考虑项目管理费用,编制相关的会计分录。

借:其他财政存款   300 000 000
 贷:债务转贷收入——地方政府一般债务转贷收入
    （地方政府向外国政府借款转贷收入）
             300 000 000

| 借:待偿债净资产 | 300 000 000 | |
| 贷:应付主权外债转贷款 | | 300 000 000 |

（三）债务转贷支出

债务转贷支出是指本级政府财政向下级政府财政转贷的债务支出,包括本级政府财政向下级政府财政转贷的债券资金、主权外债资金等。

政府财政通过设置"债务转贷支出"科目核算其增减变动情况。该账户的借方登记各级政府财政向下级政府财政转贷的资金数额;贷方登记年终将转贷资金支出转入相关结余账户的数额,期末结转后本账户无余额。平时,本账户借方余额反映债务转贷支出的累计数。

本级政府财政向下级政府财政转贷地方政府债券资金时,借记"债务转贷支出"账户,贷记"国库存款"账户;根据债务管理部门转来的相关资料,按照到期应收回的转贷款本金金额,借记"应收地方政府债券转贷款"账户,贷记"资产基金——应收地方政府债券转贷款"账户。

县、市级等政府财政借入主权外债转贷款,且由外方将贷款资金直接支付给用款单位或供应商时,应根据以下情况分别进行处理:

（1）县、市级等政府财政承担还款责任,贷款资金由本级政府财政同级部门（单位）使用的,本级政府财政根据贷款资金支付相关资料,借记"一般公共预算本级支出"账户,贷记"债务转贷收入"账户;根据债务管理部门转来的相关资料,按照实际承担的债务金额,借记"待偿债净资产——应付主权外债转贷款"账户,贷记"应付主权外债转贷款"账户。

（2）县、市级等政府财政承担还款责任,贷款资金由下级政府财政同级部门（单位）使用的,本级政府财政根据贷款资金支付相关资料及预算文件,借记"补助支出"账户,贷记"债务转贷收入"账户;根据债务管理部门转来的相关资料,按照实际承担的债务金额,借记"待偿债净资产——应付主权外债转贷款"账户,贷记"应付主权外债转贷款"账户。

（3）下级政府财政承担还款责任,贷款资金由下级政府财政同级部门（单位）使用的,本级政府财政根据转贷资金支付相关资料,借记"债务转贷支出"账户,贷记"债务转贷收入"账户;根据债务管理部门转来的相关资料,按照实际承担的债务金额,借记"待偿债净资产——应付主权外债转贷款"账户,贷记"应付主权外债转贷款"账户;同时,借记"应收主权外债转贷款"账户,贷记"资产基金——应收主权外债转贷款"账户。

下级政府财政根据贷款资金支付相关资料,借记"一般公共预算本级支出"账户,贷记"债务转贷收入"账户;根据债务管理部门转来的相关资料,按照实际承担的债务金额,借记"待偿债净资产——应付主权外债转贷款"账户,贷记"应付主权外债转贷款"账户。

【例 5-27】 本级政府财政向下级政府财政转贷地方政府债券资金 28 000 000 元,并存入国库存款。编制如下会计分录:

借:债务转贷支出	28 000 000	
贷:国库存款		28 000 000
借:应收地方政府债券转贷款	28 000 000	
贷:资产基金——应收地方政府债券转贷款		28 000 000

【例 5-28】 某省所属 B 市财政借入主权外债转贷款 200 000 000 元,且由外方将贷款资金直接支付给用款单位,根据不同情况编制相关会计分录:

(1) B 市财政承担还款责任,贷款资金由市级环保局、教育局分别使用 60 000 000 元和 40 000 000 元。

① 确认一般公共预算本级支出:

借:一般公共预算本级支出　　　　　　　　　　　　100 000 000

　　贷:债务转贷收入——地方政府一般债务转贷收入

　　　　　　（地方政府向外国政府借款转贷收入）

　　　　　　　　　　　　　　　　　　　　　　　　100 000 000

② 按照实际承担的债务金额:

借:待偿债净资产　　　　　　　　　　　　　　　　100 000 000

　　贷:应付主权外债转贷款　　　　　　　　　　　　100 000 000

(2) B 市财政承担还款责任,贷款资金作为专项资金由所辖甲县财政同级的农业局、林业局分别使用 70 000 000 和 30 000 000 元。

① 确认补助支出:

借:补助支出　　　　　　　　　　　　　　　　　　100 000 000

　　贷:债务转贷收入——地方政府专项债务转贷收入

　　　　　　（地方政府向外国政府借款转贷收入）

　　　　　　　　　　　　　　　　　　　　　　　　100 000 000

② 按照实际承担的债务金额:

借:待偿债净资产　　　　　　　　　　　　　　　　100 000 000

　　贷:应付主权外债转贷款　　　　　　　　　　　　100 000 000

(3) B 市所辖甲县财政承担还款责任,其他资料同业务(2)。

(3-1)确认债务转贷收入:

借:债务转贷支出　　　　　　　　　　　　　　　　100 000 000

　　贷:债务转贷收入——地方政府专项债务转贷收入

　　　　　　（地方政府向外国政府借款转贷收入）

　　　　　　　　　　　　　　　　　　　　　　　　100 000 000

(3-2)按照实际承担的债务金额:

借:待偿债净资产　　　　　　　　　　　　　　　　100 000 000

　　贷:应付主权外债转贷款　　　　　　　　　　　　100 000 000

同时,

借:应收主权外债转贷款　　　　　　　　　　　　　100 000 000

　　贷:资产基金——应收主权外债转贷款　　　　　　100 000 000

(3-3)B 市所辖甲县财政支付相关支出:

借:一般公共预算本级支出　　　　　　　　　　　　60 000 000

贷:债务转贷收入——地方政府专项债务转贷收入

　　　　（地方政府向外国政府借款转贷收入）

　　　　　　　　　　　　　　　　　　　　　　　60 000 000

　　借:待偿债净资产　　　　　　　　　　　60 000 000

　　　贷:应付主权外债转贷款　　　　　　　　　　　　60 000 000

（四）债务转贷收入和支出的期末结转

政府财政年终转账时,应将"债务转贷收入——地方政府一般债务转贷收入"账户的贷方余额全数转入"一般公共预算结转结余"账户,借记"债务转贷收入——地方政府一般债务转贷收入"账户,贷记"一般公共预算结转结余"账户;并将"债务转贷收入——地方政府专项债务转贷收入"账户的贷方余额转入"政府性基金预算结转结余"账户,借记"债务转贷收入——地方政府专项债务转贷收入"账户,贷记"政府性基金预算结转结余"账户。同时,应将"债务转贷支出——地方政府一般债务转贷支出"账户的借方余额全数转入"一般公共预算结转结余"账户,借记"一般公共预算结转结余"账户,贷记"债务转贷支出——地方政府一般债务转贷支出"账户;并将"债务转贷支出——地方政府专项债务转贷支出"账户的借方余额全数转入"政府性基金预算结转结余"账户,借记"政府性基金预算结转结余"账户,贷记"债务转贷支出——地方政府专项债务转贷支出"账户。

具体会计处理见第四章第二节。

第九节　预算稳定调节基金

一、预算稳定调节基金的内涵

预算稳定调节基金是一种政府预算储备。在经济繁荣时期,政府积累超额的财政盈余收入,在经济衰退时期,用其弥补财政预算的资金不足,从而保持财政资金的稳定。

预算稳定调节基金秉承"以丰补歉,以盈填亏"的理财理念,通过对基金的安排使用可以对社会供求总量产生重要的影响,发挥稳定经济的作用。例如,在经济形势较好、财政收入增长较高的年份,安排资金存入预算稳定调节基金,控制政府支出,可以避免经济过热发展,起居安思危之效。同样,当经济疲软、财政收入减少的年份,利用预算稳定调节基金"蓄水池"的功能,调入使用基金,增加政府开支,可以刺激社会总需求,抑制经济衰退的加剧。可见,预算稳定调节基金是政府实施经济政策、熨平经济波动、稳定经济运行的平衡器。此外,建立预算稳定调节基金,除了在应对经济发展风险方面可以"未雨绸缪",在预防财政风险方面也可以发挥同样的功效。

二、动用预算稳定调节基金

动用预算稳定调节基金是指政府财政为弥补本年度预算资金的不足,调用预算稳定调节基金。

政府财政通过设置"动用预算稳定调节基金"账户核算动用预算稳定调节基金的情

况。该账户的贷方登记年终转账时,将"动用预算稳定调节基金"账户的贷方余额全数转入"一般公共预算结转结余"账户的数额;借方登记调用的预算稳定调节基金的数额;平时贷方余额反映动用预算稳定调节基金的累计数。期末结转后,本账户无余额。

政府财政调用预算稳定调节基金时,借记"预算稳定调节基金"账户,贷记"动用预算稳定调节基金"账户。年终转账时,应将"动用预算稳定调节基金"账户的贷方余额全数转入"一般公共预算结转结余"账户,借记"动用预算稳定调节基金"账户,贷记"一般公共预算结转结余"账户。

三、安排预算稳定调节基金

安排预算稳定调节基金是指政府财政按照有关规定,安排预算稳定调节基金。

政府财政通过设置"安排预算稳定调节基金"账户核算安排预算稳定调节基金的情况。该账户的借方登记补充的预算稳定调节基金的数额;贷方登记年终转账时,将"安排预算稳定调节基金"账户借方余额全数转入"一般公共预算结转结余"账户的数额;平时借方余额反映安排预算稳定调节基金的累计数。期末结转后,本账户无余额。

政府财政补充预算稳定调节基金时,借记"安排预算稳定调节基金"账户,贷记"预算稳定调节基金"账户。年终转账时,应将"安排预算稳定调节基金"账户的借方余额全数转入"一般公共预算结转结余"账户,借记"一般公共预算结转结余"账户,贷记"安排预算稳定调节基金"账户。

【例 5-29】 某省财政根据发生的预算稳定调节基金业务,编制相关的会计分录。

(1) 2014 年,根据财政超收情况,安排了 1 000 000 000 元建立预算稳定调节基金。

| 借:安排预算稳定调节基金 | 1 000 000 000 |
| 贷:预算稳定调节基金 | 1 000 000 000 |

(2) 2015 年,又根据财政超收情况,安排了 1 500 000 000 元补充预算稳定调节基金。

| 借:安排预算稳定调节基金 | 1 500 000 000 |
| 贷:预算稳定调节基金 | 1 500 000 000 |

(3) 2016 年,动用预算稳定调节基金 800 000 000 元。

| 借:预算稳定调节基金 | 800 000 000 |
| 贷:动用预算稳定调节基金 | 800 000 000 |

【关键词汇】

一般公共预算本级收入(general public budget at the same level Income)

政府性基金预算本级收入(government fund budgeta at the same level income)

国有资本经营预算本级收入(state-owned capital operating budget at the same level income)

财政专户管理资金收入(the income of financial accounts management funds)

专用基金收入(proceeds from special purpose fund)

债务收入(receipts from debt)

债务转贷收入(debt lending income)

一般公共预算本级支出(general public budget expenditure at the same level)

政府性基金预算本级支出(government fund budget expenditure)

国有资本经营预算本级支出(state-owned capital operating budget at the same level expenditures)

财政专户管理资金支出(the financial account management of capital expenditure)

专用基金支出(expenditure on special purpose fund)

政府补助支出(government subsidy expenditure)

地区间援助支出(regional aid spending)

预算稳定调节基金(budget stabilization fund)

债务转贷支出(the debt transfer expenditure)

【思考题】

1. 简述财政总预算会计收入的含义,并说明财政总预算会计收入的内容。

2. 简述一般公共预算本级收入、政府性基金预算本级收入、国有资本经营预算本级收入的含义,并指出它们之间的异同以及会计核算方法的区别。

3. 简述财政专户管理资金收入、专用基金收入的含义,并指出两者的异同以及会计核算方法的区别。

4. 简述转移性收入、补助收入、上解收入、调入资金和地区间援助收入的含义,并指出它们之间的异同以及会计核算方法的区别。

5. 简述债务收入、债务转贷收入的含义,并指出两者的异同以及会计核算方法的区别。

6. 什么是财政总预算会计支出?它包括哪些内容?

7. 试比较政府收支分类支出科目与财政总预算会计支出账户之间的差异。

8. 什么是一般公共预算本级支出、政府性基金预算本级支出、国有资本经营预算本级支出?它们之间的确认、计量、记录和报告有何异同?

9. 财政专户管理资金支出和专用基金支出两者均为特定用途的资金,指出两者会计核算方法的异同。

10. 简述转移性支出、补助支出、上解支出、调入资金和地区间援助支出的含义,并指出它们之间的异同以及会计核算方法的区别。

11. 什么是债务转贷支出?说明债务转贷支出的会计核算方法。

12. 试说明财政总预算会计支出采用的会计基础、确认标准以及管理要求。

【练习题】

1. 某省财政收到中国人民银行国库报来的预算收入日报表(部分),如下表所示。

级次:省

单位:元

预算科目				本日收入
类	款	项	目	
税收收入	增值税	国内增值税	国有企业增值税	200 000 000
			私营企业增值税	180 000 000
	企业所得税	国有电子工业所得税		120 000 000
		集体企业所得税		90 000 000
	个人所得税	个人所得税	储蓄存款利息所得税	60 000 000
非税收入	政府性基金收入	铁路建设基金收入		100 000 000
		旅游发展基金收入		70 000 000
	专项收入	排污费收入	排污费收入	30 000 000
		行政事业性收费收入	高等学校学费	60 000 000
	国有资本经营收入	利润收入	金融企业利润收入	160 000 000

要求:根据上述表中的经济业务,编制相关的会计分录。

2. 某省财政收到财政国库支付执行机构报来的预算支出结算清单(部分),如下表所示。

预算支出结算清单(部分)

代理银行:工商银行××分行

列支日期:2016 年 7 月 28 日

单位:元

基层单位名称	预算科目名称(项)	列支金额		
		合计	直接支付	授权支付
工商行政管理局	行政运行	60 000 000	50 000 000	10 000 000
民政局	老龄事务	30 000 000	10 000 000	20 000 000
农林局	农业组织化与产业化经营	50 000 000	40 000 000	10 000 000
卫生局	食品药品安全	80 000 000	30 000 000	50 000 000
环保局	排污费安排的支出	70 000 000	60 000 000	10 000 000
合计	——			

该省财政部门采用国库集中支付方式向预算单位拨付经费,按照代理财政零余额账户和预算单位零余额账户的某工商银行与国库进行日结算报送的预算支出结算清单进行账务处理。

要求:根据表中的经济业务,编制相关的会计分录。

3. 某市财政 2016 年发生的基金预算业务如下:

(1)3 月 25 日,①收到国库报送的基金预算收入日报表,表中列明:电力基金收入 1 200 000 元,文化事业建设费收入 1 000 000 元,转让政府还贷城市道路收费权收入 97 000 元,农业发展基金收入 134 000 元,地方水利建设基金收入 243 000 元,政府住房基金收入 68 000 元。②收到财政国库支付执行机构报来的预算支出结算清单。财政国库支付执行机构以财政直接支付的方式,通过财政零余额账户存款账户支付有关预算单位的属于基金预算支出的款项共计 332 000 元。具体支付情况为:教育——教育附加及基金支出——地方教育基金支出 74 000 元,政府住房基金支出 68 000 元,公路水路运输支出 85 000 元,烟草商业税后利润支出 95 000 元。财政总预算会计经与中国人民银行财政直接支付划款凭证核对无误后,列报基金预算支出。

(2) 4 月 5 日,收到上级一般预算补助 360 000 元;收到下级一般预算缴款 216 000 元;为了平衡一般预算,从基金预算地方税费附加结余中调入 2 000 000 元。

(3) 6 月 20 日,收到市属国有独资企业上缴利润 300 000 元存入国库。

(4) 8 月 10 日,收到转让国有股权收入 36 000 000 元存入国库。

(5) 9 月 30 日,发生安排电力监督支出 350 000 元。

(6) 10 月 15 日,调出国有资本经营收入 3 000 000 元用于一般预算支出。

(7) 11 月 25 日,①收到财政专户管理的资金收入 400 000 元,通过财政专户向彩票销售机构拨付业务费用 84 100 元。②收到上级中央财政拨入的一笔专用基金 20 000 元,内容为粮食风险基金;根据有关文件规定从其他财政存款账户向粮食部门拨付粮食风险基金 55 000 元。③收到农村义务教育中央专项资金 345 000 元。

要求:根据上述经济业务或事项,编制相关的经济业务。

【案例题】

第六章 财政总预算会计报表

【本章纲要】

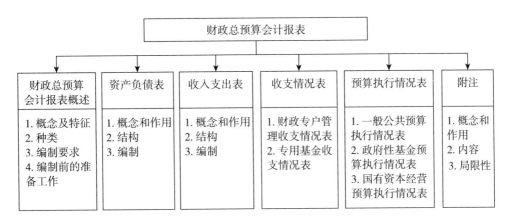

【学习目标、重点和难点】

● 通过本章的学习,应了解财政总预算会计报表的概念、特征及种类,熟悉财政总预算会计报表的编制要求,编制会计报表前的准备工作;熟悉资产负债表、收入支出表、各种预算执行情况表的作用和结构;掌握资产负债表、收入支出表、各种预算执行情况表的编制方法;熟悉附注的作用及其基本内容。

● 财政总预算会计报表的作用、种类以及资产负债表、收入支出表的编制方法为本章的重点。

● 资产负债表、收入支出表的编制方法为本章的难点。

第一节 财政总预算会计报表概述

一、财政总预算会计报表的概念及特征

财政总预算会计报表是反映政府财政预算执行结果和财务状况的书面文件,是各级政府财政部门了解情况、掌握政策、指导预算执行的主要基础资料,也是编制下年度预算计划的重要参考资料和依据。各级财政机关必须定期汇编财政总预算会计报表,并定期向同级人民政府和上级财政机关报告本地区预算收支的执行情况,财政部须定期向国务院报告国家预算收支情况。

财政总预算会计报表既是各级政府财政活动过程及结果的综合反映,也是社会公众了解政府财政有关情况的唯一来源。其内涵极为丰富,但至少应具备以下基本特征:①从服务的对象来看,财政总预算会计报表属于对外报表,其服务对象主要是各级人民代表大会、政府及其有关部门、政府财政部门自身和其他会计信息使用者;②从提供的信息内容来看,财政总预算会计报表提供的是各级政府财务资源(即预算资金)的来源、分配及其使用的信息,即财务状况信息;③从目标来看,财政总预算会计报表的目标包括为各级政府提供预算收支执行情况的会计信息,为政府进行宏观政策制定提供有力的依据,并反映各级政府财政受托责任的履行情况;④通过对财政总预算会计报表进行准确和全面的分析,能及时掌握预算执行中出现的问题、研究预算活动的规律,进而总结出预算管理的经验,提出改进措施,加强预算管理。

二、财政总预算会计报表的组成

财政总预算会计报表由报表和附注两部分组成。

(一)报表

一般来说,报表是对主体财务状况和财务业绩的结构性表述。对于财政总预算会计而言,财务状况信息主要是指政府财政在某一特定时点掌控的全部资产、负债和净资产的整体存量情况以及各种资产、负债和净资产的详细情况,同时财务状况信息也包括财政总预算会计提供的某一会计期间资产、负债和净资产的变动情况;财务业绩通常是指政府组织的工作绩效。主要通过政府财政提供服务的投入和产出的对比来反映。由于政府提供公共服务不收费或低于成本收费,因此政府不能像企业那样通过价值指标(利润)来反映工作绩效,而是通过提供服务的数量以及为此而消耗的资源来反映。所以,财政总预算会计提供的是有助于评价政府组织工作绩效的会计信息,一般是报告提供每单位公共服务的成本、购置每单位公共财产的资金消耗等。

财务状况也好,财务业绩也罢,在各级政府财政中,它们彼此之间相互关联、相互结合,并且存在着一定的数量对比关系。

财政总预算会计报表包括资产负债表、收入支出表、一般公共预算执行情况表、政府性基金预算执行情况表、国有资本经营预算执行情况表、财政专户管理资金收支情况表、专用基金收支情况表等会计报表。

(二)附注

附注是对在会计报表中列示的项目所做的进一步说明,以及对未能在这些报表中列示的项目的说明等。附注由若干附表和对有关项目的文字性说明组成。

三、财政总预算会计报表的编制要求

1. 口径与内容上的全国统一性

财政总预算会计的各种报表要严格按照规定的内容、会计科目、格式、统计口径、计算方法填制,以保证全国统一汇总和分析。各级政府预算会计汇总总预算时,要做好基础工作,认真进行年终清理结算与结账,防止漏报、错报。

2. 数字信息的准确性

财政总预算会计应当根据《财政总预算会计制度》编制并提供真实、完整的会计报表,财政总预算会计报表的数字,必须根据核对无误的账目记录编制,做到账账相符、账表相符,以客观、准确地反映各级政府执行财政预算的情况。不能估列代编,更不能弄虚作假。

3. 报告的及时性

所有预算单位和各级财政总预算都必须在规定的期限内报出报表,以便主管部门和财政部门及时汇总、上报。一般公共预算执行情况表、政府性基金预算执行情况表、国有资本经营预算执行情况表应当按旬、月度和年度编制;财政专户管理资金收支情况表和专用基金收支情况表应当按月度和年度编制;收入支出表应当按月度和年度编制;资产负债表和附注应当至少按年度编制。旬报、月报的报送期限及编报内容应当根据上级政府财政的具体要求和本行政区域预算管理的需要办理。

四、编制财政总预算会计报表前的准备工作

(一) 按照规定进行会计结账

财政总预算会计应当按月进行会计结账。具体结账方法,按照《会计基础工作规范》处理。

(二) 及时进行年终清理结算

政府财政部门应当及时进行年终清理结算。年终清理结算的主要事项如下:

(1) 核对年度预算。预算是预算执行和办理会计结算的依据。年终前,财政总预算会计应配合预算管理部门将本级政府财政全年预算指标与上、下级政府财政总预算和本级各部门预算进行核对,及时办理预算调整和转移支付事项。本年预算调整和对下级转移支付一般截止到 11 月底;各项预算拨款,一般截止到 12 月 25 日。

(2) 清理本年预算收支。财政总预算会计应认真清理本年预算收入,督促征收部门和国家金库年终前如数缴库。在本年预算支领列报的款项,非特殊原因,应在年终前办理完毕。同时,应清理财政专户管理资金和专用基金收支,凡属应列入本年的收入,应及时催收,并缴入国库或指定财政专户。

(3) 财政总预算会计应组织征收部门和国家金库进行年度对账。

(4) 清理核对当年拨款支出。财政总预算会计对本级各单位的拨款支出应与单位的拨款收入进行核对,核对无误后,属于应收回的拨款,应及时收回,并按收回数相应冲减预算支出;属于预拨下年度的经费,不得列入当年的预算支出。

(5) 核实股权、债权和债务。财政部门内部相关资产、负债管理部门应于 12 月 20 日前向财政总预算会计提供与股权、债权、债务等核算和反映相关的资料。财政总预算会计对股权投资、借出款项、应收股利、应收地方政府债券转贷款、应收主权外债转贷款、借入款项、应付短期政府债券、应付长期政府债券、应付地方政府债券转贷款、应付主权外债转贷款、其他负债等的余额应与相关管理部门进行核对,记录不一致的要及时查明原因,按规定调整账务,做到账实相符、账账相符。

（6）清理往来款项。政府财政要认真清理其他应收款、其他应付款等各种往来款项，在年度终了前予以收回或归还。应转作收入或支出的各种款项，要及时转入本年有关收支账。

（7）进行年终财政结算。财政预算管理部门应在年终清理的基础上，于次年1月底前结清上、下级政府财政的转移支付收支和往来款项。财政总预算会计要按照财政管理体制的规定，根据预算数，与年度预算执行过程中已补助和已上解数额，结合往来款项和借垫款项情况，计算出全年最后应补或应退数额，填制年终财政决算结算单，核对无误后，应作为年终财政结算凭证，据以入账。

（三）年终结账

政府会计主体经过年终清理和结算，把各项结算收支入账后，即可办理年终结账。年终结账工作一般分为年终转账、结清旧账和记入新账三个步骤，依次做账。

（1）年终转账。计算出各账户12月份的合计数和全年累计数，并结出各账户12月末余额，编制结账前的资产负债表，再根据收支余额填制记账凭证，将收支分别转入"一般公共预算结转结余""政府性基金预算结转结余""国有资本经营预算结转结余""专用基金结余""财政专户管理资金结余"等账户冲销。

（2）结清旧账。将各个收入和支出账户的借方、贷方结出全年总计数。对年终有余额的账户，在"摘要"栏内注明"结转下年"字样，表示转入新账。

（3）记入新账。根据年终转账后的总账和明细账余额编制年终资产负债表和有关明细表（不需填制记账凭证），将表列各账户余额直接记入新年度有关总账和明细账年初余额栏内，并在"摘要"栏注明"上年结转"字样，以区别新年度发生数。

决算经本级人民代表大会常务委员会（或人民代表大会）审查批准后，如需更正原报决算草案收入、支出时，则要相应地调整有关账目，重新办理结账事项。

第二节　资产负债表

一、资产负债表的概念和作用

资产负债表是反映政府财政在某一特定日期财务状况的报表。财务状况是指一定时期资金筹集与资金运用的状况。在财政总预算会计中，财务状况一般是指各级政府某一特定时点的资产，以及对这些资产所主张的权利，如占有权或控制权。按照财务会计理论，财务状况由资产、负债和净资产三部分内容组成，它们是政府运营、投资和筹资等活动的结果。各级政府的财务状况，反映了该级政府的资产总量、结构以及筹资渠道等状况，它是判断企业盈利能力、偿债能力和资金营运能力等的依据。与财务状况相关的信息主要是由资产负债表提供的。

二、资产负债表的结构

《基本准则》指出，资产负债表应当按照资产、负债和净资产分类、分项列示。为了帮助报表使用者分析、解释和评价资产负债表所提供的信息,需要对资产负债表上的项目按其共同特征进行适当的分类与排列。

资产负债表的各个项目,一般按要素及其流动性的强弱、偿还的先后顺序分类排列,即各资产项目为一类,并按变现能力的强弱排列;各负债项目为一类,并按需偿还的先后顺序排列;净资产项目为一类,因其在企业清算之前不需要偿还,故列于报告最后的部分。这种分类排列,可直接将流动资产部分与流动负债部分进行比较,便于反映会计主体的短期偿债能力。

为了提供清晰明了的信息,资产负债表不应仅是一张对资产、负债和净资产项目进行简单罗列的表格,而应讲究内容的编排,以准确的标题、科学的分类和列示次序,表达各要素间的关系。资产负债表的格式多种多样,账户式和报告式是资产负债表的两种主要格式。

账户式资产负债表分为左右两侧,资产放在表的左侧,负债和净资产放在表的右侧,有如"T"形账户的左右分列,故称为"账户式"。根据"资产=负债+净资产"的会计等式,报表的左右两侧明显地表现了资产与负债、净资产之间的平衡关系。财政总预算会计的资产负债表采用账户式,如表6-1所示。

三、资产负债表的编制

(一)资产负债表"期末余额"栏各项目的内容和填列方法。

本表"期末余额"栏一般应根据资产、负债和净资产账户的期末余额填列。

1. 根据总账账户余额填列

资产负债表中大部分项目是根据相关总账账户期末余额直接填列的。如"国库存款""国库现金管理存款""其他财政存款""有价证券""在途款""预拨经费""借出款项""应收股利""其他应收款""股权投资""待发国债""应付国库集中支付结余""其他应付款""应付代管资金""应付长期政府债券""一般公共预算结转结余""政府性基金预算结转结余""国有资本经营预算结转结余""财政专户管理资金结余""专用基金结余""预算稳定调节基金""预算周转金""资产基金"等项目。

需要说明的是,资产负债表有些项目虽然是根据总账账户余额填列的,但需要按照相关账户期末余额的方向填列正数或"-"号。如"与下级往来"项目应当根据"与下级往来"账户的期末余额填列,期末余额如为借方则以正数列;如为贷方则以"-"号填列。"与上级往来"项目应当根据"与上级往来"账户的期末余额填列,如为借方余额则以"-"号填列;"待偿债净资产"项目应当根据"待偿债净资产"账户的期末借方余额以"-"号填列。

2. 根据明细账账户余额填列

(1)根据明细账账户余额直接填列。如"应收地方政府债券转贷款"项目应当根据"应收地方政府债券转贷款"账户下"应收本金"明细账户的期末余额填列;"应收主权外债转贷款"项目应当根据"应收主权外债转贷款"账户下的"应收本金"明细账户的期末余额填列;"应付短期政府债券"项目应当根据"应付短期政府债券"账户下的"应付本金"明细账户的期末余额填列。

（2）根据明细账账户余额直接分析填列。如"应付地方政府债券转贷款"项目应当根据"应付地方政府债券转贷款"账户下"应付本金"明细账户的期末余额分析填列；"应付主权外债转贷款"项目应当根据"应付主权外债转贷款"账户下"应付本金"明细账户的期末余额分析填列；"借入款项"项目应当根据"借入款项"账户下"应付本金"明细账户的期末余额分析填列；"其他负债"项目应当根据"其他负债"账户的期末余额分析填列。

（3）根据明细账账户余额计算填列。如"应收利息"项目应当根据"应收地方政府债券转贷款"账户和"应收主权外债转贷款"账户下"应收利息"明细账户的期末余额合计数填列；"应付利息"项目应当根据"应付短期政府债券""借入款项""应付地方政府债券转贷款""应付主权外债转贷款"账户下的"应付利息"明细账户期末余额，以及属于分期付息到期还本的"应付长期政府债券"的"应付利息"明细账户期末余额计算填列。

（4）根据总账账户和明细账账户余额分析计算填列。如"一年内到期的非流动负债"项目应当根据"应付长期政府债券""借入款项""应付地方政府债券转贷款""应付主权外债转贷款""其他负债"等账户的期末余额及债务管理部门提供的资料分析填列。

（二）资产负债表"年初余额"栏各项目的填列方法

资产负债表"年初余额"栏各项目的数字，应当根据上年年末资产负债表"期末余额"栏各项目的数字填列。如果本年度资产负债表规定的各个项目的名称和内容同上年度不一致，应对上年年末资产负债表各项目的名称和数字按照本年度的规定进行调整，填入本年度"年初余额"栏内。

某省财政厅 2016 年 12 月 31 日编制的资产负债表，如表 6-1 所示。

表 6-1　资产负债表

编制单位：某省财政厅　　　　　　　2016 年 12 月 31 日

会财政 01 表

单位：万元

资产	期末余额	负债和净资产	期末余额
流动资产：		流动负债：	
国库存款	25 200 000	应付短期政府债券	3 412 000
国库现金管理存款	10 000 000	应付利息	2 559 000
其他财政存款	4 000 000	应付国库集中支付结余	1 706 000
有价证券	2 007 500	与上级往来	597 100
在途款	435 000	其他应付款	255 900
预拨经费	627 500	应付代管资金	——
借出款项	182 800	一年内到期的非流动负债	
应收股利	——	流动负债合计	8 530 000
应收利息	17 200	非流动负债：	
与下级往来	238 500	应付长期政府债券	5 116 000
其他应收款	211 500	借入款项	3 837 000

资产	期末余额	负债和净资产	期末余额
流动资产合计	42 920 000	应付地方政府债券转贷款	2 558 000
非流动资产：		应付主权外债转贷款	1 279 000
应收地方政府债券转贷款	3 000 000	其他负债	——
应收主权外债转贷款	1 000 000	非流动负债合计	12 790 000
股权投资	6 530 000	**负债合计**	21 320 000
待发国债	370 000	一般公共预算结转结余	24 570 000
非流动资产合计	10 900 000	政府性基金预算结转结余	5 265 000
		国有资本经营预算结转结余	1 053 000
		财政专户管理资金结余	351 000
		专用基金结余	2 106 000
		预算稳定调节基金	——
		预算周转金	1 755 000
		资产基金	10 530 000
		减：待偿债净资产	13 130 000
		净资产合计	32 500 000
资产总计	53 820 000	**负债和净资产总计**	53 820 000

第三节　收入支出表

一、收入支出表的概念和作用

收入支出表是反映政府财政在某一会计期间各类财政资金收支结余情况的报表。该表既反映了各级政府占有或控制的财政资金的来源、形成的渠道以及分配、使用情况，也反映了财政资金的收支总量、结构以及结余情况。

二、收入支出表的结构

收入支出表由表首和报表内容两部分构成。其中，报表表首指明了报表的名称、报告收支的时期以及所采用的货币名称和计量单位。《基本准则》指出，收入支出表应当根据资金性质按照收入、支出、结转结余的构成分类、分项列示。该表以矩阵的形式列示相关内容，一方面，列示收入的来源以及支出的用途；另一方面，按照资金性质划分类别（一般公共预算、政府性基金预算、国有资本经营预算、财政专户管理资金、专用基金），分别列示不同性质的会计事项对收入、支出和结余的影响，提供不同性质资金的收支总量及其结构信息。

三、收入支出表的编制

（一）收入支出表"上年数""本年累计数"栏各项目的填列方法

收入支出表"本月数"栏反映各项目的本月实际发生数。在编制年度收入支出表时，应将本栏改为"上年数"栏，反映上年度各项目的实际发生数；如果本年度收入支出表规定的各个项目的名称和内容同上年度不一致，应对上年度收入支出表各项目的名称和数字按照本年度的规定进行调整，填入本年度收入支出表的"上年数"栏。

本表"本年累计数"栏反映各项目自年初起至报告期末止的累计实际发生数。编制年度收入支出表时，应当将本栏改为"本年数"。

（二）收入支出表"本月数"栏各项目的填列方法：

1. "年初结转结余"项目和"年末结转结余"项目

"年初结转结余"项目，反映政府财政本年年初各类资金的结转结余金额，应当根据政府财政本年年初各类资金相关账户年初余额填列。其中，一般公共预算的"年初结转结余"应当根据"一般公共预算结转结余"账户年初余额填列。政府性基金预算、国有资本经营预算、财政专户管理资金、专用基金的"年初结转结余"应当根据与其相关的结转结余账户的年初余额填列。

"年末结转结余"项目，反映政府财政本年年末各类资金的结转结余金额，应当根据政府财政本年年末各类资金相关账户年末余额填列。其中，一般公共预算的"年末结转结余"应当根据"一般公共预算结转结余"账户的年末余额填列。政府性基金预算、国有资本经营预算、财政专户管理资金、专用基金的"年末结转结余"应当根据与其相关的结转结余账户的年末余额填列。

2. "收入合计"项目和"支出合计"项目

"收入合计"项目，反映政府财政本期发生的各类资金的收入合计金额。其中，一般公共预算的"收入合计"应当根据属于一般公共预算的"本级收入""补助收入""上解收入""地区间援助收入""债务收入""债务转贷收入""动用预算稳定调节基金"和"调入资金"各项目金额的合计数填列；政府性基金预算的"收入合计"应当根据属于政府性基金预算的"本级收入""补助收入""上解收入""债务收入""债务转贷收入"和"调入资金"各项目金额的合计数填列。

国有资本经营预算的"收入合计"应当根据属于国有资本经营预算的"本级收入"项目的金额填列；财政专户管理资金的"收入合计"应当根据属于财政专户管理资金的"本级收入"项目的金额填列；专用基金的"收入合计"应当根据属于专用基金的"本级收入"项目的金额填列。

"支出合计"项目，反映政府财政本期发生的各类资金的支出合计金额。其中，一般公共预算的"支出合计"应当根据属于一般公共预算的"本级支出""补助支出""上解支出""地区间援助支出""债务还本支出""债务转贷支出""安排预算稳定调节基金"和"调出资金"各项目金额的合计数填列；政府性基金预算的"支出合计"应当根据属于政府性基金预算的"本级支出""补助支出""上解支出""债务还本支出""债务转贷支出"和"调出资金"

各项目金额的合计数填列。

国有资本经营预算的"支出合计"应当根据属于国有资本经营预算的"本级支出"和"调出资金"项目金额的合计数填列;财政专户管理资金的"支出合计"应当根据属于财政专户管理资金的"本级支出"项目的金额填列;专用基金的"支出合计"应当根据属于专用基金的"本级支出"项目的金额填列。

3."本级收入"项目

"本级收入"项目,反映政府财政本期取得的各类资金的本级收入金额。其中,一般公共预算的"本级收入"应当根据"一般公共预算本级收入"账户的本期发生额填列;政府性基金预算的"本级收入"应当根据"政府性基金预算本级收入"账户的本期发生额填列;国有资本经营预算的"本级收入"应当根据"国有资本经营预算本级收入"账户的本期发生额填列;财政专户管理资金的"本级收入"应当根据"财政专户管理资金收入"账户的本期发生额填列;专用基金的"本级收入"应当根据"专用基金收入"账户的本期发生额填列。

4."补助收入"项目

"补助收入"项目,反映政府财政本期取得的各类资金的补助收入金额。其中,一般公共预算的"补助收入"应当根据"补助收入"账户下的"一般公共预算补助收入"明细账户的本期发生额填列;政府性基金预算的"补助收入"应当根据"补助收入"账户下的"政府性基金预算补助收入"明细账户的本期发生额填列。

5."上解收入"项目

"上解收入"项目,反映政府财政本期取得的各类资金的上解收入金额。其中,一般公共预算的"上解收入"应当根据"上解收入"账户下的"一般公共预算上解收入"明细账户的本期发生额填列;政府性基金预算的"上解收入"应当根据"上解收入"账户下的"政府性基金预算上解收入"明细账户的本期发生额填列。

6."地区间援助收入"项目

"地区间援助收入"项目,反映政府财政本期取得的地区间援助收入金额。本项目应当根据"地区间援助收入"账户的本期发生额填列。

7."债务收入"项目

"债务收入"项目,反映政府财政本期取得的债务收入金额。其中,一般公共预算的"债务收入"应当根据"债务收入"账户下除"专项债务收入"以外的其他明细账户的本期发生额填列;政府性基金预算的"债务收入"应当根据"债务收入"账户下的"专项债务收入"明细账户的本期发生额填列。

8."债务转贷收入"项目

"债务转贷收入"项目,反映政府财政本期取得的债务转贷收入金额。其中,一般公共预算的"债务转贷收入"应当根据"债务转贷收入"账户下的"地方政府一般债务转贷收入"明细账户的本期发生额填列;政府性基金预算的"债务转贷收入"应当根据"债务转贷收入"账户下的"地方政府专项债务转贷收入"明细账户的本期发生额填列。

9."动用预算稳定调节基金"项目

"动用预算稳定调节基金"项目,反映政府财政本期调用的预算稳定调节基金金额。

本项目应当根据"动用预算稳定调节基金"账户的本期发生额填列。

10."调入资金"项目

"调入资金"项目,反映政府财政本期取得的调入资金金额。其中,一般公共预算的"调入资金"应当根据"调入资金"账户下的"一般公共预算调入资金"明细账户的本期发生额填列;政府性基金预算的"调入资金"应当根据"调入资金"账户下的"政府性基金预算调入资金"明细账户的本期发生额填列。

11."补助支出"项目

"补助支出"项目,反映政府财政本期发生的各类资金的补助支出金额。其中,一般公共预算的"补助支出"应当根据"补助支出"账户下的"一般公共预算补助支出"明细账户的本期发生额填列;政府性基金预算的"补助支出"应当根据"补助支出"账户下的"政府性基金预算补助支出"明细账户的本期发生额填列。

12."上解支出"项目

"上解支出"项目,反映政府财政本期发生的各类资金的上解支出金额。其中,一般公共预算的"上解支出"应当根据"上解支出"账户下的"一般公共预算上解支出"明细账户的本期发生额填列;政府性基金预算的"上解支出"应当根据"上解支出"账户下的"政府性基金预算上解支出"明细账户的本期发生额填列。

13."地区间援助支出"项目

"地区间援助支出"项目,反映政府财政本期发生的地区间援助支出金额。本项目应当根据"地区间援助支出"账户的本期发生额填列。

14."债务还本支出"项目

"债务还本支出"项目,反映政府财政本期发生的债务还本支出金额。其中,一般公共预算的"债务还本支出"应当根据"债务还本支出"账户下除"专项债务还本支出"以外的其他明细账户的本期发生额填列;政府性基金预算的"债务还本支出"应当根据"债务还本支出"账户下的"专项债务还本支出"明细账户的本期发生额填列。

15."债务转贷支出"项目

"债务转贷支出"项目,反映政府财政本期发生的债务转贷支出金额。其中,一般公共预算的"债务转贷支出"应当根据"债务转贷支出"账户下的"地方政府一般债务转贷支出"明细账户的本期发生额填列;政府性基金预算的"债务转贷支出"应当根据"债务转贷支出"账户下的"地方政府专项债务转贷支出"明细账户的本期发生额填列。

16."安排预算稳定调节基金"项目

"安排预算稳定调节基金"项目,反映政府财政本期安排的预算稳定调节基金金额。本项目根据"安排预算稳定调节基金"账户的本期发生额填列。

17."调出资金"项目

"调出资金"项目,反映政府财政本期发生的各类资金的调出金额。其中,一般公共预算的"调出资金"应当根据"调出资金"账户下的"一般公共预算调出资金"明细账户的本期发生额填列;政府性基金预算的"调出资金"应当根据"调出资金"账户下的"政府性基金预算调出资金"明细账户的本期发生额填列;国有资本经营预算的"调出资金"应当根据

"调出资金"账户下的"国有资本经营预算调出资金"明细账户的本期发生额填列。

18. "增设预算周转金"项目

"增设预算周转金"项目,反映政府财政本期设置和补充预算周转金的金额。本项目应当根据"预算周转金"账户的本期贷方发生额填列。

某省财政厅 2016 年收入支出表,如表 6-2 所示。

表 6-2　收入支出表

会财政 02 表

编制单位:某省财政厅　　　　　　　　　2016 年　　　　　　　　　　　单位:万元

项目	一般公共预算	政府性基金预算	国有资本经营预算	财政专户管理资金	专用基金
年初结转结余					
收入合计	136 000 000	5 500 000	1 800 000	1 000 000	600 000
本级收入	11 800 000	3 000 000	1 800 000	1 000 000	600 000
其中:来自预算安排的收入	—	—	—	—	—
补助收入	350 000	800 000	—	—	—
上解收入	200 000	700 000	—	—	—
地区间援助收入	130 000	—	—	—	—
债务收入	1 000 000	1 000 000	—	—	—
债务转贷收入	—	—	—	—	—
动用预算稳定调节基金	—	—	—	—	—
调入资金	120 000	—	—	—	—
支出合计	13 580 000	4 500 000	1 200 000	700 000	580 000
本级支出	12 800 000	2 400 000	1 000 000	700 000	—
其中:权责发生制列支	—	—	—	—	—
预算安排专用基金的支出	300 000	—	—	—	—
补助支出	250 000	300 000	—	—	—
上解支出	—	—	—	—	—
地区间援助支出	100 000	—	—	—	—
债务还本支出	100 000	1 000 000	—	—	—
债务转贷支出	—	200 000	—	—	—
安排预算稳定调节基金	—	—	—	—	—
调出资金	30 000	100 000	200 000	—	—
结余转出	—	—	—	—	—
其中:增设预算周转金	—	—	—	—	—
年末结转结余	20 000	500 000	600 000	300 000	20 000

第四节 收支情况表

一、财政专户管理资金收支情况表

财政专户管理资金收支情况表是反映政府财政在某一会计期间纳入财政专户管理的财政专户管理资金全部收支情况的报表,其应当按照相关政府收支分类科目列示。

二、专用基金收支情况表

专用基金收支情况表是反映政府财政在某一会计期间专用基金全部收支情况的报表,其应当按照不同类型的专用基金分别列示。

第五节 预算执行情况表

一、一般公共预算执行情况表

一般公共预算执行情况表是反映政府财政在某一会计期间一般公共预算收支执行结果的报表,其应当按照《2016 年政府收支分类科目》中一般公共预算收支科目列示。

二、政府性基金预算执行情况表

政府性基金预算执行情况表是反映政府财政在某一会计期间政府性基金预算收支执行结果的报表,其应当按照《2016 年政府收支分类科目》中政府性基金预算收支科目列示。

三、国有资本经营预算执行情况表

国有资本经营预算执行情况表是反映政府财政在某一会计期间国有资本经营预算收支执行结果的报表,其应当按照《2016 年政府收支分类科目》中国有资本经营预算收支科目列示。

第六节 附 注

一、附注的概念和作用

财务报表附注是为了便于财务报表使用者理解财务报表的内容而对财务报表的编制基础、编制依据、编制原则和方法以及主要项目等所做的解释。为了帮助使用者理解会计报表的内容,对报表有关项目需要做解释的,可附于报告中,称为报表附注。报表附注是报表不可缺少的内容。在很多情况下,只有通过报表附注的文字阐述和其他补充资料,才能对报表做出全面、准确的理解;一些在报表中以表格形式难以表达的内容,也需要靠报表附注加以披露;还有一些政府必须向报告阅读者提供的重要财务陈述,如政府运营的基本情况,对政府财务状况、财务成果、现金流量具有重大影响的事项的特殊说明等,更需要在报表附注中表达。

附注是在保持报表正文简练的基础上,对报表信息的进一步说明、补充或解释,以提高会计报表的有用性。会计报表"表内"以数字为主;"表外"附注以文字注释为主,侧重文字说明,两者相互配合,相得益彰,起到了不但使熟悉会计的专业人士能够深刻理解,而且使非会计专业的人士也能够明白报告的作用。

财务报告发展变化的特点之一是附注的作用日益重要,备受人们的重视,发挥着报表本身不可替代的作用。

1. 财务报表附注能够说明会计主体所采用的会计政策

所谓会计政策,是指会计主体在会计确认、计量和报告中所采用的原则、基础和会计处理方法。会计主体采用某种会计政策,就会形成与之相对应的会计核算结果。不同时期、不同会计主体的财务报表会存在差异,除外界环境和会计主体经营管理的原因之外,在很大程度上是因为会计主体采用了不同的会计政策。对此,任何会计主体必须对会计政策给予充分的说明,以使报表使用者能正确地理解会计报表,否则必然误导他们的判断与决策。对会计政策的说明,通常是以财务报表附注的形式完成的。

2. 财务报表附注能够说明影响会计主体财务状况和运营成果的特殊事项

会计主体在运营中总会遇到某些有别于正常交易的事项,如对未来可能产生较大影响的不确定事项(或有事项)等。这些事项所带来的财务结果是正常交易情况下所不可能产生的,因而需要通过财务报表附注给予特别说明;否则,亦会对报表使用者产生不利影响。

3. 财务报表附注能够突出会计主体重大事项的信息

财务报表是对会计主体财务状况、运营成果的综合反映,涉及面广、数据多。有的报表使用者可能抓不住重点,有的报表使用者可能不太关注会计主体与前期相比没有多大变化的一般性情况,而希望了解重大变化事项及其细节。通过财务报表附注的说明,便可以帮助报表使用者了解哪些是应当引起注意的重要信息,以满足他们这方面的要求。

4. 财务报表附注能够补充说明财务报表本身无法表达的情况

财务报表采用的是表格形式,而一些情况无法通过表格表达,或以表格形式表达起来过于复杂,如某些报表项目的详细说明以及上述提到的各种情况。在正式的财务报表之外以附注的形式对这些情况做单独说明,能够表达得很清楚,可以补充财务报表本身表达方式的不足。

二、附注的内容

根据《财政总预算会计制度》的规定,财政总预算会计报表附注应当至少披露下列内容:

(1)遵循《财政总预算会计制度》的声明;

(2)本级政府财政预算执行情况和财务状况的说明;

(3)会计报表中列示的重要项目的进一步说明,包括其主要构成、增减变动情况等;

（4）或有负债情况的说明；

（5）有助于理解和分析会计报表的其他需要说明的事项。

三、附注的局限性

必须指出，尽管附注与表内信息不可分割，共同组成财务报表的整体，但是附注中的定量或定性说明不能用来更正表内的错误，也不能用以代替报表正文中的正常分类、计价和描述，还不能与正文数据发生矛盾。此外，附注作为一种会计信息的披露手段，还存在以下缺陷：

（1）如果使用者对附注不做认真研究，便难以阅读和理解，从而可能忽视这项资料；

（2）附注的文字叙述，比报表中所汇总的数据资源更难以用于决策；

（3）随着政府会计业务复杂性的增加，存在着过多使用附注的危险，这样势必会削弱基本报表的作用。

【关键词汇】

财政总预算会计报表（general accounting statements）

资产负债表（balance sheet）

收入支出表（income and expense statement）

一般公共预算执行情况表（table of general public budget implementation）

政府性基金预算执行情况表（table of budget implementation of government funds）

国有资本经营预算执行情况表（state owned capital operating budget implementation）

财政专户管理资金收支情况表（financial account management funds balance table）

专用基金收支情况表（special fund income and expenditure statement）

附注（note）

【思考题】

1. 与企业会计报表相比，财政总预算会计报表的特征表现在哪些方面？

2. 简述财政总预算会计报表的编制要求与编制前的准备工作包括哪些内容。

3. 利用资产负债表可以为使用者提供哪些相关的信息？

4. 简述收入支出表的作用、结构及其编制方法。

5.《财政总预算会计制度》规定的预算执行情况表有哪些？各报表的用途、结构如何？

6.《财政总预算会计制度》规定的收支情况表有哪些？各报表的用途、结构如何？

【练习题】

某省财政厅 2016 年 12 月 31 日编制的资产负债表如下表所示。

资产负债表

会财政 01 表

编制单位:某省财政厅　　　　　　2016 年 12 月 31 日　　　　　　单位:万元

资产	期末余额	负债和净资产	期末余额
流动资产:		流动负债:	
国库存款	20 160 000	应付短期政府债券	3 000 000
国库现金管理存款	1 500 000	应付利息	2 045 000
其他财政存款	1 200 000	应付国库集中支付结余	905 000
有价证券	1 600 000	与上级往来	480 000
在途款	348 000	其他应付款	255 000
预拨经费	302 000	应付代管资金	
借出款项	146 000	一年内到期的非流动负债	206 000
应收股利	——	流动负债合计	6 891 000
应收利息	17 000	非流动负债:	
与下级往来	130 000	应付长期政府债券	4 095 000
其他应收款	153 000	借入款项	2 540 000
流动资产合计	25 556 000	应付地方政府债券转贷款	2 500 000
非流动资产:		应付主权外债转贷款	1 200 000
应收地方政府债券转贷款	8 000 000	其他负债	——
应收主权外债转贷款	600 000	非流动负债合计	10 335 000
股权投资	6 600 000	**负债合计**	17 226 000
待发国债	2 300 000	一般公共预算结转结余	16 135 000
非流动资产合计	17 500 000	政府性基金预算结转结余	4 260 000
		国有资本经营预算结转结余	953 000
		财政专户管理资金结余	256 000
		专用基金结余	606 000
		预算稳定调节基金	——
		预算周转金	1 755 000
		资产基金	15 200 000
		减:待偿债净资产	13 335 000
		净资产合计	25 830 000
资产总计	43 056 000	**负债和净资产总计**	43 056 000

　　2017 年 1—11 月,全省财政收入情况为:税收收入 15 800 000 万元、政府性基金收入 2 618 000 万元、行政事业性收费收入 42 300 万元、国有资本经营收入 1 326 000 万元、财政专户管理资金收入 38 400 万元、专用基金收入 56 150 万元;全省财政支出情况为:一般公

共预算支出 14 600 000 万元、政府性基金支出 2 000 000 万元、行政事业性支出 32 000 万元、国有资本经营支出 1 110 000 万元、财政专户管理资金支出 35 000 万元、专用基金支出 46 000 万元。财政专户管理资金、专用基金的收支通过其他财政存款核算，其余收支均通过国库存款核算。

2017 年 12 月，发生的相关业务如下：

（1）持有的 5 年期国库券到期，收回本金 500 万元、利息 15 万元。全部本金及利息 10 万元存入国库存款账户，其余利息计入其他财政存款账户。

（2）对使用国际金融组织贷款资金的项目单位履行担保责任，用其他财政存款代偿贷款本息费 15 000 万元。

（3）2016 年国库存款报解整理期内收到属于 2015 年度的基金预算收入 3 000 000 元。

（4）年初将上年预拨环保局经费 2 800 万元中的 2 500 万元转作一般预算支出，余款由环保局交回。10 月份根据下年度用款计划和省科委申请，预拨省科委 2017 年年度重点基础研究经费 32 000 万元。

（5）8 月份借给某市教育局 600 万元，用于维修农村中小学危险校舍。

（6）年初取得某投资基金 35% 的股权，并采用权益法核算。本年度该投资基金获得利润 18 000 万元。

（7）根据财政体制结算的规定，年终算出所辖县财政应上解省财政的一般预算款 350 万元。

（8）年初向下级政府财政转贷地方政府债券资金 30 000 万元，期限为 2 年，年利率为 4.8%，以国库存款支付。年末，确认地方政府债券转贷款的应收利息。

（9）年初向下级政府财政转贷主权外债资金 20 000 000 元，期限为 3 年，年利率为 5%，以其他财政存款支付。该主权外债款的最终还款责任由下级政府财政承担。年末，确认主权外债转贷款的应收利息，并收回转贷给下级政府财政主权外债本金的 30%。

（10）经批准，10 月 1 日向社会发行地方政府债券，面值 15 000 万元，期限为 8 个月，月利率为 1.2%，款项存入国库存款。年末，确认发行地方政府债券的应付利息。

（11）当年财政体制结算中，中央财政应补助省财政款项 50 000 万元。

（12）经查，年初收到的性质不明的款项 360 万元为某市财政会计处理有误，予以退回。

（13）发行 2 年期地方政府一般债券 300 000 000 元，发行 3 年期地方政府专项债券 20 000 万元，每年年末支付利息，年利率分别为 4%、4.5%。

（14）以政府名义向境外国际金融组织借入资金 3 500 万美元，1 美元=6.7 元人民币，借款期限为 2 年，年利率为 5%。

（15）发行本级财政承担的地方政府债券，面值为 300 000 万元，期限为 3 年，到期一次还本付息，年利率为 5%，并支付债券发行费用 1 800 万元，列入一般公共预算本级支出。

（16）按规定拨付国有资本经营预算资金 16 500 万元，其中铁路专用线补助款为 7 500 万元，水运港口设施建设补助款为 9 000 万元。

（17）收到中央政府财政转贷的主权外债资金 30 000 万元，存入其他财政存款；根据债务管理部门转来的相关资料,实际承担的债务金额为 30 000 万元。

(18) 向所属某市粮食局拨付粮食风险基金 1 500 万元,用于平抑粮食市场价格。

(19) 经批准,对所属某市财政的临时性借款 6 500 万元转作对该市的公共财政预算补助,专门用于开展社会特殊教育和残疾人生活补助开支。

(20) 收到中央财政退还的体制上解款项 3 000 万元。

(21) 安排用于北方某市财政统筹使用的援助资金支出 7 500 万元。

(22) 向其所属市财政转贷地方政府债券收入 8 000 万元,用于平衡公共财政预算收支。

(23) 结转当年各种结余。

要求:根据上述资料,编制该省财政厅 2017 年财政总预算会计的资产负债表和收入支出表。

第三篇

行政单位会计

第七章 行政单位会计概述

【本章纲要】

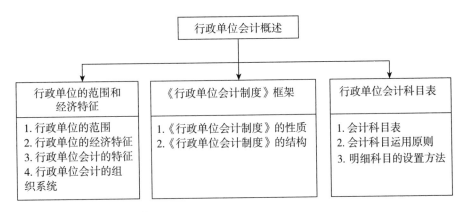

【学习目标、重点和难点】

● 通过本章的学习,应了解行政单位的范围和经济特征、行政单位会计的概念和组织系统;熟悉《行政单位会计制度》的性质;掌握《行政单位会计制度》的结构和会计科目表及其内容。

● 行政单位会计的概念和分类、《行政单位会计制度》的结构、行政单位会计科目的分类为本章的重点。

● 行政单位会计科目的分类为本章的难点。

第一节 行政单位的范围和经济特征

一、行政单位的范围

行政单位可以从狭义和广义两个方面来认识。狭义的行政单位是指行使国家权力、管理国家事务的各级国家机关。包括国家权力机关,即全国人民代表大会和地方各级人民代表大会及其常务委员会;国家行政机关,即国务院和地方各级人民政府及其所属工作机构;国家审判机关,即各级人民法院;国家检察机关,即各级人民检察院。

广义的行政单位除上述狭义范围外,还包括:①政党组织的中央和地方各级常设工作机构;②中国人民政治协商会议各级常设工作机构。其中,政党组织包括中国共产党、中国国民党革命委员会、中国民主同盟、中国民主建国会、中国民主促进会、中国农工民主党、中国致公党、九三学社、台湾民主自治同盟等。

行政单位是国家机器的重要组成部分,其依法设立,并进行国家行政管理、组织经济建设和文化建设、维护社会公共秩序,其人员实行公务员管理,从事行政管理活动的经费、人员经费等财力全部来自政府拨款。

二、行政单位的经济特征

行政单位具有以下经济特征:

(1)财务资源来源的单一性。行政单位是国家为满足社会公共需要而设立的,主要行使国家社会管理和公共服务职能,没有社会生产职能。因此,行政单位在履行职能过程中的财务资源,主要依靠政府通过税收的形式向广大纳税人无偿地、强制地收取,并利用预算的形式拨款给各级行政单位。

(2)财务资源使用的无偿性。由于行政单位不能通过自身的活动取得财务资源,其消耗的资源只能根据国家核定的年度预算,向财政部门或上级主管部门领取经费,并按照预算规定的用途和开支标准支付各项人员经费和公用经费。行政单位对领用的经费,只需按规定向财政部门或上级主管部门办理报销即可,不可能像企业那样通过生产经营成果的销售,实现价值补偿并取得利润,进而实现简单再生产和扩大再生产。因此,行政单位领取的财务资源不具有可补偿性或可收回性。

(3)预算管理是一切理财活动的中心。行政单位属于上层建筑领域,其资金来源主要依靠财政拨款。为确保各项业务活动的连续性,它们的财务收支必须在年度开始前按照规定的程序做预算。预算一经批准,各级行政单位就必须按照预算、法律规章、合同协议及其他约束认真执行。

三、行政单位会计的特征

行政单位会计是政府会计的有机组成部分,它是适用于行政单位的一门专业会计。行政单位会计以货币为主要计量单位,对行政单位资金运动的过程及结果进行确认、计量、记录和报告,其可以向会计信息使用者提供与行政单位财务状况、预算执行情况等相关的会计信息,反映行政单位受托责任的履行情况,有助于会计信息使用者进行管理、监督和决策。

与财政总预算会计、事业单位会计相比,行政单位会计的主要特征表现在以下方面:

(1)行政单位会计主体和客体有别于财政总预算会计、事业单位会计。行政单位会计主体包括国家权力机关、行政机关、司法机关、检察机关以及实行预算管理的其他机关、政党组织等,这是其与其他会计在主体范围方面的差异,也就是其与其他会计区别的重要标志。行政单位一般不直接组织收入,原则上也不接受捐赠,其完成各项工作任务所需要的资金,大部分由财政机关或主管部门从国家预算集中的资金中分配拨付。同时,根据国家有关规定,按照预算规定的用途和开支标准,支付人员经费、公用经费,购买完成行政任务所需的材料设备等。因此,行政单位会计的内容是各级单位预算资金的领拨、使用及其结果。取得预算收入形成其资金来源;而拨出经费和发生支出形成资金运用;尚未使用的货币资金和已购进的财产物资形成资金的结存。

（2）会计核算目标侧重于满足预算管理的需要，兼顾内部管理需要和其他信息需要。具体来说，行政单位会计核算目标是向会计信息使用者提供与行政单位财务状况、预算执行情况等有关的会计信息，反映行政单位受托责任的履行情况，有助于会计信息使用者进行管理、监督和决策。

（3）会计核算基础以收付实现制为主。行政单位会计核算一般采用收付实现制，特殊经济业务和事项应当按照《行政单位会计制度》的规定采用权责发生制核算。

（4）某些具体业务的会计核算不同于财政总预算会计，也有别于事业单位会计。行政单位对于发生的与固定资产、在建工程、无形资产、政府储备物资、公共基础设施、存货、预付账款、应付账款、长期应付款等相关的经济业务要求编制"双分录"；行政单位对于发生的与应付账款和长期应付款相关的经济业务要求编制"双分录"，即对行政单位发生的资产、负债等会计业务编制以权责发生制为基础的会计分录，对收入、支出等会计业务编制以收付实现制为基础的会计分录。如果一笔业务同时涉及收入、支出和非货币资产或负债变化的，则编制两种会计基础的会计分录，即编制"双分录"。

四、行政单位会计的组织系统

根据机构建制和经费领报关系，行政单位会计组织系统分为主管会计单位、二级会计单位和基层会计单位三级。

主管会计单位是指向同级财政部门领报经费，并发生预算管理关系，有下一级会计单位的行政单位。

二级会计单位是指向主管会计单位或上一级会计单位领报经费，并发生预算管理关系，有下一级会计单位的行政单位。

基层会计单位，是指向上一级会计单位领报经费，并发生预算管理关系，没有下一级会计单位的行政单位。向同级财政部门领报经费，没有下一级会计单位的行政单位，视同基层会计单位。

以上三级会计单位实行独立会计核算，负责组织管理本部门、本单位的全部会计工作。不具备独立核算条件的，实行单据报账制度，作为"报销单位"管理。

第二节　《行政单位会计制度》框架

一、《行政单位会计制度》的性质

《行政单位会计制度》是我国行政单位会计核算工作的具体规范，它从《会计法》为依据，根据《行政单位财务规则》的要求，结合行政单位的特点和管理要求制定的，直接对行政单位会计核算工作发挥规范作用。

《行政单位会计制度》发布于1997年，自1998年1月1日起施行。2013年，财政部对《行政单位会计制度》进行了修订，自2014年1月1日起施行。

二、《行政单位会计制度》的结构

2013 年,财政部修订后的《行政单位会计制度》内容如图 7-1 所示。

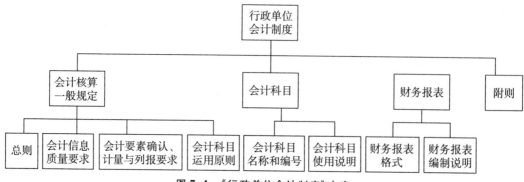

图 7-1 《行政单位会计制度》内容

(一)会计核算一般规定

会计核算一般规定是行政单位进行会计核算的一般原则和具体处理方法。它是行政单位设置和运用会计科目、编制会计报表的理论基础和操作指南,它对会计核算的总体原则以及会计报表项目的确认、计量做出了详细的规定。会计核算一般规定包括四部分内容:

1. 总则

会计制度总则是会计制度的总纲或基本规定,是对会计制度的重要原则问题、各章节的核心内容,以及不宜在其他各章节中做出规定的问题等做出了规定。总则主要就会计制度制定依据、会计制度适用范围、会计核算目标、会计假设(会计前提)、会计要素种类、会计基础、记账方法、会计记录使用的文字做出了规定。

2. 会计信息质量要求

高质量的会计信息是行政单位政策制定者和市场参与者进行经济决策、反映评价行政单位管理层受托责任履行情况的重要依据。为了满足财务管理、预算管理等多方面的信息需求,并兼顾既借鉴国际惯例又符合中国国情特点的需要,《行政单位会计制度》提出了客观性、相关性、可理解性、可比性、全面性和及时性六条作为会计信息质量要求的具体内容。

3. 会计要素确认、计量与列报要求

如何确认、计量、列报会计要素是构建会计制度需要认真研究的问题。《行政单位会计制度》对会计要素的确认、计量、列报做出了概念性、原则性的规定。

4. 会计科目运用原则

会计科目的设置和运用是建立各种会计记录和报告的基础。根据经济业务内容及其特点,制定完整的会计科目体系,规范每个会计科目反映的特定经济内容以及各个科目之间的对应关系,既是会计制度设计的一项重要内容,也是实现会计目的的重要保障。为此,《行政单位会计制度》对明细科目的设置、运用做出了具体规定。

（二）会计科目

1. 会计科目名称和编号

关于会计科目名称和编号部分，《行政单位会计制度》主要对会计科目分类、编号和名称统一做出了规定。全部会计科目分为资产、负债、净资产、收入和支出五类，每类具体分为若干科目，并对每个科目进行了编号，如 1001 号为"库存现金"科目；2001 号为"应缴财政款"科目等。

2. 会计科目使用说明

会计科目使用说明是会计制度的核心内容。《行政单位会计制度》对 34 个会计科目的核算范围、明细账设置方法、涉及该科目经济业务的会计处理原则及方法做出了具体规定。此外，也对与该科目相关的重要概念进行了界定。

（三）财务报表

1. 财务报表格式

《行政单位会计制度》主要就行政单位向外报送财务报表的编号、财务报表名称和编制期三方面做出了统一规定。

2. 财务报表编制说明

《行政单位会计制度》详细说明了财务报表相关项目的含义及编制方法。

第三节　行政单位会计科目表

一、会计科目表

一个行政单位所使用的全部总分类科目的目录称为会计科目表。一份会计科目表表明了一个会计主体完整的科目体系。一个行政单位的会计科目（总分类科目）无论是由有关部门统一制定，还是由单位自主设置，都需要事先编列会计科目表，按照会计科目表开设分类账，以便行政单位内部随时查找。行政单位会计科目表如表 7-1 所示。

表 7-1　行政单位会计科目表

序号	名称	序号	名称
一、资产类		9	固定资产
1	库存现金	10	累计折旧
2	银行存款	11	在建工程
3	零余额账户用款额度	12	无形资产
4	财政应返还额度	13	累计摊销
5	应收账款	14	待处置资产损溢
6	预付账款	15	政府储备物资
7	其他应收款	16	公共基础设施
8	存货	17	受托代理资产

序号	名称	序号	名称
二、负债类		29	资产基金
18	应缴财政款		预付款项
19	应缴税费		存货
20	应付职工薪酬		固定资产
21	应付账款		在建工程
22	应付政府补贴款		无形资产
23	其他应付款		政府储备物资
24	长期应付款		公共基础设施
25	受托代理负债	30	待偿债净资产
三、净资产类		四、收入类	
26	财政拨款结转	31	财政拨款收入
27	财政拨款结余	32	其他收入
28	其他资金结转结余	五、支出类	
		33	经费支出
		34	拨出经费

二、会计科目运用原则

为了保证行政单位会计核算工作的正常进行，并满足会计信息使用者的需要，行政单位在会计科目的运用上，必须遵循一定的原则（参见"第二章 按照财政总预算会计概述"），此外，还要结合行政单位的特点做好以下工作：

（1）行政单位对基本建设投资的会计核算在按照《行政单位会计制度》的规定进行的同时，还应当按照国家有关基本建设会计核算的规定单独建账、单独核算。

（2）按照财政部规定对固定资产和公共基础设施计提折旧的，相关折旧的账务处理应当按照《行政单位会计制度》的规定执行；按照财政部规定不对固定资产和公共基础设施计提折旧的，不设置《行政单位会计制度》规定的"累计折旧"科目，在进行账务处理时不考虑《行政单位会计制度》其他科目说明中涉及的"累计折旧"科目。

三、明细科目的设置方法

行政单位会计明细科目的设置方法有多种，设置的一般依据为预算管理的需要。具体来说，有些明细科目是按照预算资金的支付方式设置的，如"财政应返还额度"科目分别设有"财政直接支付""财政授权支付"两个明细科目；有些是按照债权、债务、单位或个人设置的，如"应收账款""应付账款"科目所属的明细科目等；有些是按照资产类别、规格和保管地点等设置的，如"存货"科目；有些则是按照《2016 年政府收支分类科目》表中的"支出功能分类科目"设置的，如"财政拨款结余"科目等。

【关键词汇】

行政单位(administrative unit)

行政单位会计(administrative units accounting)

行政单位会计制度(administrative units accounting system)

行政单位会计科目表(administrative units accounting chart)

【思考题】

1. 简述行政单位的范围和经济特征。

2. 与财政总预算会计相比,行政单位会计的特点表现在哪些方面?

3. 简述《行政单位会计制度》的结构。

4. 行政单位运用会计科目时,应遵循哪些原则?

第八章　行政单位资产

【本章纲要】

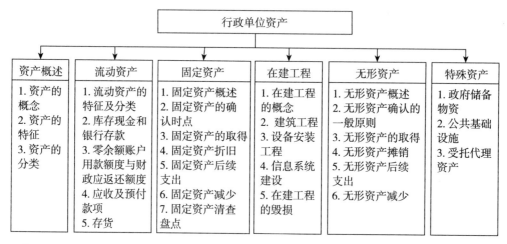

资产概述	流动资产	固定资产	在建工程	无形资产	特殊资产
1. 资产的概念 2. 资产的特征 3. 资产的分类	1. 流动资产的特征及分类 2. 库存现金和银行存款 3. 零余额账户用款额度与财政应返还额度 4. 应收及预付款项 5. 存货	1. 固定资产概述 2. 固定资产的确认时点 3. 固定资产的取得 4. 固定资产折旧 5. 固定资产后续支出 6. 固定资产减少 7. 固定资产清查盘点	1. 在建工程的概念 2. 建筑工程 3. 设备安装工程 4. 信息系统建设 5. 在建工程的毁损	1. 无形资产概述 2. 无形资产确认的一般原则 3. 无形资产的取得 4. 无形资产摊销 5. 无形资产后续支出 6. 无形资产减少	1. 政府储备物资 2. 公共基础设施 3. 受托代理资产

【学习目标、重点和难点】

- 通过本章的学习,应了解行政单位资产的概念、特点及其分类,以及受托代理资产的内容,熟悉库存现金和银行存款、存货的概念,固定资产、无形资产确认的条件或一般原则,政府储备物资的内容;掌握零余额账户用款额度与财政应返还额度,应收及预付款项、固定资产、无形资产、公共基础设施等业务的核算。

- 库存现金、银行存款、零余额账户用款额度与财政应返还额度,应收账款和存货收发,固定资产的购入、无偿调拨以及折旧,无形资产的取得和摊销,公共基础设施等为本章的重点。

- 零余额账户用款额度和财政应返还额度,固定资产和无形资产的取得、折旧或摊销,在建工程等为本章的难点。

第一节　资产概述

一、资产的概念

资产的概念很重要,因为行政单位任何会计要素都直接或间接与其相关。该概念既确定了能够在资产负债表上列报的会计要素的类别,同时也界定了作为资产所需要管理的范围。关于资产的概念,《行政单位会计制度》指出:资产是指行政单位占有或者使用的,能以货币计量的经济资源。其中,占有是指行政单位对经济资源拥有法律上的占有权。由行政单位直接支配,供社会公众使用的政府储备物资、公共基础设施等,也属于行政单位核算的资产。

二、资产的特征

根据资产的概念,可对资产的基本特征概括如下:

1. 资产的本质是一种经济资源

资产必须是一种经济资源。这种经济资源具有为行政单位开展业务及其他活动提供或创造客观条件的某种经济权利或经济潜能。换言之,这种经济资源必须有用,必须具有使用价值,必须能够为行政单位创造社会效益。所以,一项经济资源无论是有形的,还是无形的,只有能够为行政单位提供未来的经济效益,才能作为单位的资产并被确认。否则,如果这种经济资源已经消耗殆尽,丧失了使用价值,那么其就不能作为资产来存在和确认。

2. 资产必须是行政单位占有或使用的经济资源

这里所讲的占有,是指行政单位对经济资源拥有法律上的占有权。由行政单位管理,供社会公众使用的政府储备物资、公共基础设施等,也属于行政单位核算的资产。一项资产如果不被某行政单位占有或者使用,就不能为该单位的运行提供保障,该经济资源也就不能确认为行政单位的资产。

3. 资产必须是能以货币计量的经济资源

行政单位所占有或使用的经济资源,如房屋、设备、材料、低值易耗品等,其实物形态各不相同,但均可以通过货币获得统一的表现和计量。如果归属于行政单位的某项经济资源,不能通过货币获得表现和计量,那么该经济资源就不能纳入行政单位的资产范围。

三、资产的分类

资产可以从不同侧面或多种形式进行分类,《行政单位会计制度》规定:行政单位的资产包括流动资产、固定资产、在建工程、无形资产等。

（一）流动资产

流动资产是指可以在 1 年内变现或者耗用的资产,包括库存现金、银行存款、零余额账户用款额度、财政应返还额度、应收及预付款项、存货等。

（二）固定资产

固定资产是指使用期限超过 1 年(不含 1 年),单位价值在规定标准以上,并且在使用过程中基本保持原有物质形态的资产,包括房屋及构筑物;通用设备;专用设备;文物和陈列品;图书、档案;家具、用具、装具及动植物等。

（三）在建工程

在建工程是指行政单位已经发生必要支出,但尚未达到交付使用的建设工程。包括各种建筑(包括新建、改建、扩建、修缮等)工程和设备安装工程。

（四）无形资产

无形资产是指不具有实物形态而能够为使用者提供某种权利的非货币性资产,包括土地使用权、著作权、专利权、非专利技术等。

第二节　流动资产

一、流动资产的特征及分类

流动资产是指可以在1年内(含1年)变现或者耗用的资产,包括库存现金、银行存款、零余额账户用款额度、财政应返还额度、应收及预付款项、存货等。

（一）流动资产的特征

与非流动资产相比,流动资产具有流动性大,周转期限短,不断改变形态,其价值一次性消耗或转移等特征。

1. 周转期限短

周转期限短是由流动资产在行政单位开展的各项服务活动及其他活动中不断被使用或耗费的特性决定的。各项流动资产固定保持其自身形态的时间是短暂的,一般不会超过1年。例如最具代表性的货币资金,由于其具备了流通手段的职能,随时随刻被用于购置资产、支付费用。

2. 资产价值一次性消耗或转移

资产价值一次性消耗或转移是由其单位价值量较低和一次性使用或耗费,并直接作为其他资产的构成要素的特性决定的,例如行政管理活动中领用的材料、物品等。

（二）流动资产的分类

1. 库存现金

库存现金是指行政单位的库存现金。

2. 银行存款

银行存款是指行政单位存入银行或者其他金融机构的各种存款。

3. 零余额账户用款额度

零余额账户用款额度是指实行国库集中支付的行政单位根据财政部门批复的用款计划收到和支用的零余额账户用款额度。

4. 财政应返还额度

财政应返还额度是指实行国库集中支付的行政单位应收财政返还的资金额度。

5. 应收及预付款项

应收及预付款项是指行政单位在开展业务活动中形成的各项债权,包括应收账款、预付账款、其他应收款等。

6. 存货

存货是指行政单位在工作中为耗用而储存的资产,包括材料、燃料、包装物和低值易耗品等。

二、库存现金和银行存款

（一）库存现金

库存现金是指存放于单位财会部门并由出纳人员负责经管的货币，包括库存的人民币和各种外币。一般来说，现金是社会用于价值储存或支付款项的媒介；具体而言，现金是企业、政府及其单位之间相互结算的方式，也是个人取得劳动报酬的结算工具。现金是单位流动性最强的流动资产，既可以随时支用，也可以随时存入银行。

需要说明的是，会计实务中，例如个人因某种需要而向单位临时借款出具的借条、其他单位存放在本单位作为押金的现金等，虽然其有些性质与库存现金相似，但不能作为库存现金。

1. 库存现金的管理

库存现金是单位流动性最强的流动资产，其流动性大，收付频繁，也容易出现差错，还可能被挪用或侵吞。所以，应重点加强对现金的管理与控制。

（1）控制库存现金的收付范围。按照国务院颁布的《现金管理暂行条例》的规定，行政单位现金的适用范围如下：职工工资、津贴；个人服务报酬；根据国家规定发给个人的各种奖金；各种劳保、福利费用以及国家规定的对个人的其他支出；向个人收购农副产品和其他物资的价款；出差人员须随身携带的差旅费；结算起点以下的零星支出；中国人民银行确定需要支付现金的其他支出。除上述款项以外的结算业务，应通过银行办理转账结算。

（2）完善库存现金的内部控制制度。库存现金是通用的支付手段，使用方便，收付频繁，也容易被挪用或侵吞，因此，行政单位应严格加强库存现金的管理与控制。①库存现金控制的基本原则如下：一是职能分工。行政单位应当建立健全库存现金管理岗位责任制，合理设置岗位，将不能够兼容的工作分由不同的人来完成，不得由一人办理库存现金业务的全过程，确保不相容岗位相互分离，做到现金的收付和记录岗位分开，出纳不得兼任稽核、票据管理、会计档案保管以及收入、支出、债权、债务账目的登记和对账工作。单位应当严禁一人保管支付款项所需的全部印章。财务专用章应当由专人保管，个人名章应当由本人或其授权人员保管。二是交易分割。现金收支凭证的审核、款项的收付、账簿的登记等工作，不得由一人兼管，应由三方经办人分工负责，以便互相验证、互相控制，达到互相牵制的目的。三是内部稽核。行政单位应设置内部稽核人员或单位，对现金的记录和实际余额加以突击检查，起到威慑的作用，若有舞弊现象发生，也可及时发现。②现金控制的一般程序如下：一是现金收入的控制。单位从开户银行提取现金，应如实写明其用途，由本单位财会部门负责人签字盖章，并经开户银行审查批准后予以支付。单位当日现金收入，应于当日送存开户银行，当日送存银行有困难的，由开户银行确定送存时间。二是现金支出的控制。单位使用现金，应严格遵守国家规定的现金使用范围，除规定可用现金支付的项目外，一切款项的收付均应通过银行转账结算。

行政单位的一切现金收支，都必须取得或填制原始凭证，作为收付款的书面证明。同时对证明收付款的一切原始凭证都应进行认真的审核。应根据复核无误的收付款凭证办理现金收入和支付,还要做好登记现金日记账等工作。

(3)控制库存现金的限额。库存现金的限额是指为了保证行政单位日常零星开支的需要,允许行政单位保留的库存现金的最高金额。这一限额一般由行政单位的开户银行根据行政单位业务的实际需要,按照《现金管理暂行条例》核定。库存现金限额一经核定,行政单位应当按核定的限额控制库存现金,超过库存限额部分的现金须及时解交开户银行,以保证现金的安全。需要增加或减少库存现金限额的行政单位,需向开户银行提出申请,由其重新核定。

行政单位通过设置"库存现金"账户核算库存现金的收支和结存情况。该账户的借方登记库存现金的增加额;贷方登记库存现金减少额;期末借方余额反映行政单位实际持有的库存现金。

行政单位应当设置现金日记账(如表 8-1 所示),由出纳人员根据收付款凭证,按照业务发生顺序逐笔登记。每日终了,应当计算当日的现金收入合计额、现金支出合计额和结余额,并将结余额与实际库存额进行核对,做到账款相符。有外币现金的行政单位,还应当分别按照人民币和外币进行明细核算。

表 8-1　现金日记账

2016 年		凭证		摘要	对应账户	借方	贷方	借或贷	结存
月	日	种类	号数						
5	10			承前页				借	15 000
	10	收	5	提取现金	银行存款	6 000		借	
	10	收	6	购买办公用品	经费支出		500	借	
	10	付	6	职工张某预借差旅费	其他应收款		1 500	借	
	10	收	8	出售废报纸	其他收入	200		借	
	10			本日合计及余额		6 200	2 000	借	19 200

月份终了,现金日记账的余额应与库存现金总账的余额进行核对,做到账账相符。

2. 库存现金日常收支的账务处理

行政单位办理任何一笔现金收付业务,必须先取得或填制有关原始凭证,然后再收付现金。例如,以现金购买办公用品,应先取得供货单位的发票再付现金;职工借支差旅费,应取得经有关负责人审批同意并由借款人签章的借款单后再付现金;现金送存银行应先填制送款单;收取现金应填制收款收据等。依据相关凭证收付现金后,应及时登记现金日记账。

(1)提取现金。行政单位从银行等金融机构提取现金,按照实际提取的金额,借记"库存现金"账户,贷记"银行存款""零余额账户用款额度"等账户;将现金存入银行等金融机构,借记"银行存款",贷记"库存现金"账户;将现金退回单位零余额账户,借记"零余额账户用款额度"账户,贷记"库存现金"账户。

（2）差旅费预借与报销。行政单位支付内部职工因出差等原因所借的现金,借记"其他应收款"账户,贷记"库存现金"账户;出差人员报销差旅费时,按照应报销的金额,借记有关账户,按照实际借出的现金金额,贷记"其他应收款"账户,按照其差额,借记或贷记"库存现金"账户。

（3）受托代理现金收到与支付。行政单位收到受托代理的现金时,借记"库存现金"账户,贷记"受托代理负债"账户;支付受托代理的现金时,借记"受托代理负债"账户,贷记"库存现金"账户。

（4）其他业务或事项收付现金。行政单位因开展业务或其他事项收到现金,借记"库存现金"账户,贷记有关账户;因购买服务、商品或者其他事项支出现金,借记有关账户,贷记"库存现金"账户。

【例 8-1】 2017 年 5 月 10 日,某行政单位根据发生的库存现金收支业务,编制相关的会计分录。

（1）签发现金支票,从银行提取现金 6 000 元备用。

借:库存现金   6 000

 贷:银行存款   6 000

（2）购买零星办公用品,支付现金 500 元。

借:经费支出   500

 贷:库存现金   500

（3）职工张某出差预借差旅费 1 500 元。

借:其他应收款   1 500

 贷:库存现金   1 500

（4）出售废报纸取得现金收入 200 元。

借:库存现金   200

 贷:其他收入   200

3. 库存现金的清查盘点

为了加强库存现金的管理,出纳或有关人员应对库存现金进行定期或不定期的盘点清查。清查方法是以库存现金的实有数与账面余额进行核对。清查时不仅要查明库存现金实有数和账面结存数是否相符,还要审查现金收支是否符合现金管理制度。如果清点的库存现金数大于现金日记账余额,则为溢余;反之,则为短缺。清查结束,应根据清查结果编制现金盘点报告单,列明实存、账存、溢余或短缺金额。

每日终了应结算现金收支。核对库存现金时发现有待查明原因的现金短缺或溢余,应通过"待处理财产损溢"账户进行核算:属于现金短缺的,应当按照实际短缺的金额,借记"待处理财产损溢"账户,贷记"库存现金"账户;属于现金溢余的,应当按照实际溢余的金额,借记"库存现金"账户,贷记"待处理财产损溢"账户。待查明原因后做如下处理:

（1）现金短缺。库存现金清查盘点结果如为现金短缺,属于应由责任人赔偿或向有关人员追回的,借记"其他应收款"账户,贷记"待处理财产损溢"账户;属于无法查明原因的,根据管理权限经批准后,借记"经费支出"账户,贷记"待处理财产损溢"账户。

（2）现金溢余。库存现金清查盘点结果如为现金溢余,属于应支付给有关人员或单位的,借记"待处理财产损溢"账户,贷记"其他应付款"账户;属于无法查明原因的,根据管理权限经批准后,借记"待处理财产损溢"账户,贷记"其他收入"账户。

【例8-2】 2017年5月,某行政单位根据发生的现金溢余或短缺业务,编制相关的会计分录。

（1）28日,现金清查时,发现库存现金比其账面余额多300元,原因待查。

借:库存现金   300

 贷:待处理财产损溢   300

（2）30日,现金清查时,发现库存现金比其账面余额少180元,原因待查。

借:待处理财产损溢   180

 贷:库存现金   180

（3）经查,28日现金长款原因不明,月末经批准确认为其他收入。

借:待处理财产损溢   300

 贷:其他收入   300

（4）经查,30日现金短缺100元为出纳员张洁的责任,收到赔款;其余短缺无法查明原因,经批准确认为经费支出。

借:库存现金   100

  经费支出   80

 贷:待处理财产损溢   180

（二）银行存款

银行存款是指行政单位存入银行的各种存款。中国人民银行是全国的现金出纳结算中心,按照国家现金管理的规定,行政单位发生各类经济业务的结算除国家规定可以使用现金办理外,其余业务都必须通过银行办理转账结算。

1. 银行存款管理的基本要求

行政单位应按规定在银行开立存款账户,按照银行规定的结算方式办理各类资金结算,并加强对银行存款账户的管理,提供真实、可靠的存款信息。

（1）单位应根据资金的不同性质、用途,分别在银行或非银行金融机构开立账户,严格遵守中国人民银行的各项结算制度和《现金管理暂行条例》办理有关存款、取款和转账结算等业务,接受银行监督。任何人不得出租或出借银行账户。

（2）单位通过银行办理支付结算时,应当认真执行国家各项管理办法和结算制度。单位办理支付结算,不准签发没有资金保证的票据或远期支票,套取银行信用;不准签发、取得和转让没有真实交易和债权、债务的票据,套取银行和他人资金;不准无理拒绝付款,任意占用他人资金;不准违反规定开立和使用账户。

行政单位通过设置"银行存款"账户核算银行存款的收支和结存情况。该账户的借方登记银行存款的增加额;贷方登记银行存款的减少额;期末借方余额反映行政单位存在银行或其他金融机构的款项。

行政单位在提供银行存款收、付、结存总括情况的同时,还应按开户银行和其他金融机构的名称及存款种类设置明细账户,并按明细账户设置银行存款日记账,提供银行存款收、付、结存详细情况。银行存款日记账应逐日、逐笔进行登记,每日终了应结出存款余额;有外币存款的单位,还应按外币种类设置银行存款日记账,分别按人民币和各种外币进行明细核算。

2. 银行存款的账务处理

行政单位将款项存入银行或者其他金融机构时,借记"银行存款"账户,贷记"库存现金""其他收入"等有关账户;行政单位提取和支出存款时,借记有关账户,贷记"银行存款"账户;行政单位收到银行存款利息时,借记"银行存款"账户,贷记"其他收入"等账户;行政单位支付银行手续费或银行扣收罚金等时,借记"经费支出"账户,贷记"银行存款"账户;行政单位收到受托代理的银行存款时,借记"银行存款"账户,贷记"受托代理负债"账户;行政单位支付受托代理的存款时,借记"受托代理负债"账户,贷记"银行存款"账户。

【例 8-3】 2017 年 6 月,某行政单位根据发生的银行存款业务,编制相关的会计分录。

(1) 10 日,收到除财政拨款以外的专项收入 50 000 元并存入银行。

借:银行存款　　　　　　　　　　　　　50 000
　　贷:其他收入　　　　　　　　　　　　　　50 000

(2) 20 日,以银行存款支付材料款 3 800 元。

借:经费支出　　　　　　　　　　　　　3 800
　　贷:银行存款　　　　　　　　　　　　　　3 800

借:存货　　　　　　　　　　　　　　　3 800
　　贷:资产基金——存货　　　　　　　　　　3 800

(3) 25 日,接到银行结息通知,第一季度存款利息 600 元存入单位账户。

借:银行存款　　　　　　　　　　　　　600
　　贷:其他收入　　　　　　　　　　　　　　600

(4) 30 日,支付工商银行手续费 3 000 元,款项以银行存款付讫。

借:经费支出　　　　　　　　　　　　　3 000
　　贷:银行存款　　　　　　　　　　　　　　3 000

3. 外币业务

党的十八大报告明确指出,"当今世界正在发生深刻变化,和平与发展仍然是时代主题""全球合作向多层次、全方位拓展"。目前,国际间的合作范围不再局限于中外企业之间的资金、知识和技术引进,政府之间的联系与交流也日趋频繁,外币业务已成为政府会计工作的重要内容。

行政单位发生外币业务时,应当按照业务发生当日或当期期初的即期汇率,将外币金额折算为人民币金额进行记账,并登记外币金额和汇率。

期末,各种外币账户的期末余额,应当按照期末的即期汇率折算为人民币,作为外币账户期末人民币余额。调整后的各种外币账户人民币余额与原账面余额的差额,作为汇兑损溢计入当期支出。

（1）行政单位以外币购买物资、劳务等,应按照购入当日或当期期初的即期汇率将支付的外币或应支付的外币折算为人民币金额,借记有关账户,贷记"银行存款""应付账款"等账户的外币账户。

（2）行政单位以外币收取相关款项等,应按照收入确认当日或当期期初的即期汇率将收取的外币或应收取的外币折算为人民币金额,借记"银行存款""应收账款"等账户的外币账户,贷记有关账户。

（3）期末,行政单位根据各外币账户按期末汇率调整后的人民币余额与原账面人民币余额的差额,作为汇兑损溢,借记或贷记"银行存款""应收账款""应付账款"等账户,贷记或借记"经费支出"账户。

【例8-4】 2016年第四季度期初某行政单位有关外币账户的余额如表8-2所示。

表8-2 外币账户余额

项目	金额（美元）	汇率 （美元：人民币）	折合人民币金额（元）
银行存款（美元户）	1 500 000	1：6.2	9 300 000
应收账款（美元户）	100 000	1：6.2	620 000
应付账款（美元户）	585 000	1：6.2	3 627 000

2016年12月,该行政单位根据发生的外币业务或事项,编制相关的会计分录。

（1）10月5日,自国外以外币购买物资一批,价款218 000美元,货款尚未支付。当日市场汇率为1美元=6.3元人民币。

借:存货　　　　　　　　　　　　　　　　1 373 400

　　贷:资产基金——存货　　　　　　　　　　　1 373 400

同时,

借:待偿债净资产　　　　　　　　　　　　1 373 400

　　贷:应付账款（美元户）　　　　　　　　　　1 373 400

（2）12月5日,从境外购进物资一批,价款共计220 000美元,款项由外币存款支付,当日市场汇率为1美元=6.3元人民币。

借:存货　　　　　　　　　　　　　　　　1 386 000

　　贷:资产基金——存货　　　　　　　　　　　1 386 000

同时,

借:经费支出　　　　　　　　　　　　　　1 386 000

　　贷:银行存款（美元户）　　　　　　　　　　1 386 000

（3）12月18日,对外出售A物资,以外币收取相关款项200 000美元。该款项符合收入确认条件,但款项尚未收到。当日市场汇率为1美元=6.3元人民币。

借:应收账款（美元户）　　　　　　　　　1 260 000

　　贷:待处理财产损溢　　　　　　　　　　　　1 260 000

（4）12月22日,偿还应付境外某政府部门款项800 000美元,款项已通过美元账户划转。当日市场汇率为 1 美元 = 6.35 元人民币。

借:应付账款(美元户)   5 080 000

   贷:待偿债净资产   5 080 000

借:经费支出   5 080 000

   贷:银行存款(美元户)   5 080 000

(5) 12 月 25 日,收到 12 月 1 日对外提供 A 项目服务款项 100 000 美元,存入银行。当日市场汇率为 1 美元 = 6.3 元人民币。

借:银行存款(美元户)   630 000

   贷:应收账款(美元户)   630 000

12 月 31 日,市场汇率为 1 美元 = 6.1 元人民币。

该行政单位 2016 年 12 月份外币账户发生额和外币账户按 12 月 31 日市场汇率计价的期末余额如表 8-3 所示。

表 8-3 外币账户

会计账户	期初余额		借方发生额		贷方发生额		期末余额(2016 年 12 月 31 日)	
	美元金额	折合人民币金额	美元金额	折合人民币金额	美元金额	折合人民币金额	美元金额	折合人民币金额
银行存款(美元户)	1 500 000(借方)	9 300 000(借方)	100 000	630 000	1 020 000	6 340 000	580 000(借方)	3 538 000(借方)
应收账款(美元户)	100 000(借方)	6 200 000(借方)	200 000	1 260 000	100 000	630 000	200 000(借方)	1 220 000(借方)
应付账款(美元户)	585 000(贷方)	3 627 000(贷方)	800 000	5 080 000	218 000	1 373 400	3 000(贷方)	18 300(贷方)

(6) 根据表 8-3 对该行政单位 2016 年第四季度外币账户汇兑损益汇总进行账务处理。

借:经费支出   201 900

   贷:银行存款(美元户)   74 000

       应收账款(美元户)   30 000

       应付账款(美元户)   97 900

4. 行政单位与银行之间账项的核对

《行政单位会计制度》规定:行政单位应当按照开户银行和其他金融机构、存款种类及币种等,分别设置银行存款日记账,由出纳人员根据收付款凭证,按照业务的发生顺序逐笔登记,每日终了应结出余额。银行存款日记账应定期与银行对账单进行核对,至少每月核对一次。月度终了,行政单位账面余额与银行对账单余额之间如有差额,必须逐笔查明原因并进行处理,按月编制"银行存款余额调节表",调节相符。

三、零余额账户用款额度与财政应返还额度

(一) 零余额账户用款额度

1. 零余额账户用款额度的性质

零余额账户用款额度是在国库集中支付制度改革的背景下引入的一个新概念,它是财政部门按照预算和批准的用款计划,通过国库集中支付代理银行下达到预算单位零余额账户的资金使用额度,是一种新的无纸化的货币形式,具有与现金和各种存款基本相同的支付结算功能,因此也是行政单位可以支配的流动资产形式之一。财政授权的转账业务一律通过单位零余额账户办理。需要说明的是:①行政单位收到的用款额度不是实际的货币资金,在商业银行开设的单位零余额账户不是实存资金账户,而是一个过渡性的待结算账户;②行政单位零余额账户的用款额度具有与人民币存款相同的支付结算功能,可办理转账、汇兑、委托收款和提取现金等支付结算业务;可以向本单位按账户管理规定保留的相应账户划拨工会经费、住房公积金及提租补贴,以及划拨经财政部门批准的特殊款项。

行政单位通过设置"零余额账户用款额度"账户,核算实行国库集中支付的行政单位根据财政部门批复的用款计划收到的零余额账户用款额度。该账户的借方登记收到的授权支付到账额度;贷方登记支用的零余额用款额度;期末借方余额反映行政单位尚未支用的零余额账户用款额度。"零余额账户用款额度"账户年末应无余额。

2. 零余额账户用款额度收支的账务处理

在财政授权支付方式下,行政单位收到代理银行盖章的"财政授权支付额度到账通知书"(如表8-4所示)时,根据通知所列数额,借记"零余额账户用款额度"账户,贷记"财政拨款收入"账户;行政单位按规定支用额度时,借记有关支出账户,贷记"零余额账户用款额度"账户;行政单位从零余额账户提取现金时,借记"库存现金"账户,贷记"零余额账户用款额度"账户;经财政部门批准,行政单位从零余额账户向其他银行存款户归还使用其他资金垫付的款项时,借记"银行存款"账户,贷记"零余额账户用款额度"账户,同时,借记"经费支出——财政拨款支出"账户,贷记"经费支出——其他资金支出"账户。

表8-4　财政授权支付额度到账通知书

_____:

你单位____月份的财政授权支付额度已经北京市财政局核准,特予通知。

银行(签章)　　　　单位部门预算编码:　　　　零余额账户账号:　　　　单位:元

资金性质	预算科目或收费项目编码	预算科目或收费项目名称	项目	预算文号	财政授权支付额度	备注

资金性质	预算科目 或收费项目编码	预算科目 或收费项目名称	项目	预算文号	财政授权 支付额度	备注

＊本通知书一式二联,第一联预算单位作为财政授权支付额度到账通知;第二联代理银行备查。

【例8-5】 某行政单位实行国库集中支付和政府采购制度。2017年1月,根据发生的国库集中支付业务,编制相关的会计分录。

（1）3日,收到代理银行转来的"财政授权支付额度到账通知书",通知书中注明的本月授权额度为500 000元。

借:零余额账户用款额度 500 000

　贷:财政拨款收入 500 000

（2）14日,单位从零余额账户提取现金30 000元。

借:库存现金 30 000

　贷:零余额账户用款额度 30 000

（3）25日,以零余额账户购买一批随买随用的办公用品4 500元。

借:经费支出 4 500

　贷:零余额账户用款额度 4 500

（4）31日,经财政部门批准,单位从零余额账户向其他银行存款户归还使用其他资金垫付的款项20 000元。

借:银行存款 20 000

　贷:零余额账户用款额度 20 000

同时,

借:经费支出——财政拨款支出 20 000

　贷:经费支出——其他资金支出 20 000

3. 期末注销额度

年末,行政单位根据代理银行提供的对账单做银行注销额度的相关账务处理,借记"财政应返还额度——财政授权支付"账户,贷记"零余额账户用款额度"账户。如果单位本年度财政授权支付预算指标数大于财政授权支付额度下达数,则根据两者间的差额,借记"财政应返还额度——财政授权支付"账户,贷记"财政拨款收入"账户。

下年度年初,行政单位根据代理银行提供的"额度恢复到账通知书"做恢复额度的相关账务处理,借记"零余额账户用款额度"账户,贷记"财政应返还额度——财政授权支付"账户。

行政单位收到财政部门批复的上年年末下达的零余额账户用款额度时,借记"零余额账户用款额度"账户,贷记"财政应返还额度——财政授权支付"账户。

【例8-6】 2016年度,某行政单位财政授权支付年终结余资金为360 000元。2017年1月2日,该单位收到代理银行转来的"财政授权支付额度恢复到账通知书",恢复2016年度财政授权支付额度360 000元,编制相关的会计分录。

（1）财政授权支付年终结余资金。

借:财政应返还额度——财政授权支付　　　　　　　　　360 000

　　贷:零余额账户用款额度　　　　　　　　　　　　　　　　360 000

（2）恢复财政授权支付额度。

借:零余额账户用款额度　　　　　　　　　　　　　　360 000

　　贷:财政应返还额度——财政授权支付　　　　　　　　　　360 000

（二）财政应返还额度

财政应返还额度是指实行国库集中支付的行政单位年终应收财政下年度返还的资金额度,即反映结转下年使用的用款额度。

行政单位通过设置"财政应返还额度"账户核算实行国库集中支付的行政单位应收财政返还的资金额度。该账户的借方登记财政应返还额度的增加数;贷方登记财政应返还额度的减少数;期末借方余额反映行政单位应收财政下年度返还的资金额度。该账户应当设置"财政直接支付""财政授权支付"两个明细账户进行明细核算。

财政应返还额度的具体账务处理方法如下:

（1）年末,确认尚未使用的资金额度。在财政直接支付方式下,年末,行政单位根据本年度财政直接支付预算指标数与财政直接支付实际支出数的差额,借记"财政应返还额度——财政直接支付"账户,贷记"财政拨款收入"账户;在财政授权支付方式下,年末,行政单位根据代理银行提供的对账单做银行注销额度的相关账务处理,借记"财政应返还额度——财政授权支付"账户,贷记"零余额账户用款额度"账户。如果行政单位本年度财政授权支付预算指标数大于财政授权支付额度下达数,则根据两者间的差额,借记"财政应返还额度——财政授权支付"账户,贷记"财政拨款收入"账户。

（2）下年年度初恢复以前年度财政资金额度。下年度年初,行政单位根据代理银行提供的"财政授权支付额度恢复到账通知书"做恢复额度的相关账务处理,借记"零余额账户用款额度"账户,贷记"财政应返还额度——财政授权支付"账户。

（3）行政单位使用以前年度财政资金额度。在财政直接支付方式下,行政单位使用以前年度财政直接支付额度发生支出时,借记"经费支出"账户,贷记"财政应返还额度——财政直接支付"账户;在财政授权支付方式下,行政单位使用以前年度财政授权支付额度发生支出时,借记"经费支出"账户,贷记"零余额账户用款额度"账户。

【例8-7】 2016年12月31日,某行政单位预算结余资金为400 000元,其中,财政直接支付年终结余资金为260 000元,财政授权支付年终结余资金为140 000元。2017年1

月 2 日，该单位收到"财政直接支付额度恢复到账通知书"，恢复 2016 年度财政直接支付额度 260 000 元；收到代理银行转来的"财政授权支付额度恢复到账通知书"，恢复 2016 年度财政授权支付额度 140 000 元。编制相关的会计分录。

	财政直接支付	财政授权支付
2016 年 12 月 31 日	借:财政应返还额度 　　——财政授权支付　140 000 　贷:零余额账户用款额度　140 000	借:财政应返还额度 　　——财政直接支付　260 000 　贷:财政拨款收入　260 000
2017 年 1 月 2 日恢复财政支付额度	不编制会计分录	借:零余额账户用款额度　140 000 　贷:财政应返还额度 　　——财政授权支付　140 000

四、应收及预付款项

应收及预付款项是指行政单位在开展业务活动中形成的各项债权，包括应收账款、预付账款、其他应收款等。这些款项是行政单位停留在结算过程中的资金，体现为行政单位对有关单位或个人的一种短期债权。由于应收及预付项目发生的次数较为频繁，大多表现为其他单位或个人对行政单位资金的占用。为此，行政单位应当加强对应收及预付款项的管理，控制其额度和收回时间，积极组织结算和催收，防止可能发生的意外和损失。

（一）应收账款

应收账款是指行政单位开展后勤服务活动、有偿转让物资、出租资产等应当收取的款项。行政单位收到的商业汇票，也确认为应收账款。应收账款是单位在结算过程中形成的流动资产，属于单位的短期债权，它体现了行政单位对其他单位或者个人的货币、商品或者劳务的一种索取权。

行政单位通过设置"应收账款"账户核算其因开展业务活动应收取的款项。该账户的借方登记应收账款的增加额；贷方登记应收账款的减少额；期末借方余额反映行政单位尚未收回的应收账款。其明细账应当按照购货、接受服务的单位（或个人）或开出、承兑商业汇票的单位等设置并进行明细核算。

1. 出租资产确认应收账款

行政单位出租资产尚未收到款项时，按照应收未收金额，借记"应收账款"账户，贷记"其他应付款"账户；收回应收账款时，借记"银行存款"等账户，贷记"应收账款"账户，同时，借记"其他应付款"账户，按照应缴的税费，贷记"应缴税费"账户，按照扣除应缴税费后的净额，贷记"应缴财政款"账户。

【例 8-8】　2017 年 1 月 5 日，某行政单位出租礼堂应收租金 5 000 元。1 月 31 日，收到租金 5 000 元，经计算应缴税费 250 元。编制相关的会计分录。

（1）确认出租礼堂形成的应收款项。

借：应收账款——甲公司   5 000

  贷：其他应付款   5 000

（2）收到出租礼堂租金，确认应缴税费。

借：银行存款   5 000

  贷：应收账款——甲公司   5 000

同时，

借：其他应付款   5 000

  贷：应缴税费   250

    应缴财政款   4 750

2. 出售物资确认应收账款

行政单位物资已发出并到达约定状态且尚未收到款项时，按照应收未收金额，借记"应收账款"账户，贷记"待处理财产损溢"账户；行政单位收回应收账款时，借记"银行存款"等账户，贷记"应收账款"账户。

【例 8-9】 2017 年 3 月 5 日，某行政单位经批准出售一批甲材料，其售价为 35 000元、账面余额为 30 000 元，材料已发出，款项未收回。编制相关的会计分录：

（1）材料转入待处理财产损溢。

借：待处理财产损溢   30 000

  贷：存货——甲材料   30 000

（2）材料实现出售。

借：资产基金——存货   30 000

  贷：待处理财产损溢   30 000

（3）确认应收账款。

借：应收账款   35 000

  贷：待处理财产损溢   35 000

（4）确认处理净收入。

借：待处理财产损溢   35 000

  贷：应缴财政款   35 000

（5）收回应收账款存入银行。

借：银行存款   35 000

  贷：应收账款   35 000

3. 收到商业汇票确认应收账款

商业汇票是指出票人签发的，委托付款人在指定日期无条件支付确定的金额给收款人或者持票人的票据。在银行开立存款账户的法人以及其他组织之间须具有真实的交易关系或债权债务关系，才能够使用商业汇票。

行政单位应当设置商业汇票备查簿，逐笔登记每一笔应收商业汇票的种类、号数、出票日期、到期日、票面金额、交易合同号等相关信息资料。商业汇票到期结清票款或退票后,应当在备查簿内逐笔注销。

行政单位出租资产收到商业汇票时,按照商业汇票的票面金额,借记"应收账款——商业汇票"账户,贷记"其他应付款"账户;行政单位出售物资收到商业汇票时,按照商业汇票的票面金额,借记"应收账款——商业汇票"账户,贷记"待处理财产损溢"账户;商业汇票到期收回款项时,借记"银行存款"等账户,贷记"应收账款——商业汇票"账户。其中,出租资产收回款项的,还应当同时借记"其他应付款"账户,按照应缴的税费,贷记"应缴税费"账户,按照扣除应缴税费后的净额,贷记"应缴财政款"账户。

【例 8-10】 某行政单位根据发生的应收票据业务,编制相关的会计分录。

(1) 2017 年 3 月 10 日,出租资产收到商业汇票一张,其票面金额为 8 000 元,期限为 3 个月。6 月 10 日,商业汇票到期收回款项 8 000 元,经计算应缴相关税费 250 元。

① 确认应收账款:

借:应收账款——××单位商业汇票	8 000
贷:其他应付款	8 000

② 商业汇票到期收回款项,确认应缴税费:

借:银行存款	8 000
贷:应收账款——××单位商业汇票	8 000

同时,

借:其他应付款	8 000
贷:应缴税费	250
应缴财政款	7 000

(2) 6 月 1 日,向乙单位出售物资,收到乙单位交来的商业承兑汇票一张,面值为 30 000 元,期限为 3 个月。

① 将存货转入待处理财产损溢:

借:待处理财产损溢	30 000
贷:存货	30 000

② 确认应收票据:

借:应收账款——乙单位商业汇票	30 000
贷:待处理财产损溢	30 000

4. 应收账款无法收回

行政单位逾期 3 年或以上、有确凿证据表明确实无法收回的应收账款,按规定报经批准后予以核销。核销的应收账款应在备查簿中保留登记。

行政单位将核销的应收账款转入待处理财产损溢时,按照待核销的应收账款金额,借记"待处理财产损溢"账户,贷记"应收账款"账户;报经批准对无法收回的其他应收款予以核销时,借记"经费支出"账户,贷记"待处理财产损溢"账户;对无法收回的应收账款予以核销时,借记"其他应付款"等账户,贷记"待处理财产损溢"账户。

【例 8-11】 甲行政单位应收乙单位款项 100 000 元,逾期 3 年,有证据表明该笔款项确实无法收回,按规定报经批准后予以核销,甲行政单位编制相关的会计分录:

（1）将无法收回的应收账款转账。

借：待处理财产损溢   100 000

    贷：应收账款——乙单位   100 000

（2）报经批准后予以核销。

借：其他应付款   100 000

    贷：待处理财产损溢   100 000

如果上例报经批准核销的款项为其他应收款，编制如下会计分录：

借：经费支出   100 000

    贷：待处理财产损溢   100 000

（二）预付账款

预付账款是指行政单位按照购货、劳务合同规定预付给供应单位（或个人）的款项。预付账款如同应收账款一样，是结算中的资金占用，反映了行政单位的短期债权。但两者性质不同，应收账款是应向购货方收取的款项，而预付账款则是预先付给供货方的款项。

需要说明的是，行政单位依据合同规定支付的定金，也确认为预付账款。行政单位支付可以收回的订金，应当确认为其他应收款。

行政单位通过设置"预付账款"账户核算其按照购货、服务合同规定预付给供应单位（或个人）的款项。该账户的借方登记预付账款的增加额；贷方登记预付账款的减少额；期末借方余额反映行政单位实际预付但尚未结算的款项。

1. 预付账款发生

行政单位发生预付账款时，借记"预付账款"账户，贷记"资产基金——预付款项"账户；同时，借记"经费支出"账户，贷记"财政拨款收入""零余额账户用款额度""银行存款"等账户。

2. 收到物资或服务核销预付账款

行政单位收到所购物资或服务时，按照相应预付账款金额，借记"资产基金——预付款项"账户，贷记"预付账款"账户；同时，按照收到所购物资的成本，借记有关资产账户，贷记"资产基金"及相关明细账户。

3. 收到物资或服务补付款项

行政单位收到物资或服务时发生补付款项的，按照实际补付的款项，借记有关支出账户，贷记"财政拨款收入""零余额账户用款额度""银行存款"等账户。

4. 预付账款退回

（1）行政单位发生当年预付账款退回的，借记"资产基金——预付款项"账户，贷记"预付账款"账户；同时，借记"财政拨款收入""零余额账户用款额度""银行存款"等账户，贷记"经费支出"账户。（2）行政单位发生以前年度预付账款退回的，借记"资产基金——预付款项"账户，贷记"预付账款"账户；同时，借记"财政应返还额度""零余额账户用款额度""银行存款"等账户，贷记"财政拨款结转""财政拨款结余""其他资金结转结余"等账户。

【例8-12】 甲行政单位根据发生的预付账款业务，编制相关的会计分录。

（1）2017 年 3 月 10 日,甲行政单位从乙公司订购存货 50 000 元,按订货合同规定,应先向供货单位预付货款 20 000 元,3 月 20 日交货后再补足余款。款项通过银行存款收付。

借:预付账款——乙公司　　　　　　　　　　　　　　　　20 000
　　贷:资产基金——预付账款　　　　　　　　　　　　　　　　20 000

同时,

借:经费支出　　　　　　　　　　　　　　　　　　　　　20 000
　　贷:银行存款　　　　　　　　　　　　　　　　　　　　　20 000

（2）2017 年 3 月 20 日,甲行政单位收到 3 月 10 日从乙公司发来的存货并验收入库。

借:经费支出　　　　　　　　　　　　　　　　　　　　　30 000
　　贷:银行存款　　　　　　　　　　　　　　　　　　　　　30 000
借:资产基金——预付账款　　　　　　　　　　　　　　　20 000
　　贷:预付账款——乙公司　　　　　　　　　　　　　　　　20 000

同时,

借:存货　　　　　　　　　　　　　　　　　　　　　　　50 000
　　贷:资产基金——存货　　　　　　　　　　　　　　　　　50 000

（3）2017 年 3 月 25 日,甲行政单位以零余额账户补付材料余款 30 000 元。

借:经费支出　　　　　　　　　　　　　　　　　　　　　30 000
　　贷:零余额账户用款额度　　　　　　　　　　　　　　　　30 000

（4）2017 年 3 月 20 日,因故甲行政单位仅收到乙公司发来的存货 16 000 元并验收入库,同时收到退回的余款 4 000 元并存入银行。

① 材料验收入库:

借:存货　　　　　　　　　　　　　　　　　　　　　　　16 000
　　贷:资产基金——存货　　　　　　　　　　　　　　　　　16 000
借:资产基金——预付账款　　　　　　　　　　　　　　　20 000
　　贷:预付账款——乙公司　　　　　　　　　　　　　　　　20 000

② 收到退回的余款:

借:银行存款　　　　　　　　　　　　　　　　　　　　　4 000
　　贷:经费支出　　　　　　　　　　　　　　　　　　　　　4 000

（5）2017 年 3 月 20 日,甲行政单位收到乙公司退款通知,2017 年 3 月 25 日,甲行政单位预付款项 30 000 元因故退回。款项存入银行。

借:资产基金——预付账款　　　　　　　　　　　　　　　30 000
　　贷:预付账款——乙公司　　　　　　　　　　　　　　　　30 000
借:银行存款　　　　　　　　　　　　　　　　　　　　　30 000
　　贷:财政拨款结转　　　　　　　　　　　　　　　　　　　30 000

5. 预付账款无法收回

行政单位逾期 3 年或以上、有确凿证据表明确实无法收到所购物资和服务,且无法收回的预付账款,按照规定报经批准后予以核销。核销的预付账款应在备查簿中保留登记。

行政单位将核销的预付账款转入待处理财产损溢时,按照待核销的预付账款金额,借记"待处理财产损溢"账户,贷记"预付账款"账户;报经批准对无法收回的预付账款予以核销时,借记"资产基金"账户,贷记"待处理财产损溢"账户。

已核销的预付账款在以后期间又收回的,行政单位应借记"零余额账户用款额度""银行存款"等账户,贷记"财政拨款结转""财政拨款结余""其他资金结转结余"等账户。

【例8-13】 甲行政单位根据发生的预付款项业务,编制相关的会计分录。

（1）2016年10月20日,甲行政单位预付乙单位款项20 000元,逾期3年,有证据表明该笔款项确实无法收回。按规定报经批准后予以核销。

① 将无法收回的预付账款转账:

借:待处理财产损溢   20 000

  贷:预付账款——乙单位   20 000

② 报经批准核销款项:

借:资产基金   20 000

  贷:待处理财产损溢   20 000

（2）2016年12月20日,收到乙单位退回的款项20 000元,存入零余额账户。

借:零余额账户用款额度   20 000

  贷:财政拨款结转   20 000

（三）其他应收款

其他应收款是指行政单位除应收账款、预付账款以外的其他各项应收及暂付款项,如职工预借的差旅费、拨付给内部有关部门的备用金、应向职工收取的各种垫付款项等。其他应收款是行政单位流动资产的重要组成部分,其内容涉及面广、数额较大,且发生也较为频繁,对其管理质量的高低直接影响行政单位的管理水平。

行政单位通过设置"其他应收款"账户核算行政单位的其他应收及暂付款项。该账户的借方登记其他应收及暂付款项的发生额;贷方登记收回或转销的其他应收款项;期末借方余额反映行政单位尚未收回的其他应收款。其明细账应当按照其他应收款的类别以及债务单位(或个人)设置并进行明细核算。

1. 职工预借差旅费

行政单位职工因公预借差旅费时,借记"其他应收款"账户,贷记"零余额账户用款额度""银行存款"等账户;出差归来报销差旅费核销预借差旅费时,按照报销的差旅费借记有关支出账户,按照交回的现金借记"库存现金"账户,按照预借的差旅费贷记"其他应收款"账户。

【例8-14】 2017年5月10日,某行政单位职工张某因参加会议预借差旅费5 000元,财会部门对其借款单据审核无误后付讫现金。5月20日,职工张某报销会议开支5 300元,经核准予以报销,以现金补付差额300元,编制相关的会计分录。

（1）预借差旅费。

借:其他应收款——张某   5 000

  贷:库存现金   5 000

（2）报销差旅费。

借:经费支出   5 300

    贷:其他应收款——张某   5 000

        库存现金   300

2. 备用金

备用金是指行政单位财会部门为了便于日常零星开支的需要而预付给单位某些部门或职工备用的款项。其特点是先领后用,用后报销。

备用金的管理有定额备用金制度和非定额备用金制度两种。定额备用金制度是根据使用部门工作的实际需要,先核定其备用金定额并依此拨付备用金,使用后再拨付现金补足其定额的制度。非定额备用金制度是为了满足临时性需要而暂付给有关部门和个人现金,使用后实报实销的制度。

领取备用金的单位和个人必须严格按照规定的用途使用,不得挪作他用。备用金使用后,应及时填写报销单据,连同有关原始凭证,经单位负责人审批后,向财会部门报账。财会部门应做好备用金的核算与管理工作。

行政单位的备用金,一般通过"其他应收款"账户进行账务处理,也可单独设立"备用金"账户予以登记。

行政单位内部实行备用金制度的,有关部门使用备用金以后应当及时到财务部门报销并补足备用金。经财务部门核定并领用备用金时,借记"其他应收款"账户,贷记"库存现金"账户。根据报销数用现金补足备用金定额时,借记有关账户,贷记"库存现金"账户,报销数和拨补数都不再通过"其他应收款"账户核算。

【例 8-15】 某行政单位后勤服务部门备用金实行定额管理制度,2016 年该单位财务部门根据发生的备用金业务,编制相关的会计分录。

（1）1 月 10 日,财务部门开出现金支票拨付后勤服务部门备用金定额 5 000 元。

借:其他应收款——后勤服务部门   5 000

    贷:银行存款   5 000

（2）3 月 10 日,后勤服务部门报销购买办公用品支出 1 800 元,经财会部门审核后报销,并以现金补足定额。

借:经费支出   1 800

    贷:库存现金   1 800

（3）6 月 1 日,因后勤服务部门业务范围扩大,需增加备用金定额 3 000 元,经审核予以拨付现金 3 000 元。

借:其他应收款——后勤服务部门   3 000

    贷:库存现金   3 000

（4）12 月 31 日,该单位年终决算核销并收回备用金 8 000 元。

借:库存现金   8 000

    贷:其他应收款——后勤服务部门   8 000

3. 应向职工收取的各种垫付款项

有时,行政单位按照法律规定,或接收有关方面委托,或为了方便职工个人,为职工垫付有关款项,如房租、水电费、医药费等,这些代垫款项在收回前形成了单位的其他应收款。行政单位发生其他应收及暂付款项时,借记"其他应收款"账户,贷记"零余额账户用款额度""银行存款"等账户;收回或转销上述款项时,借记"银行存款""零余额账户用款额度"或有关支出等账户,贷记"其他应收款"账户。

4. 其他应收款的核销

行政单位的其他应收款,有时会因债务人拒付、破产、死亡等种种原因不能如数收回而使行政单位蒙受损失。行政单位确认无法收回其他应收款时,应遵循财务报告的目标和会计核算的基本原则,具体分析各种其他应收项的特性、金额的大小、信用期限、债务人的信誉和当时的经营情况等因素。根据《行政单位会计制度》规定:逾期3年及3年以上、有确凿证据表明确实无法收回的其他应收款,按规定报经批准后予以核销。核销的其他应收款应在备查簿中保留登记。具体会计处理如下:行政单位将核销的其他应收款转入待处理财产损溢时,按照待核销的其他应收款金额,借记"待处理财产损溢"账户,贷记"其他应收款"账户;报经批准对无法收回的其他应收款予以核销时,借记"经费支出"账户,贷记"待处理财产损溢"账户。行政单位已核销的其他应收款在以后期间又收回的,如属于在核销年度内收回的,借记"银行存款"等账户,贷记"经费支出"账户;如属于在核销年度以后收回的,借记"银行存款"等账户,贷记"财政拨款结转""财政拨款结余""其他资金结转结余"等账户。

【例8-16】 2016年12月20日,某行政单位对其应收款项进行清理,确认为职工李某垫付款项2 000元无法收回。该单位按规定报经有关部门批准并准备核销应收款项。2016年12月25日,有关部门批准将应收款项予以核销,编制相关的会计分录。

(1) 将无法收回的其他应收款转入待处理财产损溢。

借:待处理财产损溢 402 000
    贷:其他应收款——职工李某 2 000

(2) 根据有关部门批准将应收款项予以核销。

借:经费支出 402 000
    贷:待处理财产损溢 402 000

如果上例已核销的其他应收款中有200 000元于2017年1月收回,确认为财政拨款结余。编制如下会计分录。

借:银行存款 200 000
    贷:财政拨款结余 200 000

五、存货

(一) 存货概述

1. 存货的概念及确认

存货是指行政单位在工作中为耗用而储存的资产,包括材料、燃料、包装物和低值易耗品等。行政单位的存货处于经常性的不断耗用或者重置之中,其价值往往要占流动资产价值相当大的比重。存货既是行政单位流动资产十分重要的组成部分,也是行政单位从事公共服务与公共管理活动的物质基础,因此,行政单位加强存货的核算与管理具有十分重要的意义。

行政单位存货范围的确定,应当以行政单位对存货的占有权和使用权为依据。如果在盘存日期,存货的占有权和使用权属于某行政单位,那么无论存货存放在什么地方,都应当视为该行政单位的存货;相反,如果占有权和使用权已经转移,那么即使存货尚未运离某行政单位,也不应当视为该行政单位的存货。

2. 存货的分类

行政单位的存货可分为以下类别:①材料。它是指使用后就被消耗掉或者逐渐消耗掉,不能保持原有形态的各种原材料,包括主要材料、辅助材料、外购半成品和修理用备件等。②燃料。它是指使用后就消失掉的各种固体、液体和气体燃料。③包装物。它是指为包装产品而储备的各种包装容器,如桶、箱、瓶、坛、袋等用于储存和保管产品的材料。④低值易耗品。它是指单位价值较低、容易损耗、不够固定资产标准,不属于材料、燃料和包装物范围的各种用具、装具等。⑤未达到固定资产标准的家具、用具、装具等。

3. 存货的管理

针对存货的管理,首先,行政单位应建立、健全存货的购买、验收、进出库、保管、领用等管理制度,明确责任,严格管理,保证库存材料的安全。其次,应加强对存货的清查盘点工作,最大限度地保证存货的安全和完整,做到账实相符。对于盘盈、盘亏的存货,应及时查明原因,分清责任。再次,各单位应当加强存货的定额管理,逐步建立存货的储备定额,有条件的单位还可以重点实行主要存货的消耗定额,提高存货的使用效益。最后,由于各行政单位的业务性质和特点存在不同,存货的核算和管理可采取不同的方式:数量多、品种复杂、价值较高的,应进行细类划分;各单位随买随用的办公用品和一般物资材料,可在购进时直接列作支出,不进行存货的财务处理。

行政单位通过设置"存货"账户核算行政单位在开展业务活动及其他活动中为耗用而储存的各种物资的实际成本。该账户的借方登记存货的增加;贷方登记存货的减少;期末借方余额反映行政单位存货的实际成本。其明细账应当按照存货的种类、规格和保管地点等设置并进行明细核算。

需要注意的是,行政单位有委托加工存货业务的,应当在"存货"账户下设置"委托加工存货成本"账户;出租、出借的存货,应当设置备查簿进行登记。下列物资不通过"存货"账户进行核算:①行政单位库存用于工程建设的物资,应当通过"在建工程"账户进行核算;②接受委托人指定受赠人的转赠物资,应当通过"受托代理资产"账户进行核算;③行政单位随买随用的零星办公用品等,可以在购进时直接列作支出。

(二) 存货的取得

存货应当在其到达存放地点并验收时确认,存货在取得时,应当按照其实际成本入账。

1. 购入存货

行政单位购入存货的成本包括购买价款、相关税费、运输费、装卸费、保险费以及其他使得存货达到目前场所和状态所发生的支出。

购入的存货验收入库时,按照确定的成本,借记"存货"账户,贷记"资产基金——存货"账户;同时,按照实际支付的金额,借记"经费支出"账户,贷记"财政拨款收入""零余额账户用款额度""银行存款"等账户;对于尚未付款的,应当按照应付未付的金额,借记"待偿债净资产"账户,贷记"应付账款"账户。

2. 置换换入的存货

行政单位置换换入的存货,其成本按照换出资产的评估价值,加上支付的补价或减去收到的补价,加上为换入存货支付的其他费用(运输费等)确定。

行政单位换入的存货验收入库,按照确定的成本,借记"存货"账户,贷记"资产基金——存货"账户;同时,按实际支付的补价、运输费等金额,借记"经费支出"账户,贷记"财政拨款收入""零余额账户用款额度""银行存款"等账户。

3. 接受捐赠、无偿调入的存货

行政单位接受捐赠、无偿调入的存货,其成本按照有关凭据注明的金额加上相关税费、运输费等确定;没有相关凭据可供取得的,但依法经过资产评估的,其成本应当按照评估价值加上相关税费、运输费等确定;没有相关凭据可供取得且未经评估的,其成本比照同类或类似存货的市场价格加上相关税费、运输费等确定;没有相关凭据也未经评估,其同类或类似存货的市场价格无法可靠取得的,该存货按照名义金额入账。

行政单位接受捐赠、无偿调入的存货验收入库时,按照确定的成本,借记"存货"账户,贷记"资产基金——存货"账户;同时,按实际支付的相关税费、运输费等金额,借记"经费支出"账户,贷记"财政拨款收入""零余额账户用款额度""银行存款"等账户。

【例 8-17】 甲行政单位根据发生的存货业务,编制相关的会计分录。

(1)购入一批甲存货,价款 24 500 元,对方代垫运费 500 元。款项以零余额账户支付。

借:存货——甲存货　　　　　　　　　　　　　　25 000
　　贷:资产基金——存货　　　　　　　　　　　　　　　　25 000
同时,
借:经费支出　　　　　　　　　　　　　　　　　25 000
　　贷:零余额账户用款额度　　　　　　　　　　　　　　　25 000

(2)与乙单位存货进行置换,换出 M 材料的账面价值为 135 000 元,并支付补价15 000 元、材料运输费 3 000 元。假设交易不考虑相关税费。

借:存货——M 材料　　　　　　　　　　　　　　153 000
　　贷:资产基金——存货　　　　　　　　　　　　　　　　153 000
同时,
借:经费支出　　　　　　　　　　　　　　　　　18 000
　　贷:银行存款　　　　　　　　　　　　　　　　　　　18 000

(3)接受丙单位捐赠一批 N 商品存货,该批商品有关凭据注明的金额为 120 000 元,以银行存款支付相关税费、运输费 15 000 元。

借:存货——N 商品　　　　　　　　　　　　　　135 000
　　贷:资产基金——存货　　　　　　　　　　　　　　　　135 000

同时,

借:经费支出	15 000	
贷:银行存款		15 000

4. 委托加工材料

行政单位委托加工的存货,其成本按照未加工存货的成本加上加工费用和往返运输费等确定。

委托加工的存货出库时,借记"存货"账户下的"委托加工存货成本"明细账户,贷记"存货"账户下的相关明细账户。支付加工费用和相关运输费等时,借记"经费支出"账户,贷记"财政拨款收入""零余额账户用款额度""银行存款"等账户;同时,按照相同的金额,借记"存货"账户下的"委托加工存货成本"明细账户,贷记"资产基金——存货"账户。委托加工完成的存货验收入库时,按照委托加工存货的成本,借记"存货"账户下的相关明细账户,贷记"存货"账户下的"委托加工存货成本"明细账户。

【例8-18】 2016年3月5日,甲行政单位委托乙单位加工一批G材料,发出材料的成本为30 000元,支付加工费用6 000元、材料运输费4 000元,款项以银行存款付讫,编制相关的会计分录。

(1) 发出材料。

借:存货——委托加工存货成本	30 000	
贷:存货——G材料		30 000

(2) 支付委托加工成本和相关运输费。

借:经费支出	10 000	
贷:银行存款		10 000

同时,

借:存货——委托加工存货成本	10 000	
贷:资产基金——存货		10 000

(3) 委托加工完成的存货验收入库。

借:存货——G存货	40 000	
贷:存货——委托加工存货成本		40 000

(三) 存货的发出

1. 存货发出的计价方法

行政单位在完成其行政工作过程中,存货始终处于流动状态。但存货的来源渠道不同,其成本水平也不尽相同。即使同为外购存货,由于其产地、单价、运输费等条件的差异性,品种相同存货的实际成本也不尽相同。如何确定发出存货的成本,是存货核算的重要内容之一。根据《行政单位会计制度》的规定,存货发出时,应当根据实际情况采用个别计价法、先进先出法或加权平均法确定发出存货的实际成本。计价方法一经确定,不得随意变更。

(1) 个别计价法。它是指对存货逐一辨认,分别按照各自取得时的成本计价,以确定发出和结存存货实际成本的一种方法。个别计价法的特征是注重所发出存货具体项目的实物流转与成本流转之间的联系,逐一辨认各批发出存货和期末结存存货所属取得的批别,分别按照其取得时所确定的单位成本作为计算各批发出存货和期末结存存货的成本。

【例 8-19】 某行政单位 2016 年存货甲材料的情况如表 8-5 所示。

表 8-5　甲材料明细账

日期		摘要	数量（件）	单位成本（元）	总成本（元）
月	日				
1	1		100	8	800
6	1	采购	60	9	540
11	1	采购	80	10	800
12	31	可供领用	240		
12	31	本年领用	150		
12	31	结存	90		

根据表 8-5,本年领用的 150 件甲材料中,属于 1 月 1 日结存的为 50 件;6 月 1 日采购的为 30 件;11 月 1 日采购的为 70 件。该行政单位当年领用甲材料成本的计算过程如下:

$$甲材料成本 = 50×8 + 30×9 + 10×70 = 1\ 370(元)$$

个别计价法是一种合理而准确的存货计价方法。但这种方法的前提是需要对发出存货和结存存货的批次进行具体认定,以辨别其所属的收入批次,所以计算工作量较大。

（2）先进先出法。它是指按照库存中最早入库存货的价格进行发出存货计价的一种方法。这种方法以先收到的存货先发出这样的实物流动假设为前提,并根据这种假设的成本流转顺序对发出存货和期末库存存货进行计价。在发出存货的数量超过库存中最早入库的存货数量时,超过部分要依次按后一批收进的存货单价计算。

采用这种方法时,要依次查明有关各批次的实际单位成本,所以核算手续比较烦琐。该方法适用于收、发存货业务不多的单位。

根据表 8-5,本年领用的 150 件甲材料中,假设其中 100 件来自期初结存的甲材料并先发出,另外 50 件来自 6 月 1 日的采购。该材料发出和结存成本计算过程如表 8-6 所示。

表 8-6　甲材料发出和结存成本计算表

	数量（件）	单位成本（元）	总成本（元）
发出材料:			
来自期初结存	100	8	800
来自 6 月 1 日采购	50	9	450
发出材料成本	150		1 250
期末材料			
来自 6 月 1 日采购	10	9	90
来自 10 月 1 如采购	80	10	800
期末材料成本	90		890

（3）加权平均法。加权平均法有"月末一次加权平均法"和"移动加权平均法"之分。在此仅介绍月末一次加权平均法。

月末一次加权平均法是指把月初材料数量加上当月全部进货数量作为权数，去除当月全部进货成本加上月初存货成本，计算出材料的加权平均单位成本，以此为基础计算当月发出材料成本和期末材料成本的一种方法。其计算公式如下：

$$存货加权平均单位成本 = \frac{期初库存存货的实际成本 + 本期各批进货成本之和}{期初库存存货数量 + 本期各批进货数量之和}$$

本期发出存货成本 = 本期发出存货的数量 × 存货加权平均单位成本　　　　　（8-1）

或 = （期初存货的实际成本 + 本期各批进货成本之和）　　　　　（8-2）

－本期期末存货成本

期末存货成本 = 期末存货的数量 × 存货加权平均单位成本

注：式（8-1）一般称为正算（顺算）成本法，式（8-2）一般称为倒算（到挤）成本法。

根据表8-5，各项指标计算结果如下：

甲材料加权平均单位成本 =（800+540+800）÷（100+60+80）= 2140÷240 ≈ 8.92（元）

采用到挤方法计算发出存货成本：

期末存货成本 = 90×8.92 = 802.8（元）

本期发出材料成本 = 800+540+800－802.8 = 1 337.2（元）

采用加权平均法，只在月末计算月份内发出存货和结存存货的成本，这样可以大大简化存货核算工作，但平时不能确定发出存货的成本和结存存货的金额。当市场存货价格上涨时，加权平均成本会小于其现行成本。

2. 存货发出的账务处理

行政单位开展业务活动等领用、发出存货时，按照领用、发出存货的实际成本，借记"资产基金——存货"账户，贷记"存货"账户；行政单位经批准对外捐赠、无偿调出存货时，按照对外捐赠、无偿调出存货的实际成本，借记"资产基金——存货"账户，贷记"存货"账户；对外捐赠、无偿调出存货发生由行政单位承担的运输费等支出时，借记"经费支出"账户，贷记"财政拨款收入""零余额账户用款额度""银行存款"等账户。

【例8-20】 某行政单位根据发生的存货业务，编制相关的会计分录。

（1）2017年3月，某行政单位甲材料的收入、发出及购进单价成本如表8-7所示。

表8-7　甲材料收发资料　　　　　　　　　　　　　金额单位：元

日期	收入			发出			库存		
	数量（件）	单价	总额	数量（件）	单价	总额	数量（件）	单价	总额
5月1日							200	10	2 000
8日	600	9.5	5 700				800		
12日				400			400		
16日	300	10.50	3 150				700		

日期	收入			发出			库存		
	数量（件）	单价	总额	数量（件）	单价	总额	数量（件）	单价	总额
27 日				200			500		
31 日	900		8 850				1 400		
合计	1 800	—	17 700	600	—		1 400	—	—

该单位采用加权平均法计算发出存货成本。该材料的发出成本及账务处理如下：

发出材料加权平均单位成本 = （2 000+17 700）÷（200+1 800）= 9.85（元）

业务活动消耗材料成本 = 600×9.85 = 5 910（元）

借：资产基金——存货　　　　　　　　　　　　　　　　　　　　5 910

　　贷：存货——甲材料　　　　　　　　　　　　　　　　　　　　　　5 910

（2）2016 年 9 月 1 日，该行政单位向西部某单位捐赠一批乙材料，价值 50 000 元。对外捐赠材料手续已办妥，材料已出库。另以银行存款支付材料运输费 2 000 元。

① 将对外捐赠材料转入待处置资产：

借：资产基金——存货　　　　　　　　　　　　　　　　　　　50 000

　　贷：存货——乙材料　　　　　　　　　　　　　　　　　　　　　50 000

② 支付材料运输费：

借：经费支出　　　　　　　　　　　　　　　　　　　　　　　2 000

　　贷：银行存款　　　　　　　　　　　　　　　　　　　　　　　　2 000

（3）2016 年 9 月 1 日，该单位经批准对外出售一批材料，其成本为 15 000 元。材料已出库。

① 将材料转入待处理财产损溢：

借：待处理财产损溢　　　　　　　　　　　　　　　　　　　15 000

　　贷：存货——乙材料　　　　　　　　　　　　　　　　　　　　15 000

② 确认材料出售收入实现：

借：资产基金　　　　　　　　　　　　　　　　　　　　　　15 000

　　贷：待处理财产损溢　　　　　　　　　　　　　　　　　　　　15 000

（四）存货的报废、毁损

行政单位存货报废、毁损时，应当及时查明原因，按照规定报经批准后进行账务处理。报废、毁损的存货，应当转入待处理财产损溢，按照相关存货的账面余额，借记"待处理财产损溢"账户，贷记"存货"账户。

【例 8-21】 某行政单位因管理不善毁损一批 M 存货，其账面余额为 50 000 元，清理该批材料发生相关费用 1 000 元，毁损材料变价收入 20 000 元，款项通过银行进行收付，编制相关的会计分录。

（1）经批准，毁损材料转入待处理财产损溢。

借：待处理财产损溢——待处理财产价值　　　　　　　　　　50 000

　　　　　贷:存货——M 存货　　　　　　　　　　　　　　　　　　50 000

　　（2）报经批准将毁损材料予以处置。

　　借:资产基金　　　　　　　　　　　　　　　　　　　　　　50 000

　　　　　贷:待处理财产损溢——待处理财产价值　　　　　　　　50 000

　　（3）确认毁损材料变价收入。

　　借:银行存款　　　　　　　　　　　　　　　　　　　　　　20 000

　　　　　贷:待处理财产损溢——处置净收入　　　　　　　　　　20 000

　　（4）确认清理毁损材料发生的相关费用。

　　借:待处理财产损溢——处置净收入　　　　　　　　　　　　1 000

　　　　　贷:银行存款　　　　　　　　　　　　　　　　　　　1 000

　　（5）结转处置净收入。

　　借:待处理财产损溢——处置净收入　　　　　　　　　　　　19 000

　　　　　贷:应缴财政款　　　　　　　　　　　　　　　　　　19 000

　　如果处置净收入为-19 000 元。编制如下会计分录。

　　借:经费支出　　　　　　　　　　　　　　　　　　　　　　19 000

　　　　　贷:待处理财产损溢——处置净收入　　　　　　　　　19 000

　　（五）存货清查盘点

　　为了保证存货账实相符,行政单位的存货应当定期进行清查盘点,每年至少盘点一次。存货盘盈、盘亏,应当及时查明原因,按规定报经批准后进行账务处理。

　　行政单位存货盘盈,按照取得同类或类似存货的实际成本确定入账价值;没有同类或类似存货的实际成本的,按照同类或类似存货的市场价格确定入账价值;同类或类似存货的实际成本或市场价格无法可靠取得的,按照名义金额入账。

　　行政单位盘盈的存货,按照确定的入账价值,借记"存货"账户,贷记"待处理财产损溢"账户;行政单位盘亏的存货,转入待处理财产损溢时,按照其账面余额,借记"待处理财产损溢"账户,贷记"存货"账户。

　　【例 8-22】　某行政单位根据存货清查盘点业务,编制相关的会计分录。

　　（1）在财产清查中盘盈 N 存货 100 件,同类存货的实际单位成本为 20 元,经查属于存货收发计量方面的错误。

　　① 盘盈存货:

　　借:存货——N 存货　　　　　　　　　　　　　　　　　　2 000

　　　　　贷:待处理财产损溢——待处理财产价值　　　　　　　2 000

　　② 报经批准予以处理:

　　借:待处理财产损溢——待处理财产价值　　　　　　　　　　2 000

　　　　　贷:资产基金　　　　　　　　　　　　　　　　　　　2 000

　　（2）2017 年 3 月末,该单位盘点存货发现 A 存货实际数量小于账面余额 5 000 元。4 月初报经批准后予以处理。

　　① 盘亏材料:

借:待处理财产损溢——待处理财产价值　　　　　　　5 000
　　贷:存货——A 存货　　　　　　　　　　　　　　　　　5 000
② 盘亏材料报经批准处理:
借:资产基金　　　　　　　　　　　　　　　　　　　5 000
　　贷:待处理财产损溢——待处理财产价值　　　　　　　5 000

第三节　固定资产

一、固定资产概述

(一) 固定资产的概念及特征

固定资产是指使用期限超过 1 年(不含 1 年),单位价值在规定标准以上,并且在使用过程中基本保持原有物质形态的资产。《行政单位财务规则》规定:固定资产是指使用期限超过一年,单位价值在 1 000 元以上(其中,专用设备单位价值在 1 500 元以上),并且在使用过程中基本保持原有物质形态的资产。单位价值虽未达到规定标准,但是耐用时间在 1 年以上的大批同类物资,也作为固定资产管理。

纵观固定资产的上述概念,其包括三层含义:一是有明确的单位价值标准,一般设备单位价值在 1 000 元以上,专用设备单位价值在 1 500 元以上;二是使用年限在 1 年以上;三是原有物质形态在使用过程中基本保持不变。与其他资产相比,固定资产具有以下特征:

(1) 固定资产是有形资产。与专利权、商标权等无形资产相比,固定资产是具有实物形态的资产,可以多次参加行政单位的运营活动,在若干会计期间内其原有的实物形态基本保持不变,其价值也会随着使用而逐渐、分期转移。

(2) 固定资产的使用期限超过 1 年或长于 1 年的一个经营周期。与存货等资产相比,固定资产不会在 1 年内或超过 1 年的一个营业周期内变现或者耗用,能在较长的时期内发挥作用。

(3) 持有固定资产的目的是用于运营而非销售。行政单位取得固定资产的目的是为了公共服务、公共管理而不是用于出售。

可见,单位价值在规定的标准之上,具有持久、耐用性,在使用过程中基本保持原有物质形态,以自用为原则是固定资产的主要特征。

(二) 固定资产的分类

固定资产一般分为六类:房屋及构筑物;通用设备;专用设备;文物和陈列品;图书、档案;家具、用具、装具及动植物。

1. 房屋和建筑物

房屋和建筑物是指行政单位拥有占有权和使用权的房屋、建筑物及其附属设施。其中,房屋包括办公用房、业务用房、库房、职工宿舍用房、职工食堂、锅炉房等;建筑物包括道路、围墙、水塔等;附属设施包括房屋、建筑物内的电梯、通信线路、输电线路、水气管道等。

2. 通用设备

通用设备是指行政单位用于业务工作的通用性设备,办公用的家具、交通工具等。

3. 专用设备

专用设备是指行政单位根据业务工作的实际需要购买的各种具有专门性能和专门用途的设备,如学校的教学仪器、科研单位的科研仪器、行政单位的医疗器械等。

4. 文物和陈列品

文物和陈列品是指博物馆、展览馆、纪念馆等文化事业单位的各种文物和陈列品,如古物、字画、纪念物品等。

5. 图书、档案

图书、档案是指专业图书馆、文化馆贮藏的书籍,以及行政单位贮藏的统一管理使用的业务用书,如单位图书馆(室)、阅览室的图书等。

6. 家具、用具、装具及动植物

其中,动植物是属于非流动资产的动植物,包括经济林、薪炭林、产畜和役畜等。

(三) 固定资产核算的基本要求

固定资产核算的基本要求如下:

(1) 固定资产的各组成部分具有不同的使用寿命、适用不同折旧率的,应当分别将各组成部分确认为单项固定资产。

(2) 购入需要安装的固定资产,应当先通过"在建工程"账户进行核算,安装完毕交付使用时再转入"固定资产"账户进行核算。

(3) 行政单位的软件,如果其构成相关硬件不可缺少的组成部分,应当将该软件的价值包括在所属的硬件价值中,一并作为固定资产,通过"固定资产"账户进行核算;如果其不构成相关硬件不可缺少的组成部分,应当将该软件作为无形资产,通过"无形资产"账户进行核算。

(4) 行政单位购建房屋及构筑物不能够分清支付价款中的房屋及构筑物与土地使用权部分的,应当全部作为固定资产,通过"固定资产"账户进行核算;能够分清支付价款中的房屋及构筑物与土地使用权部分的,应当将其中的房屋及构筑物部分作为固定资产,通过"固定资产"账户进行核算,将其中的土地使用权部分作为无形资产,通过"无形资产"账户进行核算;境外行政单位购买具有所有权的土地,作为固定资产,通过"固定资产"账户进行核算。

(5) 行政单位借入、以经营租赁方式租入的固定资产,不通过"固定资产"账户进行核算,应当设置备查簿进行登记。

(6) 行政单位应当根据固定资产的定义、有关部门对固定资产的统一分类,结合本单位的具体情况,制定适合本单位的固定资产目录、分类方法,作为固定资产核算的依据。

(四) "固定资产"与"累计折旧"账户的设置

"固定资产"账户用来核算固定资产的原值。其借方登记增加的固定资产原值;贷方登记减少的固定资产原值;借方余额为实有固定资产的原值。

占有公共基础设施的行政单位,应当在"固定资产"账户下设置"公共基础设施"和"普通固定资产"两个一级明细账户,分别核算公共基础设施和其他固定资产。为了反映固定资产增减变动及结存的详细情况,行政单位应当设置固定资产登记簿和固定资产卡片,按固定资产类别设置并进行明细核算。

"累计折旧"账户用来核算固定资产的累计折旧。该账户属于资产类账户,也是"固定资产"账户的调整账户。其贷方登记增加的固定资产累计折旧额;借方登记固定资产因减少而注销的折旧额;期末贷方余额反映行政单位提取的固定资产折旧累计数。

行政单位应当设置固定资产登记簿和固定资产卡片,按照固定资产类别、项目和使用部门等进行明细核算。出租、出借的固定资产,应当设置备查簿进行登记。

(1)固定资产登记簿应按固定资产类别开设账页,并按固定资产的来源、使用情况、保管部门设专栏进行登记,该登记簿主要是以价值形式序时反映固定资产的增减变动情况,并每月结出余额。

(2)固定资产卡片是反映各项固定资产详细情况的明细账,应按固定资产的项目设立,每项一张。在固定资产卡片中,应记录该项固定资产的编号、名称、规格、技术特征、技术资料编号、附属物、使用单位、所在地点、购建年份、开始使用日期、中间停用日期、原值、预计使用年限、折旧率以及转移调拨、报废清理等情况。

行政单位所登记的固定资产登记簿及固定资产卡片,最终应与固定资产总账核对相符,以保证会计部门对固定资产核算的正确性。

二、固定资产的确认时点

固定资产的确认是一个判断过程,它是对符合固定资产定义的各种资产,在满足一定条件的情况下将其确认为固定资产并登记入账的时间。从理论上讲,固定资产的定义反映了固定资产的本质属性,是其最基本的判断标准。但是,仅有固定资产判断的一般标准还是不够的,必须规定固定资产的入账时间。《行政单位会计制度》规定:①行政单位购入、换入、无偿调入、接受捐赠不需要安装的固定资产,在收到的固定资产验收合格时确认;②行政单位购入、换入、无偿调入、接受捐赠需要安装的固定资产,在固定资产安装完成验收合格时确认;③行政单位自行建造、改建、扩建的固定资产,在建造完成达到预期使用状态时确认。

三、固定资产的取得

根据《行政单位会计制度》的规定,行政单位取得固定资产时,应当按照其成本入账。

(一)购置固定资产

行政单位购入的固定资产,其成本包括实际支付的购买价款、相关税费、使固定资产交付使用前所发生的可归属于该项资产的运输费、装卸费、安装费和专业人员服务费等。

1. 购入不需要安装的固定资产

行政单位购入不需要安装的固定资产时,按照确定的固定资产成本,借记"固定资产"

账户,贷记"资产基金——固定资产"账户;同时,按照实际支付的金额,借记"经费支出"账户,贷记"财政拨款收入""零余额账户用款额度""银行存款"等账户。

【例 8-23】 2017 年 3 月 20 日,某行政单位以财政资金直接支付方式购入一台不需要安装可直接投入使用的 M 设备,其价款为 300 000 元。假设不考虑其他相关税费,编制相关的会计分录:

借:经费支出	300 000
贷:财政拨款收入	300 000
借:固定资产——通用设备(M 设备)	300 000
贷:资产基金——固定资产	300 000

有时,行政单位以一笔款项购入多项没有单独标价的固定资产时,按照各项固定资产同类或类似固定资产市场价格的比例对总成本进行分配,分别确定各项固定资产的入账价值。

【例 8-24】 2017 年 4 月 10 日,某行政单位用财政资金、以授权支付方式购进 A、B、C 三套设备,一次支付三套设备款 982 000 元,支付运输费 5 000 元、安装费 3 000 元。假设各项设备的市场价格分别为 750 000 元、450 000 元和 300 000 元,设备购置成本按各项设备市场价格比例分摊,分摊结果如表 8-8 所示。

表 8-8　A、B、C 三套设备购置成本分摊表

2017 年 4 月 10 日

设备类别	市场价格(元)	比例(%)	分摊成本(元)
A 设备	750 000	50	500 000
B 设备	450 000	30	300 000
C 设备	300 000	20	200 000
合计	150 000	100	1 000 000

根据表 8-8,编制如下会计分录:

借:经费支出	1 000 000
贷:零余额账户用款额度	1 000 000
借:固定资产——通用设备(A 设备)	500 000
——通用设备(B 设备)	300 000
——通用设备(C 设备)	200 000
贷:资产基金——固定资产	1 000 000

2. 购入需要安装的固定资产

行政单位购入需要安装的固定资产,先通过"在建工程"账户进行核算。安装完工交付使用时,借记"固定资产"账户,贷记"资产基金——固定资产"账户;同时,借记"资产基金——在建工程"账户,贷记"在建工程"账户。

【例 8-25】 2017 年 3 月 1 日,某行政单位购入需要安装的全新 N 设备一台,用银行存款支付买价 100 000 元、包装费及运杂费 3 500 元。3 月 5 日,安装设备支付有关材料费

25 000 元,支付外单位安装人员职工薪酬 5 500 元。3 月 10 日安装完毕,经调试合格投入使用。编制相关的会计分录。

（1）支付买价、包装费及运杂费。

借:经费支出　　　　　　　　　　　　　　　　　103 500
　　贷:银行存款　　　　　　　　　　　　　　　　　　　103 500
借:在建工程　　　　　　　　　　　　　　　　　103 500
　　贷:资产基金——在建工程　　　　　　　　　　　　　103 500

（2）支付材料费、安装人员职工薪酬。

借:经费支出　　　　　　　　　　　　　　　　　　30 500
　　贷:银行存款　　　　　　　　　　　　　　　　　　　 30 500
借:在建工程　　　　　　　　　　　　　　　　　　30 500
　　贷:资产基金——在建工程　　　　　　　　　　　　　 30 500

（3）安装完毕交付使用。

借:固定资产——通用设备(N 设备)　　　　　　 134 000
　　贷:资产基金——固定资产　　　　　　　　　　　　　134 000

同时,

借:资产基金——在建工程　　　　　　　　　　　134 000
　　贷:在建工程　　　　　　　　　　　　　　　　　　　134 000

3. 购入固定资产扣留维修保证金

行政单位购入固定资产分期付款或扣留质量保证金的,在取得固定资产时,按照确定的固定资产成本,借记"固定资产"账户(不需要安装)或"在建工程"账户(需要安装),贷记"资产基金——固定资产、在建工程"账户;同时,按照已实际支付的价款,借记"经费支出"账户,贷记"财政拨款收入""零余额账户用款额度""银行存款"等账户;按照应付未付的款项或扣留的质量保证金等金额,借记"待偿债净资产"账户,贷记"应付账款"或"长期应付款"账户。

【例 8-26】　某行政单位根据发生的购入固定资产扣留维修保证金业务,编制相关的会计分录。

（1）2017 年 3 月 10 日,购入一台不需要安装的 M 设备,发票价格为 29 250 元,发生运费 1 000 元,包装费 250 元,已取得固定资产全款发票。

借:固定资产——通用设备(M 设备)　　　　　　 30 500
　　贷:资产基金——固定资产　　　　　　　　　　　　　 30 500

（2）按照合同约定,购入该项固定资产扣留 10% 的质量保证金(1 年内支付),其余款项以银行存款支付(不考虑税费)。

① 将固定资产成本列支:

借:经费支出　　　　　　　　　　　　　　　　　　27 450
　　贷:零余额账户用款额度　　　　　　　　　　　　　　 27 450

② 确认扣留的质量保证金:

借:待偿债净资产   3 050

   贷:应付账款   3 050

（二）自行建造固定资产

自行建造的固定资产,其成本包括建造该项资产至交付使用前所发生的全部必要支出。

固定资产的各组成部分需要分别核算的,按照各组成部分固定资产造价确定其成本;没有各组成部分固定资产造价的,按照各组成部分固定资产同类或类似固定资产市场造价的比例对总造价进行分配,确定各组成部分固定资产的成本。

工程完工交付使用时,按照自行建造过程中发生的实际支出,借记"固定资产"账户,贷记"资产基金——固定资产"账户;同时,借记"资产基金——在建工程"账户,贷记"在建工程"账户;已交付使用但尚未办理竣工决算手续的固定资产,按照估计价值入账,待确定实际成本后再进行调整。

【例8-27】 某行政单位经批准使用非财政拨款资金加盖楼房一层。采用出包方式委托某建筑公司承建,支付工程款1 300 000元,编制相关的会计分录。

（1）支付工程款。

借:在建工程——楼房加层工程   1 300 000

   贷:资产基金——在建工程   1 300 000

（2）工程完工交付使用。

借:固定资产——房屋及构筑物（楼房）   1 300 000

   贷:资产基金——固定资产   1 300 000

同时,

借:资产基金——在建工程   1 300 000

   贷:在建工程——楼房加层工程   1 300 000

（三）自行繁育动植物

行政单位自行繁育的动植物,其成本包括在达到可使用状态前所发生的全部必要支出。

（1）行政单位购入需要繁育的动植物时,按照购入的成本,借记"固定资产——未成熟动植物"账户,贷记"资产基金——固定资产"账户;同时,按照实际支付的金额,借记"经费支出"账户,贷记"财政拨款收入""零余额账户用款额度""银行存款"等账户。

（2）行政单位发生繁育费用时,按照实际支付的金额,借记"固定资产——未成熟动植物"账户,贷记"资产基金——固定资产"账户;同时,借记"经费支出"账户,贷记"财政拨款收入""零余额账户用款额度""银行存款"等账户。

（3）动植物达到可使用状态时,借记"固定资产——成熟动植物"账户,贷记"固定资产——未成熟动植物"账户。

【例8-28】 某行政单位根据发生的自行繁育动植物业务,编制相关的会计分录。

（1）2016年4月,某行政单位购入作为固定资产并需要培育的植物一批,当年发生种苗费 200 000 元,以财政直接支付方式结算。

借:固定资产——未成熟动植物　　　　　　　　　　 200 000
　 贷:资产基金——固定资产 　　　　　　　　　　　　　　 200 000

同时,

借:经费支出　　　　　　　　　　　　　　　　　　 200 000
　 贷:财政拨款收入 　　　　　　　　　　　　　　　　　　 200 000

（2）以银行存款支付平整土地和定植所需的机械作业费 20 000 元、定植当年抚育发生肥料及农药费 6 000 元、人员工资等 45 000 元。

借:固定资产——未成熟动植物　　　　　　　　　　 71 000
　 贷:资产基金——固定资产 　　　　　　　　　　　　　　 71 000

同时,

借:经费支出　　　　　　　　　　　　　　　　　　 71 000
　 贷:银行存款 　　　　　　　　　　　　　　　　　　　 71 000

（3）该植物从定植后至达到正常生产期之前共发生管护费用 50 000 元,以银行存款支付。

借:固定资产——未成熟动植物　　　　　　　　　　 50 000
　 贷:资产基金——固定资产 　　　　　　　　　　　　　　 50 000

同时,

借:经费支出　　　　　　　　　　　　　　　　　　 50 000
　 贷:银行存款 　　　　　　　　　　　　　　　　　　　 50 000

（4）动植物达到可使用状态。

借:固定资产——成熟动植物　　　　　　　　　　　 321 000
　 贷:固定资产——未成熟动植物 　　　　　　　　　　　　 321 000

（四）改建、扩建、修缮形成固定资产

行政单位在原有固定资产基础上进行改建、扩建、修缮的固定资产,其成本按照原固定资产的账面价值（"固定资产"账户账面余额减去"累计折旧"账户账面余额后的净值）加上改建、扩建、修缮发生的支出,再扣除固定资产拆除部分账面价值后的金额确定。

将固定资产转入改建、扩建、修缮时,按照固定资产的账面价值,借记"在建工程"账户,贷记"资产基金——在建工程"账户;同时,按照固定资产的账面价值,借记"资产基金——固定资产"账户,按照固定资产已计提折旧,借记"累计折旧"账户,按照固定资产的账面余额,贷记"固定资产"账户。

工程完工交付使用时,按照确定的固定资产成本,借记"固定资产"账户,贷记"资产基金——固定资产"账户;同时,借记"资产基金——在建工程"账户,贷记"在建工程"账户。

（五）置换取得固定资产

置换是指以非货币性交易的方式变更行政单位国有资产的所有权或占有、使用权的一种资产处置形式。其中,非货币性交易是指交易双方以非货币性资产进行的交换,如置换一方以存货换取另一方的固定资产或无形资产等。这种交换不涉及或只涉及少量的货币性资产(即补价)。置换是行政单位优化资产配置、提高国有资产利用率和财政资金使用效益的重要手段,是对预算配置资产的补充。

行政单位置换取得的固定资产,其成本按照换出资产的评估价值加上支付的补价或减去收到的补价,加上为换入固定资产支付的其他费用(运输费等)确定,借记"固定资产"账户(不需要安装)或"在建工程"账户(需要安装),贷记"资产基金——固定资产、在建工程"账户;按照实际支付的补价、相关税费、运输费等,借记"经费支出"账户,贷记"财政拨款收入""零余额账户用款额度""银行存款"等账户。

【例8-29】 2016年8月,甲行政单位以行政管理过程中使用的一台N设备交换乙行政单位一批办公家具,换入的办公家具作为专用固定资产进行管理。设备的账面原价为100 000元,在交换日的累计折旧为35 000元,评估价值为80 000元。办公家具的账面价值为80 000元,评估价值为75 000元。乙行政单位以银行存款支付补价5 000元。甲、乙行政单位编制相关的会计分录。

(1)甲行政单位。

借:固定资产——专用设备(家具)　　　　　　　　　75 000

　　贷:资产基金——固定资产　　　　　　　　　　　　　75 000

(2)乙行政单位。

借:固定资产——通用设备(N设备)　　　　　　　　　80 000

　　贷:资产基金——固定资产　　　　　　　　　　　　　80 000

借:经费支出　　　　　　　　　　　　　　　　　　　5 000

　　贷:银行存款　　　　　　　　　　　　　　　　　　　5 000

(六)接受捐赠固定资产

行政单位接受捐赠固定资产,其成本按照有关凭据注明的金额加上相关税费、运输费等确定;没有相关凭据可供取得,但依法经过资产评估的,其成本应当按照评估价值加上相关税费、运输费等确定;没有相关凭据可供取得,也未经评估的,其成本比照同类或类似固定资产的市场价格加上相关税费、运输费等确定;没有相关凭据也未经评估,其同类或类似固定资产的市场价格无法可靠取得的,所取得的固定资产应当按照名义金额入账。

接受捐赠、无偿调入的固定资产,按照确定的成本,借记"固定资产"账户(不需要安装)或"在建工程"账户(需要安装),贷记"资产基金——固定资产、在建工程"账户;按照实际支付的相关税费、运输费等,借记"经费支出"账户,贷记"财政拨款收入""零余额账户用款额度""银行存款"等账户。

【例8-30】 甲行政单位接受乙公司捐赠一台不需要安装的通信设备,未取得相关凭据,同类或类似固定资产的市场价格为85 000元,接受捐赠资产发生相关支出5 000元,以银行存款付讫。根据发生的经济业务,编制相关的会计分录。

(1)确认固定资产。

借:固定资产——专用设备　　　　　　　　　　　　　90 000

　　贷:资产基金——固定资产　　　　　　　　　　　　　90 000

（2）支付相关支出。

借：经费支出   5 000

  贷：银行存款   5 000

（七）无偿调入固定资产

无偿调入固定资产是行政单位之间转移国有资产的一种行为。调入的主体主要是主管部门和财政部门。通过行政单位之间资产的调剂，一是可以优化事业资产配置，提高国有资产利用率和财政资金使用效益；二是补充预算配置资产。

资产调剂可以采取以下程序：①由需要配置资产的行政单位提出申请；②财政部门对申请进行审核；③财政部门根据其他行政单位资产的使用状况确定调剂的对象；④与对方单位协商后办理无偿调拨手续。

无偿调入固定资产的账务处理原则可参见本节"（六）接受捐赠固定资产"。

四、固定资产折旧

（一）固定资产折旧概述

1. 固定资产计提折旧的概念

《行政单位会计制度》指出，固定资产、公共基础设施计提折旧是指在固定资产、公共基础设施预计使用寿命内，按照确定的方法对应折旧金额进行系统分摊。其中，应折旧金额是指应当计提折旧的固定资产的原价扣除其预计净残值后的金额。

我们知道，固定资产的特点是可以连续多次参加各类行政管理活动，并且在使用过程中基本保持其原有的实物形态；而其价值则会随着固定资产的损耗而逐渐减少。为了真实反映固定资产价值，需要对固定资产计提折旧，使固定资产价值更为符合实际情况，否则，其账面始终反映的是初始成本，这将导致行政单位资产负债表的资产数额不真实。

2. 折旧范围

计提折旧时要明确哪些固定资产应计提折旧，即折旧范围。《行政单位会计制度》规定，按照规定实行计提固定资产折旧的行政单位，应当对除下列固定资产以外的其他固定资产计提折旧：①文物及陈列品；②图书、档案；③动植物；④以名义金额入账的固定资产；⑤境外行政单位持有的能够与房屋及构筑物区分、拥有所有权的土地。

3. 影响折旧的因素

行政单位计算各期折旧额的依据或者说影响折旧的因素主要有以下三个方面：①应折旧金额。行政单位固定资产、公共基础设施的应折旧金额为其成本。②净残值。固定资产净残值是指预计的固定资产报废时可以收回的残余价值扣除预计清理费用后的数额。《行政单位会计制度》规定，计提固定资产、公共基础设施折旧不考虑预计净残值。③折旧年限。行政单位应当根据固定资产、公共基础设施的性质和实际使用情况，合理确定其折旧年限。省级以上财政部门、主管部门对行政单位固定资产、公共基础设施折旧年限做出规定的，从其规定。

4. 折旧起讫时间

行政单位固定资产、公共基础设施一般应当按月计提折旧。当月增加的固定资产、公共基础设施,当月不提折旧,从下月起计提折旧;当月减少的固定资产、公共基础设施,当月照提折旧,从下月起不提折旧。

固定资产、公共基础设施提足折旧后,无论能否继续使用,均不再计提折旧;提前报废的固定资产、公共基础设施,也不再补提折旧;已提足折旧的固定资产、公共基础设施,可以继续使用的,应当继续使用,规范管理。

(二) 固定资产折旧方法

会计上计算折旧的方法有很多,包括年限平均法、工作量法、加速折旧法等。《行政单位会计制度》规定,行政单位一般应当采用年限平均法或工作量法计提固定资产、公共基础设施折旧。

1. 年限平均法

年限平均法也称直线法,是将固定资产的应折旧金额按均等的数额在其预计使用期内分配于每一会计期间的一种方法。年限平均法建立在固定资产服务潜力随时间的延续而减退,与其使用程度无关的假设上。因此,固定资产的折旧费可以均衡地摊配于其使用年限内的各个期间。年限平均法是目前会计实务中应用最为广泛的折旧计算方法。采用年限平均法计算固定资产年折旧额的公式为:

$$固定资产年折旧额 = 应折旧金额(成本) \div 预计使用年限$$
$$固定资产月折旧额 = 固定资产年折旧额 \div 12。$$

在实际工作中,为了反映固定资产在一定时期内的损耗程度并简化核算,各期折旧额一般根据固定资产原值乘以该期折旧率计算确定。固定资产折旧率是指一定时期内固定资产折旧额与固定资产原始成本的比率。某项固定资产折旧率的计算方法如下:

$$某项固定资产年折旧率 = \frac{该项固定资产年折旧额}{该项固定资产原值} \times 100\%$$

【例 8-31】 某行政单位一台行政管理用设备的原值为 280 000 元,预计使用年限为10 年,则:

固定资产年折旧额 = 280 000 ÷ 10 = 28 000(元)

固定资产月折旧率 = [(28 000 ÷ 280 000) ÷ 12] × 100% ≈ 0.83%

固定资产月折旧额 = 280 000 × 0.83% = 2 324(元)

年限平均法的优点是直观、计算简单,并且是以固定资产的使用时间为计算折旧的基础,能够较好地反映无形损耗对固定资产的影响。

2. 工作量法

工作量法是按照固定资产实际完成的工作总量计算折旧的一种方法。采用这种方法,每期计提的折旧随着当期固定资产提供工作量的多少而变动,提供的工作量多,就多提折旧,反之,则少提折旧,而每单位工作量所负担的折旧费是相同的。这里所讲的工作量既可以是车辆行驶的里程数,也可以是机器完成的工作时数或生产产品的产量数。

采用工作量法计提折旧,应当先以固定资产在使用年限内的预计总工作量(如总工作时数或总产量)去除应计折旧总额,算出每单位工作量应分摊的折旧,然后再乘以当期的实际工作量,求出该期应计提的折旧额。其计算公式为:

$$单位折旧额 = \frac{固定资产原值 \times (1-预计净残值率)}{预计总工作量(总里程、总工时、总产量)}$$

$$当期折旧额 = 当期工作量 \times 单位折旧额$$

《行政单位会计制度》规定，计提固定资产折旧不考虑预计净残值，故计算单位折旧额时分子为固定资产原值。

【例 8-32】 某行政单位一辆办公汽车的原值为 200 000 元，规定的行驶里程为 500 000 公里，不考虑预计净残值，某月行驶 30 000 公里。该辆汽车的单位折旧额和该月折旧额为：

单位折旧额 = 200 000 ÷ 500 000 = 0.4（元/公里）

该月折旧额 = 30 000 × 0.4 = 12 000（元）

（三）固定资产计提折旧的账务处理

行政单位通过设置"累计折旧"账户核算折旧的增减变动情况。其明细账应当按照固定资产、公共基础设施的类别、项目等进行明细核算。占有公共基础设施的行政单位，应当在"累计折旧"账户下设置"固定资产累计折旧"和"公共基础设施累计折旧"两个一级明细账户，分别核算对固定资产和公共基础设施计提的折旧。

行政单位按月计提固定资产折旧时，按照实际计提的金额，借记"资产基金——固定资产"账户，贷记"累计折旧"账户。

【例 8-33】 承例 8-31，该行政单位计提折旧时应编制如下会计分录：

借：资产基金——固定资产　　　　　　　　　　　　　　　2 324

　　贷：累计折旧　　　　　　　　　　　　　　　　　　　　2 324

五、固定资产后续支出

固定资产投入使用后，行政单位为了适应新技术发展的需要，或者为维护或提高固定资产的使用效能，往往需要对现有固定资产进行维护、改建、扩建或者改良。通常将固定资产投入使用后再发生的支出，称为固定资产的后续支出。行政单位发生与固定资产有关的后续支出，按以下情况分别进行处理：

1. 计入固定资产成本的后续支出

为增加固定资产使用效能或延长其使用寿命而发生的改建、扩建或者修缮等后续支出，应当计入固定资产成本，通过"在建工程"账户进行核算，完工交付使用时再转入"固定资产"账户。

【例 8-34】 2013 年 12 月，某行政单位建造 M 房屋的成本为 1 600 000 元，采用年限平均法计提折旧，预计使用年限为 20 年。2016 年 1 月 1 日，为了适用业务发展的需要，该单位决定对固定资产进行改扩建，工期从 2016 年 1 月 1 日至 2016 年 3 月 31 日，共发生支出 100 000 元，全部以银行存款支付。该工程达到预定可使用状态后，预计将其使用年限延长 5 年，即为 25 年。该行政单位根据发生的经济业务，编制相关的会计分录。

（1）2014 年 1 月 1 日至 2015 年 12 月 31 日两年间，该固定资产年折旧额为：1 600 000 ÷ 20 = 80 000（元）。2014 年、2015 年计提固定资产折旧时编制如下会计分录：

借:资产基金——固定资产   80 000

  贷:累计折旧   80 000

（2）2016年1月1日,固定资产的账面价值为1 440 000（1 600 000－80 000×2）元,固定资产转入改扩建。

借:在建工程——M房屋建造工程   1 440 000

  贷:资产基金——在建工程   1 440 000

同时,

借:资产基金——固定资产   1 440 000

  累计折旧   160 000

  贷:固定资产——房屋及构筑物（M固定资产）   1 600 000

（3）2016年1月1日至2016年3月31日,固定资产发生后续支出。

借:经费支出   100 000

  贷:银行存款   100 000

同时,

借:在建工程——M房屋建造工程   100 000

  贷:资产基金——在建工程   100 000

（4）2016年3月31日,固定资产改扩建工程完工,固定资产交付使用。

借:固定资产——房屋及构筑物（M固定资产）   1 540 000

  贷:资产基金——固定资产   1 540 000

同时,

借:资产基金——在建工程   1 540 000

  贷:在建工程——M房屋建造工程   1 540 000

（5）计提2016年固定资产折旧。

2016年固定资产折旧额=［1 540 000÷（22×12+9）］×9＝50 769（元）。

借:资产基金——固定资产   50 769

  贷:累计折旧   50 769

2. 不计入固定资产成本的后续支出

行政单位为维护固定资产正常使用而发生的日常修理等后续支出,应当计入当期支出但不计入固定资产成本,借记"经费支出"账户,贷记"财政拨款收入""零余额账户用款额度""银行存款"等账户。

六、固定资产减少

行政单位固定资产减少应通过"待处理财产损溢"账户进行核算。"待处理财产损溢"账户应当按照待处理财产项目进行明细核算;对于在资产处置过程中取得收入或发生相关费用的项目,还应当设置"处置资产价值""处置净收入"明细账户,进行明细核算。

（一）出售、置换换出固定资产

行政单位在运营过程中,对那些不适用或不需用而闲置的固定资产应予以出售（转让)或置换换出。出售(转让)或置换换出的固定资产,其占有、使用权发生了变化,与之相应的资产账面余额、累计折旧及基金余额都应一并转销。

行政单位经批准出售、置换换出固定资产转入待处理财产损溢时,按照待出售、换出固定资产的账面价值,借记"待处理财产损溢"账户,按照已计提折旧金额,借记"累计折旧"账户,按照固定资产的账面余额,贷记"固定资产"账户。

行政单位实现固定资产出售、置换换出时,按照已出售、置换换出固定资产的账面价值,借记"资产基金——固定资产"账户,贷记"待处理财产损溢——待处理财产价值"账户。

行政单位出售、置换换出固定资产所取得的收入、发生的相关税费,以及出售收入扣除相关税费后净收入的账务处理,通过"待处理财产损溢"账户进行如下核算:出售、置换换出固定资产过程中收到价款、补价等收入,借记"库存现金""银行存款"等账户,贷记"待处理财产损溢——处置净收入"账户;出售、置换换出固定资产过程中发生相关费用,借记"待处理财产损溢——处置净收入"账户,贷记"库存现金""银行存款""应缴税费"等账户;出售、置换换出完毕,按照处置收入扣除相关税费后的净收入,借记"待处理财产损溢——处置净收入"账户,贷记"应缴财政款"。如果处置收入小于相关税费的,按照相关税费减去处置收入后的净支出,借记"经费支出"账户,贷记"待处理财产损溢——处置净收入"账户。

【例 8-35】 2016 年 8 月 31 日,经批准,甲行政单位将一幢建筑物出售给乙公司,合同价款为 620 000 元,乙公司已用银行存款付清。出售时,该建筑物原值为 2 000 000 元,已计提折旧 1 300 000 元,用银行存款支付清理费 20 000 元,建筑物处置收入应缴纳税费 31 000 元。按照有关规定,建筑物出售净收入应缴国库。该单位根据发生的经济业务,编制相关的会计分录。

(1) 将建筑物转入待处置资产。

借:待处理财产损溢——待处理财产价值	700 000	
累计折旧	1 300 000	
贷:固定财产——房屋及构筑物		2 000 000

(2) 实现固定资产出售。

借:资产基金	700 000	
贷:待处理财产损溢——待处理财产价值		700 000

(3) 收到处置建筑物价款。

借:银行存款	620 000	
贷:待处理财产损溢——处置净收入		620 000

(4) 支付相关费用。

借:待处理财产损溢——处置净收入	51 000	
贷:银行存款		20 000
应缴税费		31 000

（5）确认处置建筑物净收入。

处置净收入 = 620 000 - 51 000 = 569 000（元）

借:待处理财产损溢——处置净收入	569 000	
贷:应缴财政款		569 000

（6）将处置建筑物净收入上缴国库。

借:应缴财政款	569 000	
贷:银行存款		569 000

（二）无偿调出、对外捐赠固定资产

行政单位无偿调出、对外捐赠固定资产,应当按照规定报经批准后进行账务处理。经批准无偿调出、对外捐赠固定资产时,按照无偿调出、对外捐赠固定资产的账面价值,借记"资产基金——固定资产"账户,按照已计提折旧金额,借记"累计折旧"账户,按照固定资产的账面余额,贷记"固定资产"账户。

行政单位无偿调出、对外捐赠固定资产发生由其承担的拆除费用、运输费支出等时,按照实际支付的金额,借记"经费支出"账户,贷记"财政拨款收入""零余额账户用款额度""银行存款"等账户。

【例 8-36】 2016 年 10 月 31 日,某行政单位经批准无偿调出一项 H 固定资产,其账面余额为 150 000 元,已计提折旧 120 000 元。无偿调出固定资产发生由行政单位承担的运输费为 3 000 元,款项以零余额账户支付。该单位根据发生的经济业务,编制相关的会计分录。

借:资产基金——固定资产	30 000	
累计折旧	120 000	
贷:固定资产——通用设备（H 资产）		150 000

同时,

借:经费支出	3 000	
贷:零余额账户用款额度		3 000

（三）固定资产毁损或报废

固定资产毁损是指由于对折旧年限估计不准确或非正常原因造成的固定资产提前报废,如确定预计使用年限时未考虑无形损耗而在技术进步时必须淘汰的固定资产,以及由于管理不善或自然灾害造成的固定资产毁损等。毁损的固定资产根据其毁损原因,有可能收回一部分赔偿款,如自然灾害造成的毁损有可能取得保险公司的赔款,管理不善造成的毁损有可能取得有关责任者的赔款。行政单位取得的赔款也视为清理过程中的一项收入,在计算处置资产净收入时应一并考虑。

固定资产报废是指固定资产已达到使用年限和未达到使用年限而出现老化、损坏、市场型号淘汰等问题,经科学鉴定或按有关规定,已不能继续使用,必须进行产权注销的一种资产处置形式。正常报废固定资产的核算方法,与出售固定资产的核算方法相同。

行政单位固定资产报废、毁损时,应当按照规定报经批准后进行账务处理。报废、毁损的固定资产转入待处理财产损溢时,按照固定资产的账面价值,借记"待处理财产损溢"账户,按照已计提折旧金额,借记"累计折旧"账户,按照固定资产的账面余额,贷记"固定资产"账户。

行政单位报废、毁损固定资产所取得的残值收入、发生的相关费用的账务处理,与出售、置换换出固定资产的账务处理相同。

【例 8-37】 某行政单位因遭受水灾而毁损一台专用 G 设备,该设备原价为 200 000 元,已计提折旧 160 000 元。其残料变价收入 15 000 元已存入银行。报废资产发生相关税费 6 000 元,以现金支付。经保险公司核定应赔偿损失 14 400 元,尚未收到赔款。假设不考虑相关税费。该单位根据发生的经济业务,编制相关的会计分录。

（1）将毁损的设备转入待处置资产。

借:待处理财产损溢——待处理财产价值   40 000
  累计折旧   160 000
 贷:固定资产——专用设备(G 设备)   200 000

同时,

借:资产基金   40 000
 贷:待处理财产损溢——待处理财产价值   40 000

（2）毁损设备的残料变现。

借:银行存款   15 000
 贷:待处理财产损溢——处置净收入   15 000

（3）支付相关税费。

借:待处理财产损溢——处置净收入   6 000
 贷:库存现金   6 000

（4）确定应由保险公司理赔的损失。

借:其他应收款   14 400
 贷:待处理财产损溢——处置净收入   14 400

七、固定资产清查盘点

行政单位在使用固定资产的过程中,由于客观或人为原因,会出现固定资产账实不符的情况。为了保护行政单位固定资产的安全、完整,每年在编制年度财务报表前,行政单位应当对固定资产进行全面的清查;平时,可根据需要进行局部清查或抽查。对于清查中盘盈、盘亏的固定资产,按规定经过一定的程序后方能处理。

行政单位的固定资产应当定期进行清查盘点,每年至少盘点一次。对于发生的固定资产盘盈、盘亏或者报废、毁损,应当及时查明原因,按规定报经批准后进行账务处理。

（一）固定资产盘盈

行政单位盘盈的固定资产,按照取得同类或类似固定资产的实际成本确定入账价值;没有同类或类似固定资产的实际成本的,按照同类或类似固定资产的市场价格确定入账价值;同类或类似固定资产的实际成本或市场价格无法可靠取得的,按照名义金额入账。

行政单位盘盈的固定资产,按照确定的入账价值,借记"固定资产"账户,贷记"待处理财产损溢"账户。报经批准予以处理时,借记"待处理财产损溢"账户,贷记"资产基金——固定资产"账户。

【例8-38】 2016年10月31日,某行政单位进行资产清查盘点时,发现有一台使用中的K设备未入账。该型号设备存在活跃市场,市场价格为60 000元。该单位根据经济业务,编制相关的会计分录。

(1)盘盈资产。

借:固定资产——通用设备(K设备) 60 000

　　贷:待处理财产损溢 60 000

(2)报经批准后予以处理盘盈资产。

借:待处理财产损溢 60 000

　　贷:资产基金——固定资产 60 000

(二)固定资产盘亏

行政单位盘亏的固定资产,按照盘亏固定资产的账面价值,借记"待处理财产损溢"账户,按照已计提折旧金额,借记"累计折旧"账户,按照固定资产账面余额,贷记"固定资产"账户;报经批准予以处理时,借记"资产基金——固定资产"账户,贷记"待处理财产损溢"账户。

【例8-39】 某行政单位盘亏M设备一台,该设备账面原值为96 000元,已计提折旧58 000元。该单位根据发生的经济业务,编制相关的会计分录。

(1)将盘亏设备转入待处置资产。

借:待处理财产损溢——待处理财产价值 38 000

　　累计折旧 58 000

　　贷:固定资产——通用设备(M设备) 96 000

(2)报经批准予以处理设备。

借:资产基金——固定资产 38 000

　　贷:待处理财产损溢——待处理财产价值 38 000

第四节　在建工程

一、在建工程的概念

在建工程是指行政单位已经发生必要支出,但尚未完工交付使用的各种建筑(包括新建、改建、扩建、修缮等)和设备安装工程。在建工程按其实施方式的不同,可以分为自营工程和出包工程两种。自营工程是指由行政单位自行经营、正在施工中和虽已完工但尚未交付使用的建筑工程和安装工程;出包工程是行政单位向外发包,由其他单位组织经营、正在施工和虽已完工但尚未交付使用的建筑工程和安装工程。行政单位在建工程一般采用出包工程方式。

行政单位无论是新建、改建、扩建还是进行技术改造、设备更新等,所发生的各种建筑和安装支出均属于资本性支出,确认为在建工程,所形成的资产为固定资产。

行政单位通过设置"在建工程"账户核算其已经发生必要支出,但尚未完工交付使用的各种建筑(包括新建、改建、扩建、修缮等)和设备安装工程的实际成本。该账户的借方登记各项在建工程的实际支出;贷方登记工程完工转出的成本;期末借方余额反映行政单位尚未完工的在建工程发生的实际成本。其明细账应当按照工程性质和具体工程项目等设置并进行明细核算。

二、建筑工程

建筑工程是指通过对各类房屋建筑及其附属设施的建造和与其配套的线路、管道、设备的安装活动所形成的工程实体。其中,房屋建筑,如办公楼、住宅等,其新建、改建或扩建必须兴工动料,通过施工活动才能实现;附属设施是指与房屋建筑配套的水塔、自行车棚、水池等。线路、管道、设备的安装活动是指与房屋建筑及其附属设施相配套的电气、给排水、通信、电梯等线路、管道、设备的安装活动。

(1)行政单位将固定资产转入改建、扩建或修缮等时,按照固定资产的账面价值,借记"在建工程"账户,贷记"资产基金——在建工程"账户;同时,按照固定资产的账面价值,借记"资产基金——固定资产"账户,按照固定资产已计提折旧金额,借记"累计折旧"账户,按照固定资产的账面余额,贷记"固定资产"账户。

(2)行政单位将改建、扩建或修缮的建筑部分拆除时,按照拆除部分的账面价值(没有固定资产拆除部分的账面价值的,比照同类或类似固定资产的实际成本或市场价格及其拆除部分占全部固定资产价值的比例确定),借记"资产基金——在建工程"账户,贷记"在建工程"账户。

改建、扩建或修缮的建筑部分拆除获得残值收入时,借记"银行存款"等账户,贷记"经费支出"账户;同时,借记"资产基金——在建工程"账户,贷记"在建工程"账户。

(3)行政单位根据工程进度支付工程款时,按照实际支付的金额,借记"经费支出"账户,贷记"财政拨款收入""零余额账户用款额度""银行存款"等账户;同时,按照相同的金额,借记"在建工程"账户,贷记"资产基金——在建工程"账户。

行政单位根据工程价款结算账单与施工企业结算工程价款时,按照工程价款结算账单上列明的金额(扣除已支付的金额),借记"在建工程"账户,贷记"资产基金——在建工程"账户;同时,按照实际支付的金额,借记"经费支出"账户,贷记"财政拨款收入""零余额账户用款额度""银行存款"等账户,按照应付未付的金额,借记"待偿债净资产"账户,贷记"应付账款"账户。

(4)行政单位支付工程价款结算账单以外的款项时,借记"在建工程"账户,贷记"资产基金——在建工程"账户;同时,借记"经费支出"账户,贷记"财政拨款收入""零余额账户用款额度""银行存款"等账户。

(5)行政单位工程项目结束,需要分摊间接工程成本时,按照应当分摊到该项目的间接工程成本,借记"在建工程——××项目"账户,贷记"在建工程——待摊投资"账户。

(6)行政单位建筑工程项目完工交付使用时,按照交付使用工程的实际成本,借记

"资产基金——在建工程"账户,贷记"在建工程"账户;同时,借记"固定资产""无形资产"账户(交付使用的工程项目中有能够单独区分成本的无形资产),贷记"资产基金——固定资产、无形资产"账户。

(7)行政单位建筑工程项目完工交付使用时扣留质量保证金的,按照扣留的质量保证金金额,借记"待偿债净资产"账户,贷记"长期应付款"等账户。

(8)行政单位为工程项目配套而建成的、产权不归属本单位的专用设施,将专用设施产权移交其他单位时,按照应当交付专用设施的实际成本,借记"资产基金——在建工程"账户,贷记"在建工程"账户。

(9)行政单位工程完工但不能形成资产的项目,应当按照规定报经批准后予以核销。转入待处理财产损溢时,按照不能形成资产的工程项目的实际成本,借记"待处理财产损溢"账户,贷记"在建工程"账户。

【例8-40】 某行政单位经批准对其办公大楼进行扩建。该行政单位财务部门根据发生的办公大楼转入扩建工程业务,编制相关的会计分录。

(1)将办公大楼转入扩建工程。该大楼的账面余额为86 000 000元,累计折旧为70 000 000元。

借:资产基金 16 000 000
　累计折旧 70 000 000
　　贷:固定资产——房屋及构筑物(办公大楼) 86 000 000
同时,
借:在建工程——办公大楼扩建工程 16 000 000
　　贷:资产基金——在建工程 16 000 000

(2)办公大楼一部分被拆除,其账面价值为6 000 000元。

借:资产基金——在建工程 6 000 000
　　贷:在建工程——办公大楼扩建工程 6 000 000

(3)办公大楼部分拆除的残值收入为2 000 000元存入银行。

借:银行存款 2 000 000
　　贷:在建工程——办公大楼扩建工程 2 000 000

(4)领用的工程物资用于办公大楼扩建工程,成本为8 000 000元。

借:在建工程——办公大楼扩建工程 8 000 000
　　贷:在建工程——工程物资 8 000 000

(5)根据工程进度支付首次工程款5 000 000元,款项以财政直接支付方式结算。

借:经费支出 5 000 000
　　贷:财政拨款收入 5 000 000
借:在建工程——办公大楼扩建工程 5 000 000
　　贷:资产基金——在建工程 5 000 000

(6)办公大楼扩建工程使用非本单位资金的应计利息为1 000 000元。

借:在建工程——待摊投资 1 000 000

贷:资产基金——在建工程　　　　　　　　　　　　　　　1 000 000

　　（7）办公大楼改建、扩建工程项目结束,分摊间接工程成本。

　　借:在建工程——办公大楼扩建工程　　　　　　　　1 000 000

　　　贷:在建工程——待摊投资　　　　　　　　　　　　　1 000 000

　　（8）收到工程价款结算单,以零余额账户补付工程款 2 000 000 元。

　　借:经费支出　　　　　　　　　　　　　　　　　　　2 000 000

　　　贷:零余额账户用款额度　　　　　　　　　　　　　2 000 000

　　同时,

　　借:在建工程——办公大楼扩建工程　　　　　　　　2 000 000

　　　贷:资产基金——在建工程　　　　　　　　　　　　　2 000 000

　　（9）办公大楼扩建工程完工交付使用,按工程所发生的实际成本 25 000 000 元转账。

　　借:资产基金——在建工程　　　　　　　　　　　　25 000 000

　　　贷:在建工程——办公大楼扩建工程　　　　　　　　25 000 000

　　同时,

　　借:固定资产——房屋及构筑物（办公大楼）　　　　25 000 000

　　　贷:资产基金——固定资产　　　　　　　　　　　　　25 000 000

三、设备安装工程

　　行政单位购入需要安装的设备时,按照购入的成本,借记"在建工程"账户,贷记"资产基金——在建工程"账户;同时,按照实际支付的金额,借记"经费支出"账户,贷记"财政拨款收入""零余额账户用款额度""银行存款"等账户;行政单位发生安装费用时,按照实际支付的金额,借记"在建工程"账户,贷记"资产基金——在建工程"账户;同时,借记"经费支出"账户,贷记"财政拨款收入""零余额账户用款额度""银行存款"等账户;行政单位设备安装完工交付使用时,按照交付使用设备的实际成本,借记"资产基金——在建工程"账户,贷记"在建工程"账户;同时,借记"固定资产""无形资产"账户（交付使用的设备中有能够单独区分成本的无形资产）,贷记"资产基金——固定资产、无形资产"账户。

　　【例 8-41】 2017 年 3 月 10 日,某行政单位以财政直接支付方式购入一台需要安装的 N 大型设备,价款为 304 000 元,支付的运输费为 6 000 元,设备交付安装。3 月份安装设备时,以银行存款支付安装单位材料费 12 000 元、安装人员报酬 8 000 元。3 月末设备安装完毕并交付使用。假设不考虑其他相关税费。该单位根据发生的经济业务,编制相关的会计分录。

　　（1）支付设备款。

　　借:在建工程——专用设备安装　　　　　　　　　　310 000

　　　贷:资产基金——在建工程　　　　　　　　　　　　　310 000

　　同时,

　　借:经费支出　　　　　　　　　　　　　　　　　　　310 000

　　　贷:财政拨款收入　　　　　　　　　　　　　　　　　310 000

（2）支付安装设备材料费、安装人员报酬。

借:在建工程——专用设备安装　　　　　　　　20 000
　　贷:资产基金——在建工程　　　　　　　　　　　　　20 000

同时,

借:经费支出　　　　　　　　　　　　　　　　20 000
　　贷:银行存款　　　　　　　　　　　　　　　　　　　20 000

（3）设备安装完毕交付使用。

借:资产基金　　　　　　　　　　　　　　　330 000
　　贷:在建工程——专用设备安装　　　　　　　　　　330 000

同时,

借:固定资产——专用设备（N型设备）　　　330 000
　　贷:资产基金　　　　　　　　　　　　　　　　　　330 000

四、信息系统建设

信息系统是由计算机硬件、网络和通信设备、计算机软件、信息资源、信息用户和规章制度组成的以处理信息流为目的的人机一体化系统。

行政单位发生信息系统各项建设支出时,按照实际支付的金额,借记"在建工程"账户,贷记"资产基金——在建工程"账户;同时,借记"经费支出"账户,贷记"财政拨款收入""零余额账户用款额度""银行存款"等账户。

信息系统建设完成交付使用时,按照交付使用信息系统的实际成本,借记"资产基金——在建工程"账户,贷记"在建工程"账户;同时,借记"固定资产""无形资产"账户,贷记"资产基金——固定资产、无形资产"账户。

【例8-42】　某行政单位根据发生的N信息系统建设业务,编制相关的会计分录。

（1）2017年5月10日,发生信息系统建设支出200 000元,款项以财政直接支付方式结算。另以银行存款支付相关零星安装支出32 000元。

借:在建工程——N信息系统建设　　　　　　232 000
　　贷:资产基金——在建工程　　　　　　　　　　　232 000

借:经费支出　　　　　　　　　　　　　　　232 000
　　贷:财政拨款收入　　　　　　　　　　　　　　　200 000
　　　　银行存款　　　　　　　　　　　　　　　　　　32 000

（2）2016年5月25日,信息系统建设完成交付使用。

借:资产基金　　　　　　　　　　　　　　　232 000
　　贷:在建工程——N信息系统建设　　　　　　　　232 000

同时,

借:固定资产——专用设备（N信息系统）　　232 000
　　贷:资产基金——固定资产　　　　　　　　　　　232 000

五、在建工程的毁损

在建工程的毁损是指行政单位在施工过程中,因自然灾害、伪劣建筑材料、工程人员操作不当等原因使在建工程毁损。毁损的在建工程成本,应当转入"待处理财产损溢"账户进行处理。转入待处理财产损溢时,借记"待处理财产损溢"账户,贷记"在建工程"账户。

【例 8-43】 2017 年 6 月 10 日,某行政单位 M 在建工程因自然灾害原因毁损。毁损的在建工程的成本为 5 600 000 元,毁损的在建工程取得的残值变价收入为 2 000 000 元,发生相关费用 300 000 元。该单位根据发生的经济业务,编制相关的会计分录。

(1)毁损的在建工程转入待处理财产损溢。

```
借:待处理财产损溢——待处理财产价值        5 600 000
    贷:在建工程——M 在建工程                         5 600 000
```

(2)毁损的在建工程报经批准予以核销。

```
借:资产基金                                5 600 000
    贷:待处理财产损溢——待处理财产价值                5 600 000
```

(3)确认毁损的在建工程的残值变价收入。

```
借:银行存款                                2 000 000
    贷:待处理财产损溢——处理净收入                    2 000 000
```

(4)支付毁损的在建工程发生的相关费用。

```
借:待处理财产损溢——处理净收入              300 000
    贷:银行存款                                       300 000
```

(5)结转毁损的在建工程的净支出。

```
借:待处理财产损溢——处理净收入              1 700 000
    贷:应缴财政款                                     1 700 000
```

(6)上缴应缴财政款项。

```
借:应缴财政款                              1 700 000
    贷:银行存款                                       1 700 000
```

第五节　无形资产

一、无形资产概述

(一)无形资产的概念

无形资产是指不具有实物形态而能够为使用者提供某种权利的非货币性资产,包括著作权、土地使用权、专利权、非专利技术等。行政单位的无形资产,有的是行政单位拥有的一种法定的特殊权利,有的是有助于行政单位取得高于一般水平收益的信誉。

行政单位购入的不构成相关硬件不可缺少组成部分的软件,应当作为无形资产进行核算。

（二）无形资产的内容

1. 著作权

著作权，又称版权，是指作者对其创作的文学、科学和艺术作品依法享有的某些特殊权利。根据《中华人民共和国著作权法》的规定，中国公民、法人和非法人单位的作品，不论是否发表，均享有著作权，受国家法律保护。著作权包括作品署名权、发表权、修改权和保护作品完整权，还包括复制权、发行权、出租权、展览权、表演权、放映权、广播权、信息网络传播权、摄制权、改编权、翻译权、汇编权以及应当由著作权人享有的其他权利。著作权人依法拥有的著作权除法律另有规定者外，未经著作权人许可或者转让，他人不得占有和行使；出版者、表演者、录音录像制作者、广播电台、电视台等依法取得他人著作权的，不得侵犯作者的署名权、修改权、保护作品完整权和获得报酬权。侵害他人著作权的，应当根据情况，承担相应的民事责任，同时著作权行政管理部门有权给予没收非法所得、罚款等行政处罚。

2. 土地使用权

土地使用权是指国家准许行政单位在规定期间内对国有土地享有开发、利用和经营的权利。根据《中华人民共和国土地管理法》的规定，我国土地实行公有制，任何单位和个人不得侵占、买卖或者以其他形式非法转让。土地使用权具有以下特点：一是相对独立性。在土地使用权存续期间，其他任何单位和个人，包括土地的所有者，均不得任意收回土地或者非法干预土地使用权人的合法活动。二是使用内容的充分性。土地使用权人在法定范围内拥有对土地实际占有、使用、收益和处分的权利。三是土地使用权是一种物权，即有对物的请求权。如可能丧失占有时，土地使用权人有返还请求权；正常使用受到侵害时，土地使用权人有除去妨害请求权；在发生被妨害的危险时，土地使用权人有防止请求权。

3. 专利权

专利权是指国家专利注册机构授予专利申请人在法定期限内对其发明创造成果所享有的专有权利，包括独家制造、出售其专利产品或转让其专利等权利。根据《中华人民共和国专利法》和《中华人民共和国专利法实施细则》的规定，发明人或者设计人的有关发明创造依据国家规定的法定程序一经批准，发明人或者设计人对该发明创造取得独家使用权或者控制权，即专利权。该权利受国家法律保护，任何单位和个人，未经专利人许可，不得擅自利用专利人拥有的专利，否则构成侵权行为，须承担法律责任，赔偿经济损失。需要指出的是，专利权虽然允许专利人独家使用或者控制，但专利权并不能保证一定能够给专利人带来经济效益。如有的专利可能没有经济价值或者只有很小的经济价值，有的专利可能会被其他更有经济价值的专利所淘汰等。

4. 非专利技术

非专利技术，也称专有技，是指不为外界所知、在运营活动中已采用了的、不享有法律保护的、可以带来经济效益的各种技术和诀窍。主要内容包括：一是工业专有技术，指在生产上已经采用，仅限于少数人知道，不享有专利权或发明权的生产、装配、修理、工艺或加工方法的技术知识；二是商业（贸易）专有技术，指具有保密性质的市场情报、原材料价格情报以及用户、竞争对象的情况的有关知识;三是管理专有技术,指生产组织的经营方式、管理方法、培训职工方法等保密知识。非专利技术的法律特征是不为专利法所保护,主要依靠发明创造者自我保密的方式来维持其独占权。它虽不得依据专利法请求保护,却是一种事实上的专利权。

（三）无形资产的特征

无形资产具有以下特征:

（1）不具有实物形态。不具有独立的物质实体,是无形资产区别于其他资产的显著标志。虽然无形资产没有实物形态,但却具有价值。其价值往往是通过无形的知识形态、法律或合同所赋予的某种法定或特许的权利(如专利权、商标权)等方式来表现的,难以通过人们的感觉器官所直接触摸或感受到。

（2）属于非货币性长期资产。与其他资产相比,无形资产一是无实物形态,属于非货币性资产;二是属于长期资产,能在若干运营期内被使用或发挥作用,具有未来的经济或社会利益。但需要说明的是,无形资产属于储备性资产,在没有得到利用时只是处于一种"准备"状态,只有被利用时才有可能产生经济利益。

（3）持有资产的目的是自用。行政单位持有无形资产的目的是用于行政管理,而不是为了对外销售。脱离了运营活动,无形资产就失去了其经济价值。

（4）具有较强的排他性。这种排他性,有时通过单位自身的保密等手段来维护,有时则通过适当公开其内容作为代价以获得法律的保护。

二、无形资产确认的一般原则

一般来说,某一资产项应当在同时符合以下条件时,才能要确认为无形资产:
（1）符合无形资产的定义;
（2）产生的经济利益或者服务潜力很可能流入行政单位;
（3）成本能够可靠地计量。

《行政单位会计制度》规定,无形资产应当在完成对其权属的规定登记或其他证明单位取得无形资产的产权或使用权时确认;对于自行开发的无形资产,应当在其能够使用时确认。

行政单位通过设置"无形资产"账户核算无形资产的原值。该账户的借方登记取得无形资产的成本;贷方登记处置无形资产的成本;期末借方余额反映行政单位已入账无形资产的原值。其明细账应当按照无形资产的类别等设置并进行明细核算。

三、无形资产的取得

根据《行政单位会计制度》规定,无形资产在取得时,应当按照成本进行初始计量。也就是以取得无形资产并使之达到预定用途而发生的全部支出作为无形资产的成本。对于不同来源取得的无形资产,其成本构成不尽相同。

（一）外购无形资产

行政单位外购的无形资产,其成本包括实际支付的购买价款、相关税费以及可归属于该项资产达到预定用途所发生的其他支出。

行政单位购入的无形资产,按照确定的成本,借记"无形资产"账户,贷记"资产基金——无形资产"账户;同时,按照实际支付的金额,借记"经费支出"账户,贷记"财政拨款收入""零余额账户用款额度""银行存款"等账户。

行政单位购入无形资产尚未付款的,取得无形资产时,按照确定的成本,借记"无形资产"账户,贷记"资产基金——无形资产"账户;同时,按照应付未付的款项金额,借记"待偿债净资产"账户,贷记"应付账款"账户。

【例 8-44】 某行政单位根据发生的无形资产取得业务,编制相关的会计分录。

(1) 购入一项著作权,其价值为 150 000 元,另付手续费 3 200 元。价款及手续费以银行存款支付。

借:无形资产——著作权　　　　　　　　　　　　 153 200
　　贷:资产基金——无形资产　　　　　　　　　　　　 153 200

同时,

借:经费支出　　　　　　　　　　　　　　　　　 153 200
　　贷:银行存款　　　　　　　　　　　　　　　　　 153 200

(2) 购入一项专利权,其价值为 200 000 元,款项尚未支付。

借:无形资产——著作权　　　　　　　　　　　　 200 000
　　贷:资产基金——无形资产　　　　　　　　　　　　 200 000

同时,

借:待偿债净资产　　　　　　　　　　　　　　　 200 000
　　贷:应付账款　　　　　　　　　　　　　　　　　 200 000

(二) 委托软件公司开发软件

委托软件公司开发软件,视同外购无形资产进行处理。

(1) 行政单位软件开发前按照合同约定预付开发费用时,借记"预付账款"账户,贷记"资产基金——预付款项"账户;同时,借记"经费支出"账户,贷记"财政拨款收入""零余额账户用款额度""银行存款"等账户。

(2) 行政单位软件开发完成交付使用,并支付剩余或全部软件开发费用时,按照软件开发费用总额,借记"无形资产"账户,贷记"资产基金——无形资产"账户;按照实际支付的金额,借记"经费支出"账户,贷记"财政拨款收入""零余额账户用款额度""银行存款"等账户;按照冲销的预付开发费用,借记"资产基金——预付款项"账户,贷记"预付账款"账户。

【例 8-45】 甲行政单位实行国库集中支付制度,该行政单位根据发生的软件开发业务,编制相关的会计分录。

(1) 2016 年 3 月 5 日,委托乙软件公司开发软件,预付软件开发费 300 000 元并收到代理银行转来的支付乙公司软件开发费的"财政直接支付入账通知书",通知书中注明的金额为 300 000 元。

借:预付账款——乙软件公司　　　　　　　　　　 300 000

贷：资产基金——预付款项	300 000
同时，	
借：经费支出	300 000
贷：财政拨款收入	300 000

（2）2016年9月5日，软件开发完成交付使用，同时，以零余额账户补付软件开发款50 000元。

借：预付账款——乙软件公司	50 000
贷：资产基金——预付款项	50 000
同时，	
借：经费支出	50 000
贷：零余额账户用款额度	50 000
借：资产基金——预付款项	350 000
贷：预付账款——乙软件公司	350 000

（3）软件开发完成交付使用。

借：无形资产	350 000
贷：资产基金——无形资产	350 000

（三）自行开发无形资产

行政单位自行开发并按法律程序申请取得的无形资产，按照依法取得时发生的注册费、聘请律师费等费用确定成本。

取得无形资产时，按照确定的成本，借记"无形资产"账户，贷记"资产基金——无形资产"账户；同时，按照实际支付的金额，借记"经费支出"账户，贷记"财政拨款收入""零余额账户用款额度""银行存款"等账户。

行政单位依法取得无形资产前所发生的研究开发支出，应当于发生时直接计入当期支出，不计入无形资产的成本。借记"经费支出"账户，贷记"财政拨款收入""零余额账户用款额度""财政应返还额度""银行存款"等账户。

【例8-46】 2016年1月初，某行政单位自行开发研制某项专门技术，2016年12月末取得国家专利，申请专利时发生注册费、聘请律师费等费用15 000元。研制期间发生的相关支出有：实验检验费8 000元、研究人员工资12 000元、消耗材料5 000元，共计25 000元。该行政单位根据发生的经济业务，编制相关的会计分录。

（1）支付研制期间的相关支出。

借：经费支出	25 000
贷：银行存款	8 000
应付职工薪酬	12 000
存货	5 000

（2）确认无形资产。

借：无形资产——专利权	15 000
贷：资产基金——无形资产	15 000

同时，

借：经费支出   15 000

  贷：银行存款   15 000

（四）置换取得无形资产

行政单位置换取得的无形资产，其成本按照换出资产的评估价值加上支付的补价或减去收到的补价，加上为换入无形资产支付的其他费用（登记费等）确定。

行政单位置换取得的无形资产，按照确定的成本，借记"无形资产"账户，贷记"资产基金——无形资产"账户；按照实际支付的补价、相关税费等，借记"经费支出"账户，贷记"财政拨款收入""零余额账户用款额度""银行存款"等账户。

【例 8-47】 2016 年 8 月 1 日，甲行政单位与乙行政单位置换资产取得一项 N 无形资产，换出无形资产的评估价值为 250 000 元。甲行政单位置换无形资产支付的补价为 20 000元，为换入无形资产支付登记费等 10 000 元，款项以零余额账户付讫。该单位根据发生的经济业务，编制相关的会计分录。

（1）置换取得无形资产。

借：无形资产——N 无形资产   280 000

  贷：资产基金——无形资产   280 000

（2）支付补价和相关税费。

借：经费支出   30 000

  贷：零余额账户用款额度   30 000

（五）接受捐赠无形资产

行政单位接受捐赠的无形资产，其成本按照有关凭据注明的金额加上相关税费确定；没有相关凭据可供取得，但依法经过资产评估的，其成本应当按照评估价值加上相关税费确定；没有相关凭据可供取得，也未经评估的，其成本比照同类或类似资产的市场价格加上相关税费确定；没有相关凭据也未经评估，其同类或类似无形资产的市场价格无法可靠取得的，所取得的无形资产应当按照名义金额入账。

行政单位接受捐赠无形资产时，按照确定的无形资产成本，借记"无形资产"账户，贷记"资产基金——无形资产"账户；按照发生的相关税费，借记"经费支出"账户，贷记"零余额账户用款额度""银行存款"等账户。

【例 8-48】 2017 年 5 月 10 日，甲行政单位与乙公司签订捐赠协议，协议规定，乙公司向甲行政单位捐赠一项著作权。该著作权没有相关凭据，同类或类似无形资产的市场价格也无法取得，按照名义金额入账。该单位根据发生的经济业务，编制相关的会计分录。

借：无形资产——著作权   1

  贷：资产基金   1

（六）无偿调入无形资产

行政单位无偿调入的无形资产，其成本确定原则与接受捐赠无形资产相同。

无偿调入的无形资产,按照确定的无形资产成本,借记"无形资产"账户,贷记"资产基金——无形资产"账户;按照发生的相关税费,借记"经费支出"账户,贷记"零余额账户用款额度""银行存款"等账户。

【例8-49】 2017年2月15日,甲行政单位根据财政部门批准,从乙行政单位无偿调入一项M专利权,其市场价格为150 000元,用零余额账户用款额度支付有关费用6 000元。该单位根据发生的经济业务,编制相关的会计分录。

（1）确认无形资产。

借:无形资产——M专利权 156 000

　　贷:资产基金——无形资产 156 000

（2）支付相关费用。

借:经费支出 6 000

　　贷:零余额账户用款额度 6 000

四、无形资产摊销

（一）无形资产摊销的概念

无形资产属于非流动资产,能够在较长的时间里为行政单位提供服务潜力或经济利益。由于无形资产具有一定的有效期限,其价值也会随着提供服务而递减,无形资产成本也应在各个会计期间进行合理摊配。摊销是指在无形资产使用寿命期间内,按照确定的方法对应摊销金额进行系统分摊。

（二）无形资产摊销的基本要求

无形资产摊销的基本要求如下:

（1）行政单位应当按照以下原则确定无形资产的摊销年限:①法律规定了有效年限的,按照法律规定的有效年限作为摊销年限;②法律没有规定有效年限的,按照相关合同或单位申请书中的受益年限作为摊销年限;③法律没有规定有效年限、相关合同或单位申请书也没有规定受益年限的,按照不少于10年的期限摊销。

非大批量购入、单价小于1 000元的无形资产,可以于购买的当期一次将成本全部摊销。

（2）行政单位应当采用年限平均法计提无形资产摊销。

（3）行政单位无形资产的应计摊销额为其成本。

（4）行政单位应当自无形资产取得当月起,按月计提无形资产摊销;无形资产减少的当月,不再计提无形资产摊销。

（5）无形资产提足摊销后,无论能否继续带来服务潜力或经济利益,行政单位均不再计提摊销;核销的无形资产,如果未提足摊销,也不再补提摊销。

（6）因后续支出增加无形资产成本的,行政单位应当按照重新确定的无形资产成本,重新计算摊销额。

（三）无形资产摊销额的计算方法

理论上讲,无形资产摊销可能存在多种方法。行政单位选用不同的摊销方法,将影响无形资产使用寿命期间内不同时期的摊销费用。根据《行政单位会计制度》的规定,行政单位应当采用年限平均法进行无形资产摊销。

年限平均法又称直线法,是指将无形资产的应计摊销额均衡地分摊到无形资产预计使用寿命期间内的一种方法。采用这种方法计算的每期摊销额均相等。计算公式如下:

$$每年摊销额 = 无形资产应计摊销额 \div 预计使用年限$$

$$每月摊销额 = 无形资产年摊销额 \div 12$$

（四）无形资产摊销的账务处理

行政单位通过设置"累计摊销"账户核算无形资产累计摊销的增减变动情况。该账户属于资产类账户。贷方登记计提的无形资产摊销额;借方登记因无形资产减少而转销的无形资产摊销额;期末贷方余额反映行政单位提取的无形资产摊销累计数。

行政单位按月计提无形资产摊销时,按照应计提摊销金额,借记"资产基金——无形资产"账户,贷记"累计摊销"账户。

【例 8-50】 2017 年 5 月,某行政单位无形资产摊销计算表如表 8-9 所示。

表 8-9　无形资产摊销计算表

2017 年 5 月

项目	入账成本（元）	摊销期限（月）	本月摊销额（元）	借记账户
著作权——甲	36 000	80	450	资产基金
著作权——乙	108 000	180	600	资产基金
土地使用权	600 000	240	2 500	资产基金
合计	——	——	3 550	——

根据无形资产摊销计算表,编制相关的会计分录。

借:资产基金——无形资产　　　　　　　　　　　　　　3 550

　　贷:累计摊销　　　　　　　　　　　　　　　　　　　　　3 550

五、无形资产后续支出

无形资产投入使用后,行政单位为了适应新技术发展的需要,或者为维护或提高无形资产的使用效能,往往需要对现有无形资产进行漏洞修补、技术维护、升级改造或扩展其功能等工作。将无形资产投入使用后发生的相关支出,称为无形资产的后续支出。与无形资产有关的后续支出,应分别按照以下情况进行处理:

1. 计入无形资产成本的后续支出

行政单位为增加无形资产使用效能而发生的后续支出,如对软件进行升级改造或扩展其功能所发生的支出,应当计入无形资产的成本,借记"无形资产"账户,贷记"资产基金——无形资产"账户,同时,借记"经费支出"账户,贷记"财政拨款收入""零余额账户用款额度""银行存款"等账户。

【例 8-51】 某行政单位 2017 年 3 月 10 日对其研究工作采用的软件系统进行升级改造,用零余额账户用款额度支付软件公司劳务费 150 000 元。该单位根据发生的经济业务,编制相关的会计分录。

借:无形资产   150 000

 贷:资产基金——无形资产   150 000

同时,

借:经费支出   150 000

 贷:零余额账户用款额度   150 000

2. 不计入无形资产成本的后续支出

行政单位为维护无形资产的正常使用而发生的后续支出,如对软件进行的漏洞修补、技术维护等所发生的支出,应当计入当期支出而不计入无形资产的成本,借记"经费支出"账户,贷记"财政拨款收入""零余额账户用款额度""银行存款"等账户。

六、无形资产减少

(一)出售、置换换出无形资产

行政单位出售、置换换出无形资产,应当按规定报经批准后进行账务处理。行政单位报经批准出售、置换换出无形资产转入待处理财产损溢时,按照待出售、置换换出无形资产的账面价值,借记"待处理财产损溢"账户,按照已计提摊销金额,借记"累计摊销"账户,按照无形资产的账面余额,贷记"无形资产"账户。

【例8-52】 某行政单位根据发生的无形资产转让业务,编制相关的会计分录。

(1)2017年3月1日,将拥有的商标权所有权转让,取得价款1 800 000元并存入银行。该商标权的成本为3 000 000元,已摊销金额为2 600 000元。

① 将商标权转入待处置资产。

借:待处理财产损溢——待处理财产价值   400 000

  累计摊销   2 600 000

 贷:无形资产——商标权   3 000 000

② 实际处置商标权。

借:非流动资产基金   400 000

 贷:待处理财产损溢——待处理财产价值   400 000

(2)转让商标权应缴税费90 000元,用银行存款支付其他费用12 000元。

借:待处理财产损溢——处置净收入   102 000

 贷:银行存款   90 000

  应缴税费   12 000

(3)收到商标权变卖价款。

借:银行存款   1 800 000

 贷:待处理财产损溢——处置净收入   1 800 000

(4)确认商标权的处置净收入。

处置净收入=1 800 000-102 000=1 698 000(元)

借:待处理财产损溢——处置净收入   1 698 000

贷:应缴国库款	1 698 000

（5）将商标权处置净收入上缴国库。

借:应缴国库款	1 698 000
贷:银行存款	1 698 000

需要说明的是,转让无形资产的使用权,出让方仅让渡给其他单位部分使用权,不丧失原占有、使用、收益和处分的权利。受让方只能根据合同的规定行使使用的权利。因此,出让方无须转销无形资产的账面价值。转让收入计入其他收入,与转让有关的费用计入其他支出。

（二）无偿调出、对外捐赠无形资产

无论是无偿调出无形资产,还是对外捐赠无形资产,它们的共同之处都是以不取得货币收入为目的而减少单位资产的行为。但无偿调出是一种被动行为,其行为主体是财政部门或主管部门;而对外捐赠则是一种主动行为,其行为主体是行政单位。无偿调出、对外捐赠无形资产,应当按规定报经批准后进行账务处理。

报经批准,行政单位无偿调出、对外捐赠无形资产时,按照无偿调出、对外捐赠无形资产的账面价值,借记"资产基金——无形资产"账户,按照已计提摊销金额,借记"累计摊销"账户,按照无形资产的账面余额,贷记"无形资产"账户。无偿调出、对外捐赠无形资产发生由行政单位承担的相关费用等支出时,按照实际支付的金额,借记"经费支出"账户,贷记"财政拨款收入""零余额账户用款额度""银行存款"等账户。

【例 8-53】 某行政单位对外捐赠一项非专利技术,该项资产的账面原价为 180 000元,已提摊销 120 000 元。该行政单位根据发生的经济业务,编制相关的会计分录。

借:资产基金——无形资产	60 000
累计摊销	120 000
贷:无形资产——非专利技术	180 000

（三）无形资产转销

无形资产预期不能为行政单位带来服务潜力或经济利益的,行政单位应当按规定报经批准后将无形资产的账面价值予以核销。

行政单位待核销的无形资产转入待处理财产损溢时,按照待核销无形资产的账面价值,借记"待处理财产损溢"账户,按照已计提摊销金额,借记"累计摊销"账户,按照无形资产的账面余额,贷记"无形资产"账户。按照规定报经批准核销无形资产时,借记"资产基金——无形资产"账户,贷记"待处理财产损溢"账户。

【例 8-54】 2016 年 12 月 31 日,某行政单位将已使用 8 年但不能再提供未来服务的专利权,予以报废处理。该专利权的入账价值为 600 000 元,采用直线法进行摊销,摊销期限为 10 年,该专利权无残值。该行政单位根据发生的经济业务,编制相关的会计分录。

（1）将无形资产转入待处置资产。

报废时累计摊销额 =（600 000÷10）×8 = 480 000（元）

借:待处理财产损溢——待处理财产价值	120 000

| | 累计摊销 | 480 000 |
| | 贷:无形资产——专利权 | 600 000 |

（2）经批准核销无形资产。

| | 借:资产基金——无形资产 | 120 000 |
| | 贷:待处理财产损溢——待处理财产价值 | 120 000 |

第六节　特殊资产

一、政府储备物资

（一）政府储备物资的概念

政府储备物资是指行政单位直接储存管理的各项政府应急或救灾储备物资。政府储备物资是国家根据政治、经济、国防和社会稳定等需要而统一实施的物质性储备,由国家财政出资建立,并由国家统一管理、调度和使用的战略性物资、产品和资源。

根据《行政单位会计制度》规定,行政单位买断储备物资产权并指定物资经营企业储备的储备物资,应当作为政府储备物资进行核算;行政单位指定物资经营企业储备物资、但并没有买断储备物资产权的,不作为政府储备物资进行核算;行政单位支付给物资经营企业用于政府储备物资经营周转的资金,应当通过"其他应收款"或有关支出账户进行核算,不确认为政府储备物资。

行政单位管理的储备物资中,对调用后收回、符合固定资产定义的储备物资,由对其具有长期直接支配权的行政单位作为固定资产进行核算,也确认为政府储备物资。

负责采购并拥有储备物资调拨权力的行政单位(简称"采购单位"),交由其他行政单位(简称"代储单位")代为储备的政府储备物资,可以选择下列一种会计处理方法:

（1）由代储单位核算政府储备物资,采购单位只核算采购政府储备物资发生的资金收支。

（2）由采购单位核算政府储备物资,代储单位将受托代储的政府储备物资作为受托代理资产进行核算。

行政单位通过设置"政府储备物资"账户核算其直接储存管理的各项政府应急或救灾储备物资。该财产的借方登记政府储备物资的增加;贷方登记政府储备物资的减少;期末借方余额反映行政单位管理的政府储备物资的实际成本。其明细账应当按照政府储备物资的种类、品种、存放地点等设置并进行明细核算。

（二）政府储备物资的取得

政府储备物资应当在其到达存放地点并验收时确认。取得政府储备物资时,应当按照其成本入账。

1. 购入的政府储备物资

行政单位购入的政府储备物资,其成本包括购买价款、相关税费、运输费、装卸费、保险费以及其他使政府储备物资达到目前场所和状态所发生的支出;单位支付的政府储备物资保管费、仓库租赁费等日常储备费用,不计入政府储备物资的成本。

行政单位购入的政府储备物资验收入库时,按照确定的成本,借记"政府储备物资"账户,贷记"资产基金——政府储备物资"账户;同时,按实际支付的金额,借记"经费支出"账户,贷记"财政拨款收入""零余额账户用款额度""银行存款"等账户。

2. 接受捐赠、无偿调入的政府储备物资

行政单位接受捐赠、无偿调入的政府储备物资,其成本按照有关凭据注明的金额加上相关税费、运输费等确定;没有相关凭据可供取得,但依法经过资产评估的,其成本应当按照评估价值加上相关税费、运输费等确定;没有相关凭据可供取得、也未经评估的,其成本比照同类或类似政府储备物资的市场价格加上相关税费、运输费等确定。

行政单位接受捐赠、无偿调入的政府储备物资验收入库时,按照确定的成本,借记"政府储备物资"账户,贷记"资产基金——政府储备物资"账户,由行政单位承担运输费等的,按照实际支付的相关税费、运输费等金额,借记"经费支出"账户,贷记"财政拨款收入""零余额账户用款额度""银行存款"等账户。

【例 8-55】 某行政单位承担政府储备物资任务,该单位根据发生的物资储备业务,编制相关的会计分录。

(1) 2017 年 1 月初,采用直接支付方式购入一批政府储备物资甲,购买价款为 3 000 000 元,以银行存款支付运输费 15 000 元、装卸费 3 000 元、保险费 20 000 元。

借:政府储备物资——甲物资 　　　　　　　　3 038 000
　　贷:资产基金——政府储备物资 　　　　　　　　　　3 038 000
同时,
借:经费支出 　　　　　　　　3 038 000
　　贷:财政拨款收入 　　　　　　　　　　3 000 000
　　　　银行存款 　　　　　　　　　　38 000

(2) 接受乙单位无偿调入一批政府储备物资乙,有关凭据注明的政府储备物资金额为 8 000 000 元,另以银行存款支付物资的运输费 35 000 元、装卸费 5 000 元。

借:政府储备物资——乙物资 　　　　　　　　8 040 000
　　贷:资产基金——政府储备物资 　　　　　　　　　　8 040 000
同时,
借:经费支出 　　　　　　　　8 040 000
　　贷:财政拨款收入 　　　　　　　　　　8 000 000
　　　　银行存款 　　　　　　　　　　40 000

(三) 政府储备物资发出

政府储备物资发出时,应当根据实际情况采用先进先出法、加权平均法或者个别计价法确定发出政府储备物资的实际成本。计价方法一经确定,不得随意变更。

1. 对外捐赠、无偿调出政府储备物资

经批准,行政单位对外捐赠、无偿调出政府储备物资时,按照对外捐赠、无偿调出储备物资的实际成本,借记"资产基金——政府储备物资"账户,贷记"政府储备物资"

账户。

行政单位对外捐赠、无偿调出政府储备物资发生由其承担的运输费等支出时,借记"经费支出"账户,贷记"财政拨款收入""零余额账户用款额度""银行存款"等账户。

2. 出售政府储备物资

行政单位报经批准将不需储备的物资出售时,应当转入待处理财产损溢,按照相关储备物资的账面余额,借记"待处理财产损溢——待处理财产价值"账户,贷记"政府储备物资"账户;政府储备物资实现出售时,借记"资产基金"及相关明细账户,贷记"待处理财产损溢——待处理财产价值"账户;出售政府储备物资过程中收到价款、发生相关费用,在增减"库存现金""银行存款"等账户的同时,记入"待处理财产损溢——待处理财产价值"账户;政府储备物资出售完毕并收回相关的应收账款后,按照处置收入扣除相关税费后的净收入,借记"待处理财产损溢——处理净收入"账户,贷记"应缴财政款",如果处置收入小于相关税费的,按照相关税费减去处置收入后的净支出,借记"经费支出"账户,贷记"待处理财产损溢——处理净收入"账户。

【例 8-56】 2016 年,某行政单位根据发生的政府储备物资业务,编制相关的会计分录。

(1)3 月 1 日,某行政单位经批准对外捐赠一批 M 政府储备物资,价值为 350 000 元。对外捐赠材料手续已办妥,物资已出库。另以零余额账户支付物资的运输费 20 000 元。

① 将对外捐赠材料转入待处置资产:

借:资产基金——政府储备物资	350 000	
贷:政府储备物资——M 物资		350 000

② 支付材料运输费:

借:经费支出	20 000	
贷:零余额账户用款额度		20 000

(2)9 月 1 日,某行政单位有偿调出一批 N 政府储备物资,其成本为 150 000 元,收到有偿调出价格 200 000 元并存入银行。按规定,有偿调出物资的净收入应缴财政。

① 将物资转入待处理财产损溢:

借:待处理财产损溢——待处理财产价值	150 000	
贷:政府储备物资——N 物资		150 000

② 收到出售政府储备物资的价款:

借:银行存款	200 000	
贷:待处理财产损溢——待处理财产价值		200 000

③ 结转有偿调出物资的净收入:

借:待处理财产损溢——处理净收入	200 000	
贷:应缴财政款		200 000

(四)政府储备物资的盘盈、盘亏或报废、毁损

行政单位管理的政府储备物资应当定期进行清查盘点,每年至少盘点一次。对于发生的政府储备物资盘盈、盘亏或者报废、毁损,应当及时查明原因,按规定报经批准后进行

账务处理。

行政单位盘盈的政府储备物资,按照取得同类或类似政府储备物资的实际成本确定入账价值;没有同类或类似政府储备物资的实际成本,按照同类或类似政府储备物资的市场价格确定入账价值;行政单位盘盈的政府储备物资,按照确定的入账价值,借记"政府储备物资"账户,贷记"待处理财产损溢"账户。

行政单位盘亏或者报废、毁损的政府储备物资,转入待处理财产损溢时,按照其账面余额,借记"待处理财产损溢"账户,贷记"政府储备物资"账户;毁损、报废各种实物资产过程中取得的残值变价收入、发生相关费用,以及取得的残值变价收入扣除相关费用后的净收入或净支出的账务处理与出售政府储备物资的会计处理一致。

【例 8-57】 2016 年,某行政单位根据发生的政府储备物资业务,编制相关的会计分录。

(1) 6 月 30 日,某行政单位盘盈 M 政府储备物资 150 000 元。

① 盘盈政府储备物资:

借:政府储备物资——M 物资	150 000
贷:待处理财产损溢	150 000

② 盘盈政府储备物资报经批准予以处理:

借:待处理财产损溢	150 000
贷:资产基金	150 000

(2) 12 月 31 日,该行政单位对政府储备物资进行年终盘点时,盘亏 M 政府储备物资 60 000 元,原因待查。次年年初报经批准后予以处理。

① 盘亏物资:

借:待处理财产损溢	60 000
贷:政府储备物资——M 物资	60 000

② 盘亏政府储备物资报经批准予以处理:

借:资产基金	60 000
贷:待处理财产损溢	60 000

【例 8-58】 某行政单位因管理不善毁损一批 N 政府储备物资,根据发生的政府储备物资业务,编制相关的会计分录。

(1) 毁损一批政府储备物资,账面余额为 250 000 元。经批准,毁损物资转入待处理财产损溢。

借:待处理财产损溢——待处理财产价值	250 000
贷:政府储备物资——N 物资	250 000

(2) 清理该批材料发生相关费用 120 000 元,款项以银行存款付讫。

借:待处理财产损溢——处置净收入	120 000
贷:银行存款	120 000

(3) 毁损材料变价收入 20 000 元,款项存入银行。

借:银行存款	20 000

贷:待处理财产损溢——处置净收入　　　　　　　　　　20 000

（4）经批准,将毁损物资予以处置。

借:资产基金——存货　　　　　　　　　　　　　250 000

　　贷:待处理财产损溢——待处理财产价值　　　　　250 000

（5）结转清理毁损物资净损失。

借:经费支出　　　　　　　　　　　　　　　　　20 000

　　贷:待处理财产损溢——处置净收入　　　　　　　20 000

二、公共基础设施

（一）公共基础设施的范围

一般来说,公共基础设施是指为公众设置的,公众都可以共享,不允许某个人独占或排他的一些基础性设施。如医疗机构、教育机构、道路桥梁等。

行政单位会计制度所规范的公共基础设施是指由行政单位占有并直接负责维护管理、供社会公众使用的工程性公共基础设施资产,包括城市交通设施、公共照明设施、环保设施、防灾设施、健身设施、广场及公共构筑物等其他公共设施。

需要说明的是:①与公共基础设施配套使用的修理设备、工具器具、车辆等动产,作为管理公共基础设施的行政单位的固定资产进行核算;②与公共基础设施配套、供行政单位在公共基础设施管理中自行使用的房屋构筑物等,能够与公共基础设施分开核算的,作为行政单位的固定资产进行核算。

行政单位通过设置"公共基础设施"账户核算公共基础设施的增减变动情况。该账户的借方登记公共基础设施的增加;贷方登记公共基础设施的减少;期末借方余额反映行政单位管理的公共基础设施的实际成本。其明细账应当按照公共基础设施的类别和项目设置并进行明细核算。

行政单位应当结合本单位的具体情况,制定适合本单位管理的公共基础设施目录、分类方法,作为进行公共基础设施核算的依据。

（二）公共基础设施的取得

行政单位应当在对公共基础设施取得占有权利时确认,并按照公共基础设施的成本入账。

1. 自行建造公共基础设施

行政单位自行建造的公共基础设施,其成本包括建造该公共基础设施至交付使用前所发生的全部必要支出。

公共基础设施的各组成部分需要分别核算的,按照各组成部分公共基础设施造价确定其成本;没有各组成部分公共基础设施造价的,按照各组成部分公共基础设施同类或类似市场造价的比例对总造价进行分配,确定各组成部分公共基础设施的成本。

公共基础设施建造完工交付使用时,按照确定的成本,借记"公共基础设施"账户,贷记"资产基金——公共基础设施"账户;同时,借记"资产基金——在建工程"账户,贷记"在建工程"账户。已交付使用但尚未办理竣工决算手续的公共基础设施,按照估计价值入账,待确定实际成本后再进行调整。

2. 接受移交公共基础设施

行政单位接受其他单位移交的公共基础设施,其成本按照公共基础设施的原账面价值确认,借记"公共基础设施"账户,贷记"资产基金——公共基础设施"账户。

【例 8-59】 2016 年 9 月 1 日,某行政单位投资建造一个文化广场及公共构筑物,采用出包方式委托某建筑公司承建。工程款分三次支付,工程开始时支付 3 500 000 元、工程中期支付 2 000 000 元、工程结束结算尾款 30 000 元,款项均已财政直接支付方式结算。全部工程于 2016 年 12 月 31 日完工。该单位根据发生的经济业务,编制相关的会计分录。

(1) 工程开始时支付工程款。

借:经费支出   3 500 000
  贷:财政拨款收入   3 500 000

同时,

借:在建工程   3 500 000
  贷:资产基金——在建工程   3 500 000

(2) 支付工程中期款、结算尾款时,会计账户对应关系同(1),略。

(3) 公共基础设施建造完工交付使用。

借:公共基础设施——文化广场   5 530 000
  贷:资产基金——公共基础设施   5 530 000

同时,

借:资产基金——在建工程   5 530 000
  贷:在建工程   5 530 000

【例 8-60】 2016 年 10 月 10 日,甲行政单位接受乙行政单位移交的公共照明设施,该设施的原账面价值为 500 000 000 元。

借:公共基础设施——公共照明设施   500 000 000
  贷:资产基金——公共基础设施   500 000 000

(三) 公共基础设施的后续支出

与公共基础设施有关的后续支出,分别按照以下情况进行处理。

1. 计入公共基础设施成本的后续支出

行政单位为增加公共基础设施使用效能或延长其使用寿命而发生的改建、扩建或大型修缮等后续支出,应当计入公共基础设施成本,通过"在建工程"账户进行核算,完工交付使用时转入"公共基础设施"账户。

【例 8-61】 2016 年 10 月 20 日,某行政单位对城市交通设施进行改扩建,改扩建前该交通设施的原价为 85 000 000 元,本期改扩建支付工程款 3 000 000 元,款项以财政直接支付方式结算。该单位根据发生的经济业务,编制相关的会计分录。

借:在建工程——城市交通设施   3 000 000
  贷:资产基金——在建工程   3 000 000

同时,

| 借:经费支出 | 3 000 000 | |
| 贷:财政补助收入 | | 3 000 000 |

2. 不计入公共基础设施成本的后续支出

行政单位为维护公共基础设施的正常使用而发生的日常修理等后续支出,应当计入当期支出,借记有关支出账户,贷记"财政拨款收入""零余额账户用款额度""银行存款"等账户。

(四)公共基础设施计提折旧

公共基础设施计提折旧是指在固定资产、公共基础设施预计使用寿命期间内,按照确定的方法对应折旧金额进行系统分摊。

行政单位应当根据公共基础设施的性质和实际使用情况,合理确定其折旧年限。省级以上财政部门、主管部门对行政单位公共基础设施折旧年限做出规定的,从其规定。

行政单位一般应当采用年限平均法或工作量法计提公共基础设施折旧。公共基础设施的应折旧金额为其成本,计提公共基础设施折旧不考虑预计净残值。

行政单位一般应当按月计提公共基础设施折旧。当月增加的公共基础设施,当月不提折旧,从下月起计提折旧;当月减少的公共基础设施,当月照提折旧,从下月起不提折旧。公共基础设施提足折旧后,无论能否继续使用,均不再计提折旧;提前报废的公共基础设施,也不再补提折旧;已提足折旧的公共基础设施,可以继续使用的,应当继续使用,规范管理。

公共基础设施因改建、扩建或修缮等原因而提高使用效能或延长使用年限的,应当按照重新确定的公共基础设施成本以及重新确定的折旧年限,重新计算折旧额。

行政单位按月计提公共基础设施折旧时,按照应计提折旧金额,借记"资产基金——公共基础设施"账户,贷记"累计折旧"账户。

【例 8-62】 2017 年 5 月 30 日,某行政单位计提公共基础设施折旧 35 000 元。该单位编制如下会计分录:

| 借:资产基金——公共基础设施 | 35 000 | |
| 贷:累计折旧 | | 35 000 |

(五)公共基础设施的处置

1. 移交公共基础设施

行政单位管理的公共基础设施向其他单位移交、毁损、报废时,应当按照规定报经批准后进行账务处理。

行政单位经批准向其他单位移交公共基础设施时,按照移交公共基础设施的账面价值,借记"资产基金——公共基础设施"账户,按照已计提折旧金额,借记"累计折旧"账户,按照公共基础设施的账面余额,贷记"公共基础设施"账户。

【例 8-63】 2017 年 6 月 5 日,某行政单位经批准向其他单位移交一批防灾设施,其账面原值为 5 000 000 元,累计折旧为 1 500 000 元。移交手续已办妥。该单位根据发生的经济业务,编制相关的会计分录。

借:资产基金——公共基础设施   3 500 000

    累计折旧   1 500 000

  贷:公共基础设施——防灾设施   5 000 000

2. 报废、毁损公共基础设施

行政单位报废、毁损的公共基础设施,转入待处理财产损溢时,按照待处理公共基础设施的账面价值,借记"待处理财产损溢"账户,按照已计提折旧金额,借记"累计折旧"账户,按照公共基础设施的账面余额,贷记"公共基础设施"账户。

【例 8-64】 2016 年 12 月,某行政单位经批准报废一批公共照明设施,其账面余额为 8 200 000 元,已提折旧 3 200 000 元。该单位根据发生的经济业务,编制相关的会计分录。

借:待处理财产损溢   5 000 000

  累计折旧   3 200 000

    贷:公共基础设施——公共照明设施   8 200 000

三、受托代理资产

(一)受托代理资产概述

受托代理资产是指行政单位因从事受托代理经济业务而从委托方取得的资产,包括受托指定转赠的物资、受托储存管理的物资等。

在受托代理交易过程中,行政单位通常只是从委托方收到受托资产,并按照委托人的意愿将资产转赠给指定的其他组织或者个人,或者按照有关规定将资产转交给指定的其他组织或者个人,行政单位本身并不拥有受托资产的所有权和使用权,它只是在交易过程中起到中介作用。

行政单位通过设置"受托代理资产"账户核算行政单位接受委托方委托管理的各项资产等。该账户的借方登记受托代理资产的增加;贷方登记受托代理资产的减少;期末借方余额反映行政单位受托代理资产中实物资产的价值。其明细账应当按照资产的种类和委托人设置并进行明细核算;属于转赠资产的,还应当按照受赠人设置,并进行明细核算。

需要说明的是,行政单位收到受托代理资产为现金和银行存款的,不通过"受托代理资产"账户进行核算,应当通过"库存现金""银行存款"账户进行核算。

受托代理资产应当在行政单位收到受托代理的资产时确认。

(二)受托转赠物资

行政单位接受委托人委托需要转赠给受赠人的物资,其成本按照有关凭据注明的金额确定;没有相关凭据可供取得的,其成本比照同类或类似物资的市场价格确定。

行政单位接受委托转赠的物资验收入库时,按照确定的成本,借记"受托代理资产"账户,贷记"受托代理负债"账户;受托协议约定由行政单位承担相关税费、运输费等的,还应当按照实际支付的相关税费、运输费等金额,借记"经费支出"账户,贷记"银行存款"等账户;将受托转赠物资交付给受赠人时,按照受托转赠物资的成本,借记"受托代理负债"账户,贷记"受托代理资产"账户;转赠物资的委托人取消了对转赠物资的转赠要求,且不再收回转赠物资的,应当将转赠物资转为存货或固定资产,按照转赠物资的成本,借记"受托代理负债"账户,贷记"受托代理资产"账户;同时,借记"存货""固定资产"账户,贷记"资产基金——存货、固定资产"账户。

【例8-65】 某行政单位根据发生的受托转赠物资业务,编制相关的会计分录。

(1)接受委托人甲单位转赠的抗旱物资一批验收入库,该批物资凭据注明的金额为350 000元。

借:受托代理资产——抗旱物资(委托人甲) 350 000
　　贷:受托代理负债 350 000

(2)受托协议约定由该行政单位承担运输费、保管费1 800元,并以银行存款支付。

借:经费支出 1 800
　　贷:银行存款 1 800

(3)将受托转赠物资交付给受赠人。

借:受托代理负债 350 000
　　贷:受托代理资产——抗旱物资(委托人甲) 350 000

(4)委托人取消了对捐赠物资的转赠要求且不再收回转赠物资,将转赠物资50 000元转为存货,其余部分确认为固定资产。

借:受托代理负债 350 000
　　贷:受托代理资产——抗旱物资(委托人甲) 350 000

同时,

借:存货——某物资 50 000
　　固定资产——通用设备 300 000
　　贷:资产基金 350 000

(三)受托储存管理物资

行政单位接受委托人委托储存管理的物资,其成本按照有关凭据注明的金额确定。

行政单位接受委托储存管理的物资验收入库时,按照确定的成本,借记"受托代理资产"账户,贷记"受托代理负债"账户;行政单位支付由受托单位承担的与受托储存管理的物资相关的运输费、保管费等费用时,按照实际支付的金额,借记"经费支出"账户,贷记"银行存款"等账户;行政单位根据委托人要求交付受托储存管理的物资时,按照受托储存管理物资的成本,借记"受托代理负债"账户,贷记"受托代理资产"账户。

【例8-66】 某行政单位根据发生的受托储存管理物资业务,编制相关的会计分录。

(1)接受乙单位委托储存管理物资一批验收入库,委托储存管理物资有关凭据注明的物资成本为1 500 000元。

借:受托代理资产——乙单位(受托储存管理物资) 1 500 000
　　贷:受托代理负债 1 500 000

(2)支付由受托单位承担的与受托储存管理的物资相关的运输费2 000元、保管费等26 000元,并以银行存款支付。

借:经费支出 28 000
　　贷:银行存款 28 000

（3）交付受托储存管理的物资。

借:受托代理负债   1 500 000

  贷:受托代理资产——乙单位(受托储存物资)   1 500 000

【关键词汇】

零余额账户用款额度(zero balance account with credits)

财政应返还额度(fiscal should return the amount)

存货(inventory)

固定资产(fixed assets)

累计折旧(accumulated depreciation)

无形资产(intangible assets)

累计摊销(accumulated amortization)

在建工程(construction in process)

政府储备物资(government reserve material)

公共基础设施(public infrastructure)

受托代理资产(entrusted agency assets)

【思考题】

1. 与财政总预算会计资产相比,行政单位的资产内容有何特点?

2. 什么是行政单位的零余额账户用款额度? 行政单位的零余额账户用款额度与银行存款有什么不同?

3. 行政单位的存货包括哪些内容? 如何对行政单位的存货进行购入和发出核算?

4. 行政单位为什么对固定资产计提折旧? 行政单位固定资产为什么不采用加速折旧法?

5. 行政单位的无形资产包括哪些内容? 无形资产的购入和摊销如何核算?

6. 行政单位政府储备物资和公共基础设施资产的主要内容是什么? 行政单位应如何对其进行核算?

【练习题】

1. 2016 年某行政单位发生下列经济业务:6 月 1 日,将办公楼一层门面出租给甲公司,每月租金为 20 000 元。7 月 1 日,收到 6 月份租金,假设房屋租金的增值税税率为 5%,城市维护建设税税率为 7%,教育费附加率为 3%,不考虑其他税费,房屋租金属于政府财政非税收入。8 月 10 日,该单位出售一批不需用的存货物资给乙公司。该批物资合同定价总额为 100 000 元。销货合同规定物资发出后,乙公司即开具一张面额为 60 000 万元、期限为 6 个月的商业汇票,其余货款 40 000 元定于 8 月 31 日汇入行政单位银行账户。

要求:编制以下业务的会计分录。

（1）7月1日，资产出租收入发生。

（2）8月1日，收到租金并存入银行。

（3）8月10日，收到商业汇票。

（4）8月31日，收到剩余物资款。

2. 2016年某行政单位以预付货款方式购买一批政府储备物资。10月10日，按购货合同规定以财政直接支付方式预付丙公司300 000元、预付丁公司150 000元。11月10日，收到丙公司货物300 000元，已与合同核对无误。12月20日，收到法院判决书，丁公司破产，其债务只能按40%的金额退回。12月25日，市财政局通知丁公司退款已收到。

（1）10月10日，按购货合同预付货款。

（2）11月10日，收到丙公司发来的物资。

（3）12月25日，丁公司将预付的货款退回财政国库。

3. 某行政单位有一笔应收某公司款项50 000元，逾期3年以上，有确凿证据表明该应收账款确实无法收回，按规定报经批准后予以核销。

要求：编制以下业务的会计分录。

（1）将应收账款转入待处理财产损溢。

（2）报经批准，将应收账款予以核销。

（3）已核销的应收账款在以后又收回。

4. 2016年某行政单位发生的存货业务如下：

（1）购入的库存材料验收入库，按照确定的成本（买价、税费等）支付5 000元，采用财政授权支付的方式进行结算。次月，利用材料的40%。

（2）经政府采购行政单位购买电脑50台，总价为250 000元，按合同规定扣留保证金5 000元，电脑已验收，款项已由财政直接支付。

要求：根据上述业务编制相关的会计分录。

5. 2015年7月25日，某行政单位根据专项预算购置小汽车一辆，其价款为26万元。2016年12月，经财政部门批准，将该车拍卖，成交价为22万元。根据"网络拍卖某市单位公务用车公告"，拍卖成交后，买受人须在成交之日起3日内将成交价款和佣金汇入拍卖公司指定账户，并将成交价款全部上缴国库。

要求：编制以下业务的会计分录。

（1）购置车辆。

（2）计提车辆当年折旧。

（3）处置车辆。

6. 某行政单位经批准开展一个管理系统内网建设，总投资为2 400 000元。其中，2016年1月向北海公司购入电脑60台，单价为12 000元，首次付款160 000元已由财政直接支付，其余货款到2017年1月付清。

系统软件设计以2 040 000元的价格承包给闽光公司完成，设计建设期为1年，保证2017年1月系统正式投入使用，首期预付款为840 000元，由财政直接支付，其余1 200 000元分2年平均付清，假设电脑使用期限为5年，系统软件使用期限为10年。

要求:根据上述资料,编制以下业务的会计分录。

(1) 2016 年购入电脑,验收合格并支付首次款,确认应付未付电脑款、预付首期软件设计费、计提固定资产折旧。

(2) 2017 年财政直接支付电脑货款,系统软件验收合格正式投入使用,由财政支付第二期款、结算欠付工程款、将系统软件转为无形资产、计提固定资产折旧、计提无形资产摊销。

(3) 2018 年收到财政付款通知已支付第三期系统软件款,计提固定资产折旧、无形资产摊销。

【案例题】

第九章 行政单位负债和净资产

【本章纲要】

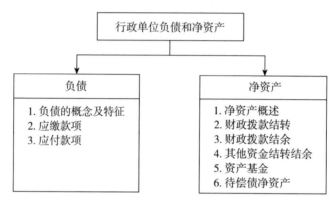

【学习目标、重点和难点】

● 通过本章的学习,应了解负债的概念及特征、负债的基本内容、净资产的内容和特征;熟悉应缴税费的内容及核算方法;掌握应缴款项、应付款项的账务处理;熟悉其他资金结转结余的内容及方法;掌握财政拨款结转、财政拨款结余以及资产基金、待偿债净资产的核算方法。

● 负债、净资产的内容,应缴款项以及财政拨款结转、财政拨款结余、资产基金、待偿债净资产的核算方法为本章的重点。

● 应付职工薪酬、财政拨款结转、财政拨款结余、资产基金和待偿债净资产为本章的难点。

第一节 负债概述

一、负债的概念及特征

（一）负债的概念

负债是指行政单位所承担的能以货币计量,需要以资产等偿还的债务。它反映了行政单位资产总额中属于债权人的那部分权益或利益,代表了行政单位对其债权人所承担的全部经济责任,并以资产形式予以清偿。行政单位依法取得,应当上缴财政的罚没收入、行政事业性收费、政府性基金、国有资产处置和出租出借收入,在业务活动中与其他单位或个人发生的预收、代管等待结算款项,以及因购买材料、物资或接收劳务而应付给供应单位或个人的款项等,都属于行政单位负债的范畴。

（二）负债的特征

作为负债,一般具有以下特征:

（1）负债产生的基础是过去的经济交易或事项。如过去因向银行筹借资金而形成的长短期借款、因赊购存货而形成的应付账款、因依法取得款项而形成的应缴财政款等。而行政单位未来的业务活动可能产生的经济义务不能确认为负债。

（2）负债的本质是行政单位需要在未来如期履行的经济责任,而有关法律或法规、与债权人的合同或协议则是形成这种经济责任的依据。总括而言,这些责任可以分为两类:一类是法定责任或称法定义务,如应缴税费、应缴财政款等;另一类是合约责任或称合约义务,如应付款项等,债权、债务双方通过合约明确其经济责任。无论形成的依据如何,作为负债在未来某个特定时间要通过交付资产或提供劳务来清偿。

（3）负债是可以用货币计量的债务。只有通过货币计量,才能够明确债权人的权益和债务人的责任,并对负债进行会计核算。一般而言,债务责任产生于合同,其金额和支付时间均已由合同规定。但在某些特殊情况下,债务责任可能要取决于未来的经营活动,但其金额必须能够合理地判断和估计。

（三）负债的分类

行政单位的负债可以按照不同的标准进行分类,一般是按照其偿还期限分为流动负债和非流动负债。

1. 流动负债

流动负债是指预计在1年内（含1年）偿还的负债。行政单位的流动负债包括应缴财政款、应缴税费、应付职工薪酬、应付及暂存款项、应付政府补贴款等。其中,应缴财政款是指行政单位按照规定取得的应当上缴财政的款项;应缴税费是指行政单位按照国家税法等有关规定应当缴纳的各种税费;应付职工薪酬是指行政单位按照有关规定应付的职工工资、津贴补贴等;应付及暂存款项是指行政单位在开展业务活动中发生的各项债务,包括应付账款、其他应付款等;应付政府补贴款是指负责发放政府补贴的行政单位,按照有关规定应付给政府补贴接受者的各种政府补贴款。

2. 非流动负债

非流动负债是指流动负债以外的负债。行政单位的非流动负债包括长期应付款。长期应付款是指行政单位发生的偿还期限超过1年（不含1年）的应付款项。

区分流动负债和非流动负债可以提供行政单位负债的偿还或支付期限信息,以用于评估其财务状况。

（四）负债确认与计量的基本原则

将一项义务确认为负债,除应当符合负债的定义外,还应当同时满足以下两个条件:一是行政单位承担的偿债责任已确定;二是偿债责任能够可靠地进行货币计量,否则,不应确认为一项负债。确认与披露负债具有不同之处,确认要在财务报表中列示,而披露通常反映在附注的信息中。

行政单位的负债应当按照合同金额或实际发生额进行计量。行政单位的有些负债的金额,是根据相关合同确定的,如采购货物的应付账款等;有些负债是根据实际发生的金额确定的,如各种应缴款项等。

（五）负债管理的要求

1. 分类管理要求

行政单位应对不同性质、不同种类的负债分别进行管理。行政单位各类负债的性质存在不同,例如,应付和暂存款项是行政单位在结算中发生的负债,而应缴款项是行政单位因应缴而未缴的资金所发生的负债。由于负债的性质不同,负债财务管理的要求也就有所不同。

2. 规模控制要求

行政单位的资金来源主要是财政拨款收入。在行政单位的财务管理中,负债是客观存在的,但是如果其规模过大,则会对行政单位的财务状况产生不良影响,甚至会形成行政单位的财务风险。因此,行政单位对负债应当重视,严格控制负债规模,防止影响相关单位正常工作的开展。

3. 及时清理要求

行政单位应按照有关规定及时清理并按照规定办理结算。如对于应付款项、暂存款项,行政单位要及时清理、按时结算,不得长期挂账;对于应缴款项,行政单位要严格按照国家有关规定,及时上缴。

二、应缴款项

应缴款项包括应缴财政款和应缴税费。其中,应缴财政款是指行政单位依法取得的应当上缴财政的资金,包括罚没收入、行政事业性收费、政府性基金、国有资产处置和出租出借收入等;应缴税费是指行政单位按照国家税法等有关规定应当缴纳的各种税费,包括增值税、城市建设维护税、教育费附加、房产税、车船税、城镇土地使用税、代缴的个人所得税等。

无论是应缴财政款还是应缴税费,它们在缴纳前均构成了行政单位的流动负债。行政单位应当严格按照国家规定及时、足额地上缴各种款项,不得无故拖欠、截流和坐支。

（一）应缴财政款

行政单位应当上缴财政的款项,包括罚没收入、行政事业性收费、政府性基金、国有资产处置和出租出借收入等。其中,罚没收入是指执法机关依据法律、法规和规章,对公民、法人或者其他组织实施处罚所取得的罚款、没收的非法所得、没收的非法财物的变价收入等。行政事业性收费是指国家机关、行政单位、代行政府职能的社会团体及其他组织根据法律、行政法规、地方性法规等有关规定,依照国务院规定程序批准,在向公民、法人提供特定服务的过程中,按照成本补偿和非营利原则向特定服务对象收取的费用。政府性基金是指为支持某项公益事业发展,各级政府及其所属部门依照法律法规的规定,向公民、法人和其他组织无偿征收的具有专项用途的财政资金。国有资产处置收入是指行政单位国有资产产权的转移或核销所产生的收入,包括国有资产的出售收入、出让收入、置换差价收入、报废报损残值变价收入等。行政单位国有资产出租出借收入是指行政单位在保证完成正常工作的前提下,经审批同意,出租、出借国有资产所取得的收入。

此外,行政单位收取的主管部门集中收入、广告收入、捐赠收入、回收资金、利息收入等也属于应缴款项。

行政单位通过设置"应缴财政款"账户核算行政单位取得的按照规定应当上缴财政的款项,包括罚没收入、行政事业性收费、政府性基金、国有资产处置和出租出借收入等。该账户的贷方登记取得的应缴财政款项;借方登记上缴的财政款项。平时贷方余额反映行政单位的应缴未缴款项;年终清缴后,本账户一般应无余额。其明细账应当按照应缴财政款项的类别设置明细账并进行明细核算。

行政单位取得按照规定应当上缴财政的款项时,借记"银行存款"等账户,贷记"应缴财政款"账户;上缴应缴财政的款项时,按照实际上缴的金额,借记"应缴财政款"账户,贷记"银行存款"账户。

行政单位处置资产取得应当上缴财政的处置净收入时,应当按照以下步骤进行:①行政单位出售、置换换出资产过程中收到价款、补价等收入时,借记"库存现金""银行存款"等账户,贷记"待处理财产损溢——处置净收入"账户。②行政单位出售、置换换出资产过程中发生相关费用时,借记"待处理财产损溢——处置净收入"账户,贷记"库存现金""银行存款""应缴税费"等账户。③行政单位出售、置换换出完毕,按照处置收入扣除相关税费后的净收入时,借记"待处理财产损溢——处置净收入"账户,贷记"应缴财政款"账户。④行政单位上缴应缴财政的款项时,按照实际上缴的金额,借记"应缴财政款"账户,贷记"银行存款"账户。

【例 9-1】 某行政单位根据发生的应缴财政款业务,编制相关的会计分录。

(1)经批准将闲置房屋出租,取得租金收入 60 000 元并存入银行。另以银行存款支付房屋维修支出 3 000 元。

① 取得租金:

借:银行存款	60 000
贷:应缴财政款——房屋出租收入	60 000

② 支付维修费用:

借:应缴财政款——房屋出租收入	3 000
贷:银行存款	3 000

③ 上缴应缴财政款:

借:应缴财政款——房屋出租收入	57 000
贷:银行存款	57 000

(2)经批准出售一批材料,其账面余额为 50 000 元,售价为 60 000 元,出售材料支付相关费用 3 000 元,款项通过银行收付。

① 确认出售材料收到的价款：

借：银行存款　　　　　　　　　　　　　　　　　60 000
　　贷：待处理财产损溢——处置净收入　　　　　　　　60 000

② 确认出售材料支付的费用：

借：待处理财产损溢——处置净收入　　　　　　　　3 000
　　贷：银行存款　　　　　　　　　　　　　　　　　3 000

③ 确认处置材料净收入：

借：待处理财产损溢——处置净收入　　　　　　　　57 000
　　贷：应缴财政款——材料出售收入　　　　　　　　57 000

④ 上缴应缴财政款：

借：应缴财政款——材料出售收入　　　　　　　　57 000
　　贷：银行存款　　　　　　　　　　　　　　　　　57 000

（二）应缴税费

应缴税费包括行政单位应缴的增值税、城市维护建设税、教育费附加、房产税、车船税、城镇土地使用税、代缴的个人所得税等。

行政单位通过设置"应缴税费"账户核算行政单位的应缴税费情况。该账户的贷方登记应缴纳的各种税费等；借方登记实际缴纳的税费；期末贷方余额反映行政单位应缴未缴的税费金额。"应缴税费"账户应当按照应缴纳的税费种类设置明细账并进行明细核算。

行政单位发生应缴税费时，按照税法等规定计算的应缴税费金额，借记"待偿债净资产"账户，贷记"应缴税费"账户；实际缴纳时，借记"应缴税费"账户，贷记"待偿债净资产"账户，同时，借记"经费支出"账户，贷记"银行存款"等账户。

行政单位代扣代缴个人所得税时，按照按税法等规定计算的应代扣代缴的个人所得税金额，借记"应付职工薪酬"账户（从职工工资中代扣个人所得税）或"经费支出"账户（从劳务费中代扣个人所得税），贷记"应缴税费"账户；实际缴纳时，借记"应缴税费"账户，贷记"财政拨款收入""零余额账户用款额度""银行存款"等账户。

三、应付款项

应付款项包括应付职工薪酬、应付账款、应付政府补贴款、其他应付款、长期应付款等。其中，既有短期负债性质的应付款项，如应付职工薪酬、应付账款、应付政府补贴款、其他应付款，也有长期负债性质的应付款项，如长期应付款。

（一）应付职工薪酬

1. 职工薪酬的概念及内容

职工薪酬是指企业为获得职工提供的服务而给予其各种形式的报酬以及其他相关支出。职工薪酬包括如下内容：①基本工资。它是指单位为了保证职工的基本生活需要，职工在组织中可以定期拿到的、数额固定的劳动报酬。它由用人单位按照规定的工资标准支付，较之工资额的其他组成部分具有相对稳定性。②绩效工资。它是指以对员工绩效的有效考核为基础,实现将工资与考核结果相挂钩的工资制度,其理论基础就是"以绩取酬",其基本特征是将员工的薪酬收入与个人业绩相挂钩。业绩是一个综合的概念,比产品的数量和质量内涵更为宽泛,它不仅包括产品数量和质量,还包括员工对单位的其他贡献。绩效工资一般包括:年终一次性奖金、节假日补贴、现行的生活补贴、津贴补贴、在职人员新增绩效工资、离退休人员新增生活补贴。③国家统一规定的津贴补贴。它是指为了补偿职工特殊或额外的劳动消耗和因其他特殊原因支付给职工的津贴,以及为了保证职工工资水平不受物价影响支付的物价补贴,包括补偿职工特殊或额外劳动消耗的津贴(如高空津贴、井下津贴等),保健津贴,技术性津贴,工龄津贴及其他津贴(如直接支付的伙食津贴、合同制职工工资性补贴及书报费等)。需要注意的是,根据国家法律、法规和政策规定,因病、工伤、产假、计划生育、婚丧假、探亲假、事假、定期休假、停工学习、执行国家和社会义务等原因应支付的工资也包括在内。④社会保险费。它是指企业按照国家规定的基准和比例计算,向社会保险经办机构缴纳的医疗保险费、养老保险费、失业保险费、工伤保险费和生育保险费,即通常所讲的"五险一金"的"五险"。⑤住房公积金。它是指企业按照国家规定的基准和比例计算,向住房公积金管理机构缴存的住房公积金,即通常所说的"五险一金"的"一金"。

事业单位通过设置"应付职工薪酬"账户核算其应付给职工的各种薪酬。该账户的贷方登记本月应发的各种职工薪酬;借方登记本月发放的各种职工薪酬;平常贷方余额反映事业单位应付未付的职工薪酬。年度终了,"应付职工薪酬"账户一般应无余额。

"应付职工薪酬"账户应当根据国家有关规定按照"工资(离退休费)""地方(部门)津贴补贴""其他个人收入"以及"社会保险费""住房公积金"等设置并进行明细核算。

2. 应付职工薪酬的账务处理

行政单位发生应付职工薪酬时,按照计算出的应付职工薪酬金额,借记"经费支出"账户,贷记"应付职工薪酬"账户;向职工支付工资、津贴补贴等薪酬时,按照实际支付的金额,借记"应付职工薪酬"账户,贷记"财政拨款收入""零余额账户用款额度""银行存款"等账户。

行政单位从应付职工薪酬中代扣为职工垫付的水电费、房租等费用时,按照实际扣除的金额,借记"应付职工薪酬——工资"账户,贷记"其他应收款"等账户;行政单位从应付职工薪酬中代扣代缴个人所得税时,按照代扣代缴的金额,借记"应付职工薪酬——工资"账户,贷记"应缴税费——应缴个人所得税"账户;行政单位从应付职工薪酬中代扣代缴社会保险费和住房公积金时,按照代扣代缴的金额,借记"应付职工薪酬——工资"账户,贷记"其他应付款"等账户;行政单位缴纳单位为职工承担的社会保险费和住房公积金时,借记"应付职工薪酬——社会保险费、住房公积金"账户,贷记"待偿债净资产"账户,同时,借记"经费支出"账户,贷记"财政拨款收入""零余额账户用款额度""银行存款"等账户。

【例 9-2】 2017 年 3 月,某行政单位根据发生的应付职工薪酬业务,编制相关的会计分录。

(1) 应付职工薪酬资料如下:应付基本工资 2 400 000 元、离退休费 90 000 元、地方(部门)津贴补贴 320 000 元、其他个人收入 50 000 元、社会保险费 650 000 元、住房公积金

240 000元。

借:经费支出   3 580 000

  贷:应付职工薪酬   3 580 000

（2）本月该行政单位从应付职工薪酬中代扣已为职工垫付的水电费、房租等费用 40 000元。

借:应付职工薪酬——工资   40 000

  贷:其他应收款   40 000

（3）本月该行政单位从应付职工薪酬中代扣代缴个人所得税 50 000 元,款项以零余额账户结算。

① 代扣个人所得税:

借:应付职工薪酬——工资   50 000

  贷:应缴税费——应缴个人所得税   50 000

② 代缴个人所得税:

借:应缴税费——应缴个人所得税   50 000

  贷:零余额账户用款额度   50 000

（4）本月该行政单位从应付职工薪酬中代扣代缴社会保险费 280 000 元和住房公积金 240 000 元。款项以零余额账户支付。

① 代扣社会保险费和住房公积金:

借:应付职工薪酬——工资   520 000

  贷:其他应付款——应付社会保险费   280 000

        ——应付住房公积金   240 000

② 代缴社会保险费和住房公积金:

借:其他应付款——应付社会保险费   280 000

      ——应付住房公积金   240 000

  贷:零余额账户用款额度   520 000

（5）本月该行政单位缴纳为职工承担的社会保险费和住房公积金,款项以财政直接支付方式结算。

借:应付职工薪酬——社会保险费   650 000

      ——住房公积金   240 000

  贷:财政拨款收入   890 000

（二）应付账款

1. 应付账款概述

应付账款是指行政单位因购买物资或服务等应付的偿还期限不超过 1 年(含 1 年)的款项。

应付账款是基于买卖双方在购销活动中,因取得物资或劳务与支付货款在时间上背离而产生的债务责任。由于应付账款一般在较短期限内支付,因此将其列入了资产负债表短期负债项目。

行政单位必须加强对应付账款的管理,对于应付其他单位的款项应及时筹措资金,按时偿还,以避免长期占用其他单位的资金,影响其他单位资金的正常周转。对于确实无法支付的应付款项,应按有关会计处理方法进行处理。

行政单位通过设置"应付账款"账户核算行政单位因购买物资或服务、工程建设等而应付的偿还期限在1年以内(含1年)的款项。该账户的贷方登记行政单位购买物资或服务、工程建设等发生的应付账款;借方登记偿还的应付账款,或开出商业汇票抵付应付账款的款项,或已冲销的无法支付的应付账款;期末贷方余额反映行政单位尚未支付的应付账款。其明细账应当按照债权单位(或个人)设置并进行明细核算。

2. 购进物资未付款

从理论上来讲,应付账款入账时间的确定,应以所购买物资的所有权转移为标志,即在单位取得所购物资的所有权时确认应付账款。但是,在实际工作中,应按以下情况分别进行处理:一是在货物和发票账单同时到达的情况下,应付账款一般待货物验收入库后,才按发票账单登记入账。这主要是为了确认所购入的物资无论是从质量上,还是从数量或品种上都与合同上订明的条件相符,以避免发生入账后再验收入库时发现购入物资错、漏、破损等问题时再行调账;二是在物资和发票账单不是同时到达的情况下,虽然应付账款要根据发票账单入账,有时候物资已到而发票账单要间隔较长的时间才能到达,但由于这笔负债已经成立,应作为一项负债反映。

行政单位收到所购物资但尚未付款时,按照应付未付款项的金额,借记"待偿债净资产"账户,贷记"应付账款"账户;偿付应付账款时,借记"应付账款"账户,贷记"待偿债净资产"账户,同时,借记"经费支出"账户,贷记"财政拨款收入""零余额账户用款额度""银行存款"等账户。

【例9-3】 2017年5月3日,某行政单位从M公司购入一批库存材料,货款为30 000元,对方代垫运杂费2 000元。材料已运达并验收入库,款项尚未支付。2017年6月5日,该行政单位收到代理银行转来的用于支付M公司货款的"财政直接支付入账通知书",通知书中注明的金额为32 000元。该行政单位根据发生的经济业务,编制相关的会计分录。

(1)确认应付账款。

借:待偿债净资产   32 000

  贷:应付账款——M公司   32 000

(2)偿付应付账款。

借:应付账款——M公司   32 000

  贷:待偿债净资产   32 000

同时,

借:经费支出   32 000

  贷:财政拨款收入   32 000

3. 接受劳务供应未付款

劳务是指不以实物形式而是以提供活劳动的形式满足他人某种特殊需要的行为。行政单位接受劳务供应的种类有很多,如旅游、运输、饮食、广告、理发、照相、洗染、咨询、代理、培训、产品安装等。当行政单位接受劳务供应未付款便形成了该单位的一项负债。行政单位收到所购服务但尚未付款时,按照应付未付款项的金额,借记"待偿债净资产"账户,贷记"应付账款"账户;偿付应付账款时,借记"应付账款"账户,贷记"待偿债净资产"账户,同时,借记"经费支出"账户,贷记"财政拨款收入""零余额账户用款额度""银行存款"等账户。

【例9-4】 2017年6月10日,某行政单位接受了网络公司提供的电脑维修服务,其劳务费2 000元尚未支付。

借:待偿债净资产	2 000
贷:应付账款——M公司	2 000

4. 完成工程未付款

有时,行政单位自建或外购工程项目已完工但款项尚未付款,行政单位应将其确认为应付账款。行政单位自建或外购工程但尚未付款时,按照应付未付款项的金额,借记"待偿债净资产"账户,贷记"应付账款"账户;偿付应付账款时,借记"应付账款"账户,贷记"待偿债净资产"账户,同时,借记"经费支出"账户,贷记"财政拨款收入""零余额账户用款额度""银行存款"等账户。

【例9-5】 2017年1月10日,甲行政单位经批准自建车库并出包给乙建筑公司。1月20日,以银行存款支付工程款300 000元;6月30日工程结束,甲行政单位将与乙建筑公司结算的工程价款450 000元作为工程成本,工程余款尚未支付。甲行政单位根据发生的经济业务,编制相关的会计分录。

(1)1月20日支付工程款。

借:经费支出	300 000
贷:银行存款	300 000

同时,

借:在建工程	300 000
贷:资产基金——在建工程	300 000

(2)6月30日结算工程款。

借:在建工程	150 000
贷:资产基金——在建工程	150 000

同时,

借:待偿债净资产	150 000
贷:应付账款——乙建筑公司	150 000
借:资产基金——在建工程	450 000
贷:在建工程	450 000
借:固定资产	450 000
贷:资产基金——固定资产	450 000

5. 无法偿付或债权人豁免偿还应付账款

行政单位无法偿付或债权人豁免偿还的应付账款,应当按规定报经批准后进行账务处理。经批准核销时,借记"应付账款"账户,贷记"待偿债净资产"账户。核销的应付账款应在备查簿中保留登记。

【例9-6】 2017年6月30日,甲行政单位已确认的应付乙公司一笔应付账款6 000元,因乙公司撤销而无法支付。甲行政单位根据发生的经济业务,编制相关的会计分录。

借:应付账款——乙公司   6 000

  贷:待偿债净资产   6 000

（三）应付政府补贴款

应付政府补贴款是指负责发放政府补贴的行政单位,按照规定应当支付给政府补贴接受者的各种政府补贴款。

行政单位通过设置"应付政府补贴款"账户核算负责发放政府补贴的行政单位,按照规定应当支付给政府补贴接受者的各种政府补贴款。该账户的贷方登记应付的政府补贴款;借方登记支付的应付政府补贴;期末贷方余额反映行政单位应付未付的政府补贴款。其明细账应当按照政府补贴的种类设置并进行明细核算。行政单位还应当建立按照补贴接受者登记的备查簿,进行应付政府补贴款的明细核算。

根据应当在规定发放政府补贴的时间确认应付政府补贴款的原则,行政单位发生应付政府补贴款时,按照按规定计算出的应付政府补贴款金额,借记"经费支出"账户,贷记"应付政府补贴款"账户;行政单位支付应付的政府补贴款时,借记"应付政府补贴款"账户,贷记"零余额账户用款额度""银行存款"等账户。

【例9-7】 2016年12月末,某行政单位按照规定应当支付给政府补贴接受者提租补贴600 000元。次年年初,以银行存款支付应付未付的提租补贴款600 000元。该行政单位根据发生的经济业务,编制相关的会计分录。

（1）按规定应付提租补贴。

借:经费支出   600 000

  贷:应付政府补贴款——提租补贴   600 000

（2）支付应付未付的提租补贴。

借:应付政府补贴款——提租补贴   600 000

  贷:银行存款   600 000

（四）其他应付款

其他应付款是指行政单位除应缴财政款、应缴税费、应付职工薪酬、应付账款、应付政府补贴款以外的其他各项偿还期限在1年以内(含1年)的应付及暂存款项,包括收取的押金、保证金、未纳入行政单位预算管理的转拨资金、代扣代缴的职工社会保险费和住房公积金等。

行政单位通过设置"其他应付款"账户核算其他应付款的增减变动情况。该账户的贷方登记发生的其他应付款;借方登记偿付的其他应付款;期末贷方余额反映行政单位尚未支付的其他应付款。其明细账应当按款项的类别和单位或个人设置并进行明细核算。

行政单位发生各项其他应付款时,借记"银行存款"等账户,贷记"其他应付款"账户;

支付各项其他应付款时,借记"其他应付款"账户,贷记"银行存款"等账户。

行政单位因故无法偿付或债权人豁免偿还的其他应付款项,应当按规定报经批准后进行账务处理。经批准核销时,借记"其他应付款"账户,贷记"其他收入"账户。核销的其他应付款应在备查簿中保留登记。

（五）长期应付款

长期应付款是指行政单位应付的偿还期限超过1年(不含1年)的款项,如跨年度分期付款购入固定资产的未付价款等。长期应付款除具有长期负债的一般特点外,还具有分期付款性质。

行政单位通过设置"长期应付款"账户核算偿还期限超过1年(不含1年)的应付款项的增减变动情况。该账户的贷方登记确认的长期应付款;借方登记偿还的长期应付款;期末贷方余额反映行政单位尚未支付的各种长期应付款。其明细账应按照长期应付款的种类设置并进行明细核算。

行政单位因购买物资、服务等发生的长期应付款,应当在收到所购物资或服务时确认;因其他原因发生的长期应付款,应当在承担付款义务时确认。

行政单位购入固定资产分期付款的,在取得固定资产时,按照确定的固定资产成本,借记"固定资产"账户(不需要安装)或"在建工程"账户(需要安装),贷记"资产基金——固定资产、在建工程"账户;同时,按照已实际支付的价款,借记"经费支出"账户,贷记"财政拨款收入""零余额账户用款额度""银行存款"等账户;按照应付未付的款项,借记"待偿债净资产"账户,贷记"长期应付款"账户。

【例9-8】 2017年1月1日,甲行政单位与乙公司签订了一份购货合同,甲行政单位从乙公司购入一台需要安装的大型办公设备。合同约定,甲行政单位采用分期付款方式支付价款。该设备价款共计3 000 000元,在2017年至2019年的3年内每年年末支付价款1 000 000元,每年的付款日期为当年的12月25日。

2017年1月1日,设备如期运抵甲行政单位并开始安装,发生运杂费和相关税费20 000元,已用银行存款付讫。2017年1月31日,设备达到预定可使用状态,发生安装费50 000元,已用银行存款付讫。

（1）设备投入安装。

借:在建工程	3 000 000
贷:资产基金——在建工程	3 000 000
借:待偿债净资产	3 000 000
贷:长期应付款——专用设备价款	3 000 000

（2）支付运杂费和相关税费。

借:经费支出	20 000
贷:银行存款	20 000
借:在建工程	20 000
贷:资产基金——在建工程	20 000

（3）支付安装费。

借:经费支出	50 000	
贷:银行存款		50 000
借:在建工程	50 000	
贷:资产基金——在建工程		50 000

（4）结转设备成本。

借:固定资产	3 070 000	
贷:资产基金——固定资产		3 070 000

同时,

借:资产基金——在建工程	3 070 000	
贷:在建工程		3 070 000

（5）2017 年至 2019 年的每年年末支付设备款。

借:长期应付款——专用设备价款	1 000 000	
贷:银行存款		1 000 000

行政单位购买物资和接受服务时,按照应付未付的金额,借记"待偿债净资产"账户,贷记"长期应付款"账户;行政单位偿付长期应付款时,借记"经费支出"账户,贷记"财政拨款收入""零余额账户用款额度""银行存款"等账户,同时,借记"长期应付款"账户,贷记"待偿债净资产"账户。

行政单位无法偿付或债权人豁免偿还的长期应付款,应当按规定报经批准后进行账务处理。经批准核销时,借记"长期应付款"账户,贷记"待偿债净资产"账户。核销的长期应付款应在备查簿中保留登记。

【例 9-9】 2017 年甲行政单位根据发生的长期应付款业务,编制相关的会计分录。

（1）3 月 1 日,从乙单位购买一批政府储备物资,其价款为 50 000 元,以银行存款支付运费等支出 3 000 元,物资验收合格入库。根据协议约定,该批物资付款期限为 18 个月。

借:政府储备物资	53 000	
贷:资产基金		53 000
借:待偿债净资产	50 000	
贷:长期应付款——政府储备物资款(乙单位)		50 000

（2）9 月 1 日,该单位以零余额账户支付政府储备物资款项。

借:经费支出	50 000	
贷:零余额账户用款额度		50 000
借:长期应付款——政府储备物资款(乙单位)	50 000	
贷:待偿债净资产		50 000

假设 9 月 1 日,乙单位豁免甲行政单位所欠政府储备物资款 50 000 元。甲行政单位应编制如下会计分录。

借:长期应付款——政府储备物资款(乙单位)	50 000	
贷:待偿债净资产		50 000

（六）受托代理负债

受托代理负债是指行政单位接受委托,获得受托管理资产时形成的负债。

为了核算受托代理负债的增减变动情况,行政单位应设置"受托代理负债"账户。该账户的贷方登记受托代理负债的增加;借方登记受托代理负债的减少;期末贷方余额反映行政单位尚未清偿的受托代理负债。其明细账应当按照委托人等设置并进行明细核算,属于指定转赠物资和资金的,还应当按照指定受赠人进行明细核算。

受托代理负债的账务处理参见第八章"行政单位资产"中的"受托代理资产"一小节。

第二节　净资产

一、净资产概述

（一）净资产的概念

《行政单位会计制度》指出,净资产是指行政单位资产扣除负债后的余额。它表明行政单位的资产总额在抵偿了一切现存义务以后的差额部分。用公式可表示为:资产-负债=净资产。

从资产、负债和净资产三个要素之间的数量关系来看,净资产的内涵表现在以下两个方面:第一,它是一个"差量"概念,是资产与负债之间的差额,这种"差量"体现了行政单位在一定时期所占有或者使用一定经济资源的净额,反映了行政单位在持续发展过程中所具有的某种经济权利、经济潜能;第二,它是一个"变量"概念,是指净资产既会随着行政单位收入扣除支出的正差额而增加,也会随着收入扣除支出的负差额而减少。

（二）净资产的特征

（1）根据"净资产=资产-负债"的计算过程来看,净资产不像资产、负债要素那样在发生时按照规定的标准和方法单独确认与计量,净资产的确认与计量是在资产和负债确认与计量之后确定。因此,净资产的确认与计量最终取决于资产和负债的确认与计量标准。

（2）净资产的变动主要来源于收入减支出的余额。一般来说,引起净资产增减变动的情况主要有两种:一是由于含有经济利益或服务潜力的经济资源流入单位,使单位的资产增加,或者负债减少,从而导致净资产增加,也就是,行政单位获得了收入而导致净资产增加;二是由于含有经济利益或服务潜力的经济资源流出单位,使得单位的资产减少,或负债增加,从而导致净资产减少,即单位发生了支出而导致净资产减少。也就是,行政单位净资产的变动主要来自收入减去支出后的余额。

（3）行政单位对其净资产享有拥有权和使用权。行政单位净资产归单位占有或者使用。单位可以使用净资产购买设备和物资,也可以用来安排其他开支。

（4）行政单位净资产权属于国家所有。行政单位的各项净资产虽然为行政单位所占有或者使用,但从净资产的终极权利归属来看,其所有权并不归属于行政单位本身,而是归属于国家所有。

（三）净资产的分类

行政单位的净资产包括财政拨款结转、财政拨款结余、其他资金结转结余、资产基金、待偿债净资产等。

1. 财政拨款结转

财政拨款结转是指行政单位当年预算已执行但尚未完成，或因故未执行，下一年度需要按照原用途继续使用的财政拨款滚存资金。

2. 财政拨款结余

财政拨款结余是指行政单位当年预算工作目标已完成，或因故终止，剩余的财政拨款滚存资金。

3. 其他资金结转结余

其他资金结转结余是指行政单位除财政拨款收支以外的各项收支相抵后剩余的滚存资金。

4. 资产基金

资产基金是指行政单位的非货币性资产在净资产中占用的金额。

5. 待偿债净资产

待偿债净资产是指行政单位因发生应付账款和长期应付款而相应需在净资产中冲减的金额。

二、财政拨款结转

（一）财政拨款结转的内涵

结转是结转资金的简称，是指当年预算已执行但尚未完成，或因故未执行，下一年度需要按照原用途继续使用的资金，主要是指财政拨款结转。按形成的时间，结转资金可以分为当年结转资金和累计结转资金。其中，当年结转资金是指当年形成的财政拨款结转资金；累计结转资金是指截止到年底形成的历年累计财政拨款结转资金。按资金结转的来源，结转资金可以分为基本支出资金结转和项目支出资金结转。其中，基本支出资金结转包括人员经费资金结转和日常公用经费资金结转。

基本支出结转资金原则上可结转下年继续使用，用于增人增编等人员经费和日常公用经费支出，但在人员经费和日常公用经费之间不得挪用，不得用于提高人员经费开支标准。项目支出结转资金结转下年按原用途继续使用。

行政单位通过设置"财政拨款结转"账户核算其滚存的财政拨款结转资金。该账户的贷方登记增加的财政拨款结转数额；借方登记减少的财政拨款结转数额；期末贷方余额反映行政单位滚存的财政拨款结转资金数额。

为了反映财政拨款结转增减变动的详细情况，"财政拨款结转"账户应按以下方法设置明细账：

（1）"财政拨款结转"在"基本支出结转"明细账户下按照"人员经费"和"日常公用经费"进行明细核算，在"项目支出结转"明细账户下按照具体项目进行明细核算；"财政拨结转"账户还应当按照《2016 年政府收支分类科目》中"支出功能分类科目"的项级科目进行明细核算。

（2）有公共财政预算拨款、政府性基金预算拨款等两种或两种以上财政拨款的行政单位，还应当按照财政拨款的种类设置明细账，并进行明细核算。

（3）"财政拨款结转"账户还可以根据管理需要按照财政拨款结转变动的原因，设置"收支转账""结余转账""年初余额调整""归集上缴""归集调入""单位内部调剂""剩余结转"等明细账户，并进行明细核算。

（二）调整以前年度财政拨款结转

行政单位因发生差错更正、以前年度支出收回等原因，需要调整财政拨款结转的，按照实际调增财政拨款结转的金额，借记有关账户，贷记"财政拨款结转——年初余额调整"账户；按照实际调减财政拨款结转的金额，借记"财政拨款结转——年初余额调整"账户，贷记有关账户。

（三）从其他单位调入财政拨款结余资金

行政单位按照规定从其他单位调入财政拨款结余资金时，按照实际调增的额度数额或调入的资金数额，借记"零余额账户用款额度""银行存款"等账户，贷记"财政拨款结转——归集调入"账户。

【例 9-10】 2017 年 6 月 1 日，某行政单位按照规定从其他单位调入财政拨款结余资金 5 000 000 元，款项已存入银行。该行政单位根据发生的经济业务，编制相关的会计分录。

借：银行存款   5 000 000

 贷：财政拨款结转——归集调入   5 000 000

（四）上缴财政拨款结转

行政单位按照规定上缴财政拨款结转资金时，按照实际核销的额度数额或上缴的资金数额，借记"财政拨款结转——归集上缴"账户，贷记"财政应返还额度""零余额账户用款额度""银行存款"等账户。

【例 9-11】 2017 年 8 月 1 日，某行政单位按照规定上缴财政拨款结转资金 2 000 000 元，款项以零余额账户结算。该行政单位根据发生的经济业务，编制相关的会计分录。

借：财政拨款结转——归集上缴   2 000 000

 贷：零余额账户用款额度   2 000 000

（五）单位内部调剂结余资金

经财政部门批准，行政单位对财政拨款结余资金改变用途，调整用于其他未完成项目等时，按照调整的金额，借记"财政拨款结余——单位内部调剂"账户及其明细，贷记"财政拨款结转——单位内部调剂"账户及其明细。

【例 9-12】 2017 年 8 月 31 日，经财政部门批准，甲行政单位将其财政拨款结余资金 300 000 元调剂给乙行政单位。该行政单位根据发生的经济业务，编制相关的会计分录。

借：财政拨款结余——单位内部调剂——甲行政单位 300 000

 贷：财政拨款结转——单位内部调剂——乙行政单位 300 000

（六）结转本年财政拨款收入和支出

（1）年末,行政单位将财政拨款收入本年发生额转入"财政拨款结转"账户时,借记"财政拨款收入——基本支出拨款、项目支出拨款"账户,贷记"财政拨款结转——收支转账——基本支出结转、项目支出结转"账户。

（2）年末,行政单位将财政拨款支出本期发生额转入"财政拨款结转"账户时,借记"财政拨款结转——收支转账——基本支出结转、项目支出结转"账户,贷记"经费支出——财政拨款支出——基本支出、项目支出"账户。

【例 9-13】 2017 年 12 月 31 日,某行政单位相关收入、支出账户及其所属明细账户情况如表 9-1 所示。该行政单位根据发生的经济业务,编制相关的会计分录。

表 9-1　收入、支出账户及其所属明细账户情况

一级账户	二级账户	三级账户	金额（元）
财政拨款收入	基本支出拨款		50 000 000
	项目支出拨款		30 000 000
经费支出	财政拨款支出	基本支出	45 000 000
	财政拨款支出	项目支出	28 000 000

（1）结转收入。

借:财政拨款收入——基本支出拨款　　　　　　50 000 000

　　　　　　　　——项目支出拨款　　　　　　30 000 000

　　贷:财政拨款结转——收支转账——基本支出结转　　50 000 000

　　　　　　　　——收支转账——项目支出结转　　30 000 000

（2）结转支出。

借:财政拨款结转——收支转账——基本支出结转　　45 000 000

　　　　　　　　——收支转账——项目支出结转　　28 000 000

　　贷:经费支出——财政拨款支出——基本支出　　　45 000 000

　　　　　　　　——财政拨款支出——项目支出　　28 000 000

（七）将完成项目的结转资金转入财政拨款结余

年末,行政单位完成上述财政拨款收支转账后,应对各项目的执行情况进行分析,并按照有关规定将符合财政拨款结余性质的项目余额转入财政拨款结余,借记"财政拨款结转——结余转账——项目支出结转"账户,贷记"财政拨款结余——结余转账——项目支出结余"账户。

【例 9-14】 承例 9-13,2016 年 12 月 31 日,按照有关规定将符合财政拨款结余资金性质的项目余额 2 000 000 元转入财政拨款结余。该行政单位根据发生的经济业务,编制相关的会计分录。

借:财政拨款结转——结余转账——项目支出结转　　2 000 000

　　贷:财政拨款结余——结余转账——项目支出结余　　2 000 000

（八）年末有关明细账户余额的冲销

年末财政拨款收支转账后，行政单位应将"财政拨款结转"账户所属"收支转账""结余转账""年初余额调整""归集上缴""归集调入""单位内部调剂"等明细账户的余额转入"剩余结转"明细账户；转账后，"财政拨款结转"账户除"剩余结转"明细账户外，其他明细账户应无余额。

【例9-15】 某行政单位2017年12月31日"财政拨款结转"账户及其所属明细账户转账前的资料如表9-2所示。

表9-2 "财政拨款结转"账户及其所属明细账户余额   单位：元

一级账户	明细账户	借方余额	贷方余额
财政拨款结转	收支转账		3 000 000
	结余转账		1 000 000
	年初余额调整	500 000	
	归集上缴		1 500 000
	归集调入		2 000 000
	单位内部调剂		500 000
	剩余结余		600 000

根据表9-2，将"财政拨款结转"账户所属明细账户的余额（除剩余结余）予以转账，编制相关的会计分录。

（1）将贷方余额明细账户予以结转。

借：财政拨款结转——收支转账　　　　　　　　　3 000 000

　　　　　　　　——结余转账　　　　　　　　　1 000 000

　　　　　　　　——归集上缴　　　　　　　　　1 500 000

　　　　　　　　——归集调入　　　　　　　　　2 000 000

　　　　　　　　——单位内部调剂　　　　　　　　500 000

　　贷：财政拨款结转——剩余结转　　　　　　　　　　　8 000 000

（2）将借方余额明细账予以结转。

借：财政拨款结转——剩余结转　　　　　　　　　500 000

　　贷：财政拨款结转——年初余额调整　　　　　　　　500 000

经计算，"财政拨款结转——剩余结转"账户年末余额为8 100 000元（600 000+8 000 000-500 000）。

三、财政拨款结余

（一）财政拨款结余概述

1. 结余的内涵

结余是结余资金的简称。广义上讲，结余是指行政单位在一定时期内收入与支出相抵后的余额,是行政单位的财务成果。行政单位结余具有以下特点:①行政单位的结余是单位全部收入与全部支出相抵后的余额。行政单位的收入是包括财政拨款收入和其他资金收入在内的全部收入,支出是用各项收入安排形成的全部支出,按照规定,上述收支要全部纳入单位预算。所以,行政单位的结余是其全部收支相抵后的余额。②行政单位的业务工作不以营利为目的,其结余的形成既可能是增收节支的结果,也可能是工作任务调整的结果。其结余形成的原因、方法既不同于企业,也不同于事业单位。

狭义的结余仅指财政拨款结余或其他资金结余。

行政单位结余核算的任务是真实、准确地计算和反映行政单位业务收支结余的情况,向决策者提供信息,以发现开展业务过程中存在的问题和管理上的薄弱环节,促进行政单位加强经济核算,提高管理水平。

2. 结余资金的分类

《行政单位会计制度》规定,行政单位的结余资金分为财政拨款结余和其他资金结余。其中,财政拨款结余是指行政单位当年预算工作目标已完成,或因故终止,剩余的财政拨款滚存资金;其他资金结余是指行政单位除财政拨款收支以外的各项收支相抵后剩余的滚存资金。

3. 结余资金的管理要求

(1) 行政单位计算各项结余前,要对单位全年收支活动进行全面的清查、核对、整理和结算。凡属于本年度的各项收入,都要按照规定的类别及时入账;凡属于本年度的各项支出,都要按照规定的开支渠道和标准列支。要准确计算和如实反映单位全年收支情况。(2)行政单位在计算结余时,要根据国家有关规定和要求,对于不同性质的结余,如财政补助结余应按基本支出结余和项目支出结余分别计算,以避免相互混淆。

行政单位通过设置"财政拨款结余"账户核算其滚存的财政拨款结余资金。该账户的贷方登记增加的财政拨款结余数额;借方登记减少的财政拨款结余数额;期末贷方余额反映行政单位滚存的财政拨款结余资金数额。

为了反映财政拨款结余增减变动的详细情况,"财政拨款结余"账户应按以下要求设置明细账:

(1) "财政拨款结余"账户应当按照具体项目设置明细账并进行明细核算。

(2) "财政拨款结余"账户应当按照《2016 年政府收支分类科目》中"支出功能分类科目"的相关科目进行明细核算。

(3) 有公共财政预算拨款、政府性基金预算拨款等两种或两种以上财政拨款的行政单位,"财政拨款结余"账户还应当按照财政拨款的种类设置明细账,并进行明细核算。

(4) "财政拨款结余"账户还应当按照财政拨款结余变动的原因,设置"结余转账""年初余额调整""归集上缴""单位内部调剂""剩余结余"等明细账户,并进行明细核算。

(二) 调整以前年度财政拨款结余

行政单位因发生差错更正、以前年度支出收回等原因,需要调整财政拨款结余的,按照实际调增财政拨款结余的金额,借记有关账户,贷记"财政拨款结余——年初余额调整"账户;按照实际调减财政拨款结余的金额,借记"财政拨款结余——年初余额调整"账户,贷记有关账户。

【例 9—16】 2016 年,某行政单位收回上年已列支出的 50 000 元存入银行并调整财政拨款结余。按照实际调增财政拨款结余 50 000 元编制如下会计分录。

借:银行存款   50 000

 贷:财政拨款结余——年初余额调整   50 000

（三）上缴财政拨款结余

行政单位按照规定上缴财政拨款结余时,按照实际核销的额度数额或上缴的资金数额,借记"财政拨款结余——归集上缴"账户,贷记"财政应返还额度""零余额账户用款额度""银行存款"等账户。

【例 9—17】 2017 年 1 月,某行政单位按照规定上缴财政拨款结余 300 000 元,款项以零余额账户结算。该行政单位根据发生的经济业务,编制相关的会计分录。

借:财政拨款结余——归集上缴   300 000

 贷:零余额账户用款额度   300 000

（四）单位内部调剂结余资金

经财政部门批准,行政单位将本单位完成项目结余资金调整用于基本支出或其他未完成项目支出时,按照批准调剂的金额,借记"财政拨款结余——单位内部调剂"账户,贷记"财政拨款结转——单位内部调剂"账户。

【例 9—18】 某行政单位经财政部门批准,将本单位完成项目结余资金 300 000 元调整用于基本支出。该行政单位根据发生的经济业务,编制相关的会计分录。

借:财政拨款结余——单位内部调剂   300 000

 贷:财政拨款结转——单位内部调剂   300 000

（五）完成项目的结转资金转入财政拨款结余

年末,行政单位应对财政拨款各项目的执行情况进行分析,并按照有关规定将符合财政拨款结余资金性质的项目余额转入财政拨款结余,借记"财政拨款结转——结余转账——项目支出结转"账户,贷记"财政拨款结余——结余转账——项目支出结余"账户。

【例 9—19】 2016 年年末,某行政单位对财政拨款各项目的执行情况进行分析,将符合财政拨款结余资金性质的项目余额 500 000 元转入"财政拨款结余"账户。该行政单位根据发生的经济业务,编制相关的会计分录。

借:财政拨款结转——结余转账——项目支出结转 500 000

 贷:财政拨款结余——结余转账——项目支出结余 500 000

（六）年末有关明细账户余额的转销

年末,行政单位应将"财政拨款结余"账户所属"结余转账""年初余额调整""归集上缴""单位内部调剂"等明细账户的余额转入"剩余结余"明细账户;转账后,"财政拨款结余"账户除"剩余结余"明细账户外,其他明细账户应无余额。

【例 9—20】 某行政单位 2016 年 12 月 31 日"财政拨款结余"账户及其所属明细账户

转账前的资料如表 9-3 所示。

表 9-3　"财政拨款结余"账户及其所属明细账户余额

单位:元

一级账户	明细账户	借方余额	贷方余额
财政拨款结余	结余转账		100 000
	年初余额调整		30 000
	归集上缴	60 000	
	单位内部调剂		50 000
	剩余结余		20 000

根据表 9-3,编制结转"财政拨款结余"账户及其所属明细账户的会计分录。

借:财政拨款结余——结余转账　　　　　　　　　　　100 000
　　　　　　　　——年初余额调整　　　　　　　　　　30 000
　　　　　　　　——单位内部调剂　　　　　　　　　　50 000
　贷:财政拨款结余——剩余结余　　　　　　　　　　　　　180 000
借:财政拨款结余——剩余结余　　　　　　　　　　　60 000
　贷:财政拨款结余——归集上缴　　　　　　　　　　　　　60 000

经计算,"财政拨款结余——剩余结余"账户年末余额为 140 000 元(20 000+180 000−60 000)。

四、其他资金结转结余

(一) 其他资金结转结余的内涵

其他资金结转结余是其他资金与结转结余复合而成的概念。其他资金是与财政拨款相比而形成的概念,它是指财政拨款以外的资金。结转结余包括结转资金和结余资金。结转资金是指当年预算已执行但尚未完成,或因故未执行,下一年度需要按照原用途继续使用的资金。结余资金是指当年预算工作目标已完成,或因故终止,当年剩余的资金。

行政单位通过设置"其他资金结转结余"账户核算其除财政拨款收支以外的其他各项收支相抵后剩余的滚存资金。该账户的贷方登记增加的其他资金结转结余数额;借方登记减少的其他资金结转结余数额;期末贷方余额反映行政单位滚存的各项非财政拨款资金结转结余数额。

"其他资金结转结余"账户应按照以下方法设置明细账:

(1)"其他资金结转结余"账户应当设置"项目结转"和"非项目结转"明细账户,分别对项目资金和非项目资金进行明细核算。对于项目结转,还应当按照具体项目进行明细核算。

(2)"其他资金结转结余"账户还可以根据管理需要按照其他资金结转结余变动原因,设置"收支转账""年初余额调整""结余调剂""剩余结转结余"等明细账户,并进行明细核算。

（二）调整以前年度其他资金结转结余

行政单位因发生差错更正、以前年度支出收回等原因，需要调整其他资金结转结余的，按照实际调增的金额，借记有关账户，贷记"其他资金结转结余"账户。按照实际调减的金额，借记"其他资金结转结余"账户，贷记有关账户。

（三）结转本年其他收入和支出

年末，行政单位将其他收入中的项目资金收入本年发生额转入"其他资金结转结余"账户时，借记"其他收入"账户，贷记"其他资金结转结余——项目结转——收支转账"账户；将其他收入中的非项目资金收入本年发生额转入"其他资金结转结余"账户时，借记"其他收入"账户，贷记"其他资金结转结余——非项目结余——收支转账"账户。

年末，行政单位将其他资金支出中的项目支出本年发生额转入"其他资金结转结余"账户时，借记"其他资金结转结余——项目结转——收支转账"账户，贷记"经费支出——其他资金支出——项目支出"账户、"拨出经费——项目支出"账户；将其他资金支出中的基本支出本年发生额转入"其他资金结转结余"账户时，借记"其他资金结转结余——非项目结余——收支转账"账户，贷记"经费支出——其他资金支出——基本支出"账户、"拨出经费——基本支出"账户。

【例9-21】 某行政单位2016年12月31日其他收入、其他支出账户及其所属明细账户情况如表9-4所示。

表9-4 其他收入、其他支出账户及其所属明细账户余额 单位：元

一级账户	明细账户	借方余额	贷方余额
其他收入	其他资金收入（项目收入）		900 000
	其他资金收入（非项目收入）		150 000
经费支出	其他资金支出（项目支出）	520 000	
	其他资金支出（基本支出）	100 000	
转出经费	项目支出	50 000	
	基本支出	60 000	

根据表9-4资料，编制相关的会计分录。

（1）结转其他收入。

借：其他收入 1 050 000

　贷：其他资金结转结余——收支转账——项目结余 900 000

　　　其他资金结转结余——收支转账——非项目结余 150 000

（2）结转相关支出。

借：其他资金结转结余——收支转账——项目结余 570 000

　　其他资金结转结余——收支转账——非项目结余 160 000

贷:经费支出——其他资金支出——项目支出	520 000
——基本支出	100 000
拨出经费——项目支出	50 000
——基本支出	60 000

经计算,"其他资金结转结余——收支转账——项目结余"账户年末余额为330 000元(900 000-570 000)。

（四）缴回或转出项目结余

行政单位完成上述本年其他收入和支出的转账后,应对本年年末各项目的执行情况进行分析,区分年末已完成项目和尚未完成项目,在此基础上,根据不同情况分别进行账务处理:

（1）需要缴回原专项资金出资单位的,按照交回的金额,借记"其他资金结转结余——结余调整及变动——项目结余"账户,贷记"银行存款"等账户。

（2）将项目剩余资金留归本单位用于其他非项目用途的,按照实际剩余的项目资金金额,借记"其他资金结转结余——结余调整及变动——项目结余"账户,贷记"其他资金结转结余——结余调整及变动——非项目结余"账户。

（3）用非项目资金补充项目资金的,按照实际补充项目资金的金额,借记"其他资金结转结余——结余调整及变动——非项目结余"账户,贷记"其他资金结转结余——结余调整及变动——项目结余"账户。

【例9-22】 承例9-21,根据《项目资金管理办法》的规定,项目结余资金的30%需要缴回原专项资金出资单位;项目结余资金的70%可留归本单位用于其他非项目用途。根据上述资料,编制相关的会计分录。

（1）项目结余资金缴回原出资单位。

借:其他资金结转结余——结余调整及变动——项目结余（330 000×30%）

99 000

贷:银行存款　　　　　　　　　　　　　　　　　　　　99 000

（2）项目结余资金留归本单位。

借:其他资金结转结余——结余调整及变动——项目结余（330 000×70%）

231 000

贷:其他资金结余——结余调整及变动——非项目结余　231 000

（五）年末有关明细账户余额的转销

年末收支转账后,行政单位应将"其他资金结转结余"账户所属"收支转账""结余调整及变动"等明细账户的余额转入"剩余结余"明细账户;转账后,"其他资金结转结余"账户除"剩余结余"明细账户外,其他明细账户应无余额。

【例9-23】 某行政单位2016年12月31日"其他资金结转结余"账户所属明细账户余额的资料如表9-5所示。

表 9-5 "其他资金结转结余"账户及其所属明细账户余额 单位:元

一级账户	二级账户	三级账户	借方余额	贷方余额
其他资金结转结余	收支转账			150 000
	结余调整及变动	项目结余		50 000
		非项目结余	20 000	
	剩余结余			400 000

根据表 9-5,编制结转"其他资金结转结余"账户及其所属明细账户的会计分录。

借:其他资金结转结余——收支转账 150 000

      ——结余调整及变动——项目结余 50 000

  贷:其他资金结转结余——剩余结余 200 000

借:其他资金结转结余——剩余结余 20 000

  贷:其他资金结转结余——结余调整及变动——非项目结余 20 000

五、资产基金

(一) 资产基金的概念

资产基金是指行政单位的非货币性资产在净资产中占用的金额。其中,非货币性净资产包括预付账款、存货、固定资产、在建工程、无形资产、政府储备物资、公共基础设施等。关于资产基金的概念可从以下三个方面来理解:①资产基金中的"资产"是行政单位的部分资产而不是其全部资产;②资产基金随资产的增加而增加,随资产的减少而减少;③资产基金的数额与其对应的资产数额一致。

资产基金实际上是"物化"的基金,它代表了行政单位为取得现有非货币性资产所消耗的资金总量。从某种程度上来说,资产基金数量的多少是衡量行政单位依法行政、提供公共服务、管理社会事务规模和能力的标志之一。

行政单位通过设置"资产基金"账户核算其预付账款、存货、固定资产、在建工程、无形资产、政府储备物资、公共基础设施等非货币性资产在净资产中占用的金额。该账户的贷方登记资产基金的增加数;借方登记资产基金的减少数;期末贷方余额反映行政单位非货币性资产在净资产中占用的金额。

"资产基金"账户应当设置"预付款项""存货""固定资产""在建工程""无形资产""政府储备物资""公共基础设施"等明细账户,并进行明细核算。

(二) 预付账款基金

行政单位发生预付账款时,按照实际发生的金额,借记"预付账款"账户,贷记"资产基金——预付款项"账户;同时,按照实际支付的金额,借记"经费支出"账户,贷记"财政拨款收入""零余额账户用款额度""银行存款"等账户。

行政单位收到预付账款购买的物资或服务时,应当相应冲减资产基金。按照相应的预付账款金额,借记"资产基金——预付款项"账户,贷记"预付账款"账户。

(三) 存货基金、政府储备物资基金

行政单位取得存货、政府储备物资等资产时,按照取得资产的成本,借记"存货""政府储备物资"账户,贷记"资产基金——存货、政府储备物资"账户;同时,按照实际发生的支出,借记"经费支出"账户,贷记"财政拨款收入""零余额账户用款额度""银行存款"等账户。

行政单位领用和发出存货、政府储备物资时,应当相应冲减资产基金。行政单位领用和发出存货、政府储备物资时,按照领用和发出存货、政府储备物资的成本,借记"资产基金——存货、政府储备物资"账户,贷记"存货""政府储备物资"账户。

(四) 固定资产基金、公共基础设施基金和无形资产基金

行政单位取得固定资产、公共基础设施和无形资产时,确认资产基金增加,按照取得资产的成本,借记"固定资产""在建工程""公共基础设施""无形资产"等账户,贷记"资产基金——固定资产、在建工程、公共基础设施、无形资产"账户;同时,按照实际发生的支出,借记"经费支出"账户,贷记"财政拨款收入""零余额账户用款额度""银行存款"等账户。

行政单位计提固定资产折旧、公共基础设施折旧,进行无形资产摊销时,应当冲减资产基金。按照计提的折旧、摊销金额,借记"资产基金——固定资产、公共基础设施、无形资产"账户,贷记"累计折旧""累计摊销"账户。

(五) 无偿调出、对外捐赠资产冲减对应资产基金

行政单位无偿调出、对外捐赠存货、固定资产、无形资产、政府储备物资、公共基础设施时,应当冲减该资产对应的资产基金。

(1) 行政单位无偿调出、对外捐赠存货、政府储备物资时,按照存货、政府储备物资的账面余额,借记"资产基金"账户及其明细,贷记"存货""政府储备物资"等账户。

(2) 行政单位无偿调出、对外捐赠固定资产、公共基础设施、无形资产时,按照相关固定资产、公共基础设施、无形资产的账面价值,借记"资产基金"账户及其明细,按照已计提折旧、已摊销的金额,借记"累计折旧""累计摊销"账户,按照固定资产、公共基础设施、无形资产的账面余额,贷记"固定资产""公共基础设施""无形资产"账户。

六、待偿债净资产

待偿债净资产是指行政单位因发生应付账款和长期应付款而相应需在净资产中冲减的金额。关于待偿债净资产的概念,可从以下两个方面理解:①行政单位待偿债净资产伴随着应付账款和长期应付款的确认而确认。也就是行政单位增加应付账款和长期应付款的同时,伴随着待偿债净资产的增加;反之,待偿债净资产减少。②行政单位待偿债净资产的实质是行政单位净资产的减少,但经济资源流出行政单位前,待偿债净资产是行政单

位净资产整体的抵减项目。

行政单位通过设置"待偿债净资产"账户核算其因发生应付账款和长期应付款而相应需在净资产中冲减的金额。该账户的借方登记发生应付账款、长期应付款确认的待偿债净资产金额;贷方登记偿付应付账款、长期应付款冲减的待偿债净资产;期末借方余额反映行政单位因尚未支付的应付账款和长期应付款而需相应冲减的净资产的金额。

（一）待偿债净资产的形成

行政单位发生应付账款、长期应付款时,按照实际发生的金额,借记"待偿债净资产"账户,贷记"应付账款""长期应付款"等账户。

（二）待偿债净资产的冲销

行政单位偿付应付账款、长期应付款时,按照实际偿付的金额,借记"应付账款""长期应付款"等账户,贷记"待偿债净资产"账户;同时,按照实际支付的金额,借记"经费支出"账户,贷记"财政拨款收入""零余额账户用款额度""银行存款"等账户。

行政单位因债权人原因,经批准核销无法支付的应付账款、长期应付款时,按照报经批准核销的金额,借记"应付账款""长期应付款"账户,贷记"待偿债净资产"账户。

【关键词汇】

负债（liabilities）

流动负债（current debt）

非流动负债（non-current liability）

应缴财政款（finance payment）

应缴税费（taxes payable）

应付职工薪酬（employee's payable salary）

应付账款（account payable）

应付政府补贴款（government subsidies payable）

长期应付款（long-term payables）

净资产（net asset）

财政拨款结转（fiscal appropriation）

财政拨款结余（financial appropriation balance）

【思考题】

1. 行政单位的应缴财政款主要包括哪些内容? 应缴财政款与应缴税费有何不同?

2. 行政单位的应付职工薪酬包括哪些内容? 应付职工薪酬应当在何时确认?

3. 何谓应付政府补贴款? 它们应当在何时确认? 试比较应付政府补贴款与应缴税费的异同,并指出两者的会计核算有何不同。

4. 与应付账款相比,长期应付款的会计核算有何特点?

5. 什么是行政单位的受托代理负债？受托代理负债应当在何时确认？

6. 什么是行政单位的净资产？行政单位的净资产包括哪些内容？

7. 在会计核算中,财政拨款结转与财政拨款结余的会计处理有何不同？

8. 行政单位为什么要建立"资产基金"报表项目？"资产基金"应当在何时确认？在何时冲减？

9. 行政单位为什么要建立"待偿债净资产"报表项目？"待偿债净资产"应当在何时确认？在何时冲减？

【练习题】

1. 2017 年 5 月,某行政单位发生应付职工薪酬 215 200 元。其中,工资 172 000 元、津贴补贴 19 600 元、社会保险费 13 200 元、住房公积金 10 400 元。该行政单位从应付职工薪酬中代扣代缴社会保险费和住房公积金合计 19 200 元,代扣代缴个人所得税 10 000 元,通过财政直接支付方式向职工支付工资等薪酬 162 400 元。该行政单位通过财政直接支付方式缴纳单位为职工承担的社会保险费 13 200 元和住房公积金 10 400 元。

要求:根据上述资料编制相关的会计分录。

（1）月末确认应付职工薪酬。

（2）从应付职工薪酬中代扣代缴社会保险费和住房公积金。

（3）从应付职工薪酬中代扣代缴个人所得税。

（4）向职工支付工资、津贴补贴等薪酬。

（5）缴纳单位为职工承担的社会保险费和住房公积金。

2. 2017 年 1 月 1 日,甲行政单位与乙公司签订了一份购货合同,甲行政单位从乙公司购入一台需要安装的大型办公设备。合同约定,甲行政单位采用分期付款方式支付价款。该设备价款共计 3 000 000 元,在 2017 年至 2019 年的 3 年内每年年末支付 1 000 000 元,每年的付款日期为当年的 12 月 25 日。

2017 年 1 月 1 日,设备如期运抵甲行政单位并开始安装,发生运杂费和相关税费 20 000 元,已用银行存款付讫。2017 年 1 月 31 日,以银行存款支付安装费 50 000 元,当日设备达到预定可使用状态。

要求:根据上述资料编制相关的会计分录。

（1）设备投入安装。

（2）支付运杂费和相关税费。

（3）支付安装费。

（4）每年年末支付设备款。

（5）结转设备成本。

3. 某行政单位属于国库集中支付单位,2016 年年末,有关收支账户余额如下表所示。

总分类账户		明细账户		总分类 账户	明细账户	
		基本支出	项目支出		基本支出	项目支出
经费支出	财政拨款	656 000	384 000	财政拨款收入	720 000	528 000
	其他资金	——	88 000	其他收入	——	200 000
拨出经费	其他资金	——	80 000			

某行政单位收入、支出账户及其明细账户情况　　　　　　单位:元

注:财政拨款收入中的"项目支出"包括两个项目:一个是网络建设项目 320 000 元,另一个是蔬菜栽培技术培训项目 208 000 元;经费支出中的"项目支出"包括两个项目:一个是网络建设项目 224 000 元,网络建设只完成了任务的 70%;另一个是蔬菜栽培技术培训项目 160 000 元"。

该单位还发生了下列业务:① 2015 年采用授权支付方式购置电脑 2 台,买价为 9 600 元,因产品质量存在严重缺陷,在今年发生退货,货款已退回代理银行;② 报经财政协调批准该单位已从其下属单位调入结转资金 80 000 元用于网络建设;③ 蔬菜栽培技术培训项目剩余经费的 80%按规定缴回财政;④ 按规定已完成项目的结转资金应转入"财政拨款结余"账户。

要求:(1)根据上述资料编制相关的会计分录。

(2)计算各相关项目年末余额。

【案例题】

第十章 行政单位收入和支出

【本章纲要】

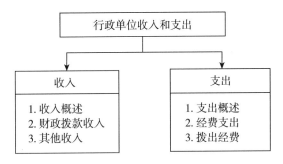

【学习目标、重点和难点】

- 通过本章的学习,应了解收入、支出的概念及其分类和具体内容;熟悉财政拨款收入、其他收入的概念及内容;熟悉经费支出、拨出经费的概念及内容。
- 财政拨款收入、经费支出为本章的重点。
- 财政拨款收入的账务处理、经费支出内容、公用支出的账务处理为本章的难点。

第一节 收　入

一、收入概述

（一）收入的概念

收入是指行政单位依法取得的非偿还性资金。它包括财政拨款收入和其他收入。行政单位收入是行政单位促进政府政权建设和维护国家机器正常运转的重要财力保证,同时,收入活动上接预算编制,下承经费支出,它是行政单位会计核算与财务管理的主要内容和重要环节。

需要说明的是,行政单位依法取得的应当上缴财政的罚没收入、行政事业性收费、政府性基金、国有资产处置和出租出借收入等,不属于行政单位的收入。

（二）收入的特征

与财政总预算会计收入相比,行政单位收入具有以下特征:

（1）行政单位收入是为开展业务活动和完成工作任务而获得的。行政单位的主要任务是按照国家赋予的职能、职责,开展相关业务工作。由于行政单位从事的活动是典型的公共产品,其支出属于公共财政必须保障的对象和内容,因而行政单位开展业务工作所需要的资金全部或绝大部分来源于财政预算拨款。

（2）行政单位收入是依法获得的。行政单位获得的收入,必须符合国家有关法律、法规和规章制度的规定。财政预算拨款必须按照《预算法》和规定的账户、内容及程序进行申报、审批和领拨。行政单位获得的其他收入,也必须符合国家有关法律、法规和规章制度的规定。

（3）行政单位收入是非偿还性资金。行政单位取得的各项收入是不需要偿还的,可以按照规定安排用于开展业务工作。行政单位取得的需要偿还的资金,如应付款项、应缴预算资金、应缴财政专户等款项,属于负债的范畴,需要偿还债权人或上缴财政,不能作为行政单位的收入。

（三）收入的分类

行政单位的收入可分为以下类别:

（1）财政拨款收入。它是指行政单位从同级财政部门取得的财政预算资金,包括基本支出拨款和项目支出拨款。

（2）其他收入。它是指行政单位依法取得的除财政拨款收入以外的各项收入,包括库存现金溢余、后勤服务收入、专项收入、银行存款利息收入等。

（四）收入的确认与计量

《行政单位会计制度》规定,行政单位的收入一般应当在收到款项时予以确认,并按照实际收到的金额进行计量。

会计确认是会计理论的重要内容,它与会计计量、记录和报告一起构成了现行会计模式的基本结构。对于行政单位而言,收入的确认是指将某个项目作为收入正式入账并列入收入支出表的过程。行政单位在确认收入时,应当遵循收付实现制会计基础。

需要说明的是,行政单位在将某个项目确认为收入时,首先必须符合收入的概念,然后还应当满足收入确认的具体条件,仅仅符合收入的概念并不能作为确认收入的充分条件,只能作为必要条件。

二、财政拨款收入

（一）财政拨款概述

1. 财政拨款收入的概念

财政拨款收入是指行政单位从同级财政部门取得的财政预算资金。财政拨款收入来源于国家财政预算资金,是国家按预算安排给予行政单位的补助。关于财政拨款收入应从以下两个方面来理解:首先,"从同级财政部门取得"是指行政单位直接或者按照部门预算隶属关系从同一级次财政部门取得的财政拨款。对于一级预算单位,一般是从同级财政部门直接取得;对于二级及二级以下预算单位,一般是按照部门预算隶属关系,通过一级预算单位从同级财政部门取得。其次,"财政预算资金"包括行政单位从同级财政部门取得的所有财政拨款。

2. 财政拨款收入的分类

按照部门预算管理的要求划分,财政拨款收入可以分为基本支出拨款和项目支出拨款。①基本支出拨款是指行政单位用于维持正常运行和完成日常工作任务所需要的补助经费;行政单位的基本支出拨款又可以进一步划分为人员经费和日常公用经费,人员经费是指用于行政单位人员方面开支的经费,日常公用经费是指用于行政单位日常公务活动的经费。②项目支出拨款是指行政单位在基本经费以外完成特定任务所需要的补助经费。

3. 财政拨款的方式

财政拨款的方式有两种:一种是划拨资金方式;另一种是国库集中支付方式。

(1)划拨资金是指财政部门根据核定的部门预算和单位用款计划,填制预算拨款凭证,通过本级国库将资金划拨到主管预算单位在银行开设的预算经费存款账户,由主管预算单位按照规定用途办理支用,或转拨到所属单位的拨款方式。

(2)国库集中支付包括财政直接支付和财政授权支付两种。其具体支付程序参见第三章的第二节。

4. 财政拨款收入的管理要求

财政拨款收入的管理要求具体包括:

(1)必须严格执行财政预算管理制度。行政单位编报单位预算时必须严格执行《预算法》和预算管理制度的有关规定,明确列出财政拨款数额。

(2)必须加强对财政拨款收入的监控。一是要严格履行审批程序,坚持按计划、按进度和按用途拨款;二是要加强对财政拨款收入使用的监督和控制,及时掌握和反馈财政拨款收入的去向,保证财政资金的安全可靠,提高财政资金的使用效益。

(3)必须将全部收入全面、真实、准确地进行核算。行政单位的各项收入都要统一核算、统一管理,防止私分瞒报收入、私设"小金库"、坐收坐支、乱支滥用等现象。对于财政拨款收入,必须严格按照预算账户进行明细反映,并定期对其进行核对。

(4)按预算、用途、级次取得拨款收入。各用款单位在季度开始前,应当根据核定的年度预算和业务工作,编制"季度分月用款计划",报主管部门或财政部门核定后,作为拨款依据。在预算执行过程中,单位不能办理无预算、无计划或超预算、超计划的经费领用和转拨。用款单位要严格按照预算规定的用途办理各项支出,保证工作任务的完成。各单位在领拨经费时,应当严格按照国家规定的预算管理级次办理。

(二)财政拨款收入

行政单位通过设置"财政拨款收入"账户核算其从同级财政部门取得的财政预算资金。该账户的贷方登记收到的拨款数;借方登记缴回的拨款数。平时账户贷方余额反映本期累计收到的拨款数;年终结账后,"财政拨款收入"账户应无余额。

"财政拨款收入"账户应当设置"基本支出拨款"和"项目支出拨款"两个明细账户,分别核算行政单位取得的用于基本支出和项目支出的财政拨款资金;同时,按照《2016年政府收支分类科目》中"支出功能分类科目"的项级科目进行明细核算;在"基本支出拨款"

明细账户下按照"人员经费"和"日常公用经费"进行明细核算,在"项目支出拨款"明细账户下按照具体项目进行明细核算。

有公共财政预算拨款、政府性基金预算拨款等两种或两种以上财政拨款的行政单位,还应当按照财政拨款的种类分别进行明细核算。

1. 财政直接支付方式

在财政直接支付方式下,预算单位按照批复的部门预算和资金使用计划,提出支付申请;财政直接支付的申请由一级预算单位汇总,填写"财政直接支付汇总申请书",报财政部门国库支付执行机构。财政部门国库支付执行机构根据批复的部门预算和资金使用计划及相关要求,对一级预算单位提出的支付申请审核无误后,开具"财政直接支付汇总清算额度通知单"和"财政直接支付凭证",经财政部门国库管理机构加盖印章签发后,分别送中国人民银行和代理银行。代理银行根据"财政直接支付凭证"及时将资金直接支付给收款人或用款单位。代理银行依据财政部门国库支付执行机构的支付指令,将当日实际支付的资金,按一级预算单位分预算账户汇总,附实际支付清单与国库单一账户进行资金清算。

代理银行根据"财政直接支付凭证"办理支出后,开具"财政直接支付入账通知书"发一级预算单位和基层预算单位。"财政直接支付入账通知书"应作为一级预算单位和基层预算单位收到或付出款项的凭证。一级预算单位有所属二级或多级预算单位的,由一级预算单位负责向二级或多级预算单位提供收到和付出款项的凭证。预算单位根据收到的支付凭证进行相应的会计核算。

实行国库集中支付后,在财政直接支付方式下,基层预算单位使用的财政性资金不再通过主管部门层层划拨,工资支出由财政直接拨付到个人工资账户,购买货物或劳务的款项由财政直接拨付给供应商。

在财政直接支付方式下,行政单位对于财政直接支付的资金,应于收到财政国库支付执行机构委托银行转来的"财政直接支付入账通知书"时,按照入账通知书中标明的金额确认收入。行政单位根据财政国库支付执行机构委托代理银行转来的"财政直接支付入账通知书"及原始凭证,借记"经费支出"账户,贷记"财政拨款收入"账户。

年末,行政单位根据本年度财政直接支付预算指标数与财政直接支付实际支出数的差额,借记"财政应返还额度——财政直接支付"账户,贷记"财政拨款收入"账户。

【例10-1】 2017年1月,某行政单位根据发生的财政拨款收入经济业务,编制相关的会计分录。

(1) 10日,以财政直接支付方式购入存货一批并验收入库,存货成本为50 000元。

借:存货   50 000
　　贷:资产基金——存货   50 000
同时,
借:经费支出   50 000
　　贷:财政拨款收入——基本支出拨款
　　　　　　　　——日常公用经费——行政运行   50 000

（2）16 日,该行政单位按规定的政府采购程序与乙供货商签订了一份购买设备合同,合同金额为 600 000 元。该行政单位根据发票验货后,向财政国库支付执行机构提交了"财政直接支付申请书",申请支付乙供货商货款,并收到代理银行转来的用于支付乙供货商货款的"财政直接支付入账通知书",通知书中注明的金额为 600 000 元。

  借:固定资产   600 000

    贷:资产基金——固定资产   600 000

  同时,

  借:经费支出   600 000

    贷:财政拨款收入——基本支出拨款

         ——日常公用经费——行政运行 600 000

  （3）20 日,收到代理银行转来的"财政直接支付入账通知书",由财政直接支付办公楼维修工程款 250 000 元。

  借:在建工程   250 000

    贷:资产基金——在建工程   250 000

  同时,

  借:经费支出   250 000

    贷:财政拨款收入——项目支出拨款

         ——办公楼维修工程——行政运行 250 000

  （4）25 日,收到代理银行转来的用于支付前欠 A 供货商货款的"财政直接支付入账通知书",通知书中注明的金额为 30 000 元。

  借:应付账款   30 000

    贷:待偿债净资产   30 000

  同时,

  借:经费支出   30 000

    贷:财政拨款收入——基本支出拨款

         ——日常公用经费——行政运行 30 000

  （5）28 日,向财政国库支付执行机构提交了"财政直接支付申请书",申请购买一批政府储备物资。29 日,收到代理银行转来的用于支付政府储备物资货款的"财政直接支付入账通知书",通知书中注明的金额为 136 000 元。

  借:政府储备物资   136 000

    贷:资产基金——政府储备物资   136 000

  同时,

  借:经费支出   136 000

    贷:财政拨款收入——项目支出拨款——政府储备物资 136 000

  （6）28 日,收到代发工资银行盖章转回的工资发放明细表,以及"财政直接支付入账通知书",发放基本工资总额 450 000 元,其中,包括 75 000 元单位后勤中心职工基本工资。款项已通过财政直接支付转入个人工资账户和住房公积金个人账户。

① 向职工支付工资、津贴补贴等薪酬：

借：应付职工薪酬 450 000

    贷：财政拨款收入——基本支出拨款——人员经费

                ——行政运行 375 000

                ——机关服务 75 000

② 发生应付职工薪酬：

借：经费支出 450 000

    贷：应付职工薪酬 450 000

（7）该行政单位 2017 年财政直接支付预算指标数为 65 300 000 元，当年财政直接支付实际支出数为 64 800 000 元。

借：财政应返还额度——财政直接支付 500 000

    贷：财政拨款收入 500 000

2. 财政授权支付方式

在财政授权支付方式下，预算单位按照批复的部门预算和资金使用计划，申请授权支付的月度用款限额；财政授权支付的月度用款限额申请由一级预算单位汇总，报财政部门国库支付执行机构。财政部门根据批准的一级预算单位用款计划中月度授权支付额度，每月 25 日前以"财政授权支付汇总清算额度通知书""财政授权支付额度到账通知书"的形式分别通知中国人民银行、代理银行。

代理银行在收到财政部门下达的"财政授权支付额度到账通知书"时，向相关预算单位发出"财政授权支付额度到账通知书"。基层预算单位凭借"财政授权支付额度到账通知书"所确定的额度支用资金；代理银行凭借"财政授权支付额度到账通知书"受理预算单位财政授权支付业务，控制预算单位的支付金额，并与国库单一账户进行资金清算。预算单位支用授权额度时，填制财政部门统一制定的"财政授权支付凭证"送代理银行，代理银行根据"财政授权支付凭证"，通过零余额账户办理资金支付。

在财政授权支付方式下，虽然支付指令由预算单位下达，但财政不再将货币资金拨付到预算单位，而是将用款额度划拨到预算单位的零余额账户。

财政授权支付程序适用于未纳入工资支出，工程采购支出，物品、服务采购支出管理的购买支出和零星支出。包括单件物品或单项服务购买额不足 10 万元人民币的购买支出；年度财政投资不足 50 万元人民币的工程采购支出；特别紧急的支出和经财政部门批准的其他支出。

在财政授权支付方式下，行政单位应于收到代理银行盖章的"财政授权支付额度到账通知书"时，按照到账通知书标明的额度确认收入。行政单位根据收到的"财政授权支付额度到账通知书"，借记"零余额账户用款额度"等账户，贷记"财政拨款收入"账户。

年末，如果行政单位本年度财政授权支付预算指标数大于财政授权支付额度下达数，则根据两者间的差额，借记"财政应返还额度——财政授权支付"账户，贷记"财政拨款收入"账户。

【例 10-2】 2016 年 12 月，某行政单位根据发生的财政拨款收入经济业务，编制相关的会计分录。

（1）2日，收到代理银行转来的"财政授权支付额度到账通知书"，通知书中注明的本月授权额度为450 000元，用于单位基本支出。

借：零余额账户用款额度　　　　　　　　　　　　　　450 000
　　贷：财政拨款收入——基本支出拨款
　　　　　　　　——日常公用经费——行政运行　　　450 000

（2）5日，收到代理银行送来的"财政授权支付额度到账通知书"，本月获得财政授权支付额度30 000元，用于单位办公楼维修。

借：零余额账户用款额度　　　　　　　　　　　　　　30 000
　　贷：财政拨款收入——项目支出拨款
　　　　　　　　——办公楼维修——行政运行　　　　　30 000

（3）该单位2016年度财政授权支付预算指标数为45 600 000元，当年财政授权支付额度下达数为45 200 000元。

借：财政应返还额度——财政授权支付　　　　　　　　400 000
　　贷：财政拨款收入　　　　　　　　　　　　　　　　400 000

（4）2017年1月3日，收到代理银行转来的"财政授权支付额度恢复到账通知书"，恢复2016度财政授权支付额度400 000元。

借：零余额账户用款额度　　　　　　　　　　　　　　400 000
　　贷：财政应返还额度——财政授权支付　　　　　　　400 000

3. 其他方式

这里所说的其他方式是指财政实拨资金方式，也称逐级领拨的管理方式。在这种方式下，行政单位取得财政预算资金的方式是逐级领拨。行政单位编制的单位预算得到批准后，按照国家规定的程序，向财政机关或上级预算单位请领财政资金；财政部门根据一级预算单位的申请，签发拨款凭证，通知国库将财政存款直接划拨到申请单位在银行开设的存款账户；财政部门的国库支付执行机构按照批复的部门预算和资金使用计划，将财政补助款项划拨到行政单位在商业银行开设的存款账户，一级预算单位还要在收到拨入的款项后，向所属单位转拨经费。在这种方式下，财政资金分散在各级行政单位的银行账户中。行政单位使用本单位的银行账户对各项支出进行结算。财政实拨资金主要适用于未实行国库集中支付制度的行政单位，以及一些特殊财政补助款项的拨付。

在财政实拨资金方式下，行政单位收到开户银行转来的"预算拨款凭证"，款项已经到账时，即可确认财政拨款收入，并编制借记"银行存款"等账户、贷记"财政拨款收入"账户的会计分录。

【例10-3】　某行政单位尚未实行国库集中支付制度。2017年2月10日，收到开户银行转来的收款通知，收到财政部门拨入的一笔项目支出预算专项经费300 000元。该行政单位根据发生的经济业务，编制相关的会计分录。

借：银行存款　　　　　　　　　　　　　　　　　　　300 000
　　贷：财政拨款收入——项目支出拨款

——A 项目——行政运行   300 000

（三）财政直接支付资金的收回

行政单位本年度财政直接支付的资金收回时，借记"财政拨款收入"账户，贷记"经费支出"等账户。

【例 10-4】 2016 年 10 月 10 日，某行政单位上月财政直接支付的项目资金 200 000 元因故收回。该行政单位根据发生的经济业务，编制相关的会计分录。

借：财政拨款收入   200 000

    贷：经费支出——财政拨款支出（项目支出）   200 000

（四）财政拨款收入年末的转销

年末，行政单位将"财政拨款收入"账户的本期发生额转入"财政拨款结转"账户，借记"财政拨款收入"账户，贷记"财政拨款结转"账户。

【例 10-5】 2016 年 12 月 31 日，某行政单位将"财政拨款收入"账户的余额 85 000 000 元进行结转。该行政单位根据发生的经济业务，编制相关的会计分录。

借：财政拨款收入   85 000 000

    贷：财政拨款结转   85 000 000

三、其他收入

（一）其他收入的概念及内容

其他收入是指行政单位依法取得的除财政拨款收入以外的各项收入。总体上看，目前行政单位存在的其他收入主要包括非独立核算的后勤部门服务性收入、非同级财政拨款收入以及行政单位在业务活动中形成的其他收入。

1. 非独立核算的后勤部门服务性收入

非独立核算的后勤部门服务性收入是指行政单位在推进机构改革和行政机关后勤管理体制改革的进程中，分流部分人员，利用机关的生活服务设施和交通工具，在搞好对内服务的同时，向社会开放，实行对外有偿服务，取得的一定收入。

2. 非同级财政拨款收入

非同级财政拨款收入是指行政单位从非同级财政部门取得的拨款收入。例如，一些中央垂直管理部门从地方财政部门取得的收入。这部分收入的构成比较复杂，除垂直管理单位向非同级政府财政部门主动申请外，还有地方政府主动给予的奖励收入，也有垂直管理单位代征地方收入的手续费收入等。

除上述两种其他收入外，行政单位在业务活动中还会产生一些其他形式的其他收入，如废旧报刊变卖收入、现金溢余、银行存款利息收入等。

行政单位通过设置"其他收入"账户核算行政单位取得的除财政拨款收入以外的其他各项收入。该账户的贷方登记取得的其他收入；借方登记期末转销的收入。年末，将"其他收入"账户本年发生额转入其他资金结转结余后，"其他收入"账户应无余额。

"其他收入"账户应当按照其他收入的类别、来源单位、项目资金和非项目资金进行明细核算。对于项目资金收入,还应当按照具体项目进行明细核算。

需要说明的是,行政单位从非同级财政部门、上级主管部门等取得的指定转给其他单位,且未纳入本单位预算管理的资金,不通过"其他收入"账户进行核算,应当通过"其他应付款"账户进行核算。

（二）其他收入的账务处理

行政单位收到属于其他收入的各种款项时,按照实际收到的金额,借记"银行存款""库存现金"等账户,贷记"其他收入"账户;年末,将"其他收入"账户本年发生额转入"其他资金结转结余"账户时,借记"其他收入"账户,贷记"其他资金结转结余"账户。

【例 10-6】 2016 年 12 月,某行政单位根据发生的其他业务收入,编制相关的会计分录。

（1）3 日,非独立核算的后勤部门实行对外有偿服务取得现金收入 10 000 元。

借:库存现金 10 000
　贷:其他收入 10 000

（2）10 日,出售废旧报刊取得变卖收入 600 元。

借:库存现金 600
　贷:其他收入 600

（3）25 日,接到银行通知,本月银行存款利息收入 60 000 元已划入单位账户。

借:银行存款 60 000
　贷:其他收入 60 000

（4）28 日,对现金账款进行核对时发现溢余 1 000 元,其原因无法查明,经批准确认为其他收入。

借:库存现金 1 000
　贷:其他收入 1 000

（5）年末,将 12 月份"其他收入"账户的余额转入"其他资金结转结余"账户。

借:其他收入 71 600
　贷:其他资金结转结余 71 600

第二节　支　出

一、支出概述

（一）支出的概念

支出是指行政单位为保障机构正常运转和完成工作任务所发生的资金耗费和损失。它包括经费支出和拨出经费。行政单位在履行职能或开展业务活动过程中,必然要发生各种各样的耗费或支出,如支付职工薪酬、机器设备折旧以及耗用库存材料等,这些资金耗费和损失均构成了行政单位的支出。

关于支出的概念,可以从三个方面来理解:一是作为支出,它是行政单位为保障机构正常运转和完成工作任务而发生的,也就是行政单位的支出,包括保障机构正常运转支出和完成工作任务支出两部分;二是支出包括资金耗费和损失,其中,损失是指行政单位由于自然灾害等因素造成的资产的损毁损失;三是作为支出,除包括满足行政单位日常运营活动所需的行政经费方面的支出外,还包括拨出经费。

（二）支出的特征

支出具有以下特征:

（1）支出的发生既可能导致行政单位资产的减少,也可能导致行政单位负债的增加,或者两者兼而有之。行政单位发生支出会引起其资产的减少(如以货币资金购买商品、材料、清偿债务),但资产的减少,有些是资产数量的减少,如业务活动中材料的领用、各种款项的支付等;有些是资产价值的减少,如房屋、机器或设备计提的折旧等。支出的发生有时也会引起负债的增加,如行政单位确认的应付职工薪酬等;在有些情况下,支出在引起资产减少的同时,还会导致负债的增加,如采购库存材料的价款,部分以银行存款支付,部分尚未支付。但并非所有的资产减少都是支出,如代付款项、预付款项、归还借款等就不是支出。

（2）支出将导致本期净资产的减少。这里所指的本期是指支出发生的当期,即支出的确认时点。也就是说,只有在导致某一会计期间的净资产减少时,才能确认一项支出。支出最终将减少行政单位的资产,根据"资产＝负债+净资产"三个会计要素之间的恒等关系,引起资产总额减少的情况有:负债的减少或者净资产的减少。值得注意的是,只有同时引起净资产减少的经济利益或者服务潜力流出才能称为支出,如偿还借款引起资产减少的同时负债也减少,但资产和负债等额减少并没有影响净资产,因此,此项资产流出并不构成支出。

（3）行政单位的支出一般不能以成本的方式从收入中得到补偿。也就是说,支出与收入不存在直接的因果关系,或数量上的配比关系。但支出与工作质量存在一定联系,工作质量的好坏在一定程度反映了支出质量的高低。

（4）有时,行政单位的支出表现为一定的损失,损失是指丧失资产而得不到或无望得到相应的补偿。

（三）支出的分类

为了便于研究分析各项支出的范围和特征,弄清它们之间的区别和联系,有针对性地加强支出管理和监督,不断提高资金的使用效益,必须对行政单位的支出进行科学的分类。

1. 按支出性质分类

按支出性质分类,行政单位支出可分为:①基本支出。它是指为保障行政单位机构正常运转、完成日常工作任务而必须发生的支出。它是行政单位的基本消耗,没有基本支出做保障,行政单位就无法正常运转。按照部门预算管理的要求,行政单位的基本支出分为人员经费支出和日常公用经费支出两类。前者如行政单位按规定支付给工作人员的基本工资,后者则是为完成日常工作任务而发生的办公经费支出等。基本支出具有常规性、稳定性的特点。人员经费支出的具体账户包括《2016 年政府收支分类科目》中的"工资福利支出"账户以及"对个人和家庭的补助支出"账户;日常公用经费支出的具体账户包括《2016 年政府收支分类科目》中的"商品和服务支出"账户以及"基本建设支出"账户和"其他资本性支出"账户中的"办公设备购置""专用设备购置""交通工具购置"账户。②项目支出。它是指行政单位为完成其特定工作任务和行政工作任务而发生的支出,是行政单位支出的重要组成部分。项目支出属于基本支出以外的专项支出,一般包括大型修缮支出、大型会议支出、专项设备购置费支出、专项业务费支出等。与基本支出相比,项目支出具有点多面广、非常规性、不稳定以及烦琐复杂的特点。项目支出需要经过申报、筛选、立项、评审和审批的过程。

2. 按支出用途分类

按支出用途分类,行政单位支出可分为:①工资福利支出。它是行政单位开支的在职职工和临时聘用人员的各类劳动报酬,以及为上述人员缴纳的各项社会保险费等,包括基本工资、津贴补贴、奖金、社会保障缴费、伙食补助费和其他工资福利支出等。②商品和服务支出。它是行政单位购买商品和服务的支出,包括办公费、印刷费、咨询费、手续费、水费、电费、邮电费、取暖费、物业管理费、交通费、差旅费、出国费、维修(护)费、租赁费、会议费、培训费、招待费、专用材料费、被装购置费、劳务费、委托业务费、工会经费、福利费、其他商品和服务支出等。③对个人和家庭的补助。它是指行政单位用于对个人和家庭的补助支出,包括离休费、退休费、退职(役)费、抚恤金、生活补助、救济费、医疗费、住房公积金、提租补贴、购房补贴、其他对个人和家庭的补助支出等。④基本建设支出。它是指行政单位用于购置固定资产、购建基础设施以及大型修缮所发生的支出,包括房屋建筑物购建、办公设备购置、专用设备购置、交通工具购置、大型修缮、信息网络购建,以及其他基本建设支出等。⑤其他资本性支出。

3. 按支出资金性质分类

按支出资金性质分类,行政单位支出可分为:①财政拨款支出。它是指行政单位为保障机构正常运转和完成工作任务使用财政拨款资金而发生的支出。②其他资金支出。它是指行政单位为保障机构正常运转和完成工作任务使用非财政拨款资金而发生的支出。

(四)支出的确认与计量

根据《行政单位会计制度》的规定,行政单位会计基础主要是采用收付实现制,其支出一般应当在支付款项时予以确认,并按照实际支付的金额进行计量。同时,《行政单位会计制度》规定,采用权责发生制确认的支出,应当在其发生时予以确认,并按照实际发生额进行计量。可见,权责发生制也构成了行政单位会计基础之一。不论收付实现制还是权责发生制,行政单位支出应当在同时满足以下条件时予以确认,即行政单位已经发生了资金耗费和损失、能够引起当期净资产减少、金额能够可靠计量。

(五)支出的管理原则

行政单位在进行支出核算与管理时,应遵循以下原则:

(1)依法原则。行政单位要以国家的财务规章制度为依据,严格按照国家规定的开支范围和开支标准办理各项支出,不得违反规定、擅自扩大开支范围或提高开支标准。

（2）节约原则。财务资源的有限性要求行政单位办理各项支出时,必须精打细算、厉行节约,防止和杜绝各种铺张浪费,不断提高资金的使用效益。同时,还要优化支出结构,减少因支出结构不合理所造成的"结构性"浪费,使各项支出按照轻重缓急、保证重点、兼顾一般的原则得到妥善安排,使有限的资金发挥最大的效益。

（3）划清各类支出的界限原则。行政单位支出的内容是多方面的,其性质也不尽相同。为了考核各种不同性质的支出水平,加强支出的管理,必须划清各项支出的界限。如基建支出与经费支出的界限、单位支出与个人支出的界限、人员经费支出和公用经费支出的界限等。

二、经费支出

（一）经费支出概述

1. 经费支出的概念

经费支出是指行政单位自身开展业务活动使用各项资金发生的基本支出和项目支出。经费支出是行政单位为维护国家机器的正常运转,保证行政单位完成基本工作任务的必要支出,也是行政单位资金管理的重点。

2. 办理经费支出的规定

行政单位办理经费支出要符合以下规定:①按照批准的预算用款。各单位的经费支出必须按照批准的预算所规定的用途和开支范围办理,不得办理无预算、超预算的支出,也不得以领代报,以拨作支。②按财务制度和开支标准办理支出。必须遵守国家规定的各种财务制度、定员定额和费用开支标准,不得任意改变,擅自增加人员、增加工资。对于违反财经纪律的开支,不得报销支付。③勤俭节约,讲究支出的经济效果。各单位办理经费支出时必须注意勤俭节约,既要考虑满足完成行政任务的资金需要,又要合理节约地使用资金,特别要讲求支出的经济效果。④具有合法凭证。各项支出都必须取得合法的原始凭证,做到有根有据。对支出凭证要认真审核,符合规定要求,手续完备。

3. 经费支出的报销标准

经费支出的报销标准具体如下:

（1）职工薪酬。对于发给个人的工资、津贴、补贴和抚恤救济费等,应根据实有人数和规定标准予以报销列支。

（2）差旅费、会议费。对于差旅费、会议费,财政部门有规定标准的,按照财政部门规定列支。

（3）办公用品、业务用品。购入办公用品、业务用品,在预算范围内按照购入金额直接列报支出。

（4）社会保障费、职工福利费和管理部门支付的工会经费。对于社会保障费、职工福利费和管理部门支付的工会经费按照规定标准每月计算提取,列报当期经费支出或事业支出。

（5）固定资产。购入固定资产,经验收后列报支出。

（6）项目支出。各个项目支出，对项目开支范围有要求的，不得超出要求的范围列支。

（7）其他各项费用。对于其他各项费用，均以实际报销数列报支出。

行政单位通过设置"经费支出"账户核算其在开展业务活动中发生的各项支出。该账户的借方登记经费支出的增加数额，贷方登记经费支出的减少数额。年末，将"经费支出"账户本年发生额分别转入"财政拨款结转"和"其他资金结转结余"账户后，本账户应无余额。

"经费支出"账户应当分别按照"财政拨款支出"和"其他资金支出"以及"基本支出"和"项目支出"等分类进行明细核算；并按照《2016年政府收支分类科目》中"支出功能分类科目"的项级科目进行明细核算；"基本支出"和"项目支出"明细账户下应当按照《2016年政府收支分类科目》中"支出经济分类科目"的款级科目进行明细核算。同时，在"项目支出"明细账户下应按照具体项目进行明细核算。

有公共财政预算拨款、政府性基金预算拨款等两种或两种以上财政拨款的行政单位，还应当按照财政拨款的种类分别进行明细核算。

（二）职工薪酬

1. 职工薪酬的范围

职工薪酬是指行政单位为获得职工提供的服务而给予其各种形式的报酬以及其他相关支出。也就是说，从性质上凡是行政单位为获得职工提供的服务，给予或付出的各种形式的对价，都构成职工薪酬。职工薪酬主要由劳动报酬、社会保险、福利、教育、劳动保护、住房和其他人工费用等组成。从理财学的角度来看，职工薪酬也称人员经费。

（1）基本工资。它是指照国家统一规定的基本工资，包括公务员的职务工资、级别工资，机关工人的岗位（技术等级）工资等。

（2）奖金。它是指按照国家规定开支的各类奖金，如国家统一规定的机关单位年终一次性奖金等。

（3）国家统一规定的津贴补贴。它是指在基本工资之外按照规定开支的机关单位职工艰苦边远地区津贴、地区附加津贴、岗位性津贴和其他各种补贴等。岗位性津贴包括警衔津贴、人民警察值勤岗位津贴、海关工作人员津贴、人民法院办案人员工作津贴、人民检察院办案人员岗位津贴、审计人员工作补贴、纪检监察办案人员津贴、税务工作人员税收征收津贴、政府特殊津贴等。其他各种补贴是指按照有关规定发放的其他各种补贴。

（4）社会保险费。它是指单位为职工缴纳的基本养老、基本医疗、失业、工伤、生育等社会保险费，残疾人就业保障金等。其中，基本养老保险是按国家统一政策规定强制实施的为保障广大离退休人员基本生活需要的一种养老保险制度；基本医疗保险是为保障城镇职工的基本医疗需求，合理利用卫生资源，完善社会保障体系，由政府制定、用人单位和职工双方共同负担的一种社会保险；失业保险是指国家通过立法强制实行的，由社会集中建立基金，对因失业而暂时中断生活来源的劳动者提供物质帮助以保障其基本生活的一种社会保险制度；工伤保险是指劳动者在工作中或在规定的特殊情况下，遭受意外伤害或因患职业病导致暂时或永久丧失劳动能力以及死亡时，劳动者或其遗属从国家和社会获得物质帮助的一种社会保险制度;生育保险是指通过国家立法规定,在劳动者因生育子女而导致劳动力暂时中断时,由国家和社会及时给予物质帮助的一项社会保险制度。

（5）住房公积金。它是指单位及其在职职工缴存的长期住房储金,属于职工个人所有。

（6）工会经费与福利费。①工会经费是指成立工会组织的行政单位拨付给本单位工会用于开展职工业余教育、文体活动以及干部培训等方面的经费。按照国家有关规定,工会经费按单位工资总额的2%提取。行政单位要严格按照规定的标准提取工会经费,并严格按照规定的开支范围使用工会经费。②福利费是指行政单位按照规定比例或标准提取的、用于职工及其家属生活困难补助的费用。福利费的提取办法主要有两种:一是按照工资总额或基本工资的一定比例提取;二是按照规定的数额提取。

（7）其他。它是指上述项目未包括的人员支出,如单位发给职工的伙食补助费、各种加班工资、病假两个月以上期间的人员工资、编制外长期聘用人员工资、长期临时工工资等。

2. 工资支出的程序

行政单位在编人员的工资是由财政部门委托银行从国库直接划入职工个人工资账户,即实行财政直接支付方式。

行政单位工资支出应该严格执行国家规定的工资标准和有关政策。单位编制部门负责审核纳入财政统一发放工资范围的各单位的行政编制数;人事部门负责审核纳入财政统一发放工资范围的人员和工资项目、标准;财政部门负责审核资金数量、办理资金拨付手续;代发银行负责将工资直接划入职工个人工资账户。

各单位要根据编制、人事、财政部门的有关要求,按照规定时间向编制部门报送单位人员编制数,向人事部门报送实有人数和工资项目、标准及代扣款项等数据。编制部门按国家有关规定对单位报送的人员编制数进行审核后,分送财政部门和人事部门。人事部门对单位报送的人员和工资项目、标准进行审核汇总后,送财政部门。财政部门根据核定的人数和工资总额,在规定时间向代发银行拨付工资款项。代发银行按所列实发工资数将工资划入职工个人工资账户,将代扣的个人所得税和住房公积金划入指定账户。行政单位根据财政国库支付执行机构委托代理银行转来的"财政直接支付入账通知书"和代发工资银行盖章转回的工资发放明细表进行相关账务处理。

3. 职工薪酬的账务处理

行政单位发生应付职工薪酬时,按照计算出的应付职工薪酬金额,借记"经费支出"账户,贷记"应付职工薪酬"账户;行政单位向职工支付工资、津贴补贴等薪酬时,按照实际支付的金额,借记"应付职工薪酬"账户,贷记"财政拨款收入""零余额账户用款额度""银行存款"等账户。

【例10-7】 某行政单位实行国库集中支付制度,经财政部门批准,其工资支出实行财政直接支付。2017年3月6日,收到代发工资银行盖章转回的工资发放明细表,发放基本工资总额450 000元,其中,包括75 000元单位后勤中心职工基本工资。划入个人账户的工资总额为405 000元,单位配套补贴住房公积金45 000元,代扣住房公积金45 000

元。款项已通过财政直接支付划入个人工资账户和住房公积金个人账户。该行政单位根据发生的经济业务,编制相关的会计分录。

（1）发生应付职工薪酬。

借:经费支出——财政拨款支出——基本支出

　　　　——工资福利支出——基本工资　　　　　450 000

　　贷:应付职工薪酬——工资　　　　　　　　　　450 000

（2）向职工支付工资、津贴补贴等薪酬。

借:应付职工薪酬——工资　　　　　　　　　　　450 000

　　贷:财政拨款收入　　　　　　　　　　　　　　450 000

（3）发生单位配套补贴职工住房公积金。

借:经费支出——财政拨款支出——基本支出

　　　　——对个人和家庭的补助——住房公积金　　45 000

　　贷:应付职工薪酬——住房公积金　　　　　　　45 000

（4）从应付职工薪酬中代扣代缴住房公积金。

借:应付职工薪酬——工资　　　　　　　　　　　45 000

　　贷:其他应付款　　　　　　　　　　　　　　　45 000

4. 支付外部人员劳务费的账务处理

行政单位支付外部人员劳务费时,按照应当支付的金额,借记"经费支出"账户,按照代扣代缴个人所得税的金额,贷记"应缴税费"账户,按照扣税后实际支付的金额,贷记"财政拨款收入""零余额账户用款额度""银行存款"等账户。

【例 10-8】 2017 年 5 月底,某行政单位接受外单位有关人员提供劳务,应付劳务费13 000 元,代扣代缴个人所得税 2 080 元。劳务费以银行存款付讫。该行政单位根据发生的经济业务,编制相关的会计分录。

借:经费支出——财政拨款支出——基本支出

　　　　——商品和服务支出——劳务费　　　　　13 000

　　贷:应缴税费　　　　　　　　　　　　　　　　2 080

　　　银行存款　　　　　　　　　　　　　　　　10 920

（三）往来款项

往来款项是指行政单位在承担社会管理和公共服务中发生的各种应收、应付款项及预收、预付款项。与经费支出相关的往来款项主要是预付账款和应付账款。

1. 预付账款的账务处理

行政单位发生预付账款时,按照实际预付的金额,借记"经费支出"账户,贷记"财政拨款收入""零余额账户用款额度""银行存款"等账户;同时,借记"预付账款"账户,贷记"资产基金——预付款项"账户。

【例 10-9】 2017 年 5 月 10 日,甲行政单位按合同约定预付乙单位租赁房屋款项300 000 元,款项以零余额账户支付。甲行政单位根据发生的经济业务,编制相关的会计分录。

借:经费支出——财政拨款支出——基本支出

    ——商品和服务支出——租赁费　　　　　300 000

    贷:零余额账户用款额度　　　　　　　　　　　　300 000

同时,

借:预付账款　　　　　　　　　　　　　　　300 000

    贷:资产基金——预付款项　　　　　　　　　　　300 000

2. 偿还应付款项的账务处理

行政单位偿还应付款项时,按照实际偿付的金额,借记"经费支出"账户,贷记"财政拨款收入""零余额账户用款额度""银行存款"等账户;同时,借记"应付账款""长期应付款"账户,贷记"待偿债净资产"账户。

【例 10-10】　2017 年 6 月 1 日,甲行政单位以银行存款偿还前欠乙公司设备维修费 160 000 元。甲行政单位根据发生的经济业务,编制相关的会计分录。

借:经费支出——财政拨款支出——基本支出

    ——商品和服务支出——维修费　　　　　160 000

    贷:银行存款　　　　　　　　　　　　　　　　160 000

同时,

借:应付账款　　　　　　　　　　　　　　　160 000

    贷:待偿债净资产　　　　　　　　　　　　　　160 000

（四）公用支出

1. 公用支出的内容

公用支出主要是指为维持机构正常运转但不能归集到个人的各项支出。包括办公费、印刷费、咨询费、手续费、水费、电费、邮电费、物业管理费、取暖费、交通费、差旅费、出国费、维修(护)费、租赁费、会议费、培训费、公务接待费、委托业务费、专用材料费、设备购置费、公务用车运行维护费、其他商品和服务支出等。

2. 公用支出与公务卡的结算程序

公务卡是指预算单位工作人员持有的,主要用于日常公务支出和财务报销业务的信用卡。推行公务卡是进一步深化国库集中支付制度改革,规范预算单位财政授权支付业务,减少现金支付结算,提高政府支出透明度,加强公共财政管理与监督,方便预算单位用款,加强财政领域防腐体系建设的重要制度创新。

（1）公务卡结算的应用范围。公务卡按照持卡人的身份分为单位卡和个人卡。其中,单位卡以行政单位的名义开立,单位作为持卡人承担相应的法律责任,主要用于单位水电费、邮电费等委托代付项目的支出,以及与个人卡的结算,不直接用于消费,不能提取现金;个人卡主要用于职工办理原使用现金结算的零星商品服务支出,以及办理原使用转账结算的 5 万元以下的小额商品服务支出。职工个人为个人卡的持卡人,对该卡负有相应的法律责任。

（2）公务卡的账务处理。①单位账户向个人账户划转报销资金。对于已用个人公务卡支出但应由单位列报支出的公务消费,财务部门应根据报销凭证,从单位账户零余额账户、银行存款账户将报销资金划入个人账户时，借记"存货""经费支出"账户，贷记"零余额账户用款额度""银行存款"账户。②单位卡办理支出。对于已按规定程序办理报销手续，应由单位列报支出的公务消费，财务部门根据报销凭证，通过本单位转账POS机，从单位卡将报销资金划入个人账户时；或由单位卡支付，应由单位列报支出的水电费、邮电费等委托代付项目，财务部门根据相关凭证登账时，借记"存货""经费支出"等账户，贷记"零余额账户用款额度""银行存款"账户所属明细账户。③单位账户向单位卡还款。财务部门根据单位卡的透支情况，在规定的时间内，从单位账户向单位卡划入资金，用于还款时，借记"零余额账户用款额度""银行存款"账户所属明细账，贷记"零余额账户用款额度""银行存款"账户。④单位卡支付委托代付透支利息。单位卡透支的水电费、邮电费等委托代付项目，各单位必须在当月还清。对这部分透支利息，财务部门根据审核无误并经批准的银行对账单，从单位账户将透支利息支付给发卡银行时，借记"经费支出"账户，贷记"零余额账户用款额度""银行存款"账户。⑤退款。对于因供应商退货等原因导致已报销资金退回公务卡的，持卡人将款项退回单位账户时，借记"零余额账户用款额度""银行存款""库存现金"账户，贷记"经费支出""存货"等账户。

【例10-11】 2017年2月，某行政单位根据发生的公务卡业务，编制相关的会计分录。

（1）使用单位公务卡支付计算机系统维修费6 000元。

借：经费支出——财政拨款支出——基本支出
　　　　——商品和服务支出——维修费　　　　6 000
　　贷：单位公务卡存款　　　　　　　　　　　　　6 000

（2）办理职工个人公务卡报销还款手续，报销职工使用公务卡支出的差旅费5 400元，从单位公务卡向职工个人公务卡还款。

借：经费支出——财政拨款支出——基本支出
　　　　——商品和服务支出——差旅费　　　　　5 400
　　贷：单位公务卡存款　　　　　　　　　　　　　5 400

（3）从单位零余额账户将委托代付透支利息3 000元支付给发卡银行。

借：经费支出——财政拨款支出——基本支出
　　　　——商品和服务支出——利息　　　　　　3 000
　　贷：零余额账户用款额度　　　　　　　　　　　3 000

（4）从零余额账户向单位公务卡还款30 500元。

借：单位公务卡存款　　　　　　　　　　　　　30 500
　　贷：零余额账户用款额度　　　　　　　　　　　30 500

需要说明的是，行政单位可增设"单位公务卡存款"账户或在"零余额账户用款额度""银行存款"账户中设置明细账户，核算单位卡的收付情况。单位出纳人员应根据单位公务卡的收付凭证，逐笔登记单位公务卡存款日记账。

3. 公用支出的账务处理

行政单位发生公用支出时，借记"经费支出"账户，贷记"财政拨款收入""零余额账户用款额度""银行存款""库存现金"等账户。

【例 10-12】 2017 年 5 月,某行政单位根据发生的公用支出业务,编制相关的会计分录。

(1) 开出转账支票,支付补订 2016 年报刊费 500 元。

借:经费支出——财政拨款支出——基本支出

　　　——商品和服务支出——办公费　　　　　500

　　贷:银行存款　　　　　　　　　　　　　　　　　　500

(2) 开出支票,支付物品的邮寄费 1 360 元、电话费 12 400 元、传真费 800 元、网络通信费 25 000 元。

借:经费支出——财政拨款支出——基本支出

　　　——商品和服务支出——邮电费　　　　39 560

　　贷:银行存款　　　　　　　　　　　　　　　　　39 560

(3) 李源出差回来报销出差的住宿费、旅费、伙食补助费、杂费等 6 000 元,原预借 5 000 元,补付现金 1 000 元。

借:经费支出——财政拨款支出——基本支出

　　　——商品和服务支出——差旅费　　　　6 000

　　贷:库存现金　　　　　　　　　　　　　　　　　1 000

　　　其他应收款　　　　　　　　　　　　　　　　　5 000

(4) 维修办公楼,用转账支票支付修缮费 20 000 元。

借:经费支出——财政拨款支出——基本支出

　　　——商品和服务支出——维修(护)费　　20 000

　　贷:银行存款　　　　　　　　　　　　　　　　　20 000

(5) 以零余额账户支付单位取暖用燃料费、热力费 60 000 元。

借:经费支出——财政拨款支出——基本支出

　　　——商品和服务支出——取暖费　　　　60 000

　　贷:零余额账户用款额度　　　　　　　　　　　　60 000

(6) 以财政直接支付方式支付单位办公用房、职工及离退休人员宿舍等的物业管理费 500 000 元。

借:经费支出——财政拨款支出——基本支出

　　　——商品和服务支出——物业管理费　　500 000

　　贷:财政拨款收入　　　　　　　　　　　　　　　500 000

(7) 开出转账支票 150 000 元,用于支付行政租赁办公用房房租。

借:经费支出——财政拨款支出——基本支出

　　　——商品和服务支出——租赁费　　　　150 000

　　贷:银行存款　　　　　　　　　　　　　　　　　150 000

(8) 以财政直接支付方式支付单位举行会议按规定开支的房租费 30 000 元。

借:经费支出——财政拨款支出——基本支出

$$——商品和服务支出——会议费 \qquad 30\ 000$$

贷:财政拨款收入 $\qquad 30\ 000$

（9）以现金支付临时聘用清洁工工资 15 000 元。

借:经费支出——财政拨款支出——基本支出

$$——商品和服务支出——劳务费 \qquad 15\ 000$$

贷:库存现金 $\qquad 15\ 000$

（10）按本月应付职工薪酬 350 000 元的 2% 计提工会经费。

应计提工会经费 = 350 000×2% = 7 000(元)

借:经费支出——财政拨款支出——基本支出

$$——商品和服务支出——工会经费 \qquad 7\ 000$$

贷:应付职工薪酬 $\qquad 7\ 000$

（11）以现金支付单位公务用车过桥过路费 800 元。

借:经费支出——财政拨款支出——基本支出

$$——商品和服务支出——公务用车运行维护费 \qquad 800$$

贷:库存现金 $\qquad 800$

4. 购买存货

行政单位支付购买存货的款项时,按照实际支付的金额,借记"经费支出"账户,贷记"财政拨款收入""零余额账户用款额度""银行存款"等账户;同时,按照采购的成本,借记"存货"账户,贷记"资产基金"及其明细账户。

【例 10-13】 2017 年 5 月底,某行政单位取得一批存货,价值 500 000 元。存货已验收入库,款项以财政直接支付方式结算。该行政单位根据发生的经济业务,编制相关的会计分录。

借:经费支出——财政拨款支出——基本支出

$$——商品和服务支出——存货 \qquad 500\ 000$$

贷:财政拨款收入 $\qquad 500\ 000$

同时,

借:存货 $\qquad 500\ 000$

贷:资产基金——存货 $\qquad 500\ 000$

（五）项目支出

1. 项目支出的范围

项目支出是指行政单位为完成特定的工作任务,在基本支出之外发生的支出。从项目属性上来看,项目一般包括房屋建筑物购建类项目、房租类项目、大中型修缮类项目、设备购置类项目、信息网络购建类项目、信息系统运行维护类项目、大型会议和培训类项目、专项课题和规划类项目、执法办案类项目、监督检查类项目、调查统计类项目、重大宣传活动类项目、其他类项目等。项目支出是在保证行政单位基本支出的基础上,对行政单位的特定工作任务所安排的专项资金保障,因此,加强对项目支出的管理,是支出管理中的一项重要工作。

2. 项目支出与政府采购

政府采购制度是公共支出管理的一项重要制度,其核心内容就是政府及其所属机构使用公共资金购买货物、工程或服务都必须通过法定的采购方式、采购方法、采购程序来进行,合理规范使用公共资金的采购行为。作为提供公共产品和公共服务重要载体的行政单位,实行政府采购制度,不仅可以消除分散采购容易产生的腐败、资金使用效益不高等问题,而且可以节约财政资金,并可以成为政府宏观调控的重要手段。

政府采购的资金支付程序如下①:

(1)资金汇集。实行全额支付方式的采购项目,采购机关应当在政府采购活动开始前规定的工作日内,依据政府采购计划将应分担的单位自筹资金足额划入财政部门的政府采购资金专户。实行差额支付方式的采购项目,采购机关应当在确保具备支付应分担资金能力的前提下开展采购活动。

(2)支付申请。采购机关根据合同约定需要付款时,应当向同级财政部门政府采购主管机构提交"预算拨款申请书"和有关采购文件(包括购货票证、购货合同、验收结算书或质检报告、接受履行报告、采购机关已支付应分担资金的付款凭证等)。采购机关为基层预算单位的,应当依据年度单位预算、分月用款计划和有关支付凭证,提出支付申请,填写基层预算单位"财政直接支付申请书",按规定程序报上级预算单位审核汇总。一级预算单位审核汇总后,填写"财政直接支付汇总申请书",附基层预算单位"财政直接支付申请书",报财政部门国库支付执行机构。采购机关为一级预算单位的,其物品、服务采购支出支付申请,可直接报财政部门国库支付执行机构审核。

(3)支付。财政部门的国库管理机构审核一级预算单位提出的"财政直接支付汇总申请书"无误后,向代理银行开具财政直接支付凭证,由代理银行将资金支付给收款人或用款单位。

行政单位基本支出中未纳入工资支出、物品服务采购支出管理的购买支出和零星支出,采取财政授权支付的方式。

3. 项目支出的账务处理

财政单位收到代理银行转来的"财政直接支付入账通知书",支付项目支出时,借记"经费支出"中的"项目支出"明细账户,并登记下级相关明细账,同时贷记"财政拨款收入"账户和相关的"项目支出"明细账户,并登记下级相关明细账。

如果财政单位是以财政授权支付的形式获得项目经费,则在零余额账户支用项目资金时,借记"经费支出"账户及相关的"项目支出"明细账户,贷记"零余额账户用款额度"账户。

年末及项目完工时,将该项目对应的"经费支出"账户中相应的"项目支出"明细账户金额,根据明细账显示的资金来源和完工情况,转入"财政拨款结余""其他资金结转结余"等账户后,这些账户应无余额。

(1)购买固定资产。行政单位支付购买固定资产的款项时,按照实际支付的金额,借

---

① 王彦、王建英,《政府会计》,北京:中国人民大学出版社,2012年,第242—243页。

记"经费支出"账户,贷记"财政拨款收入""零余额账户用款额度""银行存款"等账户;同时,按照采购或工程结算成本,借记"固定资产"账户,贷记"资产基金"及其明细账户。

【例10-14】 2017年3月20日,某行政单位以银行存款购入一台不需要安装的设备,该设备的价款为150 000元。假设不考虑其他相关税费,编制相关的会计分录。

借:经费支出——财政拨款支出——项目支出

——办公设备购置——设备　　　　　150 000

　　贷:银行存款　　　　　　　　　　　　　　150 000

同时,

借:固定资产　　　　　　　　　　　　150 000

　　贷:资产基金——固定资产　　　　　　　　150 000

(2)购买无形资产。行政单位支付购买无形资产的款项时,按照实际支付的金额,借记"经费支出"账户,贷记"财政拨款收入""零余额账户用款额度""银行存款"等账户;同时,按照购置成本,借记"无形资产"账户,贷记"资产基金"及其明细账户。

【例10-15】 某行政单位购入了一块土地的使用权,使用期限为20年,共支付购买价款5 000 000元,款项通过银行存款转账支付。该行政单位根据发生的经济业务,编制相关的会计分录。

借:经费支出——财政拨款支出——项目支出

——其他资本性支出——土地使用权　5 000 000

　　贷:银行存款　　　　　　　　　　　　　　5 000 000

同时,

借:无形资产　　　　　　　　　　　　5 000 000

　　贷:资产基金——无形资产　　　　　　　　5 000 000

(3)购买政府储备物资。行政单位购买政府储备物资时,按照实际支付的金额,借记"经费支出"账户,贷记"财政拨款收入""零余额账户用款额度""银行存款"等账户;同时,按照采购成本,借记"政府储备物资"账户,贷记"资产基金"及其明细账户。

【例10-16】 某行政单位承担采购政府储备物资任务,2017年1月初,以银行存款购入一批政府储备物资,其成本为2 000 000元。该行政单位根据发生的经济业务,编制相关的会计分录。

借:政府储备物资　　　　　　　　　　2 000 000

　　贷:资产基金——政府储备物资　　　　　　2 000 000

同时,

借:经费支出——财政拨款支出——项目支出

　　　　　　　　　　　　　　　　　　2 000 000

　　贷:银行存款——物资储备　　　　　　　　2 000 000

(4)支付工程结算款项。行政单位支付工程结算的款项时,按照实际支付的金额,借记"经费支出"账户,贷记"财政拨款收入""零余额账户用款额度""银行存款"等账户;同时,按照工程结算成本,借记"在建工程"账户,贷记"资产基金"及其明细账户。

【例 10-17】 2017 年 1 月 10 日,某行政单位将一幢新建办公楼出包给甲企业承建,按照合同规定,先向承包企业支付非财政拨款资金 1 500 000 元作为工程款,以银行存款付讫。该行政单位根据发生的经济业务,编制相关的会计分录。

借:经费支出——其他资金支出——项目支出
　　　　　　——其他资本性支出——房屋建筑物购建　1 500 000
　　贷:银行存款　　　　　　　　　　　　　　　　　　1 500 000

同时,

借:在建工程　　　　　　　　　　　　　　　　　　　1 500 000
　　贷:资产基金——在建工程　　　　　　　　　　　　1 500 000

（六）经费支出的收回

行政单位因退货等原因发生支出收回时,属于当年支出收回的,借记"财政拨款收入""零余额账户用款额度""银行存款"等账户,贷记"经费支出"账户;属于以前年度支出收回的,借记"财政应返还额度""零余额账户用款额度""银行存款"等账户,贷记"财政拨款结转""财政拨款结余""其他资金结转结余"等账户。

【例 10-18】 某行政单位 2017 年 4 月购进一批办公家具,价值 65 000 元,因无法使用,经与生产厂商联系,同意退货。2017 年 5 月 10 日,收回退货款并存入银行。该行政单位根据发生的经济业务,编制相关的会计分录。

借:银行存款　　　　　　　　　　　　　　　　　　　65 000
　　贷:经费支出　　　　　　　　　　　　　　　　　　65 000

（七）年末经费支出的转销

年末,行政单位将"经费支出"账户的本期发生额,分别转入财政拨款结转和其他资金结转结余时,借记"财政拨款结转""其他资金结转结余"账户,贷记"经费支出"账户。

【例 10-19】 2016 年 12 月 31 日,某行政单位将本年"经费支出"账户本期借方发生额 65 000 000 元进行转账,其中应转入"财政拨款结转"账户 50 000 000 元、"其他资金结转结余"账户 15 000 000 元。该行政单位根据发生的经济业务,编制相关的会计分录。

借:财政拨款结转　　　　　　　　　　　　　　　　　50 000 000
　　其他资金结转结余　　　　　　　　　　　　　　　15 000 000
　　贷:经费支出　　　　　　　　　　　　　　　　　　65 000 000

三、拨出经费

拨出经费是指行政单位向所属单位拨出的纳入单位预算管理的非同级财政拨款资金,如拨给所属单位的专项经费和补助经费等。

行政单位通过设置"拨出经费"账户核算行政单位向所属单位拨出的纳入单位预算管理的非同级财政拨款资金。该账户的借方登记拨出的经费数额;贷方登记收回的拨出经费数额;年末,将"拨出经费"账户本年发生额转入"其他资金结转结余"账户后,"拨出经费"账户应无余额。"拨出经费"账户应当按照"基本支出"和"项目支出"分别进行明细核算;同时,还应当按照接受拨出经费的具体单位和款项类别等分别进行明细核算。

行政单位向所属单位拨付非同级财政拨款资金等款项时,借记"拨出经费"账户,贷记"银行存款"等账户;行政单位收回拨出经费时,借记"银行存款"等账户,贷记"拨出经费"账户;年末,将"拨出经费"账户本年发生额转入"其他资金结转结余"账户时,借记"其他资金结转结余"账户,贷记"拨出经费"账户。

【例 10-20】 2016 年,某行政单位根据发生的对所属单位的补助业务,编制相关的会计分录:

(1) 1 月 10 日,以银行存款对所属单位拨款 500 000 元。

借:拨出经费——基本支出   500 000

    贷:银行存款   500 000

(2) 12 月 20 日,收到所属单位根据章程规定缴回的 30 000 元剩余资金,并存入银行。

借:银行存款   30 000

    贷:拨出经费——基本支出   30 000

(3) 12 月 31 日,将"拨出经费"账户借方余额转入财政拨款结转。

借:财政拨款结转   470 000

    贷:拨出经费——基本支出   470 000

【关键词汇】

财政拨款收入(financial appropriation income)

其他收入(other revenue)

经费支出(appropriation expenditure)

拨出经费(allocate funds)

【思考题】

1. 行政单位的收入和支出各包括哪些内容? 它们与财政总预算会计的收入或支出有何不同?

2.《行政单位会计制度》是如何规定行政单位收入或支出的确认的?

3. 行政单位的收入与其他收入有何不同? 经费支出与拨出经费有何不同?

【练习题】

1. 2017 年,某省所属行政机关发生的财政直接支付业务如下:

(1) 省文物局通过财政直接支付方式向某博物馆支付专项资金 1 500 000 元,用于保护文物。

(2) 省民政局通过财政直接支付方式向民间康复组织拨付资金 500 000 元,用于残疾人康复项目。

(3) 省地税局通过财政直接支付方式支付物业管理费 3 000 000 元;偿还购置办公用

品款项 100 000 元;支付信息系统建设款项 60 000 元。年末,该地税局财政直接支付实际支出数为 4 850 000 元,本年预算指标数为 5 000 000 元。

要求:根据发生的经济业务,编制相关的会计分录。

2. 某行政单位收到单位零余额账户代理银行转来的"财政授权支付额度到账通知书",收到的财政授权支付额度 85 000 元为单位日常公用经费。

要求:根据发生的经济业务,编制相关的会计分录。

3. 某行政单位收到开户银行转来的收款通知,收到财政部门拨入日常公务活动预算经费 300 000 元。该单位尚未纳入财政国库单一账户制度管理。

要求:根据发生的经济业务,编制相关的会计分录。

4. 2017 年,某省所属行政单位发生的支出业务如下:

(1)月末,计提单位职工薪酬 180 000 元,其中,基本工资及津贴补贴 135 000 元,退休职工退休费 28 000 元,其余为职工住房公积金缴款。

(2)通过财政授权支付方式,使用其他资金支付购买办公设备款 26 000 元。

(3)通过财政授权支付方式,预付款项 165 000 元用于购置救济物资。

(4)年末,收回当年通过财政授权支付方式购置设备款项 21 500 元,因其在试用期内出现质量问题而退货。该单位对设备尚未入账。

(5)年末与客户签订分期付款购买设备合同,价款为 600 000 元。当年通过财政直接支付方式结算款项 450 000 元,其余款项分三次于未来每年年末付讫。

(6)年末,将本年发生的经费支出予以转账。

要求:根据发生的经济业务,编制相关的会计分录。

【案例题】

第十一章 行政单位财务报表

【本章纲要】

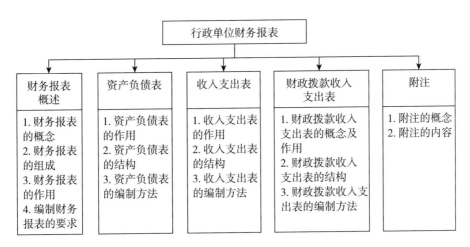

【学习目标、重点和难点】

● 通过本章的学习,应了解财务报表的概念、作用和编制财务报表的要求;熟悉财务报表的组成以及附注的内容;掌握资产负债表、收入支出表和财政拨款收入支出表的结构和编制方法。

● 财务报表的组成,资产负债表、收入支出表和财政拨款收入支出表的结构以及附注的内容为本章的重点。

● 收入支出表的编制为本章的难点。

第一节 财务报表概述

一、财务报表的概念

财务报表是反映行政单位财务状况和预算执行结果等的书面文件,由会计报表及其附注构成。

行政单位在日常会计核算中,通过审核与填制会计凭证、登记账簿等环节,对行政单位大量的经济业务进行了及时的确认与记录。但是,这些日常核算资料数量较多,而且也很分散,不能概括地反映单位财务活动和各项收支总体情况。为了使日常分散的核算资料系统化,能够集中、概括地反映单位的财务活动和收支全貌,行政单位就要定期对财务活动和各项收支情况进行归纳、总结,形成财务报表以满足财政部门和上级单位的需要,为单位开展行政管理活动提供系统、科学的会计信息。

二、财务报表的组成

行政单位的财务报表不是孤立的,而是由会计报表和附注构成,会计报表又是一个由资产负债表、收入支出表、财政拨款收入支出表等组成的有机整体。

（一）会计报表

行政单位的会计报表包括资产负债表、收入支出表、财政拨款收入支出表等。

资产负债表是反映行政单位在某一特定日期财务状况的报表。资产负债表应当按照资产、负债和净资产分类、分项列示。

收入支出表是反映行政单位在某一会计期间全部预算收支执行结果的报表。收入支出表应当按照收入、支出的构成和结转结余情况分类、分项列示。

财政拨款收入支出表是反映行政单位在某一会计期间财政拨款收入、支出、结转及结余情况的报表。

（二）附注

附注是指对在会计报表中列示项目的文字描述或明细资料,以及对未能在会计报表中列示项目的说明等。

三、财务报表的作用

财务报表的作用具体包括：

（1）各单位利用会计报表及其他有关资料,可以分析和检查单位预算的执行情况,发现预算管理和财务管理工作中存在的问题,以便采取有效措施,改进预算管理工作,提高财务管理水平。

（2）各级主管部门利用下级单位的会计报表,可以考核各单位执行国家有关方针政策的情况,督促各单位认真遵守财经制度与法规,维护财经纪律。主管部门对全系统的财务报表进行汇总后,还可以分析和检查全系统的预算执行情况,提高全系统的预算管理工作水平。

（3）财政机关利用各行政单位上报的财务报表,不仅便于其掌握各单位的预算执行进度、正确地核算预算支出,还可以了解各单位执行预算的情况和存在的问题,指导和帮助各单位做好行政单位会计工作,提高预算管理质量。

四、编制财务报表的要求

编制财务报表的目的,就是要向财务报表的使用者提供财务成本方面的信息。要保证财务报表提供的信息能够满足使用者的需要,就必须按照一定的程序、方法和要求进行编制。

（1）行政单位资产负债表、财政拨款收入支出表和经费支出明细表应当至少按照年度编制，收入支出表应当至少按照月度和年度编制。

（2）行政单位应当根据会计制度编制并提供真实、完整的财务报表。行政单位不得违反规定，随意改变《行政单位会计制度》规定的财务报表格式、编制依据和方法，不得随意改变《行政单位会计制度》规定的财务报表有关数据的会计口径。

（3）行政单位的财务报表应当根据登记完整、核对无误的账簿记录和其他有关资料编制，要做到数字真实、计算准确、内容完整、报送及时。①数字真实就是要求会计报表中的各项数字能够如实反映行政单位的财务状况和收支情况，不能以凭空捏造的数字代替实际数字。②计算准确就是要求会计报表中的数字在计算时不能出现差错。会计报表在层层汇总时，上级单位要在编制本级会计报表的基础上，根据本级会计报表和经审查过的所属单位的会计报表，编制汇总会计报表，并将上下级之间的对应账户数字冲销后，逐级汇总上报。③内容完整就是要求对于按规定上报的会计报表及各项指标，其内容的填列必须完整，不能漏报、漏填。④报送及时就是要求行政单位在会计期间结束时及时编制会计报表，如期报出会计报表。月份会计报表应于月份终了后三日内报出；季度报表应于季度终了后五日内报出；年度会计报表应按财政部决算通知规定及主管部门要求的格式和期限报出。在加强日常会计核算工作的同时，会计报表的数字要根据经审核无误的会计账簿记录汇总，切实做到账表相符，有根有据。在向上层层汇总时，上报上级单位和统计财政部门的会计报表必须经会计主管人员和单位负责人审阅签章并加盖公章。

（4）行政单位按照财政部门或主管部门要求，编制《行政单位会计制度》规定以外的财务报表时，应当根据《行政单位会计制度》规定登记的账簿记录、其他有关资料和财政部门或主管部门要求的编报规定编制。

（5）有基本建设投资的行政单位，应当将基本建设投资会计核算编制的报表，按照《行政单位会计制度》规定的口径调整相关收入、支出、资产、负债、净资产项目，并入《行政单位会计制度》规定的会计报表。

第二节　资产负债表

一、资产负债表的作用

资产负债表是反映行政单位在某一特定日期财务状况的报表，有时也称为财务状况表。

资产负债表是根据"资产=负债+净资产"的会计等式，依照一定的分类标准和次序，把企业在一定日期的资产、负债和净资产项目予以适当排列，按照一定的编制要求编制而成的。

资产负债表是行政单位会计报表体系中的主要报表，它是对行政单位特定日期所拥有或控制的资产、承担的债务责任以及净资产的静态反映，能够提供丰富的信息，具有以下作用：

（1）资产负债表中的资产项目，反映了行政单位所占有或使用的各种资源数量、结构以及行政单位偿还债务的能力，有助于预计行政单位履行支付承诺的能力。

（2）资产负债表中的负债、净资产项目，揭示了行政单位所承担的长短期债务的数量、偿还期限的长短、资金来源渠道及其增减变动情况。

（3）根据不同时期资产负债表中相同项目的横向对比和相同时期不同项目的纵向对比，能够反映行政单位财务状况的发展趋势。

总之，通过资产负债表可据以分析、检查资产、负债和净资产三者之间的结构比例以及各项资产的配置是否合理，行政单位是否具有一定的经济运行能力，从而可以总结和评价行政单位业务活动的状况。

二、资产负债表的结构

资产负债表的格式，目前国际上通用的有账户式和报告式两种。账户式资产负债表是根据"资产＝负债＋净资产"的会计等式设计而来的。资产项目列在表的左方；负债和净资产项目列在表的右方，由于资金来源等于资金占用，所以表的左、右两方金额相等，故又称平衡表。其基本结构如表 11-1 所示。

表 11-1 账户式资产负债表（简表）

项目	金额	项目	金额
资产		负债	
流动资产	×××	流动负债	×××
固定资产	×××	非流动负债	×××
无形资产	×××	净资产	×××
资产总计	×××	负债和净资产总计	×××

我国行政单位的资产负债表一般采用账户式资产负债表的格式。其原因如下：一是账户式资产负债表反映"资产＝负债＋净资产"的关系比较直观，一目了然；二是我国采用的资产负债表也是账户式的，广大会计人员对账户式的会计报表比较熟悉，比较习惯，相对来说编制这种格式的资产负债表比较容易理解；三是账户式资产负债表将资产类项目放在突出地位，突出表明行政单位的资产情况，从而表明了行政单位的公共服务、公共管理能力。

三、资产负债表的编制方法

资产负债表的编制是以日常会计记录的数据为基础进行归类、整理和汇总，加工成报表项目的过程。行政单位的资产负债表是一种比较资产负债表，需要列示"年初余额"和"期末余额"，其格式如表 11-2 所示。

表 11-2　资产负债表(简表)

会行政 01 表

编制单位:某行政单位			2016 年 12 月 31 日		单位:元
资产	年初余额	期末余额	负债和净资产	年初余额	期末余额
流动资产:			流动负债:		
库存现金	50 000	30 000	应缴财政款	0	0
银行存款	450 000	255 000	应缴税费	0	15 000
零余额账户用款额度		950 000			
财政应返还额度	0		应付职工薪酬	0	585 000
应收账款	30 000	150 000	应付账款	65 000	365 000
预付账款	0	100 000	应付政府补贴款	0	
其他应收款	10 000	30 000	其他应付款	100 000	105 000
存货	500 000	800 000	一年内到期的非流动负债		0
流动资产合计	1 040 000	2 315 000	流动负债合计	165 000	1 070 000
固定资产	12 000 000	11 970 000	非流动负债:	335 000	685 000
固定资产原价	16 200 000	16 300 000	长期应付款	335 000	335 000
减:固定资产累计折旧	4 200 000	4 330 000	受托代理负债		350 000
在建工程	0	0	负债合计	500 000	1 755 000
无形资产	1 000 000	880 000			
无形资产原价	2 500 000	2 500 000			
减:累计摊销	1 500 000	1 620 000			
待处理财产损溢	0	-120 000	财政拨款结转		150 000
政府储备物资	60 000	60 000	财政拨款结余	600 000	600 000
公共基础设施	159 000 000	164 000 000	其他资金结转结余	200 000	200 000
公共基础设施原价	359 000 000	364 000 000	其中:项目结转		
减:公共基础设施累计折旧	200 000 000	200 000 000	资产基金	172 300 000	177 550 000
公共基础设施在建工程	0		待偿债净资产	-500 000	-800 000
受托代理资产	0	350 000	净资产合计	172 600 000	177 700 000
资产总计	173 100 000	179 455 000	负债和净资产总计	173 100 000	179 455 000

（一）本表“年初余额”栏各项目的内容和填列方法

本表“年初余额”栏内各项数字,应当根据上年年末资产负债表“期末余额”栏内各项数字填列。如果本年度资产负债表规定的各个项目的名称和内容同上年度不相一致,应对上年年末资产负债表各项目的名称和数字按照本年度的规定进行调整,填入本表“年初余额”栏内。

（二）本表“期末余额”栏各项目的内容和填列方法

编制资产负债表的数据来自账簿资料。具体来说,资产负债表“期末余额”栏各项目的填列方法分为以下几种:

1. 根据总分类账户余额直接填列

当资产负债表中各项目名称与会计账户称谓一致时,一般采用直接填列法。资产负债表中大部分项目是根据相关总分类账户的期末余额直接填列的,如“库存现金”“银行存款”“财政应返还额度”“应收账款”“预付账款”“其他应收款”“存货”“无形资产原价”“累计摊销”“政府储备物资”“应缴财政款”“应付职工薪酬”“应付账款”“应付政府补贴款”“其他应付款”“财政拨款结转”“财政拨款结余”“其他资金结转结余”“资产基金”项目。

需要说明的是,“待处理财产损溢”项目应当根据“待处理财产损溢”账户的期末借方余额填列,如“待处理财产损溢”账户期末为贷方余额,则以“-”号填列;“应缴税费”项目应当根据“应缴税费”账户的期末贷方余额填列,如“应缴税费”账户期末为借方余额,则以“-”号填列。

“公共基础设施原价”项目反映了行政单位期末占有并直接管理的公共基础设施的原价。本项目应当根据“公共基础设施”账户的期末余额填列。

2. 根据总分类账户余额分析计算填列

如期末库存现金中有属于受托代理现金的,“库存现金”项目应根据“库存现金”账户的期末余额减去其中属于受托代理的现金金额后的余额填列;期末银行存款中有属于受托代理存款的,“银行存款”项目应根据“银行存款”账户的期末余额减去其中属于受托代理的存款金额后的余额填列;“在建工程”项目应根据“在建工程”账户中属于非公共基础设施在建工程的期末余额填列;“公共基础设施在建工程”项目应根据“在建工程”账户中属于公共基础设施在建工程的期末余额填列;“受托代理负债”项目应根据“受托代理负债”账户的期末余额(扣除其中受托储存管理物资对应的金额)填列;“公共基础设施累计折旧”项目应根据“累计折旧”账户中“公共基础设施累计折旧”明细账户的期末余额填列。

3. 根据明细账户余额填列

资产负债表中还有一些项目是根据有关账户所属的有关明细账户的期末余额计算填列的。如净资产中的“项目结转”项目应当根据“其他资金结转结余”账户中“项目结转”明细账户的期末余额填列。

“一年内到期的非流动负债”项目应根据非流动负债项目的明细账户余额分析填列。

4. 根据总分类账户和明细账户余额分析计算填列

“长期应付款”项目应根据“长期应付款”账户的期末余额减去其中 1 年以内(含 1

年)到期的长期应付款金额后的余额填列。

5. 根据总分类账户余额减去其备抵账户后的净额填列

"固定资产"项目应根据"固定资产"账户的期末余额减去"累计折旧"账户中"固定资产累计折旧"明细账户的期末余额后的金额填列;"无形资产"项目应根据"无形资产"账户的期末余额减去"累计摊销"账户的期末余额后的金额填列;"公共基础设施"项目应根据"公共基础设施"账户的期末余额减去"累计折旧"账户中"公共基础设施累计折旧"明细账户的期末余额后的金额填列。

6. 综合运用上述填列方法分析填列

"受托代理资产"项目反映了行政单位期末受托代理资产的价值。本项目应根据"受托代理资产"账户的期末余额(扣除其中受托储存管理物资的金额)加上"库存现金""银行存款"账户中属于受托代理资产的现金余额和银行存款余额的合计数填列。

(三)按月编制资产负债表的编制规定

行政单位按月编制资产负债表的,应当遵照以下规定编制:

(1)月度资产负债表应在资产部分"银行存款"项目下增加"零余额账户用款额度"项目。

(2)"零余额账户用款额度"项目应根据"零余额账户用款额度"账户的期末余额填列。

(3)"财政拨款结转"项目应根据"财政拨款结转"账户的期末余额,加上"财政拨款收入"账户的本年累计发生额,减去"经费支出——财政拨款支出"账户的本年累计发生额后的余额填列。

(4)"其他资金结转结余"项目应根据"其他资金结转结余"账户的期末余额,加上"其他收入"账户的本年累计发生额,减去"经费支出——其他资金支出"账户的本年累计发生额,再减去"拨出经费"账户本年累计发生额后的余额填列。

该项目中的"项目结转"项目应根据"其他资金结转结余"账户中"项目结转"明细账户的期末余额,加上"其他收入"账户中项目收入的本年累计发生额,减去"经费支出——其他资金支出"账户中项目支出的本年累计发生额,再减去"拨出经费"账户中项目支出的本年累计发生额后的余额填列。

(5)月度资产负债表其他项目的填列方法与年度资产负债表的填列方法相同。

第三节　收入支出表

一、收入支出表的作用

收入支出表是反映行政单位在某一会计期间全部预算收支执行结果的报表。它通过对行政单位资金收入、支出及结余情况的全面列示,集中揭示了行政单位承担社会管理和公共服务职责的经费来源及其去向。从其指标所体现的状态来看,收入支出表属于动态财务报表。收入支出表所提供的会计信息能够从以下方面反映行政单位的财务情况:

（1）行政单位收入的性质及其构成。收入支出表按行政单位取得收入来源的性质列示收入项目,可以反映行政单位财政拨款收入、其他资金收入占总收入的比重,财务报表使用者可以掌握行政单位的收入构成。

（2）行政单位支出的性质及其构成。收入支出表将行政单位一定时期所发生的支出按不同性质分类全部列示在一张表中,既反映了一定会计期间支出的全貌,又将财政拨款支出、其他资金支出、项目支出、非项目支出加以区分,便于财务报表使用者对各类性质不同的支出进行分析,掌握各类支出在总支出中所占的比重。

（3）行政单位本期收支差额及其构成。收入支出表在分类反映收入、支出的同时,总括反映了单位的预算执行情况,即预算收入扣减预算支出的差额。通过反映预算收支差额及其构成,有利于财政部门、行政单位主管部门和行政单位检查、监督年度收支预算的完成情况,正确考核行政单位提供公共服务和监督社会事务的情况。

（4）年末、年初各项资金结转结余、对其调整及其变动情况。结转资金、结余资金是有联系但又不完全相同的概念。结余资金是指工作目标已完成,或由于受政策变化、计划调整等因素影响工作终止,当年剩余的项目资金;而结转资金则是当年支出预算已执行但尚未完成,或因故未执行,下年需按原用途继续使用的项目资金,以及基本支出剩余资金。两部分资金虽然同为当年未列支出的"结余",但性质有区别,其管理要求相应的有所不同。收入支出表就要反映这两部分资金的调整及变动情况,以便落实财政科学化、精细化管理要求,区分情况实施有针对性的管理,促进单位规范财务行为,提高财务管理水平。

二、收入支出表的结构

收入支出表的结构为报告式形式,其项目采用纵向排列方式,包括年初各项资金结转结余、各项资金结转结余调整及变动、收入合计、支出合计、本期收支差额、年末各项资金结转结余。收入支出表(简表)格式如表 11-3 所示。

表 11-3　收入支出表(简表)

会行政 02 表

编制单位:某行政单位　　　　　　　　　　2016 年　　　　　　　　　　　　单位:元

项　目	本月数	本年累计数
一、年初各项资金结转结余		
（一）年初财政拨款结转结余		
1.财政拨款结转		
2.财政拨款结余		
（二）年初其他资金结转结余		
二、各项资金结转结余调整及变动		
（一）财政拨款结转结余调整及变动		
（二）其他资金结转结余调整及变动		

项　目	本月数	本年累计数
三、收入合计		
（一）财政拨款收入	1 200 000	
1.基本支出拨款	1 200 000	
2.项目支出拨款		
（二）其他资金收入		
1.非项目收入		
2.项目收入		
四、支出合计		
（一）财政拨款支出	1 050 000	
1.基本支出	1 050 000	
2.项目支出		
（二）其他资金支出		
1.非项目支出		
2.项目支出		
五、本期收支差额	150 000	
（一）财政拨款收支差额	150 000	
（二）其他资金收支差额		
六、年末各项资金结转结余	150 000	
（一）年末财政拨款结转结余		
1.财政拨款结转	150 000	
2.财政拨款结余		
（二）年末其他资金结转结余		

三、收入支出表的编制方法

（一）本表"本月数""本年累计数"栏各项目的内容和填列方法

本表"本月数"栏反映各项目的本月实际发生数。在编制年度收入支出表时，应将本栏改为"上年数"栏，反映上年度各项目的实际发生数；如果本年度收入支出表规定的各个项目的名称和内容同上年度不相一致，应对上年度收入支出表各项目的名称和数字按照本年度的规定进行调整，填入本年度收入支出表的"上年数"栏。

本表"本年累计数"栏反映各项目自年初起至报告期末止的累计实际发生数。编制年度收入支出表时，应将本栏改为"本年数"。

（二）本表"本月数"栏各项目的内容和填列方法

1."年初各项资金结转结余"项目及其所属各明细项目

"年初各项资金结转结余"项目各明细项目应根据"财政拨款结转""财政拨款结余""其他资金结转结余"及其明细账户的年初余额填列。本项目及其所属各明细项目的数额,应与上年度收入支出表中"年末各项资金结转结余"项目各明细项目的数额相等。

2."各项资金结转结余调整及变动"项目及其所属各明细项目

（1）"财政拨款结转结余调整及变动"项目应根据"财政拨款结转""财政拨款结余"账户下的"年初余额调整""归集上缴""归集调入"明细账户的本期贷方发生额合计数,减去本期借方发生额合计数的差额填列;如为负数,以"-"号填列。

（2）"其他资金结转结余调整及变动"项目应根据"其他资金结转结余"账户下的"年初余额调整""结余调剂"明细账户的本期贷方发生额合计数,减去本期借方发生额合计数的差额填列;如为负数,以"-"号填列。

3."收入合计"项目

"收入合计"项目应根据"财政拨款收入"账户的本期发生额,加上"其他收入"账户的本期发生额的合计数填列。

（1）"财政拨款收入"项目及其所属明细项目应根据"财政拨款收入"账户及其所属明细账户的本期发生额填列。

（2）"其他资金收入"项目及其所属明细项目应根据"其他收入"账户及其所属明细账户的本期发生额填列。

4."支出合计"项目

"支出合计"项目应根据"经费支出"和"拨出经费"账户的本期发生额的合计数填列。

（1）"财政拨款支出"项目及其所属明细项目应根据"经费支出——财政拨款支出"账户及其所属明细账户的本期发生额填列。

（2）"其他资金支出"项目及其所属明细项目应根据"经费支出——其他资金支出"和"拨出经费"账户及其所属明细账户的本期发生额的合计数填列。

5."本期收支差额"项目及其所属各明细项目

（1）"财政拨款收支差额"项目应根据本表中"财政拨款收入"项目金额减去"财政拨款支出"项目金额后的余额填列;如为负数,以"-"号填列。

（2）"其他资金收支差额"项目应根据本表中"其他资金收入"项目金额减去"其他资金支出"项目金额后的余额填列;如为负数,以"-"号填列。

6."年末各项资金结转结余"项目及其所属各明细项目

"年末各项资金结转结余"项目及其所属各明细项目应根据"财政拨款结转""财政拨款结余""其他资金结转结余"账户的年末余额填列。

需要说明的是,上述"年初各项资金结转结余""年末各项资金结转结余"项目及其所属各明细项目,只在编制年度收入支出表时填列。

第四节　财政拨款收入支出表

一、财政拨款收入支出表的概念及作用

财政拨款收入支出表是反映行政单位在某一会计期间财政拨款收入、支出、结转及结余情况的报表。

财政拨款收入支出表主要反映了两方面内容:一是行政单位在某一特定时期实现全部财政拨款收入、发生财政拨款支出以及收入抵减支出结余的情况,同时也反映了引起财政拨款增减变动的原因,如调入、上缴、内部调剂情况;二是行政单位在一定时期财政拨款支出的性质,如支出的是公共财政预算资金还是政府性基金预算资金等。

二、财政拨款收入支出表的结构

为了清楚地反映行政单位财政拨款收入支出各组成部分当期的增减变动情况以及财政拨款收支的内容,财政拨款收入支出表以矩阵的形式列示,如表11-4所示。一方面,列示导致财政拨款收入支出变动的事项,按照财政拨款收入、支出变动的来源对一定时期财政拨款收入支出的变动情况进行全面反映;另一方面,按照财政拨款性质,如按照公共财政预算资金、政府性基金预算资金分类,列示每类收支的变动情况。

三、财政拨款收入支出表的编制方法

(一) 财政拨款收入支出表"项目"栏内各项目的设置方法

财政拨款收入支出表"项目"栏内各项目应根据行政单位取得的财政拨款种类分项设置。其中,"项目支出"下,应根据每个项目设置;行政单位取得除公共财政预算拨款和政府性基金预算拨款以外的其他财政拨款的,应当按照财政拨款的种类增加相应的资金项目及其明细项目。

(二) 财政拨款收入支出表各栏及其对应项目的内容和填列方法

1. "年初财政拨款结转结余"栏

"年初财政拨款结转结余"栏中各项目应根据"财政拨款结转""财政拨款结余"及其明细账户的年初余额填列。本栏目中各项目的数额应与上年度财政拨款收入支出表中"年末财政拨款结转结余"栏中各项目的数额相等。

2. "调整年初财政拨款结转结余"栏

"调整年初财政拨款结转结余"栏中各项目应根据"财政拨款结转""财政拨款结余"账户中的"年初余额调整"账户及其所属明细账户的本年发生额填列。对调整减少的年初财政拨款结转结余资金,以"-"号填列。

3. "归集调入或上缴"栏

"归集调入或上缴"栏中各项目应根据"财政拨款结转""财政拨款结余"账户中的"归集上缴"和"归集调入"账户及其所属明细账户的本年发生额填列。对归集上缴的财政拨款结转结余资金,以"-"号填列。

表 11-4　财政拨款收入支出表（简表）

会行政 03 表

编制单位：　　　　　　　　　　　　　　　年度　　　　　　　　　　　　　　　单位：元

项目	年初财政拨款结转结余		调整年初财政拨款结转结余	归集调入或上缴	单位内部调剂		本年财政拨款收入	本年财政拨款支出	年末财政拨款结转结余	
	结转	结余			结转	结余			结转	结余
一、公共财政预算资金										
（一）基本支出										
1. 人员经费										
2. 日常公用经费										
（二）项目支出										
1. ××项目										
2. ××项目										
……										
二、政府性基金预算资金										
（一）基本支出										
1. 人员经费										
2. 日常公用经费										
（二）项目支出										
1. ××项目										
2. ××项目										
……										
总计										

4."单位内部调剂"栏

"单位内部调剂"栏中各项目应根据"财政拨款结转""财政拨款结余"账户中的"单位内部调剂"及其所属明细账户的本年发生额填列。对单位内部调剂减少的财政拨款结转结余资金,以"-"号填列。

5."本年财政拨款收入"栏

"本年财政拨款收入"栏中各项目应根据"财政拨款收入"账户及其所属明细账户的本年发生额填列。

6."本年财政拨款支出"栏

"本年财政拨款支出"栏中各项目应根据"经费支出"账户及其所属明细账户的本年发生额填列。

7."年末财政拨款结转结余"栏

"年末财政拨款结转结余"栏中各项目应根据"财政拨款结转""财政拨款结余"账户及其所属明细账户的年末余额填列。

第五节　附　注

一、附注的概念

财务报表由于受格式、反映形式等因素的限制,有时所提供的信息不能完全满足报表使用者的需要,因此需要以附注的形式来完善财务报表,为会计信息的使用者理解财务报表提供帮助。附注既是对财务报表的补充说明,也是财务报表不可缺少的内容。很多情况只有通过附注,才能对财务报表有全面、准确的理解,一些在报表中以表格形式难以表达的内容,也需要通过附注加以反映。可见,附注在保持报表正文简练的基础上提供了一些与报表数据相关的信息,这不仅能够增进会计信息的可理解性、突出会计信息的重要性、提高会计信息的可比性,而且还可以反映作为整个财务报表组成部分的非数量信息以及其他比报表本身更为详细的信息,说明报表中个别项目的质量和条件限制等。

二、附注的内容

根据《行政单位会计制度》的规定,行政单位的报表附注应当至少披露下列内容:

(1)遵循《行政单位会计制度》的声明;

(2)单位整体财务状况、预算执行情况的说明;

(3)会计报表中列示的重要项目的进一步说明,包括其主要构成、增减变动情况等;

(4)重要资产处置、资产重大损失情况的说明;

(5)以名义金额计量的资产名称、数量等情况,以及以名义金额计量理由的说明;

(6)或有负债情况的说明,1年以上到期负债预计偿还时间和数量的说明;

(7)以前年度结转结余调整情况的说明;

(8)有助于理解和分析会计报表的其他需要说明事项。

资产负债表(balance sheet)

收入支出表(income and expense statement)

财政拨款收入支出表(financial appropriation income statement)

【思考题】

1. 行政单位财务报表由哪些报表组成？与财政总预算会计报表相比,其报表组成有何特点？为什么？

2. 简述行政单位资产负债表的结构及其编制方法。

3. 简述行政单位收入支出表的结构及其编制方法。

4. 行政单位收入支出表与财政拨款收入支出表的关系如何？

5. 试比较财政总预算报表附注与行政单位报表附注的异同,并说明原因。

【练习题】

某行政单位 2016 年 11 月 30 日资产负债表(简表)如下表所示:

资产负债表

会行政 01 表

编制单位:某行政单位　　　　　　　　2016 年 11 月 30 日　　　　　　　　单位:元

资产	年初余额	期末余额	负债和净资产	年初余额	期末余额
流动资产:			流动负债:		
库存现金		50 000	应缴财政款		0
银行存款		450 000	应缴税费		0
财政应返还额度		0	应付职工薪酬		0
应收账款	(略)	30 000	应付账款	(略)	65 000
预付账款		0	应付政府补贴款		0
其他应收款		10 000	其他应付款		100 000
存货		500 000	一年内到期的非流动负债		0
流动资产合计		1 040 000	流动负债合计		165 000
固定资产		12 000 000	非流动负债:		335 000
固定资产原价		16 200 000	长期应付款		335 000
减:固定资产累计折旧		4 200 000	受托代理负债		
在建工程		0	负债合计		500 000

资产	年初余额	期末余额	负债和净资产	年初余额	期末余额
无形资产		1 000 000			
无形资产原价	（略）	2 500 000		（略）	
减：累计摊销		1 500 000			
待处理财产损溢		0	财政拨款结转		
政府储备物资		60 000	财政拨款结余		600 000
公共基础设施		159 500 000	其他资金结转结余		200 000
公共基础设施原价		359 500 000	其中：项目结转		
减：公共基础设施累计折旧		200 000 000	资产基金		172 300 000
公共基础设施在建工程		0	待偿债净资产		−500 000
受托代理资产	（略）	0	净资产合计	（略）	173 100 000
资产总计		173 600 000	负债和净资产总计		173 600 000

2016 年 12 月，该行政单位发生的经济业务如下：

（1）5 日，收到同级财政部门批复的分月用款计划及代理银行盖章的"财政授权支付额度到账通知书"，金额为 1 200 000 元。

（2）10 日，以财政授权支付方式支付职工差旅费 75 000 元。

（3）12 日，购入一台不需安装就能投入使用的办公设备，设备价款为 98 000 元，发生的运杂费为 2 000 元。购买设备使用的资金是非财政拨款资金。该单位以银行存款支付了价款及运杂费。

（4）18 日，从丙公司购入一批库存材料，货款 280 000 元，对方代垫运杂费 20 000 元。材料已运达并验收入库，款项尚未支付。

（5）25 日，以财政授权支付方式支付会议费等日常公用经费 130 000 元。

（6）26 日，以零余额账户购买一批随买随用的办公用品 4 500 元。

（7）28 日，收取某单位押金 5 000 元并存入银行。

（8）28 日，从乙公司订购存货 150 000 元，按订货合同规定，应先向供货单位预付货款 100 000 元，2017 年 2 月 20 日交货后再补足余款。款项通过银行存款收付。

（9）28 日，接受乙行政单位移交公共照明设施，该设施的原账面价值为 500 000 000 元。

（10）29 日，向乙公司出售物资一批，价值 120 000 元，物资已发出并到达约定状态且尚未收到款项。

（11）29 日，接受委托转赠的一批抗旱物资并验收入库，该批物资凭据注明的金额为 350 000 元。

（12）29 日,财务部门核定并发放备用金 20 000 元。

（13）31 日,计提当月固定资产折旧 130 000 元,计提无形资产摊销 120 000 元。

（14）31 日,计算当期应付职工薪酬 600 000 元。按税法规定应代扣代缴个人所得税 15 000 元。

（15）31 日,结转本月收支。

要求:编制 2016 年 12 月经济业务的会计分录,并编制该单位 2016 年资产负债表。

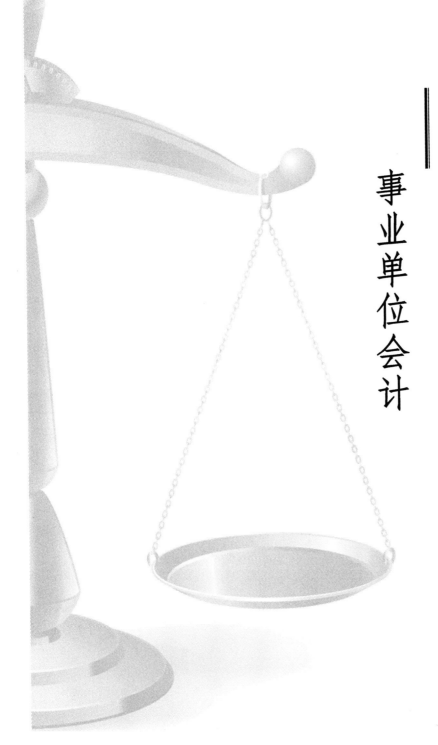

第四篇

事业单位会计

第十二章 事业单位会计概述

【本章纲要】

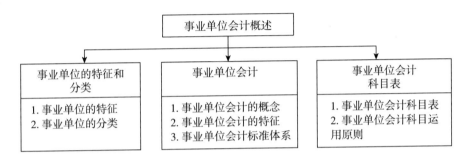

【学习目标、重点和难点】

● 通过本章的学习,应了解事业单位的范围和特征;熟悉事业单位会计标准体系、事业单位会计科目运用原则;掌握事业单位会计科目类别。

● 事业单位的特征和分类、事业单位会计标准体系和事业单位会计科目表为本章的重点。

● 事业单位会计科目表及其内容为本章的难点。

第一节 事业单位的特征和分类

一、事业单位的特征

事业单位的称谓在西方市场经济国家没有对应的词汇,可以说是典型的中国特色。在我国,事业单位无处不在,它与人民生活息息相关。从上学、看病,到娱乐休闲,甚至养老等,处处都有事业单位的身影。事业单位主要涉及教育、科研、文化、卫生、体育、勘察设计、勘探、新闻出版、交通、气象、地震、海洋、环保、测绘、标准计量、知识产权、进出口商检、物资仓储、城市公用、社会福利、经济监督、农林牧水、信息咨询、机关后勤及其他相关行业和领域。

事业单位一词最早出现于 20 世纪 50 年代。① 事业单位的概念也随着政治、经济形势

---

① 1955 年第一届全国人民代表大会第二次会议的《关于 1954 年国家决算和 1955 年国家预算的报告》。

的变化而不断得到完善和补充。1998年,我国以国务院令形式颁布的《事业单位登记管理暂行条例》从法规层面对事业单位进行了界定,并指出事业单位是指国家为了社会公益目的,由国家机关举办或者其他组织利用国有资产举办的,从事教育、科技、文化、卫生等活动的社会服务组织。

与政府机关和企业等经济组织相比,事业单位具有以下特点:

（1）事业单位活动目的的公益性。实现社会公共利益均衡,追求公共利益最大化是事业单位活动的目的。

事业单位所追求的首先是社会效益,同时,有些事业单位在保证社会效益的前提下,为实现事业单位的健康发展、社会服务系统的良性循环,会根据国家规定向接受服务的单位或个人收取一定的服务费。公益性是由事业单位的社会功能和市场经济体制的要求决定的。在社会主义市场经济条件下,市场对资源配置起基础性作用,但在一些领域,某些产品或服务,不能或无法由市场来提供,如教育、卫生、基础研究、市政管理等。为了保证社会生活的正常进行,就要由政府组织、管理或委托社会公共服务机构从事社会公共产品的生产,以满足社会发展和公众的需求。我国的事业单位大都分布在公益性领域中,主要从事精神产品的生产和服务,有的虽然也从事某些物质产品的生产,但多数不属于竞争性生产经营活动,不以营利为目的。

这种利益主要体现为社会效益,而并非经济利益。如教育、科技、文化、卫生等单位,主要是满足社会的精神文化需要,满足社会的发展需要,满足社会的健康需要,满足提高民族素质的需要。但以追求社会效益为目的,并不意味着不进行任何营利性的经济活动,只是这种营利的目的不在于将利润分配给其成员,而是为了更好地实现公共利益。

（2）事业单位举办主体的政府性。事业单位是政府或其代理机构利用国有资产举办的,而不是利用社会资产或私有财产举办;从事社会公共服务的组织的资金来源,包括国有资产、社会募捐和私人投资,而事业单位资产的初始来源是国有资产。

（3）事业单位活动领域的社会事业性。教育、文化、卫生、体育等社会事业的发展,关系千家万户,关乎国运昌盛,而事业单位恰恰活动于教育、文化、卫生、体育等社会事业领域。这些领域的特点:一是政府和企业不能也不宜涉足;二是根据国家和社会经济发展以及经济运行良性循环的要求,可以较政府和企业更能降低交易协调成本;三是并非政府专属,以及虽然不属于政府范围,但企业做不好、做不了又不愿做。可见,事业单位在企业和政府之间起拾遗补阙的作用。鉴于事业单位是政府举办的社会组织,其大部分职能是政府职能的延伸,毫无疑问,事业单位是政府组织的一部分。

（4）事业单位活动的服务性。事业单位主要分布在教育、科技、文化、卫生等领域,是保障国家政治、经济、文化生活正常进行的社会服务支持系统。如教育事业单位的主要功能是为社会培养合格的劳动者和各方面所需要的人才;科技事业单位的主要功能是揭示自然和社会规律,促进生产力的发展;文化事业单位的主要功能是提高全民族的文化修养和道德水平;卫生事业单位的主要功能是保障公民的身体健康,使其享受良好的医疗服务,等等。缺乏这些服务的支持,或服务支持系统不健全,生产力发展就会受到制约,并进而影响社会稳定。经济越发展,社会越进步,对服务功能的要求标准也越高,范围也越大。服务性,是事业单位最基本、最鲜明的特征。

二、事业单位的分类

事业单位可以按照不同标志进行分类。按照社会功能分类,可将现有事业单位划分为承担行政职能、从事生产经营活动和从事公益服务三个类别。根据职责任务、服务对象和资源配置方式等情况,可将从事公益服务的事业单位细分为两类:承担义务教育、基础性科研、公共文化、公共卫生及基层的基本医疗服务等基本公益服务,不能或不宜由市场配置资源的,划入公益一类;承担高等教育、非营利医疗等公益服务,可部分由市场配置资源的,划入公益二类。

第二节 事业单位会计

一、事业单位会计的概念

事业单位会计是政府会计的一个分支。它是适用于学校、医院或医疗机构、科研机构、文化团体、福利机构以及社会公用事业单位的专业会计。事业单位会计以货币为主要计量单位,主要对事业单位所控制的财政资金运动过程及其结果进行连续、系统、完整的反映和监督,向事业单位经济资源直接提供者、债权人以及国家综合经济管理部门提供所需要的会计信息,为事业单位内部管理者进行非经营决策、编制预算或计划以及评价考核工作业绩提供重要依据,以此来反映受托责任的履行情况。

纵观上述概念,应着重从两个方面来理解和认识事业单位会计:

(1)事业单位会计是政府会计的有机组成部分。因为事业单位举办的主体是政府,事业单位的职能是政府职能的延伸,事业单位会计对象主要是财政资金运动,事业单位会计标准体系也与我国预算法及相关法律法规保持一致。毫无疑问,事业单位会计属于政府会计的范畴。

(2)事业单位会计不等于非营利组织会计。组织性、民间性、非营利性、自治性、志愿性和公益性构成了非营利组织最为关键的特征。但事业单位不满足"民间性"和"志愿性"两个核心特征,事业单位又不完全等同于非营利组织,因此,不能简单地在事业单位会计与非营利组织会计之间画等号。

二、事业单位会计的特征

作为政府会计的一个分支,事业单位会计既有与财政总预算会计、行政单位会计相同的理论与方法,也形成了有别于财政总预算会计、行政单位会计的特征。

(一)会计目标

总体来说,财政总预算会计、行政单位会计和事业单位会计的目标是一致的,即提供会计信息使用者反映受托责任履行情况以及进行相关决策所需要的信息。

但由于事业单位种类繁多、业务特点各异,会计信息服务对象既包括政府及其有关部门,还包括举办(上级)单位、债权人、事业单位自身和其他利益相关者,会计信息服务对象涉及本单位经济资源提供者、管理者、受益者等多个层面,因此事业单位会计信息服务对象呈多元化特征。

（二）会计要素

按照社会功能分类,可将现有事业单位划分为承担行政职能、从事生产经营活动和从事公益服务三个类别。社会功能不同,事业单位所需经费来源也不同。有的单位所需经费由同级财政予以保障;有的单位可由财政按照不同方式给予不同程度的投入;有的单位实行经费自理,财政通过政府购买服务方式给予相应的经费补助。与财政总预算会计、行政单位会计相比,事业单位会计的要素内容更为丰富。具体表现在以下方面:

（1）不同类别的事业单位,其社会功能不同,运营活动特点各异,但整体来说,资产的内容较为丰富。既有货币资产、实物资产,也有无形资产;既有流动资产,也有非流动资产。

（2）一些事业单位的经费补助数额与其依法开展事业活动、经营活动所需的资金并不配比,资金短缺在所难免。为此,事业单位依法筹集负债资金的业务较多,负债类别多样化。

（3）事业单位提供公共服务或准公共服务的类型较为复杂,收入来源呈多元化趋势,收入种类繁多,确认收入的方法复杂。

（4）事业单位耗费经济资源的用途不尽相同,有的是用于日常事业单位支出,有的是用于对附属单位补助或上缴上级支出,而有的则是用于经营支出。依据单位采用的会计基础不同,对于经济资源的耗费或流出,采用不同的会计要素形式予以确认、计量和报告。以收付实现制为会计基础的事业单位,按"支出"要素对业务及其他活动发生的资金耗费和损失予以确认、计量和报告;以权责发生制为会计基础的事业单位,则按"费用"要素对业务及其他活动发生的资金耗费和损失予以确认、计量和报告。

三、事业单位会计标准体系

事业单位会计标准主要由《事业单位会计准则》《事业单位会计制度》和事业单位行业会计制度构成。

（一）《事业单位会计准则》

在事业单位会计标准体系中,《事业单位会计准则》担当的是财务会计概念框架的角色,对事业单位的会计实务具有规范作用;同时,也是制定《事业单位会计制度》、行业会计制度(如《医院会计制度》《高等学校会计制度》《科研事业单位会计制度》)的依据。

《事业单位会计准则》作为技术规范,有着严密的结构和层次。根据 2012 年财政部颁布的《事业单位会计准则》,其结构如图 12-1 所示。

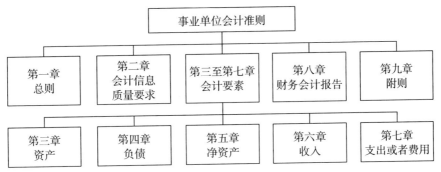

图 12-1 《事业单位会计准则》的结构

1. 总则

作为一部法规的总纲或基本规定,总则对以下内容进行了规范:《事业单位会计准则》制定的目的与依据、会计准则适用范围、事业单位会计标准体系、财务报告目标、会计基本假设、会计核算基础等。

2. 会计信息质量要求

为实现事业单位财务报告的目标,事业单位提供的会计信息应当符合可靠性、相关性、可理解性、可比性、实质重于形式、及时性、重要性等信息质量要求。

3. 会计要素

《事业单位会计准则》提出了资产、负债、净资产、收入、支出或者费用五个会计要素;对会计要素的概念进行了界定;同时,就每个要素的确认、计量和报告进行了具体规范。

4. 财务报告

《事业单位会计准则》提出了以资产负债表、收入支出表等所组成的事业单位财务报告体系。该部分规定了应向财务报告使用者披露的会计信息,同时建立了表内列示与表外披露的规范体系。

(二)《事业单位会计制度》

《事业单位会计制度》是我国事业单位会计核算工作的具体规范,它是以《中华人民共和国会计法》为依据,根据《事业单位会计准则》的要求,结合事业单位的特点和管理要求制定的,直接对事业单位会计核算工作发挥规范作用。

《事业单位会计制度》发布于 1997 年,自 1998 年 1 月 1 日起施行。2012 年财政部对事业单位会计制度进行了修订,自 2013 年 1 月 1 日起施行。修订后的《事业单位会计制度》内容如图 12-2 所示。

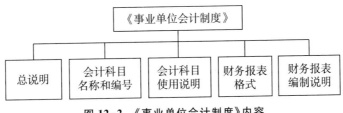

图 12-2 《事业单位会计制度》内容

1. 总说明

该部分说明了会计制度制定依据、会计制度适用范围、会计基础、会计要素、运用会计科目原则、财务报告组成内容、财务报告责任、会计工作组织。

2. 会计科目名称和编号

该部分主要对会计科目的名称、分类和编号统一做出了规定,并将全部会计科目分为资产类、负债类、净资产类、收入类和支出类五类会计科目。每类又具体分为若干科目,并对每个科目进行了编号。

3. 会计科目使用说明

该部分是会计制度的核心内容。它对每个会计科目的核算范围、明细账的设置方法、涉及该科目经济业务的会计处理原则及方法做出了具体规定;此外,也对与该科目相关的重要概念进行了界定。

4. 财务报表格式

该部分对事业单位向外报送财务报表的编号、财务报表名称和编制期三个方面做出了统一规定。

5. 财务报表编制说明

该部分详细说明了财务报表相关项目的含义及编制方法。

需要说明的是,《事业单位会计制度》适用于各级各类事业单位,但下列事业单位除外:一是按规定执行《医院会计制度》等事业单位行业会计制度的事业单位;二是纳入企业财务管理体系,执行《企业会计准则》或《小企业会计准则》的事业单位。参照《中华人民共和国公务员法》管理的事业单位对《事业单位会计制度》的适用,由财政部另行规定。

事业单位对基本建设投资的会计核算在执行《事业单位会计制度》的同时,还应当按照国家有关基本建设会计核算的规定单独建账、单独核算。

(三) 事业单位行业会计制度

事业单位行业会计制度是指体现行业特点的会计制度,如《高等学校会计制度》《医院会计制度》《中小学校会计制度》《科学事业单位会计制度》等。

第三节 事业单位会计科目表

一、事业单位会计科目表

根据《事业单位会计制度》的规定,一个事业单位所使用的全部总分类科目如表 12-1 所示。

表 12-1 事业单位会计科目表

序号	名称	序号	名称
一、资产类		3	零余额账户用款额度
1	库存现金	4	短期投资
2	银行存款	5	财政应返还额度

序号	名称	序号	名称
6	应收票据	三、净资产	
7	应收账款	29	事业基金
8	预付账款	30	非流动资产基金
9	其他应收款	31	专用基金
10	存货	32	财政补助结转
11	长期投资	33	财政补助结余
12	固定资产	34	非财政补助结转
13	累计折旧	35	事业结余
14	在建工程	36	经营结余
15	无形资产	37	非财政补助结余分配
16	累计摊销	四、收入类	
17	待处置资产损溢	38	财政补助收入
二、负债类		39	事业收入
18	短期借款	40	上级补助收入
19	应缴税费	41	附属单位上缴收入
20	应缴国库款	42	经营收入
21	应缴财政专户款	43	其他收入
22	应付职工薪酬	五、支出类	
23	应付票据	44	事业支出
24	应付账款	45	上缴上级支出
25	预收账款	46	对附属单位补助支出
26	其他应付款	47	经营支出
27	长期借款	48	其他支出
28	长期应付款		

二、事业单位会计科目运用原则

根据《事业单位会计制度》的规定，事业单位运用会计科目时一定要遵守相关的原则。这些原则与《财政总预算会计制度》《行政单位会计制度》规定的相关原则基本一致。

【关键词汇】

事业单位（public institution）

事业单位会计准则（public institutional unit accounting standards）

事业单位会计制度（public institutional unit accounting regulation）

【思考题】

1. 什么是事业单位? 其范围包括哪些领域? 按照社会功能分类,可将现有事业单位分为哪几类?

2. 与各级政府财政、行政单位相比,事业单位的特征表现在哪些方面?

3. 与财政总预算会计相比,事业单位会计科目的设置有何特点?

4. 简述事业单位会计标准体系的构成及彼此之间的关系。

第十三章　事业单位资产

【本章纲要】

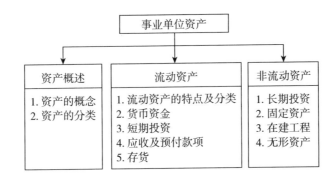

【学习目标、重点和难点】

● 通过本章的学习，应了解资产的概念、特点和分类；熟悉流动资产、非流动资产的内容及相关概念；掌握流动资产、非流动资产的会计核算方法。

● 货币资金、短期投资、应收账款、存货、长期投资、固定资产和无形资产为本章的重点。

● 应收账款、存货、长期投资、固定资产和无形资产为本章的难点。

第一节　资产概述

一、资产的概念

《事业单位会计准则》指出，资产是指事业单位占有或者使用的能以货币计量的经济资源，包括各种财产、债权和其他权利。

事业单位从事教育、科技、医疗卫生、科学技术研究等活动，必须拥有一定数量的房屋、实验室、优良的仪器设备、科技材料、医疗药品以及足够的资金作为物质基础。占有或使用一定数量的资产，是事业单位生存和发展的基本前提条件。

二、资产的分类

事业单位资产可以按照不同标准进行分类：

（一）有形资产和无形资产

按资产有无实物形态分类，资产可分为有形资产和无形资产。其中，有形资产是指事业单位占有或者使用的能以货币计量、具有物质形态的经济资源，如存货、固定资产等；无形资产是指事业单位占有或者使用的能以货币计量、不具有物质形态的经济资源，如专利权、商标权、著作权、土地使用权、非专利技术等。

按有无实物形态对资产进行分类，可以判断事业单位资产的质量，关注无形资产的价值信息，促进事业单位运营活动的稳定性。

（二）流动资产和非流动资产

按资产的流动性分类，资产可分为流动资产和非流动资产。

按资产流动性的进行分类，可以向债权人提供有关清算变现能力的信息，完整地反映事业单位的运营活动，有效地预测现金的流动。

（三）货币性资产和非货币性资产

按资产与货币的关系分类，资产可分为货币性资产和非货币性资产。货币性资产是指持有的货币和将以固定或可确定金额的货币收取的资产；而非货币性资产是指货币性资产以外的资产。前者如货币资金、应收账款、应收票据、准备持有到期的债权投资等。这些资产在将来为事业单位带来的货币金额是固定的或可确定的。非货币性资产有别于货币性资产的最基本特征是，其将来为事业单位带来的货币金额是不固定的或不可确定的。非货币性资产包括存货、固定资产、无形资产、股权投资等。

将事业单位的资产分为货币性资产和非货币性资产，有利于掌握这两类资产的计价方式。在事业单位资产中，货币性资产通常不存在计价问题，一般以本项目货币额表示。而非货币性资产的计价则要考虑采用的计量属性，如接受捐赠的设备、存货等既有可能采用历史成本，也有可能采用公允价值等。所以，货币性资产与非货币性资产的计价方式是不同的。

第二节　流动资产

一、流动资产的特征及分类

（一）流动资产特征

事业单位流动资产所具有的流动性强、周转期限短，不断改变形态，其价值一次消耗、转移或实现等特征与行政单位流动资产的特征基本一致，但在流动资产占用数量的波动性方面与行政单位有所不同。

事业单位流动资产在循环中，其占用数量在不同时期不是固定不变的，它会随着事业单位服务活动的变化而有升有降，起伏不定。如文化事业单位，其业务活动与季节、民族风俗直接相关,流动资产消耗有一定的季节性,因此,季节性波动更为明显。要加强对流动资产的管理,必须关注流动资产占用数量的波动性这一特点,以便合理安排资金。

（二）流动资产的分类

根据《事业单位会计准则》《事业单位会计制度》的规定,事业单位流动资产一般分为货币资金、短期投资、应收及预付款项、存货等。

1. 货币资金

货币是指以货币形态存在的资产。货币资金包括库存现金、银行存款、零余额账户用款额度等。

2. 短期投资

短期投资是指事业单位依法取得的,持有时间不超过1年(含1年)的投资。

3. 应收及预付款项

应收及预付款项是指事业单位在开展业务活动中形成的各项债权,包括财政应返还额度、应收票据、应收账款、其他应收款等应收款项和预付账款。

4. 存货

存货是指事业单位在开展业务活动及其他活动中为耗用而储存的资产,包括材料、燃料、包装物和低值易耗品等。

二、货币资金

货币资金是以货币形态存在的资产。按存放地点和用途不同,货币资金可分为库存现金、银行存款和零余额账户用款额度。货币资金是事业单位资金运动的起点和终点,也是唯一能够随时转换为其他资产或用于清偿债务并最具流动性的资产。货币资金具有较强的流动性,在资产负债表中,列在资产项目的首位。事业单位货币资金核算原理与行政单位相同,两者的区别是使用的会计科目有所不同。

三、短期投资

（一）短期投资的概念及特点

短期投资是指事业单位依法取得的,持有时间不超过1年(含1年)的投资。从理论上来讲,事业单位是从事公益事业的非营利性经济组织,其占有使用的资产不应用来对外投资。但鉴于事业单位资金供需矛盾的现状,为了满足和保障其履行职能、发展事业的需要,在保证完成事业任务的前提下,其可以利用国有资产进行对外投资,以弥补财政经费供给不足的问题,促进各类社会公益事业的发展。但事业单位应当严格遵守国家法律、行政法规的规定,不得使用财政拨款及其结余进行对外投资,不得从事股票、期货、基金、企业债券等投资活动,国家另有规定的除外。

与长期投资相比,事业单位短期投资具有以下特点:①投资对象主要是国债投资;②具有高度的变现性,短期投资可根据需要随时变现,其流动性在单位的资产中仅次于货币资金;③投资的目的不是控制被投资单位或对其实施重大影响,而是利用正常经营中暂时多余的资金,谋求高于银行存款利息收入的利益;④持有期限较短,这里的短期持有,是就投资意向而言的,非实际持有时间。

（二）短期投资的取得与持有

事业单位通过设置"短期投资"账户核算其依法取得的,持有时间不超过 1 年（含 1 年）的投资。该账户的借方登记短期投资的取得成本;贷方登记短期投资处置时结转的实际成本;期末借方余额反映事业单位持有的短期投资成本。其明细账应当按照国债投资的种类等设置并进行明细核算。

事业单位短期投资在取得时,按照其实际成本（包括购买价款以及税金、手续费等相关税费）作为投资成本,借记"短期投资"账户,贷记"银行存款"等账户;短期投资持有期间收到利息时,按照实际收到的金额,借记"银行存款"账户,贷记"其他收入——投资收益"账户。

（三）短期投资处置或到期收回

事业单位出售短期投资或到期收回短期国债本息时,按照实际收到的金额,借记"银行存款"账户,按照出售或收回短期国债的成本,贷记"短期投资"账户,按其差额,贷记或借记"其他收入——投资收益"账户。

【例 13-1】 某事业单位根据发生的短期投资业务,编制相关的会计分录。

（1）2016 年 1 月 1 日,某事业单位用银行存款 583 000 元购入面值为 500 000 元的国库券,期限为 5 年,年利率为 4%,每半年付息一次。该单位购入国库券的持有时间不超过 1 年。

① 确认短期投资：

借:短期投资——国库券　　　　　　　　　　　　583 000
　　贷:银行存款　　　　　　　　　　　　　　　　　　583 000

② 2016 年 6 月 30 日收到利息。

半年利息 = 500 000×4%×1/2 = 10 000（元）

借:银行存款　　　　　　　　　　　　　　　　　10 000
　　贷:其他收入　　　　　　　　　　　　　　　　　　10 000

（2）2016 年 7 月 10 日,对外转让了部分国库券,其面值为 200 000 元,取得转让价款 239 000 元,另支付相关税费 1 200 元。

借:银行存款　　　　　　　　　　　　　　　237 800
　　贷:短期投资——国库券　　　　　　　　　　　233 200
　　　　其他收入　　　　　　　　　　　　　　　　4 600

（3）国库券到期收回全部款项 352 000 元存入银行。

借:银行存款　　　　　　　　　　　　　　　352 000
　　贷:短期投资——国库券　　　　　　　　　　　349 800
　　　　其他收入　　　　　　　　　　　　　　　2 200

四、应收及预付项目

应收及预付款项是指事业单位在其业务活动过程中形成的短期债权,如财政应返还额度、应收票据、应收账款、预付账款和其他应收款项。其中,财政应返还额度、应收票据、应收账款和预付账款项目产生于事业单位的运营活动,而其他应收款项则产生于事业单位的非运营活动。

(一)财政应返还额度

财政应返还额度是指实行国库集中支付的事业单位年终应收财政下年度返还的资金额度,即反映结转下年使用的用款额度。其账务处理方法可参见第八章第二节。

(二)应收票据

事业单位与其他单位发生经济业务活动,除可以用现金直接支付外,还可以用票据作为结算工具。票据是具有一定书面格式的债权、债务凭证,是由债务人签发的在指定日期内由持票人向出票人(即签发人)或承兑人收回票面金额的书面证明。

通常,事业单位持有的还未到期、尚未兑现的票据包括支票、银行本票、银行汇票和商业汇票等。但在我国实务中,上述票据大部分为即期票据,有较强的兑付能力,可以即刻收款或存入银行成为货币资金,不需要作为应收票据进行核算,因此,应收票据主要是指事业单位持有的还未到期、尚未兑现的商业汇票。

1. 商业汇票的概念

商业汇票是指出票人签发的,委托付款人在指定日期无条件支付确定的金额给收款人或者持票人的票据。在银行开立存款账户的法人以及其他组织之间须具有真实的交易关系或债权债务关系,才能使用商业汇票。商业汇票的付款期限由交易双方商定,但最长不得超过6个月。商业汇票可以背书转让,符合条件的商业汇票可向银行申请贴现。

按其承兑人的不同,商业汇票可分为商业承兑汇票和银行承兑汇票。商业承兑汇票是由银行以外的付款人承兑的票据;而银行承兑汇票则是由在承兑银行开立存款账户的存款人签发的,由银行承兑的票据。按是否计息,商业汇票可分为不带息商业汇票和带息商业汇票。不带息商业汇票是指商业汇票到期时,承兑人只按票面金额(即面值)向收款人或被背书人支付票款的票据;带息商业汇票是指商业汇票到期时,承兑人必须按票面金额加上应计利息向收款人或被背书人支付票款的票据。

2. 应收票据的取得与收回

事业单位通过设置"应收票据"账户核算应收票据的增减变动情况。该账户的借方登记取得的商业汇票的票面金额;贷方登记到期收回的商业汇票的票面余额;期末借方余额反映事业单位持有的商业汇票票面金额。其明细账应当按照开出、承兑商业汇票的单位设置并进行明细核算。

事业单位应当设置应收票据备查簿,逐笔登记每一应收票据的种类、号数、出票日期、到期日、票面金额、交易合同号和付款人、承兑人、背书人姓名或单位名称、背书转让日、贴现日期、贴现率和贴现净额、收款日期、收回金额和退票情况等资料。应收票据到期结清票款或退票后,应当在备查簿内逐笔注销。

事业单位因销售产品、提供服务等收到商业汇票时,按照商业汇票的票面金额,借记"应收票据"账户,按照确认的收入金额,贷记"经营收入"等账户,按照应缴增值税金额,贷记"应缴税费——应缴增值税"账户。事业收回应收票据时,按照实际收到的商业汇票的票面金额,借记"银行存款"账户,贷记"应收票据"账户。

有时,因付款人无力支付票款,或到期不能收回应收票据,事业单位收到银行退回的商业承兑汇票、委托收款凭证、未付票款通知书或拒付款证明等时,按照商业汇票的票面金额,借记"应收账款"账户,贷记"应收票据"账户。

【例 13-2】 某事业单位根据发生的应收票据业务,编制相关的会计分录。

(1) 2016 年 10 月 1 日,该单位所属非独立核算部门销售一批产品给 N 公司,货物已发出,发票上注明的产品价款为 200 000 元,增值税税额为 34 000 元。收到 N 公司开出的商业承兑汇票一张,期限为 6 个月,票面年利率为 10%。

借:应收票据——N 公司		234 000
贷:经营收入		200 000
应缴税费——应缴增值税(销项税额)		34 000

(2) 2017 年 4 月 1 日,该单位收到 N 公司签发的到期商业承兑汇票。

借:银行存款		234 000
贷:应收票据——N 公司		234 000

(3) 假设票据到期,N 公司无力支付票款。

借:应收账款——N 公司		234 000
贷:应收票据——N 公司		234 000

3. 商业汇票贴现

事业单位持有的应收票据在到期前,如果其出现资金短缺,可以持未到期的银行承兑汇票向其开户银行申请贴现,以便获得所需资金。贴现就是指票据持有人将未到期的票据在背书后送交银行,银行受理后从票据到期值中扣除按银行贴现率计算确定的贴现利息,然后将余额付给持票人,作为银行对持票人短期贷款的一种融通资金行为。

在贴现中,银行向贴现单位收取的利息为贴现利息;银行计算贴现利息使用的利率为贴现率;贴现单位从银行获得的票据到期值扣除贴现利息后的货币资金为贴现所得。相关概念的计算公式如下:

$$贴现所得 = 票据到期值 - 贴现利息$$
$$贴现利息 = 票据到期值 \times 贴现率 \times 贴现期$$
$$贴现期 = 票据期限 - 票据已持有期限$$

按照中国人民银行《支付结算办法》的规定,实付贴现金额按票面金额扣除贴现日至汇票到期前 1 日的利息计算,承兑人在异地的,贴现期限及贴现利息的计算应另加 3 天的划款日期。

事业单位持未到期的商业汇票向银行贴现,应根据银行盖章退回的贴现凭证第四联收账通知,按照实际收到的金额(即减去贴现利息后的净额),借记"银行存款"账户,按照贴现利息,借记"经营支出——利息支出"账户,按照商业汇票的票面金额,贷记"应收票据"账户。

【例 13-3】 2017 年 5 月 2 日,甲事业单位持所收取的出票日期为 3 月 23 日、期限为

6个月、面值为110 000元的不带息商业承兑汇票一张到银行贴现。假设甲事业单位与承兑乙单位在同一票据交换区域内,银行年贴现率为12%,该事业单位与银行签订的协议中规定,商业汇票无追索权。为简化核算,日贴现率按360天计算。

该应收票据到期日为9月23日,其贴现天数144(30+30+31+31+23-1)天。

贴现利息=110 000×12%×144÷360=5 280(元)

贴现净额=110 000-5 280=104 720(元)

编制如下会计分录。

借:银行存款   104 720

   经营支出——利息支出   5 280

   贷:应收票据——乙单位   110 000

4. 商业汇票背书转让以取得物资

事业单位可以将自己持有的商业汇票背书转让,将汇票权利转让给他人或者将一定的汇票权利授予他人行使。背书是指在票据背面或者粘单上记载有关事项并签章的票据行为。

事业单位将持有的商业汇票背书转让以取得所需物品时,按照取得物品的成本,借记"存货""固定资产"等有关账户,按照商业汇票的票面金额,贷记"应收票据"账户,如有差额,借记或贷记"银行存款"等账户。

【例13-4】 2016年11月1日,甲事业单位向乙公司销售商品一批,按所签合同规定采用商业汇票结算。价款共计40 000元。票据为不带息票据,期限为3个月。2017年1月5日,该事业单位将持有的乙公司票据背书转让给丙公司以取得所需材料,该批材料价款为45 000元。另外,以转账支票补付材料差价款5 000元,以现金支付丙运输公司材料运杂费350元。不考虑相关税费,编制相关的会计分录。

(1) 2016年11月1日销售商品收到票据。

借:应收票据——乙公司   40 000

   贷:经营收入   40 000

(2) 2017年1月5日将应收票据背书转让。

借:存货   45 350

   贷:应收票据——乙公司   40 000

     库存现金   350

     银行存款   5 000

(三) 应收账款

应收账款是指事业单位因开展经营活动销售产品、提供有偿服务等而应收取的款项。应收账款仅指流动资产性质的短期债权,不包括长期债权,如对外长期债权投资等。同时,应收账款仅指本单位应收其他单位的款项,不包括本单位付出的各类存出保证金,如租入资产的保证金。

事业单位通过设置"应收账款"账户核算其因开展业务活动应收取的款项。为了反映应收账款的具体情况,应按照购货、接受劳务的单位(或个人)设置明细账并进行明细核算。

事业单位发生应收账款时,按照应收未收的金额,借记"应收账款"账户,按照确认的收入金额,贷记"经营收入"等账户,按照应缴增值税金额,贷记"应缴税费——应缴增值税"账户;收回应收账款时,按照实际收到的款项金额,借记"银行存款"等账户,贷记"应收账款"账户。如果事业单位应收账款改用商业汇票结算,在收到承兑的商业汇票时,按票面价值,借记"应收票据"账户,贷记"应收账款"账户。

【例 13-5】 甲事业单位根据发生的非独立核算经营业务,编制相关的会计分录。

(1)2017 年 3 月 15 日,向乙公司提供技术服务,应收劳务费 30 000 元。

借:应收账款——乙公司　　　　　　　　　　　30 000

　　贷:经营收入　　　　　　　　　　　　　　　　　30 000

(2)2017 年 3 月 25 日,收到乙公司劳务款 30 000 元,并存入银行。

借:银行存款　　　　　　　　　　　　　　　　30 000

　　贷:应收账款——乙公司　　　　　　　　　　　　30 000

(3)2017 年 4 月 20 日,收到乙公司交来的商业汇票一张,抵付劳务款 30 000 元。

借:应收票据——乙公司　　　　　　　　　　　30 000

　　贷:应收账款——乙公司　　　　　　　　　　　　30 000

有时,事业单位的应收账款因债务人拒付、破产、死亡等原因不能如数收回而使其蒙受损失。在会计上,无法收回的应收账款称为坏账。事业单位确认无法收回的应收账款时,应遵循财务报告的目标和会计核算的基本原则,具体分析各应收账款的特性、金额的大小、信用期限、债务人的信誉和当时的经营情况等因素。一般来讲,逾期三年或以上、有确凿证据表明确实无法收回的应收账款,事业单位按规定报经批准后予以核销。

《事业单位会计制度》规定,逾期三年或以上、有确凿证据表明确实无法收回的应收账款,按规定报经批准后予以核销。核销的应收账款应在备查簿中保留登记。应收账款核销的具体程序如下:事业单位将待核销的应收账款转入待处置资产时,按照待核销的应收账款金额,借记"待处置资产损溢"账户,贷记"应收账款"账户;报经批准予以核销时,借记"其他支出"账户,贷记"待处置资产损溢"账户;已核销应收账款在以后期间收回的,按照实际收回的金额,借记"银行存款"等账户,贷记"其他收入"账户。

【例 13-6】 M 事业单位根据发生的应收款项业务,编制相关的会计分录。

(1)2016 年 12 月 20 日,确认应收甲公司账款 350 000 元无法收回,按规定报经有关部门批准并准备核销应收款项。

① 应收甲公司账款转入待处置资产:

借:待处置资产损溢　　　　　　　　　　　　350 000

　　贷:应收账款——甲公司　　　　　　　　　　　350 000

② 经批准核销应收甲公司账款:

借:其他支出　　　　　　　　　　　　　　　350 000

　　贷:待处置资产损溢　　　　　　　　　　　　　350 000

(2)2017 年 3 月 20 日,收到已作为坏账核销的应收甲公司账款 50 000 元并存入银行。

借:银行存款　　　　　　　　　　　　　　　　　50 000
　　贷:其他收入　　　　　　　　　　　　　　　　　　50 000

（四）预付账款

预付账款是指事业单位按照购货、劳务合同规定预付给供应单位的款项。预付货款如同应收账款一样，是结算中的资金占用，反映了事业单位的短期债权。事业单位预付给供应单位一定数额的款项，目的主要是掌握存货等物资货源、劳务供应的渠道，以避免未来的价格变动及市场风险。

事业单位通过设置"预付账款"账户核算其按合同规定预付的款项。为了具体反映预付资金的性质，事业单位应当通过明细核算或辅助登记方式，分别记录财政补助资金、非财政专项资金和其他资金的增减变动情况。

事业单位发生预付账款时，按照实际预付的金额，借记"预付账款"账户，贷记"零余额账户用款额度""财政补助收入""银行存款"等账户。

事业单位收到所购物资或劳务时，按照购入物资或劳务的成本，借记有关账户，按照相应预付账款的金额，贷记"预付账款"账户，按照补付的款项，贷记"零余额账户用款额度""财政补助收入""银行存款"等账户。

收到所购固定资产、无形资产时，按照确定的资产成本，借记"固定资产""无形资产"账户，贷记"非流动资产基金——固定资产、无形资产"账户；同时，按照资产购置支出，借记"事业支出""经营支出"等账户，按照相应预付账款的金额，贷记"预付账款"账户，按照补付的款项，贷记"零余额账户用款额度""财政补助收入""银行存款"等账户。

每年年度终了，事业单位应对其预付的款项进行检查。根据《事业单位会计制度》的规定，逾期三年或以上、有确凿证据表明因供货单位破产、撤销等原因已无望再收到所购物资，且确实无法收回的预付账款，按规定报经批准后予以核销。核销预付账款应在备查簿中保留登记。核销预付账款的程序如下：事业单位将待核销的预付账款转入待处置资产时，按照待核销的预付账款金额，借记"待处置资产损溢"账户，贷记"预付账款"账户；报经批准予以核销时，借记"其他支出"账户，贷记"待处置资产损溢"账户；已核销预付账款在以后期间收回的，按照实际收回的金额，借记"银行存款"等账户，贷记"其他收入"账户。

（五）其他应收款

其他应收款是指事业单位除财政应返还额度、应收票据、应收账款、预付账款以外的其他各项应收及暂付款项。其核算的范围与行政单位基本一致，主要包括职工预借的差旅费、拨付给内部有关部门的备用金、应向职工收取的各种垫付款项等。

五、存货

（一）存货概述

1.存货的概念

存货是指事业单位在开展业务活动及其他活动中为耗用而储存的资产，包括材料、燃料、包装物和低值易耗品等。事业单位从事各类研究工作、技术开发活动以及各种服务活动,除了应有必要的货币资金,还必须有各类材料、低值易耗品和其他材料等存货。存货随着事业单位的运营活动处于不断的耗用或者重置之中,它既是事业单位流动资产的重要组成部分,也是事业单位从事各类事业活动的物质基础。

2. 存货的特点

存货是事业单位业务活动较为活跃的因素,它不停地被重置或被加工出来,然后又不停地被销售、耗用。其具有以下特点:

(1)存货属于流动资产,具有较快的变现能力和明显的流动性。但其流动性不及现金和应收款项,而且其时效性较强,发生潜在损失的可能性也比前者大。

(2)存货是有形资产,有别于专利权、商标权等无形资产。

(3)存货与固定资产同为有形资产,但其价值转移方式与固定资产有所不同。存货在正常的业务活动中,不断地处于销售和重置、耗用和重置之中,在 1 年内能够有规律地转换为货币资金或其他资产。而固定资产的使用周期较长,其价值是分期转移的。

(4)事业单位持有存货的最终目的是自用或耗用,而不是出售。

3. 存货的分类

事业单位的存货可以按照不同的性质进行如下分类:

(1)材料。它是指使用后就消耗掉或者逐渐消耗掉,不能保持原有形态的各种原材料,包括主要材料、辅助材料、外购半成品和修理用备件等。

(2)燃料。它是指使用后就消失掉的各种固体、液体和气体燃料。

(3)包装物。它是指为包装本单位有关产品而储备的各种包装容器。

(4)低值易耗品。它是指单位价值较低、容易损耗、不够固定资产标准,不属于材料、燃料和包装物范围的各种用具、装具等。

(5)动植物。它是指单位确认为存货的动物和植物。

(二)存货的计价

存货会计的核心是计价,即正确地确定收入、发出及结存存货的价值。因此,存货的计价,分为存货取得的计价、存货发出的计价和存货结存的计价。不同环节的存货,计价方法不同。

1. 存货取得的计价

存货在取得时,应当按照成本进行初始计量。存货成本包括采购成本、加工成本和其他成本。其中,采购成本包括购买价款、相关税费、运输费、装卸费、保险费以及其他使得存货达到目前场所和状态所发生的其他支出。事业单位按照税法规定属于增值税一般纳税人的,其购进非自用(如用于生产对外销售的产品)材料所支付的增值税税款不计入材料成本。

自行加工的存货,其成本包括耗用的直接材料费用、发生的直接人工费用和按照一定方法分配的与存货加工有关的间接费用。

接受捐赠、无偿调入的存货,其成本按照有关凭据注明的金额加上相关税费、运输费等确定;没有相关凭据的,其成本比照同类或类似存货的市场价格加上相关税费、运输费等确定;没有相关凭据、同类或类似存货的市场价格也无法可靠取得的,该存货按照名义金额(即人民币 1 元,下同)入账。

2. 存货发出的计价

具有较快的变现能力和明显的流动性是存货的重要特点之一。在一个持续运营的事业单位中,其存货始终处于流动状态。原有的存货不断地流出,新的存货又不断地流入。如科研机构的材料随着科研活动的进行而陆续购进和消耗领用等。当单位发出存货时,就必须采用一定的方法确定其发出成本。

根据《事业单位会计制度》的规定,存货在发出时,应当根据实际情况采用先进先出法、加权平均法或者个别计价法确定发出存货的实际成本。计价方法一经确定,不得随意变更。

各种方法的基本原理和应用方法与行政单位基本相同,不再赘述。

3. 结存存货的计价

会计期末,为了客观、真实、准确地反映事业单位期末存货的实际价值,事业单位在编制资产负债表时,要确定"存货"项目的金额,即期末存货的价值。事业单位期末存货的价值通常采用历史成本计价。其确定方法在第八章"存货的发出"中已有说明,不再重复。

(三)存货的收入

为了反映事业单位存货的增减变动情况,事业单位应设置"存货"账户核算其存货的实际成本。为了反映存货增减变动的详细情况,事业单位应当按照存货的种类、规格、保管地点等设置明细账并进行明细核算。

为了反映存货资金的不同来源,提供相关的存货信息,《事业单位会计制度》规定,事业单位应当通过明细核算或辅助登记方式,登记财政补助资金、非财政专项资金和其他资金所形成的存货成本。

需要说明的是,事业单位随买随用的零星办公用品,可以在购进时直接列作支出,不通过"存货"账户核算。

1. 外购存货

事业单位购入的存货验收入库时,按照确定的成本,借记"存货"账户,贷记"银行存款""应付账款""财政补助收入""零余额账户用款额度"等账户。

属于增值税一般纳税人的事业单位购入非自用材料时,按照确定的成本(不含增值税进项税额),借记"存货"账户,按照增值税专用发票上注明的增值税税额,借记"应缴税费——应缴增值税(进项税额)"账户,按照实际支付或应付的金额,贷记"银行存款""应付账款"等账户。

【例 13-7】 某事业单位根据发生的存货购进业务,编制相关的会计分录。

(1)以财政项目补助资金购入一批甲存货,当日验收入库,价款为 60 000 元,由财政直接支付。

借:存货——甲存货　　　　　　　　　　　　　　　　60 000
　　贷:财政补助收入　　　　　　　　　　　　　　　　　　60 000

(2)从 N 单位购入一批乙材料,价款为 51 000 元。银行转来的结算凭证已到,款项尚未支付,材料已验收入库。数日后以零余额账户支付欠款 51 000 元。

① 赊购材料：

借：存货——乙材料   51 000

  贷：应付账款   51 000

② 支付欠款：

借：应付账款   51 000

  贷：零余额账户用款额度   51 000

2. 自行加工存货

事业单位在从事公共事业、提供公益服务活动以及管理工作的过程中，需要对一些存货进行加工改制后才能加以使用，这些处在加工过程中的存货及发生的加工费用统称为在加工存货。通过必要的加工活动，可以弥补市场供应存货不足的问题，有利于提高科研水平、促进各类事业的发展，取得良好的社会与经济效益。自行加工存货必然要发生一定的耗费，为加工存货而发生的耗费构成了存货的加工成本。

按照费用的发生同加工存货的关系，加工费用可分为直接费用和间接费用。其中，直接费用是指加工存货时，能够直接计入存货成本的费用。加工存货中领用的材料或物资、加工工人的薪酬等都属于直接费用。直接费用可以根据原始凭证直接计入某种存货成本。间接费用是指加工存货时，不能直接计入存货成本的费用。属于间接费用的，需要选择适当的分配标准，在不同存货之间进行合理分摊，才可计入存货成本。

事业单位自行加工的存货在加工过程中发生各种费用时，借记"存货——生产成本"账户，贷记"存货——某材料""应付职工薪酬""银行存款"等账户；加工完成的存货验收入库时，按照所发生的实际成本，借记"存货——某存货"账户，贷记"存货——生产成本"账户。

【例 13-8】 某事业单位根据发生的自行加工存货业务，编制相关的会计分录。

（1）2017 年 10 月，为自制 A、B 存货发生职工薪酬 180 000 元、福利费 20 000 元、社会保险费 50 000 元。该加工部门职工人数为 25 人，其中加工 A 存货 15 人、B 存货 10 人。分配过程如下：

第一：计算分配标准，公式如下：

人员经费分配标准＝费用总计÷加工存货人数之和

250 000÷25＝10 000（元）

第二：按照标准对人员经费进行分配。

A 存货应负担的人员经费＝分配标准×加工 A 存货职工人数＝15×10 000＝150 000（元）

B 存货应负担的人员经费＝分配标准×加工 B 存货职工人数＝10×10 000＝100 000（元）

（2）该单位自行加工一批存货，领用甲材料 30 000 元，确认应付职工薪酬 5 000 元，以货币资金支出加工费用 3 000 元。

借：存货——生产成本   38 000

  贷：银行存款   3 000

    存货——甲材料   30 000

    应付职工薪酬   5 000

（3）该单位存货加工工作完成，存货验收入库，全部加工成本为 38 000 元。

借：存货——某存货　　　　　　　　　　　　　　　　38 000

　　贷：存货——生产成本　　　　　　　　　　　　　　　　38 000

3. 接受捐赠存货

事业单位接受捐赠的存货，其成本按照有关凭据注明的金额加上相关税费、运输费等确定；没有相关凭据的，其成本比照同类或类似存货的市场价格加上相关税费、运输费等确定；没有相关凭据、同类或类似存货的市场价格也无法可靠取得的，该存货按照名义金额入账。

事业单位接受捐赠的存货验收入库时，按照确定的成本，借记"存货"账户，按照发生的相关税费、运输费等，贷记"银行存款"等账户，按照其差额，贷记"其他收入"账户。

事业单位接受捐赠的存货按照名义金额入账时，按照名义金额，借记"存货"账户，贷记"其他收入"账户；按照发生的相关税费、运输费等，借记"其他支出"账户，贷记"银行存款"等账户。

【例 13-9】　甲事业单位根据发生的接受捐赠存货业务，编制相关的会计分录。

（1）甲事业单位接受境外乙公司捐赠的零配件、消耗材料，价值 60 000 元。接受捐赠的过程中，以银行存款支出相关税费、运输费 8 000 元。

借：存货　　　　　　　　　　　　　　　　　　　　　　60 000

　　贷：银行存款　　　　　　　　　　　　　　　　　　　　8 000

　　　　其他收入　　　　　　　　　　　　　　　　　　　52 000

（2）该事业单位如果接受的捐赠零配件、消耗材料按照名义金额入账。

① 按照名义金额确认零配件、消耗材料。

借：存货　　　　　　　　　　　　　　　　　　　　　　　　1

　　贷：其他收入　　　　　　　　　　　　　　　　　　　　　1

② 支付相关税费：

借：其他支出　　　　　　　　　　　　　　　　　　　　8 000

　　贷：银行存款　　　　　　　　　　　　　　　　　　　　8 000

4. 无偿调入存货

事业单位经主管部门和财政部门批准，可以从上级或系统内无偿调入存货，以满足公益事业的发展，调整和优化资产配置。

事业单位无偿调入的存货，其成本按照有关凭据注明的金额加上相关税费、运输费等确定；没有相关凭据的，其成本比照同类或类似存货的市场价格加上相关税费、运输费等确定；没有相关凭据、同类或类似存货的市场价格也无法可靠取得的，该存货按照名义金额入账。相关财务制度仅要求进行实物管理的除外。

事业单位无偿调入存货的账务处理与接受捐赠存货相同，不再举例。

（四）存货的发出

事业单位发出存货的形式主要有领用、对外捐赠、无偿调出。无论采取何种形式，发出存货必须按照审批程序，填制有关凭证。如单位内部有关部门领用材料应由使用部门填写领料单,列明品名、规格和数量,方可领料。无偿调出存货则应由有关业务部门根据上级批准的调拨计划填写存货调拨单,向存货管理部门办理调拨手续。存货仓库凭领料单、存货调拨单发货。存货在发出时,应当根据实际情况采用先进先出法、加权平均法或者个别计价法确定发出存货的实际成本。计价方法一经确定,不得随意变更。属于存货的低值易耗品,其成本于领用时一次摊销。

1. 因业务活动发出存货

业务活动包括专业活动、专业活动的辅助活动以及非独立核算的经营活动。事业单位开展业务活动等领用、发出存货时,按照领用、发出存货的实际成本,借记"事业支出""经营支出"等账户,贷记"存货"账户。

2. 对外捐赠存货

事业单位为更好地履行公益事业义务、塑造友善的社会风尚、培育良好的社会道德,可将不能满足本单位工作需要,但尚有使用价值的存货对外捐赠。事业单位存货对外捐赠应当由事业单位资产管理部门会同财务部门、技术部门审核鉴定,提出意见,按审批权限报送主管部门或财政部门审批。

事业单位对外捐赠存货,转入待处置资产时,按照存货的账面余额,借记"待处置资产损溢"账户,贷记"存货"账户;如果属于增值税一般纳税人的事业单位对外捐赠购进的非自用材料,转入待处置资产时,按照存货的账面余额与相关增值税进项税额转出金额的合计金额,借记"待处置资产损溢"账户,按照存货的账面余额,贷记"存货"账户,按照转出的增值税进项税额,贷记"应缴税费——应缴增值税(进项税额转出)"账户。

实际捐出存货时,按照"待处置资产损溢"账户的相应余额,借记"其他支出"账户,贷记"待处置资产损溢"账户。

3. 无偿调出存货

存货调出是资产的调剂行为,事实上是一种资产的划转行为,与对外捐赠存货都是以不取得货币收入为目的而使单位资产减少的一种存货管理方式,《事业单位会计制度》规定,无论是无偿调出存货还是对外捐赠存货,其支出均确认为其他支出,两者的账务处理相同。

【例 13-10】 甲事业单位根据发生的存货发出业务,编制相关的会计分录。

(1)经主管部门批准,将非自用 M 存货一批调剂给乙事业单位,该批存货的账面余额为 65 000 元。

① 将调剂存货转入待处置资产:

借:待处置资产损溢	65 000
贷:存货——M 存货	65 000

② 实际调出存货:

借:其他支出	65 000
贷:待处置资产损溢	65 000

(2)发出 N 材料 600 件,经计算发出材料的加权平均单价为 9.85 元,其中,业务活动消耗 400 件,经营活动消耗 200 件。

业务活动消耗的材料成本＝400×9.85＝3 940(元)

经营活动消耗的材料成本＝200×9.85＝1 970(元)

借:事业支出	3 940
经营支出	1 970
贷:存货——N 材料	5 910

(3)单位行政管理部门从库存中领用一批办公用低值易耗品,价值 20 800 元。

借:事业支出	20 800
贷:存货——低值易耗品	2 800

(4)向西部丙科研机构捐赠非自用 G 材料,价值 30 000 元。对外捐赠材料手续已办妥,材料也已出库。

① 将对外捐赠材料转入待处置资产:

借:待处置资产损溢	30 000
贷:存货——G 材料	30 000

② 实际捐出材料:

借:其他支出	30 000
贷:待处置资产损溢	30 000

(5)资料承(4),假设该单位被核定为增值税一般纳税人,适用的税率为 17%。对外捐赠材料手续已办妥,材料也已出库。

① 将对外捐赠材料转入待处置资产:

借:待处置资产损溢	35 100
贷:存货——G 材料	30 000
应缴税费——应缴增值税(进项税额转出)	5 100

② 实际捐出材料:

借:其他支出	35 100
贷:待处置资产损溢	35 100

(五)存货的清查盘点

事业单位中,有些单位的存货品种较多,收发也比较频繁。由于存货日常收发、计量和计算上的误差,以及自然损耗和丢失、毁损等原因,往往会造成账实不符的现象,或者由于盲目采购,而使某些存货发生超储积压。为了查清上述原因,应定期或不定期地对存货进行盘点清查,保证库存存货的完整,做到账实相符。存货清查一般采用实地盘点的方法,对于实际盘存数与账面结存数不相符的存货,应查明原因,并编制"存货盘点报告",报请有关部门审批。

盘盈的存货,应按照同类或类似存货的实际成本或市场价格确定入账价值;同类或类似存货的实际成本、市场价格均无法可靠取得的,按照名义金额入账。事业单位盘盈存货时,按照确定的入账价值,借记"存货"账户,贷记"其他收入"账户。

事业单位盘亏或者毁损、报废的存货,转入待处置资产时,按照待处置存货的账面余额,借记"待处置资产损溢"账户,贷记"存货"账户。

属于增值税一般纳税人的事业单位购进的非自用材料发生盘亏或者毁损、报废的,转入待处置资产时,按照存货的账面余额与相关增值税进项税额转出金额的合计金额,借记"待处置资产损溢"账户,按照存货的账面余额,贷记"存货"账户,按照转出的增值税进项税额,贷记"应缴税费——应缴增值税(进项税额转出)"账户。

报经批准予以处置时,按照"待处置资产损溢"账户的相应余额,借记"其他支出"账户,贷记"待处置资产损溢"账户。

第三节　非流动资产

在事业单位全部的资产中,流动资产以外的资产,被称为非流动资产。非流动资产包括长期投资、在建工程、固定资产、无形资产等。

非流动资产是指不能在 1 年之内消耗、变现,可以长期为事业单位的运营活动提供物质基础或创造条件的资产,例如单位所有或占用的房屋、设备,交通及运输工具等。有些非流动资产可以为事业单位提供长期的经济利益,如长期投资。非流动资产具有占用资金多、周转速度慢、变现能力差等特点。

一、长期投资

(一)长期投资概述

长期投资是指事业单位依法取得的,持有时间超过 1 年(不含 1 年)的各种股权和债权性质的投资。事业单位开展对外长期投资活动,可以使事业单位运用价值规律,促进医疗、科技、教育等资源的合理配置,提高资产的使用价值,并利用对外投资所获得的投资回报,缓解事业单位资金紧缺的矛盾,促进各类公益事业的发展。

1. 长期投资的分类

按投资性质不同分类,长期投资可分为股权投资和债权投资。

股权投资是指事业单位通过投资拥有被投资单位的股权,并成为被投资单位的股东,按所持股份比例享有权益并承担责任。股权投资一般有两种形式,一是直接投资形式,二是间接投资形式。直接投资是指将现金或资产投入被投资单位,由被投资单位向投资者出具出资证明书,确认其股权。间接投资是指投资者投资于某被投资单位时,是通过在证券市场上购买该被投资单位的股票而形成的长期股权投资。根据《事业单位财务规则》的规定,事业单位不得使用财政拨款及其结余进行对外投资,不得从事股票、期货、基金、事业单位债券等投资,国家另有规定的除外。可见,事业单位长期股权投资一般是指直接投资。

债权投资是指事业单位购入的在 1 年内(不含 1 年)不能变现或不准备随时变现的国债等债权性质的投资。债权投资只能按照约定的利率收取利息,到期收回本金。债权投资也可以转让,但在债权债务方约定的期限内一般不能要求债务单位提前偿还本金。

此外,按投资形式分类,长期投资可分为货币投资、实物投资和无形资产投资。

2.长期投资的管理

事业单位长期投资应在保证单位正常运转、保障和促进各项事业发展、维护资产安全完整、有效利用国有资产的前提下,按照国家的有关规定进行。事业单位对外投资时,应当进行必要的可行性论证,并提出申请,经主管部门审核同意后,报同级财政部门审批。如果以非货币性资产对外投资,应当对相关资产进行评估。对外投资收益取得的收入应当纳入单位预算,统一核算、统一管理。

(二)长期股权投资

1.长期股权投资的取得

为了反映对外投资的增减变动情况,事业单位通过设置"长期投资"账户核算其持有的债权投资和股权投资,主要是指国债投资和长期股权投资。该账户的借方登记长期投资的增加数;贷方登记长期投资的收回、冲减数;期末借方余额反映事业单位持有的对外投资成本。

需要注意的是,"长期投资"账户应当设置"股权投资""债权投资"两个一级明细账户,并在一级明细账户下按照股权投资的被投资单位和债权投资的种类设置二级明细账户并进行明细核算。

(1)以货币资金取得长期股权投资。事业单位以货币资金取得的长期股权投资,按照实际支付的全部价款(包括购买价款以及税金、手续费等相关税费)作为投资成本,借记"长期投资——股权投资"账户,贷记"银行存款"等账户;同时,按照投资成本金额,借记"事业基金"账户,贷记"非流动资产基金——长期投资"账户。

【例13-11】 2016年1月1日,甲事业单位经批准以非财政资金投资乙公司,出资货币资金3 000 000元,取得乙公司20%的股份。甲事业单位根据发生的经济业务,编制相关的会计分录。

(1)确认长期股权投资。

借:长期投资——股权投资——乙公司 3 000 000

　　贷:银行存款 3 000 000

(2)同时,确认长期投资基金。

借:事业基金 3 000 000

　　贷:非流动资产基金——长期投资 3 000 000

(2)以固定资产取得长期股权投资。事业单位以固定资产取得的长期股权投资,按照评估价值加上相关税费作为投资成本,借记"长期投资"账户,贷记"非流动资产基金——长期投资"账户,按照发生的相关税费,借记"其他支出"账户,贷记"银行存款""应缴税费"等账户;同时,按照投出固定资产对应的非流动资产基金,借记"非流动资产基金——固定资产"账户,按照投出固定资产已计提折旧金额,借记"累计折旧"账户,按照投出固定资产的账面余额,贷记"固定资产"账户。

【例13-12】 经上级主管部门批准,甲事业单位以2台科研设备投资乙研发中心,取得乙研发中心10%的股份。该科研设备单台原价为600 000元,每台已提取折旧150 000元,单台设备评估价为500 000元。开出零余额支票8 000元支付相关税费。甲事业单位根据发生的经济业务,编制相关的会计分录。

(1)确认长期股权投资。

借:长期投资——长期股权投资(乙研发中心)　　　1 008 000

　　贷:非流动资产基金——长期投资　　　　　　　　　　　1 008 000

同时,

借:非流动资产基金——固定资产　　　　　　　　　900 000

　　累计折旧　　　　　　　　　　　　　　　　　　300 000

　　贷:固定资产　　　　　　　　　　　　　　　　　　　　1 200 000

(2)支付相关税费。

借:其他支出　　　　　　　　　　　　　　　　　　　8 000

　　贷:银行存款　　　　　　　　　　　　　　　　　　　　8 000

(3)以无形资产取得长期股权投资。①以已入账无形资产取得长期股权投资。事业单位以已入账无形资产取得的长期股权投资,按照评估价值加上相关税费作为投资成本,借记"长期投资"账户,贷记"非流动资产基金——长期投资"账户,按照发生的相关税费,借记"其他支出"账户,贷记"银行存款""应缴税费"等账户;同时,按照投出无形资产对应的非流动资产基金,借记"非流动资产基金——无形资产"账户,按照投出无形资产已计提摊销金额,借记"累计摊销"账户,按照投出无形资产的账面余额,贷记"无形资产"账户。

【例13-13】 经上级有关部门批准,甲事业单位以一套非专利技术对乙单位投资,取得乙单位10%的股份。该非专利技术账面原值为250 000元,已提摊销额50 000元,该非专利技术评估价为220 000元。甲事业单位根据发生的经济业务,编制相关的会计分录。

借:长期投资——长期股权投资(乙单位)　　　　　220 000

　　贷:非流动资产基金——长期投资　　　　　　　　　　　220 000

同时,

借:非流动资产基金——无形资产　　　　　　　　　200 000

　　累计摊销　　　　　　　　　　　　　　　　　　50 000

　　贷:无形资产——非专利技术　　　　　　　　　　　　　250 000

② 以未入账无形资产取得长期股权投资。事业单位以未入账无形资产取得的长期股权投资,按照评估价值加上相关税费作为投资成本,借记"长期投资"账户,贷记"非流动资产基金——长期投资"账户,按照发生的相关税费,借记"其他支出"账户,贷记"银行存款""应缴税费"等账户。

【例13-14】 承例13-13。假设该事业单位对外投资的非专利技术尚未入账,编制相关的会计分录。

借:长期投资——长期股权投资(乙单位)　　　　　220 000

　　贷:非流动资产基金——长期投资　　　　　　　　　　　220 000

2.长期股权投资收益的确认

按照财务会计理论,对外长期股权投资的核算方法可分为成本法和权益法。

(1)成本法。它是指长期股权投资以取得股权时的成本计价,除投资方追加投资、收回投资等外,长期股权投资的账面价值一般保持不变。被投资单位宣告分派利润或现金股利时,投资方按照应享有的份额确认为当期投资收益。

(2)权益法。它是指长期股权投资按照实际成本入账后,根据被投资单位经营损益,按其持有被投资单位股份的比例以及股利的分配做出相应调整的方法。被投资单位当期发生收益时,投资方应按比例相应调高"长期投资"账户;发生亏损时,投资方则应按比例相应调低"长期投资"账户;收到发放的股利时,也要减少"长期投资"账户。在权益法下,"长期投资"账户的账面价值已不是长期股权投资的原始成本,而是投资方在被投资单位中应享有的相应份额。

根据《事业单位会计制度》的规定,事业单位长期股权应采用成本法核算。也就是在长期股权投资持有期间,收到利润等投资收益时,按照实际收到的金额,借记"银行存款"等账户,贷记"其他收入——投资收益"账户。

【例13-15】 承例13-11。2016年乙公司经营获利决定向投资者分派利润2 500 000元。甲事业单位收到利润500 000元并存入银行。甲事业单位根据发生的经济业务,编制相关的会计分录。

借:银行存款 500 000
  贷:其他收入 500 000

3.长期股权投资的转让

事业单位转让长期股权投资,转入待处置资产时,按照待转让长期股权投资的账面余额,借记"待处置资产损溢——处置资产价值"账户,贷记"长期投资——股权投资"账户;实际转让时,按照所转让长期股权投资对应的非流动资产基金,借记"非流动资产基金——长期投资"账户,贷记"待处置资产损溢——处置资产价值"账户。

转让长期股权投资过程中取得价款、发生相关税费,以及转让价款扣除相关税费后的净收入的账务处理,参见"待处置资产损溢"账户。

【例13-16】 承例13-11。2017年1月1日,甲事业单位将持有乙公司股份的60%转让,转让价款2 000 000元存入银行。甲事业单位根据发生的经济业务,编制相关的会计分录。

(1)将投资转入待处置资产。
借:待处置资产损溢——处置资产价值 1 800 000
  贷:长期投资——股权投资——乙公司 1 800 000
(2)实际转让投资。
借:非流动资产基金 1 800 000
  贷:待处置资产损溢——处置资产价值 1 800 000
(3)收到处置价款。
借:银行存款 2 000 000
  贷:待处置资产损溢——处置收入 2 000 000

4.长期股权投资损失的确认

因被投资单位破产清算等原因,有确凿证据表明长期股权投资发生损失,按规定报经批准后予以核销。将待核销长期股权投资转入待处置资产时,按照待核销的长期股权投资账面余额,借记"待处置资产损溢"账户,贷记"长期投资——股权投资"账户。

报经批准予以核销时,借记"非流动资产基金——长期投资"账户,贷记"待处置资产损溢"账户。

【例 13-17】 资料承例 13-11、例 13-16。2017 年 12 月 20 日,乙公司因经营不善,宣布破产清算。甲事业单位投资款无法收回,根据发生的经济业务,编制相关的会计分录。

(1)将投资转入待处置资产。

借:待处置资产损溢——处置资产价值　　　　　　　　　1 200 000
　　贷:长期投资——股权投资——乙公司　　　　　　　　　　　1 200 000

(2)报经批准予以核销投资。

借:非流动资产基金——长期投资　　　　　　　　　　　1 200 000
　　贷:待处置资产损溢——处置资产价值　　　　　　　　　　　1 200 000

(三)长期债券投资

事业单位进行长期债券投资便与被投单位建立了一种债权、债务关系,债券是债权凭证。持有债券的事业单位可按期获取利息及到期收回本金,但无权参与公司的经营决策。

1. 长期债券投资的取得

以货币资金购入的长期债券投资,按照实际支付的全部价款(包括购买价款以及税金、手续费等相关税费)作为投资成本,借记"长期投资——债权投资"账户,贷记"银行存款"等账户;同时,按照投资成本金额,借记"事业基金"账户,贷记"非流动资产基金——长期投资"账户。

【例 13-18】 经上级主管部门批准,2013 年 5 月 1 日,某事业单位用银行存款购入 5 年期、年利率为 4%、面值为 60 000 元的国库券,利息到期一次支付。另支付有关税费 5 000 元。2016 年 2 月 1 日,该事业单位将国债面值的 80% 转让,实际收到价款 53 280 元。2018 年 4 月 30 日,国库券到期,该单位实际收回债券本息 16 000 元。该事业单位根据发生的经济业务,编制相关的会计分录。

确认长期债权投资。

借:长期投资——债权投资——国债　　　　　　　　　65 000
　　贷:银行存款　　　　　　　　　　　　　　　　　　　　65 000

同时,

借:事业基金　　　　　　　　　　　　　　　　　　　65 000
　　贷:非流动资产基金——长期投资　　　　　　　　　　　65 000

2. 长期债券投资收益的确认

由于事业单位会计一般采用收付实现制,因此,长期债券投资持有期间收到利息时,按照实际收到的金额,借记"银行存款"等账户,贷记"其他收入——投资收益"账户。

3. 长期债券投资对外转让或到期收回

事业单位对外转让或到期收回长期债券投资本息时,按照实际收到的金额,借记"银行存款"等账户,按照收回长期投资的成本,贷记"长期投资——债权投资"账户,按照其差额,贷记或借记"其他收入——投资收益"账户;同时,按照收回长期投资对应的非流动资产基金,借记"非流动资产基金——长期投资"账户,贷记"事业基金"账户。

【例 13-19】 承例 13-18。2016 年 2 月 1 日,转让国债,编制相关会计分录。

确认对外转让长期债券投资本息。

从购买日至转让日为止的利息 = 48 000×4%×(2+9/12) = 5 280(元)

借:银行存款　　　　　　　　　　　　　　　　　　53 280
　　贷:长期投资——债权投资——国债　　　　　　　　52 000
　　　　其他收入——投资收益　　　　　　　　　　　　1 280

同时,

借:非流动资产基金——长期投资　　　　　　　　　52 000
　　贷:事业基金　　　　　　　　　　　　　　　　52 000

【例 13-20】 承例 13-18、例 13-19。2018 年 4 月 30 日,国库券到期,收回其本息时,编制相关会计分录。

确认收回长期投资的本息。

从购买日至到期日的利息 = 12 000×4%×5 = 3 000(元)

借:银行存款　　　　　　　　　　　　　　　　　　16 000
　　贷:长期投资——债权投资——国债　　　　　　　　13 000
　　　　其他收入——投资收益　　　　　　　　　　　　3 000

同时,

借:非流动资产基金——长期投资　　　　　　　　　13 000
　　贷:事业基金　　　　　　　　　　　　　　　　13 000

二、固定资产

(一) 固定资产概述

1. 固定资产的概念

固定资产是指事业单位拥有的预计使用年限在 1 年以上(不含 1 年)、单位价值在规定标准以上,并在使用过程中基本保持原有物质形态的有形资产。

事业单位取得固定资产的目的是为了科研、教育、医疗服务、出租给他人或日常运营管理,而不是用于出售。根据《事业单位财务规则》的规定,固定资产是指使用期限超过 1 年,单位价值在 1 000 元以上(其中,专用设备单位价值在 1500 元以上),并在使用过程中基本保持原有物质形态的资产。单位价值虽未达到规定标准,但是耐用时间在 1 年以上的大批同类物资,作为固定资产进行管理。

与行政单位固定资产分类一致,事业单位固定资产一般分为六类:房屋及构筑物;专用设备;通用设备;文物和陈列品;图书、档案;家具、用具、装具及动植物。

2. 固定资产管理的基本要求

固定资产管理的基本要求如下:

(1) 文物文化资产属于固定资产范畴,但不计提折旧,不在"固定资产"账户进行核算。

（2）单位价值虽未达到规定标准，但预计使用年限在 1 年以上（不含 1 年）的大批同类物资，作为固定资产进行管理。

（3）对于应用软件，构成相关硬件不可缺少的组成部分的，应当将该软件价值包括在所属硬件价值中，一并作为固定资产进行核算；不构成相关硬件不可缺少的组成部分的，应当将该软件作为无形资产进行核算。

（4）事业单位应当根据固定资产定义，结合本单位的具体情况，制定适合本单位的固定资产目录、分类方法，作为进行固定资产核算的依据。

（二）固定资产的取得

事业单位取得固定资产时，应当按照其成本进行初始计量。固定资产取得的方式不同，其成本初始计量的内容也有所不同。

事业单位通过设置"固定资产""累计折旧"等账户核算固定资产的增减变动情况。

1. 购置固定资产

事业单位购入的固定资产，其成本包括实际支付的购买价款、相关税费、使固定资产达到交付使用状态前所发生的可归属于该项资产的运输费、装卸费、安装费和专业人员服务费等。

（1）购入不需要安装的固定资产。事业单位购入不需要安装的固定资产时，按照确定的固定资产成本，借记"固定资产"账户，贷记"非流动资产基金——固定资产"账户；同时，按照实际支付的金额，借记"事业支出""经营支出""专用基金——修购基金"等账户，贷记"财政补助收入""零余额账户用款额度""银行存款"等账户。

【例 13-21】 2017 年 3 月 20 日，某事业单位以财政项目补助资金，采用直接支付方式购入一台不需要安装就可投入使用的设备，设备价款为 300 000 元。假设不考虑其他相关税费，编制相关的会计分录。

借：事业支出——财政项目补助支出　　　　　　　　　　300 000
　　贷：财政补助收入　　　　　　　　　　　　　　　　　　　300 000
同时，
借：固定资产　　　　　　　　　　　　　　　　　　　300 000
　　贷：非流动资产基金——固定资产　　　　　　　　　　　300 000

有时，事业单位以一笔款项购入多项没有单独标价的固定资产时，按照各项固定资产同类或类似资产价格的比例对总成本进行分配，分别确定各项固定资产的入账成本。具体计算方法可参见【例 8-24】。

（2）购入需要安装的固定资产。事业单位购入需要安装的固定资产，通过"在建工程"账户进行核算。购入需要安装的固定资产时，按照确定的成本，借记"在建工程"账户，贷记"非流动资产基金——在建工程"账户；同时，按照实际支付的金额，借记"事业支出""经营支出"等账户，贷记"财政补助收入""零余额账户用款额度""银行存款"等账户。安装完工交付使用时，借记"固定资产"账户，贷记"非流动资产基金——固定资产"账户；同时，借记"非流动资产基金——在建工程"账户，贷记"在建工程"账户。

（3）购入固定资产扣留质量保证金。事业单位购入固定资产扣留质量保证金的，应当在取得固定资产时,按照确定的成本,借记"固定资产"(不需要安装的固定资产)账户或"在建工程"(需要安装的固定资产)账户,贷记"非流动资产基金——固定资产、在建工程"账户。同时取得固定资产全款发票的,应当同时按照构成资产成本的全部支出金额,借记"事业支出""经营支出""专用基金——修购基金"等账户,按照实际支付的金额,贷记"财政补助收入""零余额账户用款额度""银行存款"等账户,按照扣留的质量保证金,贷记"其他应付款"[扣留期在1年以内(含1年)]或"长期应付款"(扣留期超过1年)账户;

取得的发票金额不包括质量保证金的,应当同时按照不包括质量保证金的支出金额,借记"事业支出""经营支出""专用基金——修购基金"等账户,贷记"财政补助收入""零余额账户用款额度""银行存款"等账户。

质保期满支付质量保证金时,借记"其他应付款""长期应付款"账户,或借记"事业支出""经营支出""专用基金——修购基金"等账户,贷记"财政补助收入""零余额账户用款额度""银行存款"等账户。

2. 自行建造固定资产

自行建造的固定资产,其成本包括建造该项资产至交付使用前所发生的全部必要支出。工程进行中的会计核算可参见本节第三小节"在建工程"。

工程完工交付使用时,按照自行建造过程中发生的实际支出,借记"固定资产"账户,贷记"非流动资产基金——固定资产"账户;同时,借记"非流动资产基金——在建工程"账户,贷记"在建工程"账户。已交付使用但尚未办理竣工决算手续的固定资产,按照估计价值入账,待确定实际成本后再进行调整。

3. 改建、扩建、修缮形成固定资产

事业单位在原有固定资产基础上进行改建、扩建、修缮后的固定资产,其成本按照原固定资产账面价值("固定资产"账户账面余额减去"累计折旧"账户账面余额后的净值)加上改建、扩建、修缮发生的支出,再扣除固定资产拆除部分的账面价值后的金额确定。

将固定资产转入改建、扩建、修缮时,按照固定资产的账面价值,借记"在建工程"账户,贷记"非流动资产基金——在建工程"账户;同时,按照固定资产对应的非流动资产基金,借记"非流动资产基金——固定资产"账户,按照固定资产已计提折旧金额,借记"累计折旧"账户,按固定资产的账面余额,贷记"固定资产"账户。工程完工交付使用时,借记"固定资产"账户,贷记"非流动资产基金——固定资产"账户;同时,借记"非流动资产基金——在建工程"账户,贷记"在建工程"账户。

【例 13-22】 2017 年 1 月 5 日,某事业单位对一固定资产进行改扩建,改扩建前该固定资产的原价为 3 000 000 元,已提折旧 600 000 元。在改扩建过程中,支付工程价款 450 000元,发生变价收入 60 000 元,款项以银行存款收付。该单位根据发生的经济业务,编制相关的会计分录。

(1) 固定资产转入在建工程。

借:在建工程   2 400 000

   贷:非流动资产基金——在建工程   2 400 000

同时,

借:非流动资产基金——固定资产	2 400 000	
累计折旧	600 000	
贷:固定资产		3 000 000

(2) 支付工程款。

借:事业支出	450 000	
贷:银行存款		450 000

同时,

借:在建工程	450 000	
贷:流动资产基金——在建工程		450 000

(3) 确认变价收入。

借:银行存款	60 000	
贷:待处置资产损溢		60 000

(4) 工程交付使用。

固定资产成本 = 2 400 000+450 000 = 2 850 000(元)

借:固定资产	2 850 000	
贷:非流动资产基金——固定资产		2 850 000

同时,

借:非流动资产基金——在建工程	2 850 000	
贷:在建工程		2 850 000

4. 融资租入固定资产

融资租入固定资产是指承租方向经营融资租赁业务的公司租入的固定资产。这种租赁方式与临时性租赁相比,具有租赁期限较长、租赁费用包括资产的价款、租赁费、借款利息等,而且在租赁期满后,资产产权一般要转给承租方等特点。

事业单位以融资租赁租入的固定资产,其成本按照租赁协议或者合同确定的租赁价款、相关税费以及固定资产交付使用前所发生的可归属于该项资产的运输费、途中保险费、安装调试费等确定。

事业单位融资租入固定资产时,按照确定的成本,借记"固定资产"账户(不需要安装)或"在建工程"账户(需要安装),按照租赁协议或者合同确定的租赁价款,贷记"长期应付款"账户,按照其差额,贷记"非流动资产基金——固定资产、在建工程"账户。同时,按照实际支付的相关税费、运输费、途中保险费、安装调试费等,借记"事业支出""经营支出"等账户,贷记"财政补助收入""零余额账户用款额度""银行存款"等账户。

事业单位定期支付租金时,按照支付的租金金额,借记"事业支出""经营支出"等账户,贷记"财政补助收入""零余额账户用款额度""银行存款"等账户;同时,借记"长期应付款"账户,贷记"非流动资产基金——固定资产"账户。

【例 13-23】 某事业单位以融资租赁方式租入需要安装的设备 1 台,租赁协议规定,租赁价款为 54 000 元,租期 4 年。以银行存款支付运输费 3 000 元、安装调试费 2 000 元、途中保险费 1 000 元。另外,租赁价款分 4 年于每年年初支付。租赁期届满设备转归事业单位拥有,该设备尚可使用年限为 5 年。不考虑其他因素。该单位根据发生的经济业务,编制相关的会计分录。

（1）确认融资租入固定资产。

借:固定资产——融资租入固定资产   60 000

 贷:长期应付款   54 000

   非流动资产基金——固定资产   6 000

（2）支付相关税费。

借:事业支出   6 000

 贷:零余额账户用款额度   6 000

（3）每期支付租金。

借:事业支出   13 500

 贷:财政补助收入   13 500

同时,

借:长期应付款   13 500

 贷:非流动资产基金——固定资产   13 500

（4）计提折旧。

事业单位计提融资租入固定资产折旧时,应当采用与自有应折旧固定资产相一致的折旧政策。能够合理确定租赁期届满时将会取得租入固定资产所有权的,应当在租入固定资产尚可使用年限内计提折旧;无法合理确定租赁期届满时能够取得租入固定资产所有权的,应当在租赁期与租入固定资产尚可使用年限两者中较短的期间内计提折旧。

借:非流动资产基金——固定资产   12 000

 贷:累计折旧   12 000

（5）租赁期满,转移资产所有权。

借:固定资产——专用设备   60 000

 贷:固定资产——融资租入固定资产   60 000

5. 跨年度分期付款购入固定资产

事业单位跨年度分期付款购入的固定资产,其成本按照合同确定的价款、相关税费以及固定资产交付使用前所发生的可归属于该项资产的运输费、途中保险费、安装调试费等确定。

事业单位购入分期付款的固定资产时,按照确定的成本,借记"固定资产"账户(不需要安装)或"在建工程"账户(需要安装),按照合同确定的价款,贷记"长期应付款"账户,按照其差额,贷记"非流动资产基金——固定资产、在建工程"账户。同时,按照实际支付的相关税费、运输费、途中保险费、安装调试费等,借记"事业支出""经营支出"等账户,贷记"财政补助收入""零余额账户用款额度""银行存款"等账户。

事业单位定期支付价款时,按照支付的金额,借记"事业支出""经营支出"等账户,贷记"财政补助收入""零余额账户用款额度""银行存款"等账户;同时,借记"长期应付款"

账户,贷记"非流动资产基金——固定资产"账户。

【例 13-24】 2017 年 1 月 1 日,甲事业单位从乙公司购入不需安装的科研设备一台,合同价款为 150 000 元。根据合同,甲事业单位于 2017 年 1 月 5 日以财政授权方式支付全部设备款的 20%,余款从 2017 年开始,分三年于每年 3 月 5 日以零余额账户结算。赊购该设备,发生运输费 3 000 元、途中保险费 500 元、调试费 2 500 元,已用银行存款付讫。该单位根据发生的经济业务,编制相关的会计分录。

(1) 2017 年 1 月 5 日,支付部分设备款。

借:事业支出	36 000	
贷:零余额账户用款额度		30 000
银行存款		6 000
借:固定资产	156 000	
贷:长期应付款——乙公司		120 000
非流动资产基金——固定资产		36 000

固定资产成本=150 000+3 000+500+2 500=156 000(元)

(2) 2017 年 3 月 5 日,支付部分设备款。

| 借:事业支出 | 40 000 | |
| 贷:零余额账户用款额度 | | 40 000 |

同时,

| 借:长期应付款——乙公司 | 40 000 | |
| 贷:非流动资产基金——固定资产 | | 40 000 |

2018 年、2019 年支付设备款的会计分录同(2),略。

6. 接受捐赠固定资产

有时,事业单位的固定资产是来自国内单位、个人或国际组织或个人的捐赠。根据《事业单位会计制度》的规定,接受捐赠的固定资产,其成本按照有关凭据注明的金额加上相关税费、运输费等确定;没有相关凭据的,其成本比照同类或类似固定资产的市场价格加上相关税费、运输费等确定;没有相关凭据、同类或类似固定资产的市场价格也无法可靠取得的,该固定资产按照名义金额入账。

事业单位接受捐赠固定资产时,按照确定的固定资产成本,借记"固定资产"账户(不需要安装)或"在建工程"账户(需要安装),贷记"非流动资产基金——固定资产、在建工程"账户;按照发生的相关税费、运输费等,借记"其他支出"账户,贷记"银行存款"等账户。

【例 13-25】 甲事业单位接受乙公司捐赠的一台不需要安装的科研设备,未取得相关凭据,也无法可靠取得同类或类似固定资产的市场价格。接受捐赠资产发生相关税费、运输费等 12 000 元,以银行存款付讫。该单位根据发生的经济业务,编制相关的会计分录。

(1) 确认固定资产。

借:固定资产　　　　　　　　　　　　　　　　　　　　　　　　　1

贷:非流动资产基金——固定资产   1

（2）支付相关税费。

借:其他支出   12 000

　　贷:银行存款   12 000

7. 无偿调入固定资产

事业单位无偿调入的固定资产,其成本按照有关凭据注明的金额加上相关税费、运输费等确定;没有相关凭据的,其成本比照同类或类似固定资产的市场价格加上相关税费、运输费等确定;没有相关凭据、同类或类似固定资产的市场价格也无法可靠取得的,该固定资产按照名义金额入账。

事业单位无偿调入固定资产时,按照确定的固定资产成本,借记"固定资产"账户(不需要安装)或"在建工程"账户(需要安装),贷记"非流动资产基金——固定资产、在建工程"账户;按照发生的相关税费、运输费等,借记"其他支出"账户,贷记"银行存款"等账户。

【例 13-26】 2017 年 5 月 10 日,某事业单位经批准从其他事业单位无偿调入汽车一辆,同类车辆的市场价格为 150 000 元。因调入车辆而发生的相关费用为 3 000 元。该单位根据发生的经济业务,编制相关的会计分录。

（1）确认固定资产。

借:固定资产——通用设备   150 000

　　贷:非流动资产基金——固定资产   150 000

（2）支付相关费用。

借:其他支出——税费支出   3 000

　　贷:银行存款   3 000

（三）固定资产折旧

1. 固定资产折旧概述

折旧是指在固定资产使用寿命期间内,按照确定的方法对应计折旧额进行系统分摊。计提折旧要明确哪些固定资产应计提折旧,即折旧范围。《事业单位会计制度》规定,事业单位应当对除下列各项资产以外的其他固定资产计提折旧:文物和陈列品;动植物;图书、档案;以名义金额计量的固定资产。

与行政单位一样,影响固定资产折旧的因素包括应折旧金额、净残值、使用寿命。根据《事业单位会计制度》的规定,事业单位一般应当按月计提固定资产折旧。当月增加的固定资产,当月不提折旧,从下月起计提折旧;当月减少的固定资产,当月照提折旧,从下月起不提折旧;固定资产提足折旧后,无论能否继续使用,均不再计提折旧;提前报废的固定资产,也不再补提折旧。

需要说明的是,固定资产因改建、扩建或修缮等原因而延长其使用年限的,应当按照重新确定的固定资产成本以及重新确定的折旧年限,重新计算折旧额。

2. 固定资产折旧计算方法

会计上计算折旧的方法有很多,包括年限平均法、直线法、加速折旧法等。《事业单位会计制度》规定,事业单位一般应当采用年限平均法或工作量法计提固定资产折旧。这两种折旧计算方法在行政单位固定资产核算中已有介绍,不再重复。

事业单位按月计提固定资产折旧时,按照实际计提金额,借记"非流动资产基金——固定资产"账户,贷记"累计折旧"账户。

【例 13-27】 N 事业单位一台仪器的原价为 60 000 元,预计可使用 40 000 个小时,按工作量法计提折旧。2016 年 10 月,该仪器工作了 3 600 个小时。10 月份该仪器的月折旧额计算如下:

单位小时折旧额 = 60 000 ÷ 40 000 = 1.5(元/小时)

本月折旧额 = 3 600 × 1.5 = 5 400(元)

编制如下会计分录:

借:非流动资产基金——固定资产 5 400

贷:累计折旧 5 400

(四)固定资产后续支出

固定资产投入使用后,事业单位为了适应新技术发展的需要,或者为维护或提高固定资产的使用效能,往往需要对现有固定资产进行维护、改建、扩建或者改良。通常将固定资产投入使用后再发生的支出,称为固定资产的后续支出。

1. 固定资产改建、扩建或大型修缮

事业单位为提高固定资产的使用效能或延长其使用寿命而发生的改建、扩建或大型修缮等后续支出,计入固定资产成本,通过"在建工程"账户核算,完工交付使用时转入"固定资产"账户。

在原有固定资产基础上进行改建、扩建、修缮后的固定资产,其成本按照原固定资产账面价值("固定资产"账户账面余额减去"累计折旧"账户账面余额后的净值)加上改建、扩建、修缮发生的支出,再扣除固定资产拆除部分的账面价值后的金额确定。

将固定资产转入改建、扩建、修缮时,按照固定资产的账面价值,借记"在建工程"账户,贷记"非流动资产基金——在建工程"账户;同时,按照固定资产对应的非流动资产基金,借记"非流动资产基金——固定资产"账户,按照固定资产已计提折旧金额,借记"累计折旧"账户,按照固定资产的账面余额,贷记"固定资产"账户。工程完工交付使用时,借记"固定资产"账户,贷记"非流动资产基金——固定资产"账户;同时,借记"非流动资产基金——在建工程"账户,贷记"在建工程"账户。

2. 固定资产日常修理

事业单位为维护固定资产的正常使用而发生的日常修理等后续支出,计入当期支出,借记"事业支出""经营支出"等账户,贷记"银行存款"等账户。

(五)固定资产减少

事业单位固定资产减少主要包括:经批准,出售、无偿调出、对外捐赠固定资产或以固定资产对外投资、盘亏固定资产等。

事业单位通过设置"待处置资产损溢"账户核算其固定资产减少的情况。该账户的用途、结构与行政单位"待处理财产损溢"账户基本相同。"待处置资产损溢"账户应当按照待处置资产项目进行明细核算;对于在处置过程中取得相关收入、发生相关费用的处置项目,还应当设置"处置资产价值""处置净收入"明细账户,并进行明细核算。

需要说明的是,事业单位处置资产一般应当先记入"待处置资产损溢"账户,按规定报经批准后及时进行账务处理。年度终了结账前一般应处理完毕。

1. 固定资产转让

事业单位在运营过程中,对那些不适用或不需用而闲置的固定资产应予以出售转让。转让(出售)的固定资产,其占有、使用权甚至是所有权发生了变化,与之相应的资产账面余额、累计折旧及基金余额都应一并转销。

事业单位将转让的固定资产转入待处置资产时,按照待处置固定资产的账面价值,借记"待处置资产损溢"账户,按照已计提折旧金额,借记"累计折旧"账户,按照固定资产的账面余额,贷记"固定资产"账户;实际转让固定资产时,按照处置固定资产对应的非流动资产基金,借记"非流动资产基金——固定资产"账户,贷记"待处置资产损溢"账户;转让固定资产过程中收到残值变价收入时,借记"库存现金""银行存款"等账户,贷记"待处置资产损溢——处置净收入"账户;转让固定资产过程中发生相关费用时,借记"待处置资产损溢——处置净收入"账户,贷记"库存现金""银行存款"等账户。

固定资产转让完毕,事业单位应按照处置收入扣除相关处置费用后的净收入,借记"待处置资产损溢——处置净收入"账户,贷记"应缴国库款"等账户。

【例13-28】 2016年8月31日,经批准,甲事业单位将一幢建筑物出售给乙公司,合同价款为620 000元,乙公司已用银行存款付清。出售时,该建筑物的原值为2 000 000元,已计提折旧1 300 000元,用银行存款支付清理费20 000元,建筑物处置收入应缴相关税费31 000元。按照有关规定,建筑物出售净收入应缴国库。该单位根据发生的经济业务,编制相关的会计分录。

(1)将建筑物转入待处置资产。

借:待处置资产损溢——处置资产价值　　　　　　700 000
　　累计折旧　　　　　　　　　　　　　　　1 300 000
　　贷:固定资产——建筑物　　　　　　　　　　　　2 000 000

(2)实际处置建筑物资产。

借:非流动资产基金——固定资产　　　　　　　700 000
　　贷:待处置资产损溢——处置资产价值　　　　　　700 000

(3)收到处置建筑物价款。

借:银行存款　　　　　　　　　　　　　　620 000
　　贷:待处置资产损溢——处置资产净收入　　　　　620 000

(4)支付相关费用。

借:待处置资产损溢——处置资产净收入　　　　51 000
　　贷:银行存款　　　　　　　　　　　　　　　　20 000
　　　　应缴税费　　　　　　　　　　　　　　　　31 000

（5）确认处置建筑物净收入。

处置净收入＝620 000－51 000＝569 000（元）

借:待处置资产损溢——处置资产净收入 569 000

 贷:应缴国库款——国有资产处置收入   569 000

（6）将处置建筑物净收入上缴国库。

借:应缴国库款——国有资产处置收入 569 000

 贷:银行存款   569 000

2. 固定资产毁损或报废

固定资产毁损或报废的内涵在行政单位固定资产毁损或报废中已有说明,不再赘述。

固定资产毁损或报废的账务处理如下:

（1）将资产的账面价值转入待处置资产。事业单位将固定资产转入待处置资产时,按照其账面价值,借记"待处置资产损溢——处置资产价值"账户,按照已计提折旧金额,借记"累计折旧"账户,按照固定资产的账面余额,贷记"固定资产"账户。

（2）实际处置资产。实际转让时,按照处置固定资产对应的非流动资产基金,借记"非流动资产基金——固定资产"账户,贷记"待处置资产损溢——处置资产价值"账户。

（3）收到资产残值变价收入、保险理赔和过失人赔偿。事业单位处置固定资产过程中收到残值变价收入、保险理赔和过失人赔偿等时,借记"库存现金""银行存款"等账户,贷记"待处置资产损溢——处置净收入"账户。

（4）支付相关费用。毁损或报废固定资产过程中发生相关费用时,借记"待处置资产损溢——处置净收入"账户,贷记"库存现金""银行存款""应缴税费"等账户。

（5）确认处置资产净收入。处置完毕,事业单位按照处置收入扣除相关处置费用后的净收入,借记"待处置资产损溢——处置净收入"账户,贷记"应缴国库款"等账户。

3. 对外投资固定资产

事业单位以固定资产取得长期股权投资时,按照评估价值加上相关税费作为投资成本,借记"长期投资——股权投资"账户,贷记"非流动资产基金——长期投资"账户,按照发生的相关税费,借记"其他支出"账户,贷记"银行存款""应缴税费"等账户;同时,按照投出固定资产对应的非流动资产基金,借记"非流动资产基金——固定资产"账户,按照投出固定资产已计提折旧金额,借记"累计折旧"账户,按照投出固定资产的账面余额,贷记"固定资产"账户。

【例13-29】 甲事业单位与乙企业签订投资协议,甲事业单位向乙企业投资一幢建筑物。该建筑物的原始价值为1 600 000元,评估价为1 500 000元,已计提折旧350 000元,应交税金75 000元,以银行存款支付相关费用13 600元。该单位根据发生的经济业务,编制相关的会计分录。

（1）确认长期股权投资。

借:长期投资——股权投资 1 588 600

 贷:非流动资产基金——长期投资   1 588 600

（2）支付并确认相关税费。

借:其他支出   88 600

 贷:银行存款   13 600

  应缴税费   75 000

（3）转销固定资产及其基金。

借:非流动资产基金——固定资产   1 250 000

 累计折旧   350 000

 贷:固定资产   1 600 000

（六）固定资产清查盘点

  事业单位应当加强对固定资产定期或者不定期的清查盘点。平时,可根据需要进行局部清查或抽查,但年度终了前必须进行一次全面的清查盘点,包括查明固定资产的实有数与账面结存数是否相符,固定资产的保管、使用、维修等情况是否正常等。通过清查盘点,可以及时发现和堵塞管理中的漏洞,妥善处理和解决出现的各种问题,并制定相应的改进措施,保证固定资产的安全和完整。

  对于发生的固定资产盘盈、盘亏或者报废、毁损,应当及时查明原因,按规定报经批准后进行账务处理。

  1. 固定资产盘盈

  清查中,盘盈的固定资产应当及时入账。根据《事业单位会计制度》的规定,盘盈的固定资产,按照同类或类似固定资产的市场价格确定入账价值;同类或类似固定资产的市场价格无法可靠取得的,按照名义金额入账。事业单位盘盈固定资产时,按照确定的入账价值,借记"固定资产"账户,贷记"非流动资产基金——固定资产"账户。

  【例13-30】 2016 年 10 月 31 日,某事业单位进行资产清查盘点时,发现有一台使用中的设备未入账。该型号设备存在活跃市场,市场价格为 60 000 元。该单位根据发生的经济业务,编制相关的会计分录。

借:固定资产——专用设备   60 000

 贷:非流动资产基金——固定资产   60 000

  需要说明的是,固定资产盘点中发现闲置的固定资产,应当按照规定及时研究处理,使之合理流动,发挥效益,防止积压。

  2. 固定资产盘亏

  事业单位盘亏的固定资产应转入待处置资产,按照待处置固定资产的账面价值,借记"待处置资产损溢"账户,按照已计提折旧金额,借记"累计折旧"账户,按照固定资产的账面余额,贷记"固定资产"账户。

  对于盘亏报损的固定资产,属于不可抗拒的原因造成的,事业单位应当按照国家规定和资产报废的审批权限,及时办理核销;属于过失的责任事故或者违法行为造成的,应当按照规定给当事人以必需的经济、行政处罚;触犯刑律的,要移交司法部门依法惩处。

  报经批准予以处置时,按照处置固定资产对应的非流动资产基金,借记"非流动资产基金——固定资产"账户,贷记"待处置资产损溢"账户。

  处置毁损、报废固定资产过程中所取得的收入、发生的相关费用,以及处置收入扣除相关费用后的净收入的账务处理,参见"固定资产转让"小节。

【例13-31】 某事业单位毁损专用设备一台,该设备的账面原值为96 000元,已计提折旧58 000元。经批准,应向责任者索赔2 000元并收到现金,该设备已向保险公司投保,保险公司同意理赔15 000元并存入银行,资产处置净收入应缴国库。该单位根据发生的经济业务,编制相关的会计分录。

（1）将盘亏设备转入待处置资产。

借:待处置资产损溢——处置资产价值   38 000
    累计折旧   58 000
    贷:固定资产——专用设备   96 000

（2）报经批准予以处置设备。

借:非流动资产基金——固定资产   38 000
    贷:待处置资产损溢——处置资产价值   38 000

（3）收到索赔款和保险款。

借:库存现金   2 000
    银行存款   15 000
    贷:待处置资产损溢   17 000

（4）将处置资产净收入转账。

借:待处置资产损溢——处置净收入   17 000
    贷:应缴国库款——国有资产处置收入   17 000

三、在建工程

在建工程是指已经发生必要支出,但尚未达到交付使用状态的建设工程。事业单位无论是新建、改建、扩建还是进行技术改造、设备更新等,在建工程所发生的各种建筑和安装支出均属于资本性支出,所形成的资产为固定资产。

事业单位通过设置"在建工程"账户核算其已经发生必要支出,但尚未完工交付使用的各种建筑(包括新建、改建、扩建、修缮等)和设备安装工程的实际成本。该账户的结构及其明细账的设置方法已在第八章介绍,不再赘述。

根据《事业单位会计制度》的规定,事业单位的基本建设投资应当按照国家有关规定单独建账、单独核算,同时按照《事业单位会计制度》的规定至少按月并入"在建工程"账户及其他相关账户反映。事业单位应当在"在建工程"账户下设置"基建工程"明细账户,核算由基建账套并入的在建工程成本。

事业单位在建工程包括为建造、改建、扩建及修缮固定资产以及安装设备而进行的各项建筑工程和安装工程。

（一）建筑工程

建筑工程是指通过对各类房屋建筑及其附属设施的建造和与其配套的线路、管道、设备的安装活动所形成的工程实体。其中,房屋建筑如办公楼、剧院、学校、住宅等,其新建、改建或扩建必须兴工动料,通过施工活动才能实现;附属设施指与房屋建筑配套的水塔、自行车棚、水池等。线路、管道、设备的安装活动是指与房屋建筑及其附属设施相配套的电气、给排水、通信、电梯等线路、管道、设备的安装活动。

建筑工程的会计处理包括以下内容：

（1）将固定资产转入改建、扩建或修缮等时，按照固定资产的账面价值，借记"在建工程"账户，贷记"非流动资产基金——在建工程"账户；同时，按照固定资产对应的非流动资产基金，借记"非流动资产基金——固定资产"账户，按照已计提折旧金额，借记"累计折旧"账户，按照固定资产的账面余额，贷记"固定资产"账户。

（2）根据工程价款结算账单与施工企业结算工程价款时，按照实际支付的工程价款，借记"在建工程"账户，贷记"非流动资产基金——在建工程"账户；同时，借记"事业支出"等账户，贷记"财政补助收入""零余额账户用款额度""银行存款"等账户。

（3）事业单位为建筑工程借入的专门借款的利息，属于建设期间发生的，计入在建工程成本，借记"在建工程"账户，贷记"非流动资产基金——在建工程"账户；同时，借记"其他支出"账户，贷记"银行存款"账户。

（4）工程完工交付使用时，按照建筑工程所发生的实际成本，借记"固定资产"账户，贷记"非流动资产基金——固定资产"账户；同时，借记"非流动资产基金——在建工程"账户，贷记"在建工程"账户。

（二）设备安装

事业单位购入需要安装的设备，在安装过程中发生的实际安装费，应计入固定资产原值。设备安装工程可以采用自营安装方式，也可以采用出包安装方式。采用自营安装方式，安装费包括安装工程耗用的材料、人工以及其他支出；采用出包安装方式，安装费为向承租单位支付的安装价款。无论采用何种安装方式，设备的全部安装工程成本（包括买价以及包装运杂费和安装费）均应通过"在建工程"账户进行核算。

1. 购入需要安装的设备

事业单位购入需要安装的设备时，按照确定的成本，借记"在建工程"账户，贷记"非流动资产基金——在建工程"账户；同时，按照实际支付的金额，借记"事业支出""经营支出"等账户，贷记"财政补助收入""零余额账户用款额度""银行存款"等账户。

事业单位融资租入需要安装的设备时，按照确定的成本，借记"在建工程"账户，按照租赁协议或者合同确定的租赁价款，贷记"长期应付款"账户，按照其差额，贷记"非流动资产基金——在建工程"账户。同时，按照实际支付的相关税费、运输费、途中保险费等，借记"事业支出""经营支出"等账户，贷记"财政补助收入""零余额账户用款额度""银行存款"等账户。

2. 支付安装费

事业单位发生安装费用时，借记"在建工程"账户，贷记"非流动资产基金——在建工程"账户；同时，借记"事业支出""经营支出"等账户，贷记"财政补助收入""零余额账户用款额度""银行存款"等账户。

3. 设备安装完工交付使用

事业单位设备安装完工交付使用时，借记"固定资产"账户，贷记"非流动资产基金——固定资产"账户;同时,借记"非流动资产基金——在建工程"账户,贷记"在建工程"账户。

四、无形资产

(一)无形资产概述

无形资产是指事业单位持有的没有实物形态的可辨认非货币性资产,包括专利权、商标权、著作权、土地使用权、非专利技术等。

无形资产虽然不存在物质实体,但它体现了由法律或合同关系所赋予的事业单位各项特殊的权利,或者是事业单位在运营上能够得到某种优越的经济利益的能力,即使没有物质实体,但它们可能具有很大的潜在价值。

需要说明的是,事业单位购入的不构成相关硬件不可缺少组成部分的应用软件,应作为无形资产进行核算。

根据《事业单位会计制度》的规定,事业单位无形资产包括专利权、商标权、著作权、土地使用权、非专利技术等。著作权、土地使用权、专利权和非专利技术,在行政单位会计中已有介绍,不再赘述。在此仅对商标权加以说明。

商标权是指专门在某类指定的商品或产品上使用特定的名称或图案的权利。经商标局核准注册的商标为注册商标,商标注册人享有商标专用权,受法律保护。商标权包括独占使用权和禁止权。其中,独占使用权是指商标权享有人在商标注册的范围内独家使用其商标的权利,这种权利是商标权具有独占性的法律表现;禁止权是指商标权享有人排除和禁止他人对商标独占使用权进行侵犯的权利,这种权利是商标权具有排他性的法律表现。

(二)无形资产的取得

根据《事业单位会计准则》的规定,无形资产在取得时应当按照成本进行初始计量,也就是以取得无形资产并使之达到预定用途而发生的全部支出作为无形资产的成本。对于不同来源取得的无形资产,其成本构成不尽相同。

事业单位通过设置"无形资产"账户核算其无形资产的增减变动情况。其用途、结构、明细账的设置等内容,在行政单位会计中已有说明,不再赘述。

1. 外购无形资产

事业单位外购的无形资产,其成本包括购买价款、相关税费以及可归属于该项资产达到预定用途所发生的其他支出。事业单位购入无形资产时,按照确定的无形资产成本,借记"无形资产"账户,贷记"非流动资产基金——无形资产"账户;同时,按照实际支付的金额,借记"事业支出"等账户,贷记"财政补助收入""零余额账户用款额度""银行存款"等账户。

【例13-32】 某事业单位购入一项专利权,其价值为150 000元,另支付手续费3 200元。价款及手续费以银行存款支付。该单位根据发生的经济业务,编制相关的会计分录。

借:无形资产——专利权　　　　　　　　　　　　　153 200

　　贷:非流动资产基金　　　　　　　　　　　　　　153 200

同时,

借:事业支出   153 200

    贷:银行存款   153 200

有时,事业单位委托软件公司开发软件,对此事业单位视同外购无形资产进行处理。支付软件开发费时,按照实际支付的金额,借记"事业支出"等账户,贷记"财政补助收入""零余额账户用款额度""银行存款"等账户。软件开发完成交付使用时,按照软件开发费总额,借记"无形资产"账户,贷记"非流动资产基金——无形资产"账户。

【例 13-33】 甲事业单位实行国库集中支付制度。2016 年 3 月 5 日,甲事业单位委托乙软件公司开发软件,支付软件开发费 300 000 元。甲单位收到代理银行转来的支付乙公司软件开发费的"财政直接支付入账通知书",通知书中注明的金额为 300 000 元。2016 年 10 月 5 日,软件开发完成交付使用。该单位根据发生的经济业务,编制相关的会计分录。

(1) 支付软件开发费。

借:事业支出   300 000

    贷:财政补助收入   300 000

(2) 软件开发完成交付使用。

借:无形资产   300 000

    贷:非流动资产基金——无形资产   300 000

2. 自行开发无形资产

事业单位自行开发并按法律程序申请取得无形资产时,按照依法取得时发生的注册费、聘请律师费等费用,借记"无形资产"账户,贷记"非流动资产基金——无形资产"账户;同时,借记"事业支出"等账户,贷记"财政补助收入""零余额账户用款额度""银行存款"等账户。

事业单位对于依法取得前所发生的研究开发支出,应于发生时直接计入当期支出,借记"事业支出"等账户,贷记"银行存款"等账户。

3. 接受捐赠无形资产

事业单位接受捐赠的无形资产,其成本按照有关凭据注明的金额加上相关税费等确定;没有相关凭据的,其成本比照同类或类似无形资产的市场价格加上相关税费等确定;没有相关凭据、同类或类似无形资产的市场价格也无法可靠取得的,该资产按照名义金额入账。

事业单位接受捐赠无形资产时,按照确定的无形资产成本,借记"无形资产"账户,贷记"非流动资产基金——无形资产"账户;按照发生的相关税费等,借记"其他支出"账户,贷记"银行存款"等账户。

4. 无偿调入无形资产

事业单位无偿调入的无形资产,其成本确定原则与接受捐赠无形资产相同。

无偿调入的无形资产,按照确定的无形资产成本,借记"无形资产"账户,贷记"非流动资产基金——无形资产"账户;按照发生的相关税费等,借记"其他支出"账户,贷记"银行存款"等账户。

（三）无形资产摊销

1. 无形资产摊销的概念

无形资产属于非流动资产，能在较长的时间里为事业单位提供服务潜力或经济利益。由于无形资产具有一定的有效期限，其价值也会随着提供服务而递减，无形资产成本也应在各个会计期间进行合理摊配。摊销是指在无形资产使用寿命期间内，按照确定的方法对应摊销金额进行系统分摊。

2. 无形资产摊销的基本要求

事业单位进行无形资产摊销应符合以下基本要求：①事业单位应当对无形资产进行摊销，以名义金额计量的无形资产除外。②事业单位应当根据无形资产的性质和使用情况，合理确定无形资产的使用寿命。事业单位无形资产的使用寿命为其预计使用年限。③事业单位应当采用年限平均法计提无形资产摊销。④事业单位无形资产的应摊销金额为其成本，计提无形资产摊销不考虑预计净残值。⑤事业单位应当自无形资产取得当月起，按月计提无形资产摊销。

3. 无形资产摊销额的计算方法

理论上讲，无形资产摊销可能存在多种方法。事业单位选用不同的摊销方法，将影响无形资产使用寿命期间内不同时期的摊销费用。根据《事业单位会计制度》的规定，事业单位应当采用年限平均法计提无形资产摊销。

关于无形资产摊销年限，《事业单位会计制度》规定，法律规定了有效年限的，按照法律规定的有效年限作为摊销年限；法律没有规定有效年限的，按照相关合同或单位申请书中的受益年限作为摊销年限；法律没有规定有效年限、相关合同或单位申请书也没有规定受益年限的，按照不少于 10 年的期限摊销。

【例 13-34】 某事业单位自行开发并依法取得一项专利权，取得时发生注册费 30 000元、聘请律师费 18 000 元。按有关法律规定，该专利权的有效年限不超过 5 年。该专利权摊销额计算方法如下：

专利权年摊销额 = (30 000+18 000)÷5 = 7 600(元)

4. 无形资产摊销的账务处理

事业单位通过设置"累计摊销"账户核算无形资产摊销的增减变动情况。事业单位按月计提无形资产摊销时，按照应计提摊销金额，借记"非流动资产基金——无形资产"账户，贷记"累计摊销"账户。

【例 13-35】 承例 13-34。该事业单位推销专利权成本时，每月编制如下会计分录：

借：非流动资产基金——无形资产　　　　　　　　　　　　　　633
　　贷：累计折旧　　　　　　　　　　　　　　　　　　　　　633

（四）无形资产的后续支出

无形资产投入使用后，事业单位为了适应新技术发展的需要，或者为维护或提高无形资产的使用效能，往往需要对现有无形资产进行漏洞修补、技术维护、升级改造或扩展其功能等工作。将无形资产投入使用后发生的相关支出,称为无形资产的后续支出。按照后续支出是否计入无形资产成本,可将无形资产后续支出分为计入无形资产成本的后续支出和计入事业(或经营)支出的后续支出两类。

1. 计入无形资产成本的后续支出

事业单位为增加无形资产的使用效能而发生的后续支出,如对软件进行升级改造或扩展其功能等所发生的支出,应当计入无形资产的成本。事业单位发生此类支出时,借记"无形资产"账户,贷记"非流动资产基金——无形资产"账户;同时,借记"事业支出"等账户,贷记"财政补助收入""零余额账户用款额度""银行存款"等账户。因发生后续支出而增加无形资产成本的,应当按照重新确定的无形资产成本,重新计算摊销额。

【例 13-36】 2015 年 1 月 1 日,某事业单位取得一项软件系统,其价款为 600 000 元,摊销期限为 5 年。2017 年 3 月 10 日,对该软件系统进行升级改造,用零余额账户用款额度支付软件公司劳务费 150 000 元。经升级改造,软件系统使用期限延长 2 年。该单位根据发生的经济业务,编制相关的会计分录。

(1) 取得软件系统以及升级改造前摊销的会计分录,略。

(2) 支付升级改造费。

借:无形资产——软件系统　　　　　　　　　　　　150 000

　　贷:非流动资产基金——无形资产　　　　　　　　　　150 000

同时,

借:事业支出　　　　　　　　　　　　　　　　　　150 000

　　贷:零余额账户用款额度　　　　　　　　　　　　　150 000

(3) 计提 2017 年软件系统摊销额(按年摊销)。

软件系统账面价值 $= 600\,000 - \dfrac{600\,000}{5 \times 12} \times (2 \times 12 + 3) = 330\,000$(元)

软件系统升级后成本 $= 330\,000 + 150\,000 = 480\,000$(元)

软件系统摊销额 $= \dfrac{480\,000}{4 \times 12 + 9} \times 9 = 75\,790$(元)

借:非流动资产基金——无形资产　　　　　　　　　　75 790

　　贷:累计摊销　　　　　　　　　　　　　　　　　　75 790

2. 计入事业(或经营)支出的后续支出

事业单位为维护无形资产的正常使用而发生的后续支出,如对软件进行漏洞修补、技术维护等所发生的支出,应当计入当期支出,但不计入无形资产成本。事业单位发生此类支出时,借记"事业支出"等账户,贷记"财政补助收入""零余额账户用款额度""银行存款"等账户。

(五) 无形资产减少

1. 无形资产转让

按照无形资产管理理论,无形资产的转让方式有两种:一是转让所有权,即转让方将无形资产的所有权完全让渡给受让方,不再对该项无形资产拥有占有、使用、收益、处分等权利;二是转让使用权,即转让方仅将无形资产的使用权让渡给受让方,受让方根据合同的规定使用无形资产,转让方仍保留对无形资产的所有权,对其仍拥有占有、使用、收益、处分的权利。这里所讲的转让是指转让无形资产所有权。

事业单位必须根据法律、法规的规定转让无形资产。转让时应当合理计价,必要时还应当经过法定资产评估机构的评估,确保事业单位的权益不受侵害。无形资产转让的核算内容如下:

(1) 将无形资产转入待处置资产。事业单位将无形资产转入待处置资产时,按照待处置无形资产的账面价值,借记"待处置资产损溢"账户,按照已计提摊销金额,借记"累计摊销"账户,按照无形资产的账面余额,贷记"无形资产"账户。

(2) 实际转让无形资产。事业单位实际转让无形资产时,按照处置无形资产对应的非流动资产基金,借记"非流动资产基金——无形资产"账户,贷记"待处置资产损溢"账户。

(3) 取得处置收入。事业单位处置无形资产过程中收到残值变价收入、保险理赔和过失人赔偿等时,借记"库存现金""银行存款"等账户,贷记"待处置资产损溢——处置净收入"账户。

(4) 发生处置费用。事业单位处置无形资产过程中发生相关费用时,借记"待处置资产损溢——处置净收入"账户,贷记"库存现金""银行存款""应缴税费"等账户。

(5) 确认处置净收入。事业单位处置完毕,按照处置收入扣除相关处置费用后的净收入,借记"待处置资产损溢——处置净收入"账户,贷记"应缴国库款"等账户。

【例 13-37】 2017 年 3 月 1 日,某事业单位将商标权所有权转让,取得价款 1 800 000 元并存入银行。该商标权的成本为 3 000 000 元,已摊销 2 600 000 元。转让过程中发生应交相关税金 90 000 元,用银行存款支付其他费用 12 000 元。该单位根据发生的经济业务,编制相关的会计分录。

(1) 将无形资产转入待处置资产。

借:待处置资产损溢——处置资产价值	400 000	
累计摊销	2 600 000	
贷:无形资产——商标权		3 000 000

(2) 实际处置无形资产。

借:非流动资产基金——无形资产	400 000	
贷:待处置资产损溢——处置资产价值		400 000

(3) 收到变卖价款。

借:银行存款	1 800 000	
贷:待处置资产损溢——处置净收入		1 800 000

(4) 确认和支付相关费用。

借:待处置资产损溢——处置净收入	102 000	
贷:银行存款		90 000
应缴税费		12 000

（5）确认处置净收入。

处置净收入 = 1 800 000 - 102 000 = 1 698 000（元）

借：待处置资产损溢——处置净收入　　　　　　　　1 698 000

　　贷：应缴国库款　　　　　　　　　　　　　　　　　　1 698 000

（6）将处置净收入上缴国库。

借：应缴国库款　　　　　　　　　　　　　　　　　1 698 000

　　贷：银行存款　　　　　　　　　　　　　　　　　　　1 698 000

需要说明的是，转让无形资产的使用权，出让方仅让渡给其他单位部分使用权，出让方不丧失原占有、使用、收益和处分权。受让方只有根据合同的规定进行使用的权利。因此，出让方无须转销无形资产的账面价值。转让收入计入其他收入，与转让有关的费用计入其他支出。

2. 无形资产无偿调出、对外捐赠

无论是无形资产无偿调出，还是以无形资产对外捐赠，它们的共同之处都是以不取得货币收入为目的而减少单位资产的行为。但无偿调出是一种被动行为，其行为主体是财政部门或主管部门，而对外捐赠则是一种主动行为，其行为主体是事业单位。无偿调出及对外捐赠的核算内容如下：

（1）事业单位无偿调出、对外捐赠无形资产，转入待处置资产时，按照待处置无形资产的账面价值，借记"待处置资产损溢"账户，按照已计提摊销金额，借记"累计摊销"账户，按照无形资产的账面余额，贷记"无形资产"账户。

（2）事业单位实际调出、捐出无形资产时，按照处置无形资产对应的非流动资产基金，借记"非流动资产基金——无形资产"账户，贷记"待处置资产损溢"账户。

【例 13-38】　某事业单位对外捐赠一项非专利技术，该项资产的账面原价为 180 000元，已提摊销 120 000 元。该单位根据发生的经济业务，编制相关的会计分录。

（1）将无形资产转入待处置资产。

借：待处置资产损溢——处置资产价值　　　　　　　60 000

　　累计摊销　　　　　　　　　　　　　　　　　　120 000

　　贷：无形资产——非专利技术　　　　　　　　　　　　180 000

（2）实际捐赠无形资产。

借：非流动资产基金——无形资产　　　　　　　　　60 000

　　贷：待处置资产损溢——处置资产价值　　　　　　　　60 000

3. 无形资产对外投资

事业单位以已入账无形资产对外投资时，按照评估价值加上相关税费作为投资成本，借记"长期投资"账户，贷记"非流动资产基金——长期投资"账户，按照发生的相关税费，借记"其他支出"账户，贷记"银行存款""应缴税费"等账户；同时，按照投出无形资产对应的非流动资产基金，借记"非流动资产基金——无形资产"账户，按照投出无形资产已计提摊销金额，借记"累计摊销"账户，按照投出无形资产的账面余额，贷记"无形资产"账户。

【例 13-39】　2017 年 7 月 1 日，甲事业单位用自筹资金购入的一项专利权向乙公司进行投资,占乙公司 15% 的股份。该专利权的评估价为 150 000 元,账面余额为 180 000 元,已累计摊销 60 000 元。假设不考虑相关税费。该单位根据发生的经济业务,编制相关的会计分录。

（1）确认长期股权投资。

借:长期投资——股权投资——乙公司　　　　　　　150 000

贷:非流动资产基金——长期投资　　　　　　　　　　150 000

（2）转销投资基金。

借:非流动资产基金——无形资产　　　　　　　　　120 000

累计摊销　　　　　　　　　　　　　　　　　60 000

贷:无形资产——专利权　　　　　　　　　　　　　　180 000

4. 无形资产转销

无形资产预期不能为事业单位带来服务潜力或经济利益的,应当按规定报经批准后将该无形资产的账面价值予以核销。

事业单位将无形资产转入待处置资产时,按照待核销无形资产的账面价值,借记"待处置资产损溢"账户,按照已计提摊销金额,借记"累计摊销"账户,按照无形资产的账面余额,贷记"无形资产"账户。报经批准予以核销无形资产时,按照核销无形资产对应的非流动资产基金,借记"非流动资产基金——无形资产"账户,贷记"待处置资产损溢"账户。

【例 13-40】 2016 年 12 月 31 日,甲事业单位一项专利权的账面余额为 600 000 元,采用直线法摊销,摊销期限为 10 年,该专利权无残值。该专利权摊销 8 年不能再提供未来服务,予以报废处理。该单位根据发生的经济业务,编制相关的会计分录。

（1）将无形资产转入待处置资产。

报废时累计摊销额 =（600 000÷10）×8 = 480 000（元）

借:待处置资产损溢——处置资产价值　　　　　　　120 000

累计摊销　　　　　　　　　　　　　　　　480 000

贷:无形资产——专利权　　　　　　　　　　　　　　600 000

（2）经批准核销无形资产。

借:非流动资产基金——无形资产　　　　　　　　　120 000

贷:待处置资产损溢——处置资产价值　　　　　　　　120 000

【关键词汇】

短期投资（short-term investments）

应收票据（notes receivable）

应收票据贴现（notes receivable discounted）

应收账款（accounts receivable）

预付账款（advance payment）

其他应收款（receivable other）

备用金（imprest）

长期投资（long-term investments）

成本法（law of costs）

长期股权投资（long-term equity investments）

长期债券投资（long-term bond investment）

融资租入固定资产（fixed assets under financing lease）

【思考题】

1. 现金管理中出现差错，对于短缺现金由出纳人员补齐，对于溢余现金由出纳人员暂时保管，你认为此管理方法是否可取？应如何进行现金管理？

2. 其他货币资金的内容与银行存款结算方式有何联系？

3. 试比较短期投资与长期投资相关会计处理的异同。

4. 应收票据与应收账款的会计处理有何不同？

5. 应收账款与其他应收款的会计处理有何不同？

6. 简述存货取得、发出及结存的计价方法，说明不同方法对事业单位财务状况、运营成果的影响。

7. 试比较长期股权投资与长期债券投资会计处理的异同。

8. 什么是固定资产？其特点主要表现在哪些方面？

9. 什么是固定资产折旧？简述固定资产折旧的性质。《事业单位会计制度》对固定资产折旧范围是如何规定的？影响固定资产折旧的因素有哪些？采用年限平均法和工作量法是如何计算折旧的？

10. 与企业计提折旧的会计处理相比，事业单位计提折旧有何特点？

11. 事业单位无形资产包括哪些内容？事业单位应如何进行无形资产购入和摊销的会计处理？

【练习题】

1. 2016 年 12 月，某事业单位发生的经济业务如下：

（1）购进随买随用的办公用品一批，其价款为 20 000 元，用零余额账户支票付讫。

（2）8 日，该单位收回 2015 年已核销的坏账 4 000 元并存入银行。25 日，因一客户破产，有应收账款 2 500 元不能收回，经批准确认为坏账。

要求：编制该事业单位相关的会计分录。

2. 2016 年 1 月 5 日，某事业单位购入国债 400 000 元，另支付相关税费 6 000 元，款项以银行存款付讫。该国债的面值为 400 000 元，剩余期限为 2 年，票面年利率为 4%，每半年付息一次，该事业单位购入国债不准备长期持有。

要求：编制以下与投资活动相关的会计分录：

（1）取得投资。

（2）当年 7 月 1 日收到利息。

（3）当年 11 月 30 日将国债全部出售，取得价款 400 120 元并存入银行。

3. 甲事业单位为增值税一般纳税人，2016 年 3 月 31 日，向乙单位销售一批商品，增值税专用发票上注明的商品价款为 200 000 元，增值税税额为 34 000 元。当日收到乙单位签发的带息商业承兑汇票一张，该票据的期限为 6 个月，票面年利率为 6%。

2016 年 5 月 31 日，甲事业单位因资金需要，持乙单位签发的商业汇票到银行贴现，银行的年贴现率为 9%，贴现收入存入银行。

2016 年 9 月 30 日，甲事业单位已贴现的商业承兑汇票到期，因乙单位银行账户无款支付，贴现银行将已贴现的票据退回甲事业单位，同时从甲事业单位的账户中将票据款划回。

要求：编制甲事业单位收到票据、票据贴现和银行退回已贴现票据的会计分录。

4. 2016 年 3 月，某事业单位存货（甲）收入、发出及购进单价成本如下表所示。

存货（甲）收发资料

日期	收入			发出	库存		
	数量	单价	总额	数量	数量	单价	总额
5 月 1 日					200	10	2 000
8 日	600	9.5	5 700		800		
12 日				400	400		
16 日	300	10.50	3 150		700		
27 日				200	500		
31 日				240	260		
合计	900	—	8 850	840	260	—	—

该单位 12 日发出甲存货 400 件，其中，100 件是上期结转下来的，300 件是 8 日购进的；27 日发出的 200 件为 8 日购进；31 日发出的 240 件为 16 日购进。

要求：分别采用以下方法计算发出和结存存货成本。

（1）先进先出法。

（2）个别计价法。

（3）加权平均法。

5. 某事业单位为增值税一般纳税人，并实行内部成本核算。期初结存非自用甲材料 300 千克，单位成本 60 元；自用乙材料 200 千克，单位成本 240 元。本期购入非自用甲材料 1 000 千克，单价 50 元，材料价款 50 000 元，增值税 8 500 元，运杂费 1 500 元，款项未付；购入自用乙材料 40 千克，单价 250 元，材料价款 10 000 元，增值税 1 700 元，运杂费 300 元，款项以单位零余额账户支付。

本期领用甲材料 700 千克，其中，用于生产 M 产品耗用 500 千克、转作用于事业活动耗用 200 千克，采用先进先出法计算发出甲材料成本；领用乙材料 150 千克，其中，用于事业活动耗用 100 千克，转作用于生产 M 产品（该批材料适用的增值税率为 17%，尚未超过增值税抵扣期限)耗用 50 千克,采用先进先出法计算发出乙材料成本。当日完工一批 M 产品并验收入库,该批产品的成本总额为 75 000 元。次日,销售入库 M 产品的 40%,取得销售收入 38 000 元,应缴增值税 5 100 元。

要求:根据上述经济业务,编制下列业务的会计分录。

(1) 购入甲、乙材料并验收入库。

(2) 发出甲、乙材料。

(3) M 产品完工入库结转其成本。

(4) 销售 M 产品并确认其销售损益。

6. 2016 年 7 月 1 日,某事业单位从证券二级市场买入 3 年期、到期一次还本付息的国债 100 份,每份面值为 1 000 元,每张买入价为 1 100 元,另支付相关税费 500 元,债券年利率为 6%,该单位准备将国债持有至到期。全部款项均以银行存款支付。

要求:(1) 编制买入国债的会计分录。

(2) 编制将国债持有至到期收回本息的会计分录。

7. 某事业单位经批准将建造 5 000 平方米的研究中心,相关资料如下:

(1) 2016 年 1 月 5 日,购入工程用物资 234 000 元,直接交付工程使用。款项用银行存款付讫。

(2) 2016 年 1 月至 3 月,根据工程价款结算账单与施工企业结算工程价款时,按照实际支付的工程价款应付工程人员工资 20 000 元,用零余额账户付讫。

(3) 支付建设期间,建筑工程借款利息 15 000 元。

(4) 2016 年 3 月 31 日,该研究中心达到预定可使用状态,估计可使用 20 年,采用直线法计提折旧。

(5) 2016 年 12 月 31 日,该研究中心突遭火灾焚毁,残料变现收入 50 000 元存入银行,用银行存款支付清理费用 20 000 元。经保险公司核定应赔偿损失 70 000 元,尚未收到赔款。

要求:(1) 计算该研究中心的入账价值。

(2) 计算 2016 年研究中心应计提的折旧额。

(3) 编制 2016 年与上述业务相关的会计分录。

(4) 编制 2016 年 12 月 31 日清理研究中心的会计分录。

8. 某事业单位非独立核算部门以融资租入方式取得研究用固定资产一台。租赁合同的全部租赁费 150 000 元,分 2 年支付,每年年末各支付 50%。该单位以银行存款支付运输费 500 元、保险 2 500 元、安装调试费 15 000 元。安装完毕后交付使用,第一年运转正常,第二年年初设备提前报废;报废时支付清理费用 900 元,用银行存款支付;取得清理变价收入 6 000 元,已存入银行。经法院调解,租赁商同意赔偿净损失的 50%。该设备的折旧年限为 10 年,按直线法计提折旧。

要求:根据上述资料编制以下内容的会计分录:

(1) 融资租入固定资产,支付价款、运输费、保险费和安装调试费。

(2) 安装完毕交付使用。

（3）支付第一年租赁费。

（4）固定资产转入清理。

（5）支付清理费、取得变价收入和索取赔款。

（6）确认并结转固定资产处置净收益。

9. 2015 年 1 月 1 日,甲事业单位从乙单位购入一项专利的所有权,以银行存款支付买价和有关费用共计 80 000 元。该专利权的法定有效期限为 10 年,合同规定的有效期限为 8 年,假设甲事业单位于年末一次计提全年无形资产摊销。2017 年 1 月 1 日,甲事业单位将上项专利权的所有权转让给丙单位,取得转让收入 70 000 元并存入银行,该项收入适用的增值税税率为 5%。

要求:（1）编制甲事业单位购入专利权的会计分录。

（2）计算该项专利权的年摊销额并编制会计分录。

（3）编制该项专利权转让的会计分录并计算转让该项专利权的净收入。

【案例题】

第十四章 事业单位负债和净资产

【本章纲要】

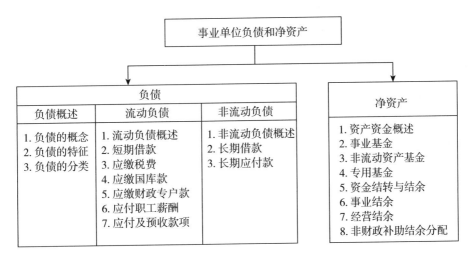

【学习目标、重点和难点】

● 通过本章的学习,应了解负债、流动负债、非流动负债和净资产的概念、特点及其分类;熟悉流动负债、非流动负债和净资产的内容;掌握流动负债、非流动负债和净资产的核算方法。

● 应付及预收款项、非流动负债、经营结余的核算程序,应缴税费、国库款、财政专户款、各种基金或资金的结转与结余以及非财政补助结余分配为本章的重点。

● 各种资金的结转与结余以及非财政补助结余分配为本章的难点。

第一节 负 债

一、负债概述

(一) 负债的概念

《事业单位会计准则》指出,负债是指事业单位所承担的能以货币计量,需要以资产或者劳务偿还的债务。负债反映的是事业单位资产总额中属于债权人的那部分权益或利益,代表了事业单位对其债权人所承担的全部经济责任,包括用货币偿还以及以资产或提供劳务形式予以清偿的债务责任。

（二）负债的特征

事业单位负债一般具有以下特征：

（1）负债产生的基础是过去的经济业务或事项。

（2）负债的本质是事业单位需要在未来如期履行的经济责任,而有关法律或法规、与债权人的合同或协议则是形成这种经济责任的依据。

（3）负债是可以用货币计量的债务。

（三）负债的分类

负债可以按照不同的特点和标准作如下分类：

（1）按其流动性分类,负债可分为流动负债和非流动负债。负债的流动性,一般可以理解为负债偿还的速度或偿还时间的长短。根据《事业单位会计制度》的规定,事业单位的负债按照流动性,分为流动负债和非流动负债。流动负债是指预计在1年内(含1年)偿还的负债,如短期借款、应付账款、应付票据、应付职工薪酬等。非流动负债是指流动负债以外的负债,如长期借款、长期应付款等。

区分流动负债与非流动负债具有重要的意义,一是可以提供事业单位负债的偿还或支付期限信息,以评估其财务状况;二是将流动资产与流动负债进行比较,可以反映事业单位的短期偿债能力。

（2）按其偿付方式分类,负债可分为货币性负债和非货币性负债。货币性负债是指债务到期,事业单位将以货币偿付的债务,如短期借款、应付账款等;非货币性负债是指债务到期,事业单位将以实物或劳务偿付的债务,如预收账款等。

事业单位应当对不同性质的负债进行分类管理,及时清理并按照规定办理结算,保证各项负债在规定期限内归还;事业单位应当建立健全财务风险控制机制,规范和加强借入款项的管理,严格执行审批程序,不得违反规定举借债务和提供担保。

二、流动负债

（一）流动负债概述

1. 流动负债的概念及特点

流动负债是指预计在1年内(含1年)偿还的负债,包括短期借款、应付及预收款项、应付职工薪酬、应缴款项等。流动负债除具备负债的一般特征外,还具有以下特点：①偿还期限短,流动负债是在债权人提出要求时,债务人即期偿付,或在1年内或在一个营业周期内履行偿债义务;②履行偿债义务时,需要用事业单位的流动资产或流动负债进行偿付,也可以通过向债权人提供劳务的方式进行清偿。

2. 流动负债的分类

事业单位的流动负债包括短期借款、应付及预收款项、应付职工薪酬、应缴款项等。其中：

（1）短期借款是指事业单位借入的期限在1年内(含1年)的各种借款。

（2）应付及预收款项是指事业单位在开展业务活动中发生的各项债务，包括应付票据、应付账款、其他应付款等应付款项和预收账款。

（3）应付职工薪酬是指事业单位应付未付的职工工资、津贴补贴等。

（4）应缴款项是指事业单位应缴未缴的各种款项，包括应当上缴国库或者财政专户的款项、应缴税费，以及其他按照国家有关规定应当上缴的款项。

（二）短期借款

1. 短期借款的概念及特点

短期借款是指事业单位借入的期限在 1 年内（含 1 年）的各种借款。短期借款主要是用于弥补事业单位临时性运营周转或季节性等原因出现的资金不足，而向银行等金融机构借入的短期资金。事业单位借入的短期借款，无论用于哪个方面，只要借入了这笔资金，就构成了一项负债。期末尚未归还的短期借款的本金，应反映在资产负债表的"短期借款"项目内。归还短期借款时，除了应归还借入的本金，按照货币的时间价值，还应支付利息。短期借款的利息，应确认为其他支出。

与其他流动负债相比，短期借款具有如下特点：

（1）短期借款的债权人不仅包括银行，还包括其他非银行金融机构。

（2）借款期限较短，一般为 1 年以下（含 1 年）。

（3）借款到期不仅应偿还本金，根据货币的时间价值，还应支付相应的借款利息。

2. 短期借款的账务处理

事业单位通过设置"短期借款"账户核算短期借款的增减变动及结存情况。该账户的贷方登记短期借款的增加额；借方登记短期借款的减少额；期末余额在贷方，表示尚未归还的借款本金。其明细账按债权人设置。

短期借款的核算涉及借入资金、支付利息和到期归还本息三方面内容。事业单位借入短期借款，其期限一般不长，在取得借款日按照借入的本金数，借记"银行存款"账户，贷记"短期借款"账户；事业单位借入资金是要支付利息的，借款利息是事业单位为筹集资金而发生的耗费，在借款期限内应列入其他支出，当发生短期借款利息时，借记"其他支出——利息支出"账户，贷记"银行存款"等账户；归还短期借款时，借记"短期借款"账户，贷记"银行存款"账户。

【例 14-1】 2016 年 10 月 1 日，某事业单位向工商银行借入金额为 240 000 元、期限为 8 个月、年利率为 6% 的短期借款，每季度支付一次利息。该单位根据发生的经济业务，编制相关的会计分录。

（1）借入资金。

借：银行存款　　　　　　　　　　　　　　　　　240 000

　　贷：短期借款　　　　　　　　　　　　　　　　　　240 000

（2）利息核算。

① 2016 年 12 月 31 日支付利息：

应付利息 = (240 000×6%÷12)×3 = 3 600(元)

借：其他支出　　　　　　　　　　　　　　　　　3 600

贷:银行存款   3 600

② 2016 年 3 月 31 日付息会计分录同①。

（3）2016 年 5 月 31 日借款到期归还本息。

借:短期借款   240 000

  其他支出——利息支出   2 400

  贷:银行存款   242 400

有时,事业单位开出并经开户银行承兑的商业汇票到期而无力支付票款时,应将应付票据的账面余额转作短期借款,按照银行承兑汇票的票面金额,借记"应付票据"账户,贷记"短期借款"账户。

【例 14-2】 甲事业单位为增值税一般纳税人。2016 年 2 月 6 日,从乙单位购入存货一批,增值税专用发票上注明的价款为 50 000 元,增值税税额为 8 500 元,原材料已验收入库。该单位开出并经开户银行承兑的商业汇票一张,面值为 58 500 元,期限为 5 个月。交纳银行承兑手续费 29.25 元。7 月 6 日,商业汇票到期,甲事业单位无力支付票款。甲事业单位根据发生的经济业务,编制相关的会计分录。

（1）确认存货。

借:存货   50 000

  应缴税费——应交增值税（进项税额）   8 500

  贷:应付票据——乙单位   58 500

（2）支付交纳承兑手续费。

借:其他支出   29.25

  贷:银行存款   29.25

（3）汇票到期无力付款,银行转作短期借款。

借:应付票据——乙单位   58 500

  贷:短期借款   58 500

（三）应缴税费

应缴税费是指事业单位按照国家税法有关规定应当缴纳的各种税费,包括增值税、城市维护建设税、教育费附加、车船税、房产税、城镇土地使用税、企业所得税等。

事业单位通过设置"应缴税费"账户总括反映各种税费的应缴纳情况。该账户的结构及其明细账的设置方法与行政单位要求一致。

需要说明的是,事业单位代扣代缴的个人所得税,也通过"应缴税费"账户核算;事业单位应缴纳的印花税不需要预提应缴税费,直接通过支出等有关账户核算,不在"应缴税费"账户核算。

1. 增值税

增值税是以商品(含应税劳务、应税行为)在流转过程中实现的增值额作为计税依据而征收的一种流转税。其中,增值额是纳税人生产经营活动所实现的不含税销售额抵扣该纳税人外购不含税成本后的差额。

我国增值税相关法规规定,在我国境内销售货物、提供加工修理或修配劳务(以下简称应税劳务），销售应税服务、无形资产和不动产（以下简称"纳税行为"）以及进口货物的企业单位和个人为增值税的纳税人。其中，应税服务包括交通运输服务、邮政服务、电信服务、金融服务、现代服务、生活服务。

根据经营规模大小及会计核算水平的健全程度，增值税纳税人分为一般纳税人和小规模纳税人，其分别采用不同的增值税计税方法，即一般计税方法和简易计税方法。

增值税的一般计税方法，就是采用购进扣税法计算当期增值税应纳税额，即先按当期销售额和适用税率计算出销项税额，然后对当期购进项目向对方支付的税款进行抵扣，从而间接算出当期的应纳税额。其计算公式如下：

$$当期应纳税额＝当期销项税额－当期进项税额$$

公式中的"当期销项税额"是指纳税人当期销售货物、提供应税劳务和应税行为，按照销售额、应税劳务和应税行为收入与规定的税率计算并向购买方收取的增值税税额。

公式中的"当期进项税额"是指纳税人当期购进货物、接受应税劳务和应税服务所支付或承担的增值税税额。

当期销项税额小于当期进项税额不足抵扣时，其不足部分可以结转下期继续抵扣。

一般纳税人采用的税率分为基本税率、低税率和零税率三种。

一般纳税人销售或者进口货物、提供应税劳务、发生应税行为的低税率为 6%、13%，基本税率为 17%，一般纳税人出口货物、境内单位或个人发生的跨境应税行为（如转让无形资产）符合条件的，税率为零。

增值税的简易计税方法是按照销售额与征收率的乘积计算应纳税额，其计算公式如下：

$$应纳税额＝销售额×征收率$$

一般计税方法适用于增值税一般纳税人；简易计税方法一般适用于小规模纳税人，一般纳税人销售服务、无形资产或者不动产，符合规定的，也可以适用简易计税方法。

需要说明的是，小规模纳税人的征收率为 3%；应税行为中按照简易计税方法计税的销售不动产、不动产经营租赁服务的征收率为 5%，其他情况征收率为 3%。

（1）增值税一般纳税人的核算。为了核算企业应缴增值税的发生、抵扣、缴纳、退税及转出等情况，增值税一般纳税人应当在"应缴税费"账户下设置"应缴增值税""未缴增值税""预缴增值税""待抵扣进项税额""待认证进项税额""待转销项税额"等明细账户。

属于增值税一般纳税人的事业单位发生应缴增值税业务时，按照包含增值税的价款总额，借记"银行存款""应收账款""应收票据"等账户，按照扣除增值税销项税额后的价款金额，贷记"经营收入"等账户，按照增值税专用发票上注明的增值税金额，贷记"应缴税费——应缴增值税（销项税额）"账户。

【例 14-3】 M 事业单位非独立核算部门被核定为增值税一般纳税人，其适用的税率为 17%。2016 年 10 月 10 日，向 N 单位销售应税产品一批，价款为 350 000 元，按规定应收取增值税税额 59 500 元，提货单和增值税专用发票已交给买方，收到对方出具的期限为 3 个月的商业汇票一张。M 事业单位根据发生的经济业务，编制相关的会计分录。

借：应收票据——N 单位   409 500

贷:经营收入 350 000

  应缴税费——应缴增值税(销项税额) 59 500

  属于增值税一般纳税人的事业单位购入非自用材料时,按照确定的成本(不含增值税进项税额),借记"存货"账户,按照增值税专用发票上注明的增值税税额,借记"应缴税费——应缴增值税(进项税额)"账户,按照实际支付或应付的金额,贷记"银行存款""应付账款"等账户。

  【例14-4】 承例14-3。2016年10月20日,该单位购入非自用材料一批,增值税专用发票上注明货款80 000元,增值税税额13 600元,材料验收入库,款项已用银行存款支付。该单位根据发生的经济业务,编制相关的会计分录。

借:存货 80 000

  应缴税费——应缴增值税(进项税额) 13 600

  贷:银行存款 93 600

  属于增值税一般纳税人的事业单位所购进的非自用材料发生盘亏、毁损、报废、对外捐赠、无偿调出等税法规定不得从增值税销项税额中抵扣进项税额的,将所购进的非自用材料转入待处置资产时,按照材料的账面余额与相关增值税进项税额转出金额的合计金额,借记"待处置资产损溢"账户,按照材料的账面余额,贷记"存货"账户,按照转出的增值税进项税额,贷记"应缴税费——应缴增值税(进项税额转出)"账户。

  【例14-5】 承例14-4。2016年10月31日,该单位非自用材料仓库保管员工作失误,毁损库存材料一批。有关增值税专用发票确认的材料成本为15 000元,增值税税额为2 550元。该单位根据发生的经济业务,编制相关的会计分录。

借:待处置资产损溢 17 550

  贷:存货 15 000

   应缴税费——应缴增值税(进项税额转出) 2 550

  【例14-6】 某事业单位对外捐赠非自用存货一批,其账面余额为500 000元,相关增值税进项税额为85 000元。该单位根据发生的经济业务,编制相关的会计分录。

(1)将存货转入待处置资产。

借:待处置资产损溢 585 000

  贷:存货 500 000

   应缴税费——应缴增值税(进项税额转出) 85 000

(2)捐出存货。

借:其他支出 585 000

  贷:待处置资产损溢 585 000

  【例14-7】 某事业单位为增值税一般纳税人。经批准,无偿调出存货一批,账面余额为30 000元,相关增值税进项税额为5 100元。该单位根据发生的经济业务,编制相关的会计分录。

(1)将存货转入待处置资产。

借:待处置资产损溢 35 100

贷:存货　　　　　　　　　　　　　　　　　　　　　　30 000

　　　　应缴税费——应缴增值税(进项税额转出)　　　　　5 100

　　(2)调出存货。

借:其他支出　　　　　　　　　　　　　　　　　　　　35 100

　　贷:待处置资产损溢　　　　　　　　　　　　　　　　35 100

　　属于增值税一般纳税人的事业单位实际缴纳增值税时,借记"应缴税费——应缴增值税(已交税金)"账户,贷记"银行存款"账户。

　　【例14-8】　承例14-3至例14-5。该单位2016年10月应缴纳增值税计算方法如下:

　　　　应缴纳增值税=59 500-(13 600-2 550)=48 450(元)

　　根据计算结果,该单位实际缴纳增值税时,根据发生的经济业务,编制相关的会计分录。

借:应缴税费——应缴增值税(已交税金)　　　　　　　48 450

　　贷:银行存款　　　　　　　　　　　　　　　　　　　48 450

　　(2)增值税小规模纳税人的核算。属于增值税小规模纳税人的事业单位核算增值税采用简化的方法,即购进货物、接受应税劳务和应税服务支付的增值税,一律不予抵扣,直接计入有关货物或劳务的成本。销售货物、提供应税劳务和应税服务时,按照不含税的销售额和规定的增值税征收率计算应缴纳的增值税,但不得开具增值税专用发票。

　　一般来说,小规模纳税人采用销售额和应纳税额合并定价的方法一并向客户结算款项,销售货物或提供应税劳务后,应进行价税分离,其计算公式为:

　　　　不含税销售额=含税销售额÷(1+征收率)

　　　　应纳税额=不含税销售额×征收率(3%)

　　事业单位小规模纳税人进行账务处理时,只需在"应缴税费"账户下设置"应缴增值税"明细账户,该明细账户不再设置专栏。"应缴税费——应缴增值税"账户的贷方登记应缴纳的增值税,借方登记已缴纳的增值税;期末贷方余额反映尚未缴纳的增值税,借方余额反映多缴纳的增值税。

　　属于增值税小规模纳税人的事业单位销售应税产品或提供应税服务时,按照实际收到或应收的价款,借记"银行存款""应收账款""应收票据"等账户,按照实际收到或应收价款扣除增值税税额后的金额,贷记"经营收入"等账户,按照应缴纳的增值税金额,贷记"应缴税费——应缴增值税"账户。实际缴纳增值税时,借记"应缴税费——应缴增值税"账户,贷记"银行存款"账户。

　　【例14-9】　某事业单位非独立核算部门被核定为小规模纳税人。2017年3月,购入非自用材料,取得专用发票注明货款20 000元,增值税税额3 400元,款项以银行存款支付,材料已验收入库。本月销售应税产品一批,含税价格为24 720元,款项已存入银行。该单位根据发生的经济业务,编制相关的会计分录。

　　(1)购进材料。

借:存货　　　　　　　　　　　　　　　　　　　　　　23 400

    贷:银行存款　　　　　　　　　　　　　　　　　　　　　23 400

（2）销售产品。

不含税价格 = 24 720÷（1+3%）= 24 000（元）

应缴增值税 = 24 000×3% = 720（元）

借:银行存款　　　　　　　　　　　　　　　　　　24 720

　　贷:经营收入　　　　　　　　　　　　　　　　　　24 000

　　　　应缴税费——应缴增值税　　　　　　　　　　　　　720

2. 城市维护建设税和教育费附加

（1）城市维护建设税（简称"城建税"）是一种附加税。按照现行税法规定,城市维护建设税应根据应缴增值税、消费税的一定比例计算缴纳。城市维护建设税应纳税额的计算公式如下:

$$应纳税额 = （应缴增值税 + 应缴消费税）×适用税率$$

城市维护建设税适用税率按纳税人所在地区不同,分为以下三档差别比例税率,即纳税人所在地为市区的,税率为 7%;纳税人所在地为县城、镇的,税率为 5%;纳税人所在地不在市区、县城或者镇的,税率为 1%。

（2）教育费附加。它是指对缴纳增值税、消费税的单位和个人,以其实际缴纳的税额为计算依据征收的一种附加费。它是为发展教育事业而征收的附加费用。

教育费附加的征收比率为 3%,其计算公式如下:

$$应纳教育费附加 = 实际缴纳的增值税、消费税×征收比率$$

事业单位发生城市维护建设税、教育费附加纳税义务时,按照按税法规定计算的应缴税费金额,借记"待处置资产损溢——处置净收入（出售不动产应缴的税费）"账户或有关支出账户,贷记"应缴税费——应缴城市维护建设税""应缴税费——应缴教育费附加"账户。

实际缴纳税费时,借记"应缴税费——应缴城市维护建设税""应缴税费——应缴教育费附加"账户,贷记"银行存款"账户。

3. 房产税、城镇土地使用税、车船税

（1）房产税。它是指对转让国有土地使用权、地上的建筑物及其附着物（以下简称转让房地产）并取得收入的单位和个人征收的一种税。房产税由产权所有人缴纳。产权属于全民所有的,由经营管理的单位缴纳。产权出典的,由承典人缴纳。产权所有人、承典人不在房产所在地的,或者产权未确定及租典纠纷未解决的,由房产代管人或者使用人缴纳。

房产税的征税范围为城市、县城、建制镇和工矿区。房产税的计税依据分为按计税余值计税的从价计征和按租金收入计税的从租计征两种。其中,从价计征是指对纳税人经营自用的房屋,以房产的计税余值为计税依据。所谓计税余值,是指依照房产原值一次减除 10%—30% 的损耗价值以后的余额。其中,房产原值是指纳税人按照会计制度规定,在账簿"固定资产"账户中记载的房屋原价,房产原值应包括与房屋不可分割的各种附属设备或一般不单独计算价值的配套设施。从价计征的税率为 1.2%,其计算公式如下:

$$年应纳税额=房产原值×(1-扣除比例)×1.2\%$$

从租计征是指对于出租的房屋,以租金收入为计税依据,房产的租金收入是房屋产权所有人出租房产使用权所得的报酬,包括货币收入和实物收入。对以劳务或其他形式作为报酬抵付房租收入的,应根据当地同类房产的租金水平,确定一个标准租金额,依率计征。从租计征的税率为12%,其计算公式如下:

$$年应纳税额=年租金收入额×12\%$$

(2)城镇土地使用税。它是指以城镇土地为征税对象,对拥有土地使用权的单位和个人征收的一种税。城镇土地使用税的纳税人是指承担缴纳城镇土地使用税义务的所有单位和个人。包括拥有土地使用权的单位和个人;拥有土地使用权的单位和个人不在土地所在地的,其土地的实际使用人和代管人为纳税人;土地使用权未确定或权属纠纷未解决的,其实际使用人为纳税人;土地使用权共有的,共有各方都是纳税人,由共有各方分别纳税。

城镇土地使用税以纳税人实际占用的土地面积为计税依据,土地面积的计量标准是平方米。城镇土地使用税采用地区幅度定额税率,即采用有幅度的差别税额,按大、中、小城市和县城、建制镇、工矿区分别规定每平方米土地使用税的年应纳税额。具体标准如下:大城市1.5—30元;中等城市1.2—24元;小城市0.9—18元;县城、建制镇、工矿区0.6—12元。

(3)车船税。它是以车船为征税对象,向拥有车船的单位和个人征收的一种税。在中华人民共和国境内,车辆、船舶(以下简称车船)的所有人或者管理人为车船税的纳税人,应当依照《中华人民共和国车船税法》的规定缴纳车船税。其中,管理人是指对车船具有管理使用权,不具有所有权的单位。

车船税对拥有但不使用的车船不征税。车船税根据不同类型的车船及其适用的计税标准分别计算应纳税额。其中,机动车(载货汽车除外)和非机动车应纳税额的计算公式如下:

$$应纳税额=应税车辆数量×单位税额$$

事业单位发生房产税、城镇土地使用税、车船税纳税义务时,按照按税法规定计算的应缴税费金额,借记有关账户,贷记"应缴税费——应缴房产税""应缴税费——应缴城镇土地使用税""应缴税费——应缴车船税"账户。

实际缴纳税费时,借记"应缴税费——应缴房产税""应缴税费——应缴城镇土地使用税""应缴税费——应缴车船税"账户,贷记"银行存款"账户。

【例14-10】 2016年12月末,某事业单位全年应缴的相关税费为:房产税53 000元、城镇土地使用税12 000元、车船税13 800元。该单位根据发生的经济业务,编制相关的会计分录。

(1)确认应缴税金义务。

借:经营支出　　　　　　　　　　　　　　　　　　　　78 800
　　贷:应缴税费——应缴房产税　　　　　　　　　　　　53 000
　　　　　　　——应缴城镇土地使用税　　　　　　　　　12 000

——应缴车船税	13 800

（2）实际缴纳税金。

借：应缴税费——应缴房产税 53 000

　　　　　——应缴城镇土地使用税 12 000

　　　　　——应缴车船税 13 800

　贷：银行存款 78 800

4. 企业所得税

企业所得税是对我国境内的企业和其他取得收入的组织的生产经营所得和其他所得征收的税种。《中华人民共和国企业所得税法》中所称的企业，包括依照中国法律、行政法规在中国境内成立的企业、事业单位、社会团体以及其他取得收入的组织。应纳所得税税额的计算公式如下：

$$应纳所得税税额＝应纳税所得额×税率$$

公式中的"应纳税所得额"为企业每一纳税年度的收入总额，减除不征税收入、免税收入、各项扣除以及允许弥补的以前年度亏损后的余额。其中，①收入总额包括销售货物收入，提供劳务收入，转让财产收入，股息、红利等权益性投资收益，利息收入，租金收入，特许权使用费收入，接受捐赠收入，其他收入。②不征税收入包括财政拨款、依法收取并纳入财政管理的行政事业性收费、政府性基金、国务院规定的其他不征税收入。③免税收入包括国债利息收入，符合条件的居民企业之间的股息、红利等权益性投资收益，在中国境内设立机构、场所的非居民企业从居民企业取得与该机构、场所有实际联系的股息、红利等权益性投资收益，符合条件的非营利组织的收入。④各项扣除是指企业实际发生的与取得收入有关的、合理的支出，包括成本、费用、税金、损失和其他支出。

企业所得税税率一般为25%。

事业单位发生企业所得税纳税义务时，按照按税法规定计算的应缴税费金额，借记"非财政补助结余分配"账户，贷记"应缴税费——应缴所得税"账户。实际缴纳时，借记"应缴税费——应缴所得税"账户，贷记"银行存款"账户。

【例14-11】 2016年，某事业单位取得经营收入5 800 000元，发生经营支出3 500 000元。无其他纳税调整项目。该事业单位企业所得税的账务处理过程如下：

应纳企业所得税税额＝（5 800 000－3 500 000）×25%＝575 000（元）

（1）确认应缴税费金额。

借：非财政补助结余分配 575 000

　贷：应缴税费——应缴所得税 575 000

（2）实际缴纳税费。

借：应缴税费——应缴所得税 575 000

　贷：银行存款 575 000

5. 代扣代缴个人所得税

个人所得税是以自然人取得的各类应税所得为征税对象而征收的一种所得税，是政府利用税收对个人收入进行调节的一种手段。

根据《中华人民共和国个人所得税法》的规定,个人所得税以所得人为纳税义务人、以支付所得的单位或者个人为扣缴义务人。为此,事业单位承担着对个人所得税代扣代缴的义务。所谓代扣代缴,是指按照税法规定负有扣缴税款义务的单位或者个人,在向个人支付应纳税所得时,应计算应纳税额,从其所得中扣除并缴入国库,同时向税务机关报送扣缴个人所得税报告表。这种方法有利于控制税源,防止漏税和逃税。

事业单位代扣代缴个人所得税时,按照按税法规定计算的应代扣代缴的个人所得税金额,借记"应付职工薪酬"账户,贷记"应缴税费——应缴个人所得税"账户。实际缴纳时,借记"应缴税费——应缴个人所得税"账户,贷记"银行存款"账户。

【例 14-12】 2016 年 6 月末,某事业单位为职工代扣代缴 6 月份个人所得税 286 400 元,并于次月初通过银行转账实际缴纳代扣税款。该单位根据发生的经济业务,编制相关的会计分录。

(1) 代扣个人所得税。

借:应付职工薪酬   286 400

    贷:应缴税费——应缴个人所得税   286 400

(2) 缴纳代扣的个人所得税。

借:应缴税费——应缴个人所得税   286 400

    贷:银行存款   286 400

(四) 应缴国库款

应缴国库款是指事业单位除应缴税费外,按规定应缴入国库的款项。包括事业单位代收的纳入预算管理的基金、行政性收费收入、罚没收入、无主财物变价收入和其他按预算管理规定应上缴预算的款项。我国预算资金实行的是收缴分离的管理办法,即预算资金实行国库统一收付。预算资金直接缴入国库,财政专户管理的资金直接缴纳财政专户。但有时,事业单位(如实行集中缴库的单位)预算资金收纳和上缴之间存在时间差,因此产生了应缴国库款负债义务或责任。

各种应缴预算收入款项应及时上缴单位财会部门的"其他存款"账户中,不得自行支用或转为部门的"小金库",不得分成、提留、坐支,应上缴的规费收入、罚没收入等均应及时足额上缴。

事业单位通过设置"应缴国库款"账户核算其按规定应缴入国库的款项(应缴税费除外)。该账户的贷方登记取得的应缴国库款项;借方登记上缴的国库款项;平时,贷方余额反映事业单位的应缴未缴款项。年度终了,"应缴国库款"账户一般应无余额。其明细账应当按照应缴国库的各款项类别设置并进行明细核算。

事业单位取得应缴国库的款项时,借记有关账户,贷记"应缴国库款"账户;上缴款项时,借记"应缴国库款"账户,贷记"银行存款"账户。

【例 14-13】 2016 年 10 月,某事业单位取得罚没收入 3 500 元、无主财物变价收入 8 000 元,全部款项存入银行。该单位根据发生的经济业务,编制相关的会计分录。

(1) 取得应缴国库款。

借:银行存款   11 500

| 贷：应缴国库款——罚没收入 | 3 500 |
| ——无主财物变价收入 | 8 000 |

（2）上缴应缴国库款。

借：应缴国库款——罚没收入	3 500
——无主财物变价收入	8 000
贷：银行存款	11 500

（五）应缴财政专户款

应缴财政专户款是指事业单位按规定应缴入财政专户的款项。例如，高中以上学费、住宿费，高校委托培养费，党校收费，教育考试考务费，函大、电大、夜大及短训班培训费等。

事业单位通过设置"应缴财政专户款"账户核算其按规定应缴入财政专户的款项。该账户的贷方登记取得的应缴财政专户款；借方登记上缴的应缴财政专户款；平时，贷方余额反映事业单位应缴未缴的款项。年度终了，"应缴财政专户款"账户一般应无余额。其明细账应当按照应缴财政专户款的各款项类别设置并进行明细核算。

事业单位取得应缴财政专户的款项时，借记有关账户，贷记"应缴财政专户款"账户；上缴财政专户款时，借记"应缴财政专户款"账户，贷记"银行存款"账户。

【例 14-14】　某教育机构 2016 年收取委托培养费 120 000 元、教育考试考务费 580 000 元，全部款项存入银行。该单位根据发生的经济业务，编制相关的会计分录。

（1）取得应缴财政专户的款项。

借：银行存款	700 000
贷：应缴财政专户款——高等学校委托培养费	120 000
——考试考务费	580 000

（2）上缴财政专户款。

借：应缴财政专户款——高等学校委托培养费	120 000
——考试考务费	580 000
贷：银行存款	700 000

（六）应付职工薪酬

职工薪酬是指单位为获得职工提供的服务而给予其各种形式的报酬以及其他相关支出。包括基本工资、绩效工资、国家统一规定的津贴补贴、社会保险费和住房公积金等。事业单位因接受职工提供的各种服务而应付给职工的薪酬，被称为应付职工薪酬。它是事业单位的现时义务，履行该义务将导致事业单位未来经济资源的流出。

事业单位通过设置"应付职工薪酬"账户核算应付职工薪酬的增减变动情况。该账户的结构及其明细账的设置方法与行政单位要求一致。

1. 职工薪酬的结算

职工薪酬的结算是指职工薪酬的计算与发放。它反映了事业单位与职工之间有关薪酬的结算情况。

单位与职工薪酬结算有关的内容有：应付职工薪酬的计算、代扣款项的计算及实发金额的计算和发放。每月应付职工工资额往往不等于实发金额，这是因为在职工薪酬结算中，会计部门还要为有关部门代扣一些款项，如社会保险费、个人所得税、房租等。会计部门根据应付职工薪酬以及各项代扣款项，计算出每人的实发职工薪酬，编制职工薪酬结算凭证（如表14-1所示），进行职工薪酬结算的核算。

（1）社会保险费和住房公积金的结算。一般而言，事业单位应向社会保险经办机构缴纳的医疗保险费、养老保险费、失业保险费、工伤保险费、生育保险费等社会保险费，应向住房公积金管理中心缴存的住房公积金等，国家统一规定了计提基础和计提比例的，应当按照国家规定的标准计提。按照相关规定，职工享受的社会保险、住房公积金等待遇由单位和个人双方分别承担。

事业单位缴纳其承担的职工社会保险费和住房公积金时，借记"应付职工薪酬"账户，贷记"财政补助收入""零余额账户用款额度""银行存款"等账户。

【例14-15】 资料承表14-1。2016年11月初，M事业单位缴纳其为职工承担的社会保险费和住房公积金。该单位根据发生的经济业务，编制相关的会计分录。

借：应付职工薪酬——社会保险费   500 000

          ——住房公积金   200 000

   贷：零余额账户用款额度   700 000

（2）代扣款项的结算。①代扣代缴社会保险费。为了确保职工的基本生活能够得到保障，国家要求职工个人缴纳一定的基本社会保险费、住房公积金，并由其所在单位代扣代缴。事业单位按照有关规定代扣代缴职工社会保险费和住房公积金时，借记"应付职工薪酬——工资"账户，贷记"应付职工薪酬——医疗保险费、养老保险费、失业保险费等"账户。

【例14-16】 资料承表14-1。2016年11月初，M事业单位为职工代扣代缴10月份职工应负担的社会保险费和住房公积金。该单位根据发生的经济业务，编制相关的会计分录。

借：应付职工薪酬——社会保险费   165 000

          ——住房公积金   200 000

   贷：其他应付款——社会保险费   165 000

          ——住房公积金   200 000

② 代扣代缴个人所得税。职工按规定应缴纳的个人所得税通常由单位代扣代缴。单位按规定计算代扣代缴的职工个人所得税时，借记"应付职工薪酬"账户，贷记"应缴税费——应缴个人所得税"账户；缴纳个人所得税时，借记"应缴税费——应缴个人所得税"账户，贷记"零余额账户用款额度""银行存款"等账户。

【例14-17】 承表14-1。M事业单位根据为职工代扣代缴的个人所得税业务，编制相关会计分录。

借：应付职工薪酬——工资   35 000

   贷：应缴税费——应缴个人所得税   35 000

表 14—1 职工薪酬结算汇总表

2016 年 10 月

单位：元

部门及人员	应付职工薪酬						代扣款项				实发工资
	工资	津贴补贴	其他个人收入	社会保险费	住房公积金	合计	社会保险费	住房公积金	个人所得税	合计	
行政办公室	300 000	180 000	15 000	150 000	60 000	705 000	49 500	60 000	10 500	120 000	585 000
科研机构	270 000	162 000	13 500	135 000	54 000	634 500	44 550	54 000	9 450	108 000	526 500
后勤服务部门	150 000	138 000	11 500	115 000	46 000	460 500	37 950	46 000	8 050	92 000	368 500
离退休人员	80 000					80 000					80 000
经营部门人员	200 000	120 000	10 000	100 000	40 000	470 000	33 000	40 000	7 000	80 000	390 000
合计	1 000 000	600 000	50 000	500 000	200 000	2 350 000	165 000	200 000	35 000	400 000	1 950 000

（3）职工薪酬的发放。事业单位采用国库直接支付的职工薪酬,根据财政国库支付执行机构委托代理银行转来的"财政直接支付入账通知书"和工资发放明细表,借记"应付职工薪酬"账户,贷记"财政补助收入"账户;采用国库授权支付的职工薪酬,借记"应付职工薪酬"账户,贷记"零余额账户用款额度"账户;采用银行存款等其他方式支付的职工薪酬,借记"应付职工薪酬"账户,贷记"银行存款"等账户。

【例 14-18】 承表 14-1。M 事业单位根据"财政直接支付入账通知书"和工资发放明细表,编制相关的会计分录。

借:应付职工薪酬——工资(离退休费)　　　　　　1 000 000
　　　　　　——地方(部门)津贴补贴　　　　　　600 000
　　　　　　——其他个人收入　　　　　　　　　　50 000
　　　　　　——社会保险费　　　　　　　　　　　500 000
　　　　　　——住房公积金　　　　　　　　　　　200 000
　　贷:财政补助收入　　　　　　　　　　　　　　　　2 350 000

2. 职工薪酬的分配

职工薪酬的分配是指将单位职工薪酬作为一种支出,按照其用途分配计入本月事业支出或经营支出。事业单位每月发生的全部职工薪酬,无论是否在当月支付,都应该按照职工薪酬的用途分别进行分配,例如事业部门相关人员的职工薪酬计入事业支出;经营部门人员的职工薪酬计入经营支出。月末,一般根据"职工薪酬分配汇总表"分配本月职工薪酬支出,编制借记"事业支出""经营支出"等账户、贷记"应付职工薪酬"账户的会计分录。

【例 14-19】 承表 14-1。2016 年 1 月末,M 事业单位根据发生的分配职工薪酬业务,编制相关的会计分录。

借:事业支出　　　　　　　　　　　　　　　1 880 000
　　经营支出　　　　　　　　　　　　　　　470 000
　　贷:应付职工薪酬——工资(离退休费)　　　　1 000 000
　　　　　　——地方(部门)津贴补贴　　　　　600 000
　　　　　　——其他个人收入　　　　　　　　　50 000
　　　　　　——社会保险费　　　　　　　　　　500 000
　　　　　　——住房公积金　　　　　　　　　　200 000

（七）应付及预收款项

应付及预收款项,主要是事业单位因购入物资或接受服务等而应付给供货单位的货款或因以后提供物资或劳务而预先收取的款项。这些业务活动构成了事业单位应向其他单位或个人偿付款项的债务责任。这类债务责任,有些与事业单位的运营活动直接相关,如应付票据、应付账款等;有些则与其业务活动没有直接联系,如其他应付款等。

1. 应付票据

应付票据是指事业单位因购买材料、商品和接受劳务供应等而开出、承兑的商业汇票,包括商业承兑汇票和银行承兑汇票。与一般的应付款项相比,应付票据对事业单位具有更强的按时偿还债务的法律约束力。

商业汇票按其承兑人的不同,分为商业承兑汇票和银行承兑汇票。前者是由银行以外的付款人承兑的票据;而后者则是由在承兑银行开立存款账户的存款人签发的,由银行承兑的票据。在采用银行承兑汇票的情况下,由银行承兑票据的目的是为收款方按期收回债权提供可靠的信用保证,但对付款人或承兑申请人来说,不会由于银行承兑而使这项负债消失。因此,即使是由银行承兑的汇票,付款人(或承兑申请人)的现存义务依然存在,也应将银行承兑的汇票作为应付票据。

事业单位通过设置"应付票据"账户核算应付票据的增减变动情况。该账户的贷方登记开出并承兑的商业汇票的面值;借方登记支付票据的款项,期末贷方余额反映事业单位开出并承兑的尚未到期的商业汇票的票面金额。

事业单位应当设置应付票据备查簿,详细登记每一笔应付票据的种类、号数、出票日期、到期日、票面金额、交易合同号和收款人姓名或单位名称,以及付款日期和金额等资料。应付票据到期结清票款后,应当在备查簿内逐笔注销。

(1)开出、承兑商业汇票的账务处理。事业单位开出、承兑商业汇票时,借记"存货"等账户,贷记"应付票据"账户;以承兑的商业汇票抵付应付账款时,借记"应付账款"账户,贷记"应付票据"账户。

支付银行承兑汇票的手续费时,借记"事业支出""经营支出"等账户,贷记"银行存款"账户。

【例 14-20】 M 事业单位根据发生的应付票据业务,编制相关的会计分录。

(1)2017 年 3 月 1 日,从 N 单位购买专项研究材料,开出并承兑一张面值为 46 800元、期限为 3 个月的银行承兑汇票结算款项,增值税专用发票上注明的材料价款为 40 000元,增值税税额为 6 800 元。材料已验收入库。

借:存货 46 800

    贷:应付票据——N 单位 46 800

(2)以银行存款支付银行承兑汇票手续费 23.4 元。

借:事业支出 23.4

    贷:银行存款 23.4

(2)商业汇票到期。事业单位签发的商业汇票到期时,应分别根据不同情况进行相应处理:一是事业单位能够如期偿付票款。事业单位开出的商业汇票,如果为不带息票据,则在收到银行支付到期票据的付款通知时,按照票据面值,借记"应付票据"账户,贷记"银行存款"账户;如果为带息票据,则在收到银行支付到期票据的付款通知时,按照票据面值,借记"应付票据"账户,按照应付的票据利息,借记"其他支出"账户,按照支付票据的本金和利息,贷记"银行存款"账户。二是事业单位到期无力支付票款。在此情况下,事业单位应当根据票据的种类分别进行账务处理:①如果票据为商业承兑汇票,则事业单位应当将到期无力支付的商业承兑汇票从"应付票据"账户转入"应付账款"账户;如果商业承兑汇票为不带息票据,则按照票据面值转入"应付账款"账户;如果为带息票据,则应当按照应付的票据利息,借记"其他支出"账户,贷记"应付票据"账户,再将应付票据的账面余额转入"应付账款"账户,借记"应付票据"账户,贷记"应付账款"账户。②如果票据为银行承兑汇票,则事业单位在到期无力支付银行承兑汇票的情况下,承兑银行除应凭票向持票人(即收款人)无条件付款外,还应对事业单位尚未支付的票据金额转作逾期贷款处理,并按天计收利息。事业单位在收到银行转来的相关凭证时,应当将"应付票据"账户转入"短期借款"账户。如果银行承兑汇票为不带息票据,则按照票据面值转入"短期借款"账户;如果为带息票据,则应当按照尚未支付的票据利息,借记"其他支出"账户,贷记"应付票据"账户,再将应付票据的账面余额转入"短期借款"账户,借记"应付票据"账户,贷记"短期借款"账户。

【例14-21】 承例14-20。2017年6月1日应付票据到期,该事业单位通知其开户银行支付票款。该单位根据发生的经济业务,编制相关的会计分录。

借:应付票据——N单位　　　　　　　　　　　　　46 800
　　贷:银行存款　　　　　　　　　　　　　　　　　　46 800

如果票据到期且该单位无力支付票款,应根据票据的不同性质分别进行如下会计处理:

到期票据为商业承兑汇票	到期票据为银行承兑汇票
借:应付票据——N单位　46 800	借:应付票据——N单位　46 800
贷:应付账款　　46 800	贷:短期借款　　46 800

2. 应付账款

应付账款是指事业单位因购买材料、物资或服务等而应付的款项。应付账款与应付票据不同,虽然两者都是基于交易而引起的流动负债,但应付账款是尚未结清的债务,而应付票据是一种期票,是延期付款的证明。

事业单位通过设置"应付账款"账户核算其因购买物资或服务等而应付的款项。该账户的贷方登记事业单位购买物资、接受劳务等发生的应付未付的款项;借方登记偿还的应付账款,或开出商业汇票抵付应付账款的款项,或冲销无法支付的应付账款;余额一般在贷方,反映事业单位尚未支付的应付账款。该账户应当按照对方单位(或个人)进行明细核算。

基于重要性原则的考虑,事业单位应付账款的入账价值一般按照业务发生时的金额即未来应付的金额确定,不再单独计算延期付款期间的利息(利息已经隐含在业务发生时的金额之内)。

事业单位发生应付账款时,按照应付未付金额,借记"存货"等账户,贷记"应付账款"账户;偿付应付账款时,按照实际支付的款项金额,借记"应付账款"账户,贷记"银行存款"等账户。事业单位通过开出、承兑商业汇票抵付应付账款时,借记"应付账款"账户,贷记"应付票据"账户。事业单位确认的应付账款因债权人撤销而无法偿付,或债权人豁免偿还时,按照应付账款余额计入其他收入,借记"应付账款"账户,贷记"其他收入"账户。

【例14-22】 2017年5月、6月,某事业单位根据发生的应付账款业务,编制相关的会计分录。

（1）3日，从M公司购入一批科研材料，货款为200 000元，增值税为34 000元，对方代垫运杂费2 000元。材料已运到并验收入库，款项尚未支付。

借：存货   236 000

  贷：应付账款——M公司   236 000

（2）20日，根据供电部门通知，该单位本月应付电费36 000元。其中，事业部门应付30 000元，经营部门应付6 000元，款项尚未支付。

借：事业支出   30 000

  经营支出   6 000

  贷：应付账款——某电力公司   36 000

（3）25日，用银行存款支付电费36 000元。

借：应付账款——某电力公司   36 000

  贷：银行存款   36 000

（4）6月1日，该单位开出不带息商业汇票一张，面值为50 000元，用于抵付其当年5月25日所欠乙公司货款。

借：应付账款——乙公司   50 000

  贷：应付票据——乙公司   50 000

（5）6月30日，该单位已确认的应付乙公司一笔应付账款6 000元，因乙公司撤销而无法支付。

借：应付账款——乙公司   6 000

  贷：其他收入   6 000

3. 预收账款

预收账款是指事业单位按照合同规定预收的款项。有时，事业单位根据合同预收客户部分货款，并承诺于收款后的一定日期向客户交付材料、物资或提供劳务。事业单位预收款项时即构成其流动负债，因为事业单位根据合同承诺于收款后一定日期发送材料、物资或提供劳务。若无法履行合同必须如数退还预收的款项。与应付账款不同，预收账款负债不是以货币清偿，而是以货物或服务偿付。

事业单位通过设置"预收账款"账户核算其按合同规定预收的款项。该账户的贷方登记事业单位从付款方预收的款项；借方登记确认有关收入并转销的预收款项；期末贷方余额反映事业单位向购货单位预收的款项。其明细账应当按照对方单位（或个人）设置并进行明细核算。

事业单位从付款方预收款项时，按照实际预收的金额，借记"银行存款"等账户，贷记"预收账款"账户；确认有关收入时，借记"预收账款"账户，按照应确认的收入金额，贷记"经营收入"等账户，按照付款方补付或退回付款方的款项，借记或贷记"银行存款"等账户。有时，事业单位确认的预收账款因债权人撤销而无法提供材料、物资等，或债权人豁免偿还时，应按照预收账款余额计入其他收入，借记"预收账款"账户，贷记"其他收入"账户。

【例14-23】 甲事业单位为林业系统非增值税一般纳税人。2016年该单位根据发生的应收款项业务,编制相关的会计分录。

(1) 8 月 3 日,甲事业单位与乙公司签订供货合同,向其出售一批林业产品,货款金额共计 50 000 元。根据购货合同的规定,乙公司在购货合同签订后一周内,应当向甲事业单位预付货款的 60%,剩余货款在交货后付清。8 月 9 日,甲事业单位收到乙公司交来的预付货款 30 000 元并存入银行。

借:银行存款   30 000

  贷:预收账款——乙公司   30 000

(2) 9 月 20 日,甲事业单位将货物发到乙公司,并收到乙公司补付的剩余货款。

借:预收账款——乙公司   50 000

  贷:经营收入   50 000

借:银行存款   20 000

  贷:预收账款——乙公司   20 000

(3) 如果 9 月 15 日,甲事业单位收到乙公司通知,撤销林业产品采购合同,已预付的资金豁免偿还。

借:预收账款——乙公司   30 000

  贷:其他收入   30 000

4. 其他应付款

其他应付款是指事业单位除应缴税费、应缴国库款、应缴财政专户款、应付职工薪酬、应付票据、应付账款、预收账款之外的其他各项偿还期限在 1 年内(含 1 年)的应付及暂收款项,如存入保证金等。其他应付款具有以下特点:①其他应付款是事业单位经常性服务活动之外所发生的应付款项事业单位因经常性服务活动所发生的应付款项,分别作为应付账款、应付票据核算;②其他应付款只反映事业单位因非事业活动而应付给其他单位或个人的零星款项。企业经常发生的应上缴款项,分别作为应缴税费、应缴国库款和应缴财政专户款核算。

事业单位通过设置"其他应付款"账户核算其应付、暂收其他单位或个人的款项。该账户的贷方登记发生的其他应付款;借方登记偿付的其他应付款;期末贷方余额反映事业单位尚未支付的其他应付款。其明细账应当按照款项的类别和单位或个人设置。

事业单位发生其他各项应付及暂收款项时,借记"银行存款"等账户,贷记"其他应付款"账户;支付上述款项时,借记"其他应付款"账户,贷记"银行存款"等账户。

有时,事业单位确认的其他应付款因债权人撤销而无法清偿,或债权人豁免偿还时,应按照其他应付款余额计入其他收入,借记"其他应付款"账户,贷记"其他收入"账户。

【例 14-24】 某事业单位根据发生的其他应付款业务,编制相关的会计分录。

(1) 在销售研发产品的过程中,出借给乙单位一批包装物,收到乙单位支付的押金 6 000 元并存入银行。

借:银行存款   6 000

  贷:其他应付款——存入保证金(乙单位) 6 000

（2）包装物如期归还，退还押金。

借：其他应付款——存入保证金（乙单位）　　　　　　　　　　　6 000
　　贷：银行存款　　　　　　　　　　　　　　　　　　　　　　　　　6 000

（3）如果该事业单位出借的包装物期满，因乙单位撤销，该事业单位收取的押金无法退还。

借：其他应付款——存入保证金（乙单位）　　　　　　　　　　　6 000
　　贷：其他收入　　　　　　　　　　　　　　　　　　　　　　　　　6 000

三、非流动负债

（一）非流动负债概述

1. 非流动负债的概念

非流动负债是指流动负债以外的负债，包括长期借款、长期应付款等。非流动负债是事业单位因长期性的理财活动而向债权人筹措的资金。

事业单位在其运营过程中，长期占用的资金主要来自两个方面：一是净资产；二是举借的长期债务。随着事业单位业务活动规模的不断扩大，补充运营资金尤其是为满足添置设备、改建或扩建房屋和建筑物等所必需的投资，往往需要长时间占用大笔资金，如果仅依靠财政拨款或净资产中的结余资金来完成这些活动还远远不够。长期资产投资方案一旦确定，倘若无法筹措足够的资金，势必会坐失良机，也会带来一定的投资损失。因此，举借长期债务资金，也是事业单位重要的资金来源。

2. 非流动负债的内容

（1）长期借款。它是指事业单位向银行或其他金融机构借入的偿还期限在 1 年以上（不含 1 年）的各项借款。长期借款具有筹资迅速、借款弹性大、成本低和能够发挥财务杠杆作用的优点。

（2）长期应付款。它是指事业单位发生的偿还期限在 1 年以上（不含 1 年）的应付款项，如以融资租赁租入固定资产的租赁费、跨年度分期付款购入固定资产的价款等。

3. 非流动负债的特点

非流动负债除具有负债的共同特点外，与流动负债相比还具有以下特点：①举借非流动债务是为了购置大型设备，增建和扩建事业用房等，因此，非流动负债的偿还期限较长，一般超过 1 年或者一个营业周期，并且非流动负债的金额一般都比较大，其利息费用成为事业单位长期的固定性支出，加大了单位的财务风险。而举借流动负债是为了满足日常运营活动周转的需要，其时间短于 1 年或者超过 1 年但在其营业周期内，流动负债数额一般也不大，财务风险尚不凸显。②因非流动负债的期限较长、金额较大，所以在会计处理上必须考虑利息因素。相比之下，流动负债的利息在会计处理上比较简单，有的甚至忽略不计。③非流动负债在取得、付息、归还等方面都要做比较周密的安排；而流动负债的管理则相对较简单，在负债发生时，一般无须对如何归还债务早做安排。

（二）长期借款

1. 长期借款概述

长期借款是指事业单位从银行或其他金融机构借入的偿还期限在1年以上（不含1年）的各项借款。如从各专业银行、商业银行取得的贷款；除此之外，还包括向财务公司、投资公司等金融企业借入的款项。除净资产外，长期负债成为事业单位长期资金的重要来源。

事业单位主要是从事培养人才、提高科学技术水平、增强人民体质、丰富人民文化生活、增进社会福利事业等各项公益活动，其资金来源主要依靠国家财政补助。但由于事业单位资金短缺问题的客观存在，一些事业单位在一定条件下需要向有关部门和机构借款来开展组织事业收入或经营收入的活动。但是，事业单位毕竟不同于企业，它不是生产物质产品的纯经营单位。因此，事业单位利用借款来开展组织事业收入和经营收入活动时应格外慎重，其规模应严格控制。如果事业单位借款超过了一定的限度，且其经营效益又不佳，则其借款归还实际上无法得到保证，这既可能影响债权人的利益，又可能影响事业单位正常业务工作的开展。为此，事业单位借入长期借款时，应按规定办理借入手续，支付长期借款利息，并按规定的期限归还借款。

事业单位通过设置"长期借款"账户核算事业单位按规定向银行或其他金融机构借入的偿还期限在1年以上（不含1年）的各项借款及发生的相关利息。该账户属于负债类账户，其贷方登记借入贷款的本金；借方登记偿还的贷款本金；期末贷方余额反映事业单位尚未偿还的长期借款。其明细账应当按照贷款单位、具体贷款种类设置，同时可以设置"基建借款""其他借款"等明细账户。

2. 长期借款的账务处理

事业单位借入各项长期借款时，按照实际借入的金额，借记"银行存款"等账户，贷记"长期借款"账户。

事业单位借入各项长期借款要承担相应的利息费用。由于事业单位借款性质的不同，其借款利息处理方法也不完全一致。

（1）专门借款利息。专门借款是指为购建或者生产符合资本化条件的资产而专门借入的款项。专门借款通常应当有明确的用途，即为购建或者生产某项符合资本化条件的资产而专门借入的，并通常应当具有标明该用途的借款合同。事业单位为购建固定资产而发生的专门借款利息，分别根据下列情况进行处理：①属于工程项目建设期间发生的，计入工程成本，按照支付的利息，借记"在建工程"账户，贷记"非流动资产基金——在建工程"账户；同时，借记"其他支出——利息支出"账户，贷记"银行存款"等账户。②属于工程项目完工交付使用后发生的，计入当期支出，按照支付的利息，借记"其他支出——利息支出"账户，贷记"银行存款"等账户。

（2）其他长期借款利息。其他长期借款是指除专门借款之外的借款，相对于专门借款而言，其他长期借款在借入时，其用途通常没有特指用于符合资本化条件的资产的购建或者生产。事业单位发生其他长期借款利息时，应按照支付的利息金额，借记"其他支出——利息支出"账户，贷记"银行存款"等账户。

事业单位获得借款后,要根据各类借款的借款期和利率,制订还本付息的偿债计划,合理调配资金,确保单位按期如数归还本金,并及时支付利息。归还长期借款时,借记"长期借款"账户,贷记"银行存款"账户。

【例 14-25】 某事业单位根据发生的借款业务,编制相关的会计分录。

(1) 从 H 银行借入长期借款 3 500 000 元用于科研中心配套工程的建设,款项已存入银行。借款期限为 3 年,年利率为 6%,每年计息一次,单利计算,每年付息一次。

```
借:银行存款                           3 500 000
   贷:长期借款——H 银行                         3 500 000
```

(2) 款项借入后,以银行存款支付工程款 2 800 000 元。

```
借:在建工程——科研中心                 2 800 000
   贷:非流动资产基金——在建工程                 2 800 000
同时,
借:事业支出                           2 800 000
   贷:银行存款                                 2 800 000
```

(3) 支付第 1 年的借款利息 210 000 元。

应付利息 = 3 500 000×6% = 210 000(元)

```
借:在建工程——科研中心                   210 000
   贷:非流动资产基金——在建工程                   210 000
同时,
借:其他支出——利息支出                   210 000
   贷:银行存款                                   210 000
```

(4) 第 1 年年末,该工程达到可使用状态并完成交付使用,结转固定资产价值。

```
借:固定资产——房屋建筑(科研中心)       3 010 000
   贷:非流动资产基金——固定资产                 3 010 000
同时,
借:非流动资产基金——在建工程           3 010 000
   贷:在建工程——科研中心                       3 010 000
```

(5) 支付第 2、3 年借款利息,每年支付 210 000 元。

```
借:其他支出——利息支出                   210 000
   贷:银行存款                                   210 000
```

(6) 借款到期归还长期借款的本金 3 500 000 元。

```
借:长期借款——H 银行                   3 500 000
   贷:银行存款                                 3 500 000
```

(三) 长期应付款

长期应付款是指事业单位发生的偿还期限在 1 年以上(不含 1 年)的应付款项。长期应付款除具有非流动负债的一般特点外,还具有分期付款性质,如事业单位采用融资租入固定资产形成的租赁费,确认为长期应付款,该费用是在整个租赁期内逐期偿还的。

事业单位通过设置"长期应付款"账户核算事业单位发生的偿还期限在1年以上(不含1年)的应付款项。该账户的结构及其明细账的设置方法与行政单位要求一致。

事业单位发生长期应付款时,借记"固定资产""在建工程"等账户,贷记"长期应付款""非流动资产基金"等账户。

事业单位支付长期应付款时,借记"事业支出""经营支出"等账户,贷记"银行存款"等账户;同时,借记"长期应付款"账户,贷记"非流动资产基金"账户。

事业单位无法偿付或债权人豁免偿还长期应付款时,借记"长期应付款"账户,贷记"其他收入"账户。

下面介绍以融资租赁方式取得固定资产形成长期应付款的核算。

事业单位取得固定资产除第十三章讲述的方式外,还可以采取融资租赁方式取得。融资租赁是指在实质上转移了与资产所有权有关的全部风险和报酬的一种租赁方式。采用融资租赁方式租入的固定资产,虽然资产的所有权在租赁期间仍然属于出租方,但由于资产租赁期基本上包括了资产的有效使用年限,承租事业单位实质上获得了租赁资产所提供的主要经济利益,同时承担了与资产有关的风险。因此,承租事业单位应将融资租入的固定资产作为一项固定资产计价入账,同时确认相应的非流动负债。事业单位通过长期应付款取得固定资产,可以减少长期投资所承担的风险,而且不必在取得固定资产的同时支付款项。

【例14-26】 2013年1月5日,甲事业单位从乙融资租赁公司租入科研设备一台,按租赁协议或者合同确定的租赁价款为650 000元,另以授权方式支付运输费、途中保险费、安装调试费共计50 000元,设备已交付使用;按租赁协议规定,租赁费用分5年于每年年初偿还。2016年12月,乙融资租赁公司因其改组而豁免甲事业单位2017年设备租赁费130 000元。该单位根据发生的经济业务,编制相关的会计分录。

(1)租入设备交付使用。

借:固定资产——融资租入固定资产　　　　　　　　650 000
　　贷:长期应付款——融资租入固定资产应付款　　　　　　650 000

(2)支付工程款。

借:事业支出　　　　　　　　　　　　　　　　　50 000
　　贷:零余额账户用款额度　　　　　　　　　　　　　50 000

借:固定资产——融资租入固定资产　　　　　　　　50 000
　　贷:非流动资产基金——固定资产　　　　　　　　　50 000

(3)资产交付使用。

借:固定资产——融资租入固定资产　　　　　　　　650 000
　　贷:在建工程——科研设备　　　　　　　　　　　　650 000

(4)按期支付融资租赁费。

借:长期应付款——融资租入固定资产应付款　　　　130 000
　　贷:非流动资产基金——固定资产　　　　　　　　　130 000

借:事业支出　　　　　　　　　　　　　　　　　130 000

贷:零余额账户用款额度	130 000

（5）租赁期满结转固定资产的所有权。

借:固定资产——专用设备	700 000
贷:固定资产——融资租入固定资产	700 000

（6）乙融资租赁公司豁免设备租赁费。

借:长期应付款——融资租入固定资产应付款	130 000
贷:其他收入	130 000

第二节　净资产

一、净资产的概述

（一）净资产概念及内容

净资产是指事业单位资产扣除负债后的余额。它表明事业单位的资产总额在抵偿了一切现存义务以后的差额部分。用公式可表示为:资产-负债=净资产。

事业单位的净资产包括事业基金、非流动资产基金、专用基金、财政补助结转结余、非财政补助结转结余等。其中:

（1）事业基金是指事业单位拥有的非限定用途的净资产,其来源主要为非财政补助结余扣除结余分配后滚存的金额。

（2）非流动资产基金是指事业单位非流动资产占用的金额。

（3）专用基金是指事业单位按规定提取或者设置的具有专门用途的净资产。

（4）财政补助结转结余是指事业单位各项财政补助收入与其相关支出相抵后剩余滚存的、须按规定管理和使用的结转和结余资金。

（5）非财政补助结转结余是指事业单位除财政补助收支以外的各项收入与各项支出相抵后的余额。其中,非财政补助结转是指事业单位除财政补助收支以外的各专项资金收入与其相关支出相抵后剩余滚存的、须按规定用途使用的结转资金;非财政补助结余是指事业单位除财政补助收支以外的各非专项资金收入与各非专项资金支出相抵后的余额。

（二）净资产的分类

事业单位净资产按其性质可分为事业基金、非流动资产基金、专用基金、财政补助结转结余、非财政拨款结转等。按其用途是否受到限制,分为限定性净资产和非限定性净资产。

（1）限定性净资产是指国家法规、制度或出资者、拨款单位对所提供资产或者资产的经济利益（如资产的投资收益和利息等）的使用和处置提出附加条件而形成的资产。限定性分为时间限制和用途限制,前者是指资产提供者或者国家有关法律、行政法规要求事业单位在收到资产后的特定时期之内或特定日期之后使用该项资产;后者则是指资产提供者或者国家有关法律、行政法规要求事业单位将收到的资产用于某一特定的用途。

（2）非限定性净资产是指国家法规、制度或出资者、拨款单位对所提供资产或者资产的经济利益的使用和处置未提出任何限制条件而形成的净资产。也就是说，由事业单位自行决定使用的净资产为非限定性净资产，如事业基金等。

（三）净资产与其他会计要素的关系

1. 净资产要素与负债要素的关系

净资产与负债同为事业单位会计要素，是事业单位的资金来源，但净资产与负债相比具有以下特点：

（1）存续时间不同。净资产是事业单位持有的资产净值，它表明了该组织的资本规模和经济实力。净资产主要来源于社会捐赠、会费收入、政府补助、组织运转结余等不需要偿还的资金；而负债表明了事业单位对债权人的经济责任，无论其期限多长，最终都是要清偿的。

（2）体现的经济关系不同。净资产体现了事业单位作为受托人与资产提供者作为委托人之间的受托与委托关系；而负债则是体现了事业单位作为债务人与债权人之间的债务债权关系。

（3）各自计量属性不同。净资产无法单独计量，它是根据一定方法对资产和负债计量以后形成的结果；而负债在其发生时可以按照规定的方法单独予以计量。

（4）清算时拥有的权利不同。在事业单位清算时，负债拥有优先清偿权，而净资产不存在偿还问题。

2. 净资产与其他会计要素的关系

净资产同其他四大要素都有着密切的联系。首先，净资产是资源提供者出资形成的事业单位业务活动的最基础的启动资产。其次，事业单位为了扩大业务活动规模，或是为了支付有关支出，或是为了举债经营的性质，都要考虑事业单位净资产的状况及业务活动的需要。最后，事业单位费用的发生、收入的取得无不同净资产的情况相联系。净资产的增加反映了事业单位流入的资金（收入）大于流出的资金（费用）；反之，则反映了流入的资金（收入）小于流出的资金（费用）。

二、事业基金

（一）事业基金的概念

《事业单位会计准则》第三十条规定，事业基金是指事业单位拥有的非限定用途的净资产，其来源主要为非财政补助结余扣除结余分配后滚存的金额。关于事业基金的概念应注意以下两点：①从其来源来看，事业基金主要是来自历年滚存的非财政补助结余资金。②从其限定性来看，事业基金是资产提供者对所提供资产或者资产的经济利益的使用和处置未提出任何限制条件而形成的净资产。可见，事业基金既是事业单位未限定用途的经济资源，也是事业单位调节年度之间收支平衡的"蓄水池"。

事业单位通过设置"事业基金"账户核算其拥有的非限定用途的净资产。该账户的贷方登记事业基金的增加数；借方登记事业基金的减少数；期末贷方余额反映事业单位历年积存的非限定性净资产金额。

（二）以货币资金对外长期投资形成事业基金

以货币资金对外长期投资是指对外长期股权投资、长期债券投资。事业单位以货币资金取得长期股权投资、长期债券投资时，按照实际支付的全部价款（包括购买价款以及税金、手续费等相关税费）作为投资成本，借记"长期投资"账户，贷记"银行存款"等账户；同时，按照投资成本金额，借记"事业基金"账户，贷记"非流动资产基金——长期投资"账户。

事业单位对外转让或到期收回长期投资本息时，按照实际收到的金额，借记"银行存款"等账户，按照收回长期投资的成本，贷记"长期投资"账户，按照其差额，贷记或借记"其他收入——投资收益"账户；同时，按照收回长期投资对应的非流动资产基金，借记"非流动资产基金——长期投资"账户，贷记"事业基金"账户。

【例 14-27】 2017 年 1 月 1 日，甲科研单位用银行存款 300 000 元与乙单位联营开办一家化工企业。该单位根据发生的经济业务，编制相关的会计分录。

借：长期投资——股权投资   300 000

    贷：银行存款   300 000

同时，

借：事业基金   300 000

    贷：非流动资产基金——长期投资   300 000

（三）将非财政资金转入事业基金

事业单位将非财政资金转入事业基金是指年末将"非财政补助结余分配"账户余额、留归本单位使用的非财政补助专项（项目已完成）剩余资金转入事业基金。

年末，事业单位将"非财政补助结余分配"账户余额转入事业基金时，借记或贷记"非财政补助结余分配"账户，贷记或借记"事业基金"账户。

年末，事业单位将留归本单位使用的非财政补助专项（项目已完成）剩余资金转入事业基金时，借记"非财政补助结转——某项目"账户，贷记"事业基金"账户。

【例 14-28】 2016 年，经计算，某事业单位将非财政补助结余资金 500 000 元转入事业基金。该单位根据发生的经济业务，编制相关的会计分录。

借：非财政补助结转   500 000

    贷：事业基金   500 000

（四）调整以前年度结余事项

事业单位发生需要调整以前年度结余的事项时，通过"事业基金"账户进行核算。调整增加以前年度结余的事项时，借记有关账户，贷记"事业基金"账户；调整减少以前年度结余的事项时，借记"事业基金"账户，贷记有关账户。

【例 14-29】 2017 年 5 月 20 日，某事业单位经有关部门审查，发现 2016 年某项服务收入 150 000 元未确认收入，暂记入"其他应付款"账户。根据审批意见，该事业单位编制如下会计分录。

借：其他应付款   150 000

　　　　　　　　　　　　　　　　　　　　　　　　　　　　贷:事业基金　　　　　　　　　　　　　　　　　　　　　　150 000

三、非流动资产基金

（一）非流动资产基金的特点

非流动资产基金是指事业单位长期投资、固定资产、在建工程、无形资产等非流动资产占用的资金。其主要特点为:①用途的限定性,属于限定用途的净资产;②形成来源的广泛性,由拨款购建形成、用自有资金购建固定资产形成、融资租入固定资产形成、接受捐赠固定资产形成;③非流动资产基金中的长期投资、固定资产、在建工程、无形资产等基金分别与其资产账户余额具有对等性。

（二）非流动资产基金的确认

非流动资产基金应当在取得长期投资、固定资产、在建工程、无形资产等非流动资产或发生相关支出时予以确认。

事业单位取得相关资产或发生相关支出时,借记"长期投资""固定资产""在建工程""无形资产"等账户,贷记"非流动资产基金"等账户;同时或待以后发生相关支出时,借记"事业支出"等有关账户,贷记"财政补助收入""零余额账户用款额度""银行存款"等账户。

【例 14-30】　某研究院为实行国库集中支付和政府采购制度的事业单位,2016 年该单位根据发生的非流动资产基金业务,编制相关的会计分录。

（1）3 月 6 日,按政府采购程序与乙供货商签订了一项购货合同,购买一台设备,合同金额为 550 000 元,同时,收到乙供货商交付的设备和购货发票,发票注明的金额为 550 000元,设备已验收入库。当日,该研究院向财政国库支付执行机构提交了"财政直接支付申请书",向财政部门申请支付乙供货商货款,但尚未收到"财政直接支付入账通知书"。

借:固定资产　　　　　　　　　　　　　　　　　　　550 000
　　贷:应付账款　　　　　　　　　　　　　　　　　　550 000

（2）3 月 9 日,该研究院收到代理银行转来的用于支付乙供货商货款的"财政直接支付入账通知书",通知书中注明的金额为 550 000 万元。

借:事业支出　　　　　　　　　　　　　　　　　　　550 000
　　贷:财政补助收入　　　　　　　　　　　　　　　　550 000
借:应付账款　　　　　　　　　　　　　　　　　　　550 000
　　贷:非流动资产基金——固定资产　　　　　　　　　550 000

（三）固定资产盘盈的处理

事业单位盘盈的固定资产,按照同类或类似固定资产的市场价格确定入账价值;同类或类似固定资产的市场价格无法可靠取得的,按照名义金额入账。

事业单位盘盈固定资产时,按照确定的入账价值,借记"固定资产"账户,贷记"非流动资产基金——固定资产"账户。

（四）非流动资产折旧或摊销

事业单位计提固定资产折旧、无形资产摊销时,按照计提的折旧、摊销金额,借记"非流动资产基金——固定资产、无形资产"账户,贷记"累计折旧""累计摊销"账户。

（五）处置非流动资产

事业单位处置长期投资、固定资产、无形资产,以及以固定资产、无形资产对外投资时,应当冲销该资产对应的非流动资产基金。

事业单位以无形资产取得长期股权投资时,按照评估价值加上相关税费所确定的投资成本,增加长期投资及其基金;同时,按照投出无形资产对应的非流动资产基金,减少无形资产及其基金。

事业单位将处置的长期投资、固定资产、无形资产转入待处置资产时,借记"待处置资产损溢""累计折旧"或"累计摊销"账户,贷记"长期投资""固定资产""无形资产"等账户。事业单位实际处置时,借记"非流动资产基金（有关资产明细账户）"账户,贷记"待处置资产损溢"账户。

【例 14-31】 2016 年 10 月 31 日,经主管部门批准,某事业单位处置未达到报废年限的车辆,其账面余额为 280 000 元,已提折旧 160 000 元,取得处置收入 130 000 元并存入银行,处置税费略。该单位根据发生的经济业务,编制相关的会计分录。

（1）将车辆转入待处置资产。

借：待处置资产损溢——处置资产价值   120 000
  累计折旧   160 000
  贷：固定资产   280 000

（2）实际处置车辆。

借：非流动资产基金——固定资产   120 000
  贷：待处置资产损溢——处置资产价值   120 000

（3）确认处置收入。

借：银行存款   130 000
  贷：待处置资产损溢——处置净收入   130 000

四、专用基金

（一）专用基金概述

1. 专用基金的概念

专用基金是指事业单位按规定设置、提取的具有专门用途的资金,如修购基金、职工福利基金和其他基金等。它们是事业单位净资产的重要组成部分。事业单位全部资金中,有些资金的使用范围及额度受到了严格限制,或需要必要积累,以满足某些方面的需要。这部分资金就是专用基金。专用基金的管理应当遵循先提后用、收支平衡、专款专用的原则,不得擅自改变其用途,支出也不得超出基金规模。

2. 专用基金内容

（1）修购基金,即按照事业收入和经营收入的一定比例提取,并按照规定在相应的购置和修缮账户中列支（各列 50%）,以及按照其他规定转入,用于事业单位固定资产维修和购置的资金。事业收入和经营收入较少的事业单位可以不提取修购基金,实行固定资折旧的事业单位不提取修购基金。

（2）职工福利基金，即按照结余的一定比例提取转入，用于单位职工的集体福利设施、集体福利待遇等的资金。

（3）其他基金，即按照其他有关规定提取或者设置的专用资金。

3. 专用基金的特点

专用基金与事业单位正常业务资金相比具有以下特点：①专用基金的形成均有特定渠道。专用基金不仅有专门用途，而且是从特定来源形成的。各项基金的提取比例和管理办法，国家有统一规定的，按照统一规定执行；没有统一规定的，由省（自治区、直辖市）主管部门（或举办单位）会同同级财政部门确定。②各项专用基金，都规定有专门的用途和使用范围，除财务制度规定可以合并使用外，专用基金一般不得互相占用、挪用。③专用基金的使用，均属于一次性消耗，没有循环周转，不可能通过专用基金支出直接取得补偿。

（二）专用基金的提取与使用

1. 修购基金

修购基金是用于固定资产的维修和购置，从支出的均衡性出发，从事业支出和经营支出的设备购置费与修缮费中各提取 50% 而形成的基金，其计算公式如下：

$$修购基金提取额 = （事业收入 \times 提取率）+ （经营收入 \times 提取率）$$

事业单位修购基金的提取时间，可按年一次提取或按月分别提取。从加强核算和有利于管理的角度来考虑，事业单位应按月提取修购基金。事业单位按事业收入和经营收入的一定比例提取修购基金时，借记"事业支出""经营支出"账户，贷记"专用基金——修购基金"账户。

事业单位按规定使用专用基金时，借记"专用基金——修购基金"账户，贷记"银行存款"等账户；使用专用基金形成固定资产的，还应借记"固定资产"账户，贷记"非流动资产基金——固定资产"账户。

【例 14-32】 2016 年某事业单位根据发生的修购基金业务，编制相关的会计分录。

（1）以银行存款支付设备维修费 3 500 元。

借：专用基金——修购基金   3 500

  贷：银行存款   3 500

（2）该单位不计提固定资产折旧，2016 年的事业收入为 8 000 000 元，经营收入为 4 000 000 元，提取的修购基金为事业收入和经营收入的 50%。

$$修购基金提取额 = （8\,000\,000 \times 50\%）+ （4\,000\,000 \times 50\%）= 6\,000\,000（元）$$

借：事业支出   4 000 000

    经营支出   2 000 000

  贷：专用基金——修购基金   6 000 000

（3）动用修购基金购置设备一台，其价值为 20 000 元，以银行存款支付。

① 以专用基金支付设备款：

借：专用基金——修购基金   20 000

贷:银行存款   20 000

② 确认购置的设备:

借:固定资产   20 000

贷:非流动资产基金——固定资产   20 000

2. 职工福利基金

职工福利基金是指事业单位按照非财政补助结余的一定比例提取以及按照其他规定提取转入,用于单位职工的集体福利设施、集体福利待遇等方面的资金。

按非财政补助结余提取职工福利基金的计算公式为:

职工福利基金提取额=税后非财政补助结余×规定比例

=(非财政补助结余-应缴纳的所得税)×规定比例

其中,非财政补助结余的组成内容如图 14-1 所示。

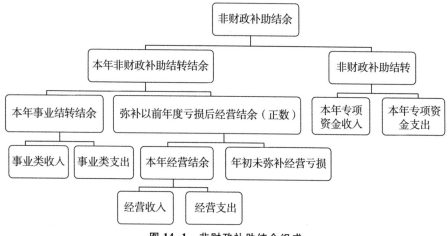

图 14-1　非财政补助结余组成

根据财政部《关于事业单位提取专用基金比例问题的通知》(财教〔2012〕32 号)的规定,事业单位职工福利基金的提取比例,在单位年度非财政拨款结余的 40% 以内确定。国家另有规定的,从其规定。

年末,事业单位按规定从本年度非财政补助结余中计提职工福利基金时,借记"非财政补助结余分配——提取职工福利基金"账户,贷记"专用基金——职工福利基金"账户。

职工福利基金的使用范围主要包括:集体福利设施建设支出;对后勤服务部门的补助,如单位职工浴室、理发室、幼儿园、托儿所等人员工资和各项支出,单位职工食堂补助;单位职工公费医疗支出超支部分按规定应由单位负担的费用等。

使用职工福利基金的会计处理方法同修购基金。

【例 14-33】　2016 年某事业单位根据发生的职工福利基金业务,编制相关的会计分录。

(1) 实现非财政补助事业结余 400 000 元、经营结余 600 000 元,已转入非财政补助结余分配。该单位按经营结余的 25% 计提所得税。

应缴所得税=600 000×25%=150 000(元)

借:非财政补助结余分配   150 000

　　　　贷:应缴税费——应缴企业所得税　　　　　　　　　　　　　　150 000

　　（2）根据当年非财政补助事业结余和缴纳所得税后的经营结余的 10% 提取职工福利基金。

　　提取的职工福利基金 =（400 000+600 000-150 000）×10% = 85 000（元）

　　借:非财政补助结余分配——提取职工福利基金　　　　　85 000

　　　　贷:专用基金——职工福利基金　　　　　　　　　　　　　　85 000

　　（3）为职工购置健身器材一批,价值 15 000 元,作为固定资产入账。款项以转账支票付讫。

　　借:专用基金——职工福利基金　　　　　　　　　　　　　15 000

　　　　贷:银行存款　　　　　　　　　　　　　　　　　　　　　　15 000

　　同时,

　　借:固定资产——通用设备　　　　　　　　　　　　　　　15 000

　　　　贷:非流动资产基金——固定资产　　　　　　　　　　　　15 000

　　3. 其他专用基金

　　其他专用基金是指按照其他有关规定提取或者设置的专用资金,如科研单位按规定提取的科研成果转化基金,医院按规定提取的风险基金等。事业单位若有按规定提取的其他专用基金,则按照提取金额,借记有关支出账户或"非财政补助结余分配"等账户,贷记"专用基金"账户。

　　若有按规定设置的其他专用基金,则按照实际收到的基金金额,借记"银行存款"等账户,贷记"专用基金"账户。

　　五、资金结转与结余

　　（一）资金结转

　　1. 资金结转的概念

　　资金结转是指当年预算已执行但尚未完成,或者因故未执行,下一年度需要按照原用途继续使用的资金。按形成时间,资金结转分为当年资金结转和累计资金结转,当年结转是指当年形成的财政补助结转;累计结转是指截止到年底形成的历年累计财政补助结转资金。按结转资金来源,资金结转分为基本支出结转资金和项目支出结转资金。其中,基本支出结转资金包括人员经费结转资金和日常公用经费结转资金。

　　2. 资金结转的内容

　　（1）财政补助结转。它是指事业单位滚存的财政补助结转资金,包括基本支出结转和项目支出结转。其中,基本支出结转资金原则上可结转下年继续使用,用于增人增编等人员经费和日常公用经费支出,但在人员经费和日常公用经费间不得挪用,不得用于提高人员经费开支标准。项目支出结转资金结转下年按原用途继续使用。

　　（2）非财政补助结转。它是指事业单位除财政补助收支以外的各专项资金收入与其相关支出相抵后剩余滚存的、须按规定用途使用的结转资金。

　　事业单位通过设置"财政补助结转"账户核算其滚存的财政补助结转资金,包括基本支出结转和项目支出结转。该账户的贷方登记事业结余转入数;借方登记上缴或注销数;期末贷方余额反映事业单位财政补助结转数额。

"财政补助结转"账户应当设置"基本支出结转""项目支出结转"两个明细账户,并在"基本支出结转"明细账户下按照"人员经费""日常公用经费"进行明细核算,在"项目支出结转"明细账户下按照具体项目进行明细核算;该账户还应按照《2016年政府收支分类科目》中"支出功能分类科目"的相关科目进行明细核算。

3. 财政补助结转的核算程序

财政补助结转的核算程序如下:

(1)期末,事业单位将财政补助收入本期发生额结转入"财政补助结转"账户,借记"财政补助收入——基本支出、项目支出"账户,贷记"财政补助结转——基本支出结转、项目支出结转"账户;将"事业支出——财政补助支出"本期发生额结转入"财政补助结转"账户,借记"财政补助结转——基本支出结转、项目支出结转"账户,贷记"事业支出——财政补助支出(基本支出、项目支出)"或"事业支出——基本支出(财政补助支出)、项目支出(财政补助支出)"账户。

(2)年末,完成上述(1)结转后,事业单位应当对财政补助各明细项目的执行情况进行分析,按照有关规定将符合财政补助结余性质的项目余额转入财政补助结余,借记或贷记"财政补助结转——项目支出结转——某项目"账户,贷记或借记"财政补助结余"账户。

(3)按规定上缴财政补助结转资金或注销财政补助结转额度的,按照实际上缴的资金数额或注销的资金额度数额,借记"财政补助结转"账户,贷记"财政应返还额度""零余额账户用款额度""银行存款"等账户。取得主管部门归集调入财政补助结转资金或额度的,做相反会计分录。

【例14-34】 某事业单位2016年12月31日财政补助结转业务的内容如表14-2所示,该单位根据发生的经济业务,编制相关的会计分录。

(1)结转财政补助收入和事业支出。

表14-2 财政补助结转业务内容　　　　　　　　　　　　　　单位:万元

财政补助收入					事业支出				
基本支出		项目支出			基本支出		项目支出		
人员经费支出	日常公用经费支出	甲项目	乙项目	丙项目	人员经费支出	日常公用经费支出	甲项目	乙项目	丙项目
150	540	30	135	22.5	147	585	25	130	22.5

① 结转财政补助收入:

借:财政补助收入——基本支出——人员经费支出　　1 500 000
　　　　　　　　　　　　——日常公用经费支出　5 400 000
　　　　　　　　——项目支出——甲项目　　　　　　300 000
　　　　　　　　　　　　　　——乙项目　　　　　1 350 000
　　　　　　　　　　　　　　——丙项目　　　　　　225 000

贷:财政补助结转——基本支出　　　　　　　　　　　6 900 000

　　　　　　　　　　——项目支出　　　　　　　　　　1 870 000

　　② 结转事业支出:

　　借:财政补助结转——基本支出　　　　　　　　　　7 320 000

　　　　　　　　　　——项目支出　　　　　　　　　　1 775 000

　　　　贷:事业支出——基本支出——人员经费支出　　　1 470 000

　　　　　　　　　　　　　　——日常公用经费支出　　5 850 000

　　　　　　　　——项目支出——甲项目　　　　　　　　250 000

　　　　　　　　　　　　——乙项目　　　　　　　　1 300 000

　　　　　　　　　　　　——丙项目　　　　　　　　　225 000

　　(2) 对财政补助各明细项目的执行情况进行分析,截至 2016 年 12 月 31 日,甲项目、乙项目已完工,丙项目尚未完成。按照有关规定,将甲项目、乙项目结余资金转入财政补助结余。

　　借:财政补助结转——基本支出——甲项目　　　　　　50 000

　　　　　　　　　　　　——乙项目　　　　　　　　　50 000

　　　　贷:财政补助结余　　　　　　　　　　　　　　100 000

　　(3) 按规定,当年财政补助结余资金的 80% 应上缴财政。该单位已用零余额账户上缴。

　　借:财政补助结余　　　　　　　　　　　　　　　　80 000

　　　　贷:零余额账户用款额度　　　　　　　　　　　80 000

　　需要说明的是,事业单位发生需要调整以前年度财政补助结转的事项时,通过“财政补助结转”账户进行核算。

　　4. 非财政补助结转的核算程序

　　(1) 期末,事业单位将事业收入、上级补助收入、附属单位上缴收入、其他收入本期发生额中的专项资金收入结转入“非财政补助结转”账户,借记“事业收入”“上级补助收入”“附属单位上缴收入”“其他收入”账户下各专项资金收入明细账户,贷记“非财政补助结转”账户;将事业支出、其他支出本期发生额中的非财政专项资金支出结转入“非财政补助结转”账户,借记“非财政补助结转”账户,贷记“事业支出——非财政专项资金支出”或“事业支出——项目支出(非财政专项资金支出)”账户、“其他支出”账户下各专项资金支出明细账户。

　　(2) 年末,完成上述(1)结转后,事业单位应当对非财政补助专项结转资金各项目的情况进行分析,将已完成项目的项目剩余资金分别按以下情况进行处理:缴回原专项资金拨入单位的,借记“非财政补助结转——某项目”账户,贷记“银行存款”等账户;留归本单位使用的,借记“非财政补助结转——某项目”账户,贷记“事业基金”账户。

　　【例 14-35】　某事业单位根据发生的非财政拨款业务,编制相关的会计分录。

　　(1) 2016 年,取得上级补助科教研究项目收入 5 800 000 元,该项目发生支出 4 200 000 元,项目研究已完成,结余资金 1 600 000 元。

借:上级补助收入   5 800 000

  贷:非财政补助结转   5 800 000

借:非财政补助结转   4 200 000

  贷:上级补助支出   4 200 000

（2）按照科教研究项目合同约定,结余资金的60%缴回上级单位,其余部分留归该事业单位。

①将结余资金缴回上级单位:

借:非财政补助结转   960 000

  贷:银行存款   960 000

②结余资金留归本单位:

借:非财政补助结转   640 000

  贷:事业基金   640 000

需要说明的是,事业单位发生需要调整以前年度非财政补助结转的事项时,通过"非财政补助结转"账户进行核算。

（二）资金结余

1.结余的概念

结余即结余资金,其概念有广义和狭义之分。广义上讲,结余是事业单位全部收入与全部支出相抵后的余额。也就是当年预算工作目标已完成,或者因故终止,当年剩余的资金。具体来说,事业单位结余既有在完成事业计划的前提下因节约开支而形成的收支结余,也有因事业计划未完成或项目需跨年度进行而要结转下年度使用的资金结存。由于事业单位的业务活动不以营利为目的,其结余的形成主要是增收节支或工作任务调整的结果。事业单位在计算结余时,要根据国家有关规定和要求,对不同性质的结余,如财政补助结余(按基本支出结余和项目支出结余分别计算)、事业结余和其他收入结余等要分别计算,避免相互混淆。狭义上讲,结余资金一般具体是指财政补助结余、事业结余和经营结余。

2.结余的分类

（1）按结余资金性质分类,可将结余分为:①财政补助结余。它是指事业单位滚存的财政补助项目支出结余资金。②事业结余。它是指事业单位一定期间除财政补助收支、非财政专项资金收支和经营收支以外各项收支相抵后的余额。③经营结余。它是指事业单位一定期间各项经营收支相抵后余额弥补以前年度经营亏损后的余额。

（2）按结余资金来源分类,可将结余分为:①基本支出结余。它是指事业单位在年度终了尚未支用的基本支出。②项目支出结余。它是指事业单位在年度终了尚未支用的项目支出。

（3）按结余资金计算期间分类,可将结余分为。①当年结余。它是指在本年度内收入与支出相抵后的余额。②累计结余。它是指以前年度累计结余与当年结余之和。

事业单位通过设置"财政补助结余"账户核算其增减变动情况。该账户的贷方登记期末或年末转入数;借方登记上缴或注销数。期末贷方余额反映事业单位财政补助结余资金数额。

事业单位应当按照《2016年政府收支分类科目》中"支出功能分类科目"的相关科目进行明细核算。

3. 财政补助结余的核算程序

年末,事业单位应对财政补助各明细项目的执行情况进行分析,按照有关规定将符合财政补助结余性质的项目余额转入财政补助结余,借记或贷记"财政补助结转——项目支出结转(某项目)"账户,贷记或借记"财政补助结余"账户。

事业单位按规定上缴财政补助结余资金或注销财政补助结余额度的,按照实际上缴资金数额或注销的资金额度数额,借记"财政补助结余"账户,贷记"财政应返还额度""零余额账户用款额度""银行存款"等账户。取得主管部门归集调入财政补助结余资金或额度的,做相反会计分录。

（三）非财政补助结转

非财政补助结转是指事业单位除财政补助收支以外的各专项资金收入与其相关支出相抵后剩余滚存的、须按规定用途使用的结转资金。

事业单位通过设置"非财政补助结转"账户核算事业单位历年滚存的财政补助结转和结余资金。该账户的贷方登记非财政补助专项资金收入的转入数;借方登记上缴或注销的非财政补助专项资金收入数;期末贷方余额反映事业单位非财政补助专项结转资金数额。"非财政补助结转"账户应当按照非财政专项资金的具体项目进行明细核算。

六、事业结余

事业结余是指事业单位一定期间除财政补助收支、非财政专项资金收支和经营收支以外各项收支相抵后的余额,一定程度反映了事业单位在专业业务活动及其辅助活动中开展增收节支工作所取得的成果。

事业单位通过设置"事业结余"账户核算其一定期间除财政补助收支、非财政专项资金收支和经营收支以外各项收支相抵后的余额。该账户的贷方登记期末事业收入、上级补助收入、附属单位上缴收入、其他收入本期发生额中的非专项资金收入的转入数额;借方登记期末事业支出、其他支出本期发生额中的非财政、非专项资金支出,以及对附属单位补助支出、上缴上级支出的本期发生额的转入数额。"事业结余"账户期末如为贷方余额,则反映了事业单位自年初至报告期末累计实现的事业结余;如为借方余额,则反映了事业单位自年初至报告期末累计发生的事业亏损。年末将"事业结余"账户余额转入"非财政补助结余分配"账户后,"事业结余"账户应无余额。

"事业结余"账户期末具体结转方法如下:

（1）期末,事业单位将事业收入、上级补助收入、附属单位上缴收入、其他收入本期发生额中的非专项资金收入结转入"事业结余"账户,借记"事业收入""上级补助收入""附属单位上缴收入""其他收入"账户下各非专项资金收入明细账户,贷记"事业结余"账户;将事业支出、其他支出本期发生额中的非财政、非专项资金支出,以及对附属单位补助支出、上缴上级支出的本期发生额结转入"事业结余"账户,借记"事业结余"账户,贷记"事业支出——其他资金支出"或"事业支出——基本支出(其他资金支出)、项目支出(其他资金支出)"账户、"其他支出"账户下各非专项资金支出明细账户、"对附属单位补助支出""上缴上级支出"账户。

（2）年末，完成上述（1）结转后，事业单位应将"事业结余"账户的余额结转入"非财政补助结余分配"账户，借记或贷记"事业结余"账户，贷记或借记"非财政补助结余分配"账户。

【例14-36】 2016年1月至11月，某事业单位"事业结余"账户的贷方余额累计数额为3 200 000元，2016年12月该单位事业收支各账户余额如表14-3所示。该单位根据发生的经济业务，编制相关的会计分录。

表14-3 事业收支账户余额表

单位:元

账户名称		借方余额	账户名称	贷方余额
事业支出	基本支出	2 340 000	事业收入	3 800 000
	项目支出	1 160 000		
上缴上级支出		200 000	上级补助收入	200 000
对附属单位补助支出		100 000	附属单位上缴收入	300 000
其他支出(非专项资金)		50 000	其他收入(非专项资金)	100 000

（1）将上述收入账户的余额转入"事业结余"账户贷方。

借:事业收入　　　　　　　　　　　　　　　3 800 000
　　贷:事业结余　　　　　　　　　　　　　　　　　3 800 000
借:上级补助收入　　　　　　　　　　　　　　200 000
　　贷:事业结余　　　　　　　　　　　　　　　　　200 000
借:附属单位上缴收入　　　　　　　　　　　　300 000
　　贷:事业结余　　　　　　　　　　　　　　　　　300 000
借:其他收入　　　　　　　　　　　　　　　　100 000
　　贷:事业结余　　　　　　　　　　　　　　　　　100 000

（2）将上述支出账户的余额转入"事业结余"账户借方。

借:事业结余　　　　　　　　　　　　　　　3 500 000
　　贷:事业支出——基本支出　　　　　　　　　　　2 340 000
　　　　　　　　——项目支出　　　　　　　　　　　1 160 000
借:事业结余　　　　　　　　　　　　　　　200 000
　　贷:上缴上级支出　　　　　　　　　　　　　　　200 000
借:事业结余　　　　　　　　　　　　　　　100 000
　　贷:对附属单位补助支出　　　　　　　　　　　　100 000
借:事业结余　　　　　　　　　　　　　　　50 000
　　贷:其他支出　　　　　　　　　　　　　　　　　50 000

经过上述结转后，"事业结余"账户贷方发生额合计4 400 000元减去借方发生额合计

3 850 000 元即为 2016 年 12 月事业结余 550 000 元。

　　2016 年该事业单位全年"事业结余"余额为 3 750 000 元(3 200 000+550 000)。

　　(3)年末,"事业结余"账户贷方余额应转入"非财政补助结余分配"账户贷方。

借:事业结余　　　　　　　　　　　　　　　　　　　　　3 750 000

　　贷:财政补助结余分配　　　　　　　　　　　　　　　　　　　　　3 750 000

七、经营结余

(一)经营结余的概念

　　经营结余是指事业单位本期经营收入减去经营支出后的差额。当事业单位年度经营收入大于其经营支出时,其差额表现为当年的经营收支余额;反之,当事业单位年度经营收入小于其经营支出时,其差额表现为当年的经营亏损。

　　经营结余既反映了事业单位在一定期间从事经营活动的最终成果,也反映了事业单位管理者从事经营活动对公共资源受托责任的履行情况,通过经营结余还可以反映管理者的工作业绩和经营效率。

(二)经营结余的形成与结转

　　事业单位通过设置"经营结余"账户核算其一定期间各项经营收支相抵后余额弥补以前年度经营亏损后的余额。该账户的贷方登记期末转入的经营收入;借方登记期末转入的经营支出。期末,"经营结余"账户如为贷方余额,则反映了事业单位自年初至报告期末累计实现的经营结余弥补以前年度经营亏损后的经营结余;如为借方余额,则反映了事业单位自年初至报告期末累计发生的经营亏损。年末,应将"经营结余"账户期末贷方余额转入"非财政补助结余分配"账户;期末借方余额为经营亏损,不予结转。

　　"经营结余"账户期末具体结转方法如下:

　　(1)期末,事业单位将经营收入本期发生额结转入"经营结余"账户,借记"经营收入"账户,贷记"经营结余"账户;将经营支出本期发生额结转入"经营结余"账户,借记"经营结余"账户,贷记"经营支出"账户。

　　(2)年末,完成上述(1)结转后,若"经营结余"账户为贷方余额,将"经营结余"账户余额结转入"非财政补助结余分配"账户,借记"经营结余"账户,贷记"非财政补助结余分配"账户;若"经营结余"账户为借方余额,则为经营亏损,不予结转。

　　【例 14-37】 2016 年 1 月至 11 月,某事业单位"经营结余"账户的借方余额为 35 000元。2016 年 12 月,该单位"经营收入"账户的贷方发生额为 168 000 元,"经营支出"账户的借方发生额为 108 000 元,"其他支出(经营业务)"账户的借方发生额为 5 000 元。12月末,该单位根据发生的经济业务,编制相关的会计分录。

　　(1)结转经营收入。

借:经营收入　　　　　　　　　　　　　　　　　　　　　168 000

　　贷:经营结余　　　　　　　　　　　　　　　　　　　　　　168 000

　　(2)结转支出。

借:经营结余　　　　　　　　　　　　　　　　　　　　　108 000

贷:经营支出		108 000
借:经营结余	5 000	
贷:其他支出		5 000

（3）计算年度经营损益并将其转入非财政补助结余分配：

年度经营损益＝－35 000＋（168 000－108 000－5 000）＝20 000（元）

借:经营结余	20 000	
贷:非财政补助结余分配		20 000

八、非财政补助结余分配

（一）非财政补助结余分配的规定

根据《事业单位财务规则》的规定,非财政拨款结余可以按照国家有关规定提取职工福利基金,剩余部分作为事业基金用于弥补以后年度单位收支差额;国家另有规定的,从其规定。

（二）非财政补助结余分配的核算程序

（1）有企业所得税缴纳义务的事业单位计算出应缴纳的企业所得税,借记"非财政补助结余分配"账户,贷记"应缴税费——应缴企业所得税"账户。

（2）事业单位按照有关规定提取职工福利基金的,按提取的金额,借"非财政补助结余分配"账户,贷记"专用基金——职工福利基金"账户。

（3）年末,事业单位按规定完成上述（1）、（2）处理后,应将"非财政补助结余分配"账户余额结转入事业基金,借记或贷记"非财政补助结余分配"账户,贷记或借记"事业基金"账户。

【例 14-38】 承例 14-36、例 14-37。按照规定,该事业单位事业结余、经营结余均应依法缴纳企业所得税,适用税率为 25%。该单位根据发生的经济业务,编制相关的会计分录。

（1）确认应缴所得税。

应缴所得税＝（3 750 000＋20 000）×25%＝942 500（元）

借:非财政补助结余分配	942 500	
贷:应缴税费——应缴企业所得税		942 500

（2）将"非财政补助结余分配"账户余额结转入事业基金。

借:非财政补助结余分配	2 827 500	
贷:事业基金		2 827 500

【关键词汇】

短期借款（money borrowed for short time）

应缴国库款（payable in case）

应缴财政专户款（financial special account payable）

事业基金（enterprise fund）

非流动资产基金（non current assets fund）

专用基金（special-purpose funds）

资金结转与结余（transfer and balance of funds）

事业结余（business balance）

经营结余（operating balance）

【思考题】

1. 事业单位的负债主要包括哪些内容？与行政单位负债相比，事业单位负债有何特点？

2. 事业单位短期借款业务是如何核算的？与事业单位相比，行政单位为什么没有短期借款业务？

3. 什么是事业单位的应缴国库款、应缴财政专户款？与此相比，事业单位应缴税费的核算有何特点？根据事业单位业务活动的特点，应缴税费应分别记入哪些账户？

4. 事业单位非流动负债包括哪些内容？长期借款是如何核算的？

5. 事业单位应付账款的核算方法与行政单位应付账款的核算方法有何不同？事业单位应付账款为什么没有设置"待偿债净资产"账户？

6. 与行政单位长期应付款的核算方法相比，事业单位长期应付款的核算方法有何特点？

7. 与行政单位净资产相比，事业单位净资产的特点表现在哪些方面？资产的种类与行政单位净资产的种类有何不同？

8. 什么是事业单位的事业基金？事业单位应当如何核算事业基金？

9. 什么是事业单位的非流动资产基金？它与行政单位的资产基金有何不同？

10. 试比较行政单位与事业单位专用基金的异同，指出两者存在差异的原因。

11. 事业单位的财政补助结转和财政补助结余有何区别？

12. 什么是事业单位的非财政补助结转？它与事业单位的事业结余有何区别？

13. 事业单位的事业结余、经营结余、非财政补助结余分配以及事业基金之间有何内在联系？

【练习题】

1. 2016 年某事业单位发生与借款相关的业务如下：

（1）1 月 1 日，经批准向金融机构借入期限为 2 年的长期专门借款 800 000 元作为工程款，款项已存入银行。借款利率为 6%，每年付息一次，期满后一次还清本金。工程建设期为 1 年。

（2）10 月 1 日，向工商银行借入金额为 240 000 元、期限为 5 个月、年利率为 6% 的短期借款。根据借款合同的规定，该事业单位于季度末支付利息。

要求:编制借款的借入、确认借款利息及归还本金的会计分录。

2. 某事业单位为增值税一般纳税人,适用的增值税税率为17%。该单位2016年4月30日"应缴税费——应缴增值税"账户的借方余额为20 000元,该账户借方余额均可用于下月的销项税额抵扣。5月份发生如下涉及增值税的经济业务:

（1）购入非自用材料一批,增值税专用发票上注明的价款为300 000元,增值税税额为51 000元,已开出承兑的商业汇票。该材料已验收入库。

（2）销售产品一批,销售价格为100 000元（不含增值税税额）,实际成本为80 000元,提货单和增值税专用发票已交购货方,货款尚未收到。该销售符合收入确认条件。

（3）对外捐赠非自用材料一批,该批材料的账面余额为15 000元,增值税进项税额为2 550元。

（4）月末盘亏自用存货一批,其账面余额为28 000元。

要求:根据上述经济业务逐笔编制会计分录。

3. 某事业单位实行国库集中支付和政府采购制度。2016年9月3日,收到财政国库支付执行机构委托代理银行转来的"财政直接支付入账通知书"和"工资发放明细表",通知书和明细表中注明的工资支出金额为800 000元,代理银行已将800 000元划入单位职工个人账户。

要求:根据上述经济业务,编制相关的会计分录。

4. 甲事业单位与乙公司于2014年1月1日签订了一份采购合同。合同约定,甲事业单位以融资租入方式从乙公司租入一台需要安装的大型设备,设备价款总额为7 200 000元（不考虑增值税）,甲事业单位在2014年至2018年5年内每半年支付租金720 000元,每年的付款日期分别为当年的6月30日和12月31日,安装期为1年,2014年12月31日设备达到预计可使用状态,发生安装费320 000元,所有款项均用银行存款支付,该固定资产采用年限平均法计提折旧,折旧年限为10年,为简化核算,假设每半年计提一次折旧。

要求:根据上述经济业务,编制相关的会计分录。

（1）2014年融资租入设备、支付租金、支付安装费以及安装完毕交付使用。

（2）2015年支付租金、计提半年设备折旧。

（3）计算2018年12月31日支付最后1期租金时,"非流动资产基金——固定资产"账户累计贷方余额。

5. 2016年,某事业单位实现事业收入200 000元、经营收入160 000元。发生事业支出300 000元,其中,财政补助支出140 000元、其他资金支出160 000元;经营支出104 000元。

要求:（1）分别按5%和10%的提取率计算事业收入和经营收入的修购基金提取额,并编制会计分录。

（2）按25%的所得税税率计算经营结余应缴纳的企业所得税,并编制会计分录。

（3）按30%的提取率计算职工福利基金的提取额,并编制会计分录。

（4）计算本年度未分配非财政补助结余资金,并编制将其转入事业基金的会计分录。

6. 2016年9月,某事业单位收到财政补助收入2 500 000元,"事业支出"账户下"财政补助支出"明细账户的当期发生额为 2 400 000 元。该单位完成财政补助收支结转后,对财政补助各明细项目进行分析,按照有关规定将某项目结余资金 65 000 元转入财政补助结余。

要求:根据上述经济业务,编制相关的会计分录。

(1) 月末,结转该单位财政补助收入。

(2) 月末,结转该单位财政补助支出。

(3) 将某项目结余资金 65 000 元转入财政补助结余。

7. 2016 年 10 月 31 日,某事业单位对其收支账户进行分析,事业收入和上级补助收入本月发生额中的非专项资金收入分别为 1 200 000 元、300 000 元,事业支出和其他支出本期发生额中的非财政非专项资金支出分别为 900 000 元、200 000 元,对附属单位补助支出本月发生额为 200 000 元。经营收入本月发生额为 88 000 元,经营支出本月发生额为 64 000 元。

要求:根据上述经济业务,编制相关的会计分录。

(1) 月末,结转本月非财政、非专项资金收入。

(2) 月末,结转本月非财政、非专项资金支出。

(3) 结转本月经营收入。

(4) 结转本月经营支出。

8. 2016 年年终结账时,某事业单位当年事业结余的贷方余额为 100 000 元,经营结余的贷方余额为 80 000 元。该事业单位应当缴纳的企业所得税为 16 000 元,按照有关规定应提取的职工福利基金为 24 000 元 。

要求:根据上述经济业务,编制相关的会计分录。

(1) 结转事业结余。

(2) 结转经营结余。

(3) 计算确定应缴纳的企业所得税税额。

(4) 提取专用基金。

(5) 将"非财政补助结余分配"的余额结转至事业基金。

9. 某事业单位规定的职工福利基金提取比例为 20%,2016 年年初不存在未弥补经营亏损。该单位 2016 年的收入、支出情况如下:

年度收入情况:财政补助收入 50 000 000 元(其中,项目支出补助 10 000 000 元)、事业收入 100 000 000 元(其中,专项事业收入 20 000 000 元)、上级补助收入 1 000 000 元、附属单位上缴收入 1 000 000 元、经营收入 3 000 000 元、其他收入 500 000 元。

年度支出情况:事业支出 120 000 000 元[其中,基本支出 100 000 000 万元(其中,财政补助支出 40 000 000 万元);项目支出 20 000 000 元(其中,财政项目补助支出 8 000 000 元、专项事业资金支出 5 000 000 元)]、经营支出 2 000 000 元、上缴上级支出 500 000 元、对附属单位补助支出 1 000 000 元、其他支出 300 000 元。

假设不考虑企业所得税。

要求:计算该单位财务报表相关项目的金额。

（1）当年财政补助结转。

（2）当年非财政补助结转。

（3）当年事业结余。

（4）当年经营结余。

（5）当年非财政补助结余。

（6）年末职工福利基金提取额。

【案例题】

第十五章 事业单位收入和支出（或费用）

【本章纲要】

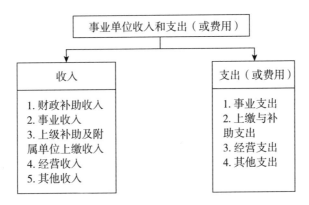

【学习目标、重点和难点】

- 通过本章的学习,应了解收入、支出(或费用)的概念、特点、内容及分类;熟悉上级补助及附属单位上缴收入、其他收入、上缴与补助支出和其他支出的内容。
- 财政补助收入、事业收入、经营收入、事业支出、经营支出为本章的重点。
- 财政补助收入、事业收入、经营收入、事业支出、经营支出为本章的难点。

第一节 收 入

一、收入概述

（一）收入的概念及特征

《事业单位会计准则》指出,收入是指事业单位开展业务及其他活动依法取得的非偿还性资金。

目前,对收入一词有广义和狭义两种理解。在事业单位的所有收入中,有来自政府拨款的财政补助收入,有来自提供专业服务(如教育、文化、医疗、科技等)取得的收入,有来自专业业务活动及其辅助活动之外开展非独立核算经营活动取得的产品销售或劳务提供方面的经营性收入,同时,还有来自与单位运营活动无直接关系的收入,如押金收入、捐赠收入等。广义上讲,所有使事业单位净资产增加的部分都是收入。很明显,上述政府拨款、专业业务活动、经营活动以及与事业或经营无直接关系的收入,都属于收入范畴。狭义上讲,收入则仅指来自事业单位专业业务活动及其辅助活动的收入。可见,《事业单位会计准则》中的收入概念是指广义的收入。

事业单位收入具有一定的特殊性,主要表现在以下两个方面:

(1)与企业收入相比[①]。①收入主要是非生产性的。事业单位一般不直接从事物质资料生产、交通运输和商品流通活动,其活动领域主要是教育、科技、文化和医疗等精神生产领域,所从事的活动具有非生产性特点,因此,其开展业务活动的费用消耗,需要从财政部门获得财政补助收入,从主管部门或上级单位获得上级补助收入予以补偿;事业单位还可以通过开展有偿服务活动和生产经营活动获得事业收入和经营收入,以补偿业务活动的费用消耗。②收入是依法取得的。事业单位取得收入,必须符合国家有关法律、法规和规章制度的规定。比如,财政补助收入,事业单位必须按照国家有关规定,经过法定程序报批后,方可取得;事业收入,其项目和标准必须按照规定程序经过政府有关部门的批准后,才能向服务对象收取。③收入取得的形式和渠道是多种多样的。事业单位收入取得的形式和渠道是多种多样的,既有财政补助收入,也有上级补助收入、事业收入、经营收入、附属单位上缴收入、投资收益、利息收入、捐赠收入等。

(2)收入对财务状况、业务成果的影响。①收入将引起资产的增加或者负债的减少(或者两者兼而有之),并最终导致事业单位经济利益或服务潜力的增加。这里所指的"经济利益"是指现金或者最终能够转化为现金的非现金资产;"服务潜力"是指从事宗旨或章程所规定的活动,向公众、会员或其他受益人、委托人提供所需产品或服务的能力。②收入将导致本期净资产的增加。事业单位取得收入一定会增加本期净资产。需要说明的是,这里所指的仅是收入本身对净资产的影响。收入扣除相关成本费用后的净额可能会引起净资产的增加,也可能会引起净资产的减少。收入必须同时满足上述两个特征,否则,不能作为收入核算。③收入是非偿还性资金。事业单位取得的各项收入,是不需要偿还的,可以安排用于开展业务活动及其他活动。事业单位取得的需要偿还的资金,不应确认为收入,应当作为负债处理。

事业单位应当按照收入的概念和特征,对实务中遇到的具体情况进行分析,判断某项所得或资源流入是否属于收入的范畴。

(二)收入的分类

1.财政补助收入

财政补助收入是指事业单位按照核定的部门预算经费申报关系从财政部门和主管部门取得的各类事业经费,是事业单位取得的预算内财政性资金补助。

2.上级补助收入

上级补助收入是指事业单位从主管部门和上级单位取得的非财政补助收入。

3.事业收入

事业收入是指事业单位开展专业业务活动及辅助活动取得的收入。

---

① 财政部《事业单位财务规则讲座》编写组,《事业单位财务规则讲座》,北京:测绘出版社,1996年,第36页。

4. 经营收入

经营收入是指事业单位在专业业务活动及辅助活动之外开展非独立核算经营活动取得的收入。

5. 附属单位上缴收入

附属单位上缴收入是指事业单位附属的独立核算单位按规定标准或比例缴纳的各项收入。

6. 其他收入

其他收入是指事业单位除上述各项收入以外的收入。

（三）收入的确认

1. 财政补助收入的确认

（1）财政补助方式。财政资金的补助方式主要有两种：一是划拨资金方式；二是国库集中支付方式。具体内容参见行政单位会计相关部分。

（2）财政补助收入的确认。与财政资金的补助方式相适应，《事业单位会计制度》规定，财政补助收入一般应当于发生财政直接支付或收到财政授权支付额度、或实际收到时予以确认。具体确认方法见第十章。

2. 事业收入、经营收入的确认

事业收入、经营收入一般应当于提供服务或发出商品，同时收讫价款或者取得收款权利时予以确认。

可见，事业单位事业收入、经营收入是根据实现原则加以确认和计量的。实现原则是指应在售出产品、商品或提供劳务时确认收入的原则。

二、财政补助收入

（一）财政补助收入概述

财政补助收入是指事业单位从同级财政部门取得的各类财政拨款，包括正常经费和专项资金。财政补助收入是事业单位从事公益活动的资金来源和物质基础。与事业单位其他收入相比，财政补助收入的特点为：①资金管理相对比较严格，资金的申请、审批、划拨、管理、使用、开支范围和开支标准等都有非常详细的管理办法和要求；②资金拨付方式多样，财政部门按照单位预算和分月用款计划，采取拨款、财政直接支付或授权支付等方式拨付资金。需要指出的是，财政补助收入不包括国家对事业单位的基本建设投资。

为了加强财政补助收入的管理，事业单位应当严格按照经批准的年度部门预算和分月用款计划规定的资金用途、财政资金支付方式以及预算级次申请取得财政补助收入。同时，要将各类收入（经营收入除外），如财政补助收入、财政专户返还收入、上级补助收入、事业收入、附属单位上缴收入和其他收入等的来源同时纳入收入预算，实行统一管理、统筹安排使用。

事业单位通过设置"财政补助收入"账户核算其从同级财政部门取得的各类财政拨款。该账户的贷方登记收到的拨款数；借方登记缴回的拨款数；平时贷方余额反映财政补助收入累计数。期末，将"财政补助收入"账户余额转入事业结余后，该账户应无余额。

财政补助收入账户应当设置"基本支出"和"项目支出"两个明细账户;两个明细账户下按照《2016 年政府收支分类科目》中"支出功能分类"项级科目设置明细账;同时在"项目支出"明细账户下按照具体项目进行明细核算。

(二)财政补助收入的账务处理

1. 财政直接支付方式

财政直接支付方式下,事业单位根据财政国库支付执行机构委托代理银行转来的"财政直接支付入账通知书"及原始凭证,按照通知书中的直接支付入账金额,借记有关账户,贷记"财政补助收入"账户。

【例 15-1】 甲事业单位为财政全额拨款的教育事业单位,实行国库集中支付和政府采购制度。经财政部门核准,甲事业单位的工资支出、100 000 元以上的物品和服务采购支出实行财政直接支付方式,100 000 元以下的物品和服务采购支出以及日常零星支出实行财政授权支付方式。

2016 年 12 月,甲事业单位有关国库集中支付和政府采购事项业务及会计处理如下:

(1) 4 日,甲事业单位收到财政国库支付执行机构委托代理银行转来的"财政直接支付入账通知书"和"工资发放明细表",通知书和明细表中注明的工资支出金额为 900 000 元,代理银行已将 900 000 元划入甲事业单位职工个人账户。

借:应付职工薪酬　　　　　　　　　　　　　　　900 000
　　贷:财政补助收入——基本支出——人员经费——高等教育　900 000

(2) 16 日,甲事业单位按规定的政府采购程序与乙供货商签订了一份购买设备合同,合同金额为 600 000 元。甲事业单位根据发票验货后,向财政国库支付执行机构提交了"财政直接支付申请书",向财政申请支付乙供货商货款,并收到代理银行转来的用于支付乙供货商货款的"财政直接支付入账通知书",通知书中注明的金额为 600 000 元。

① 确认财政补助收入:

借:事业支出　　　　　　　　　　　　　　　　　600 000
　　贷:财政补助收入——基本支出——日常公用经费——高等教育

　　　　　　　　　　　　　　　　　　　　　　　600 000

② 确认固定资产与其基金:

借:固定资产　　　　　　　　　　　　　　　　　600 000
　　贷:非流动资产基金——固定资产　　　　　　　600 000

(3) 10 日,收到代理银行转来的财政直接支付入账通知书,由财政直接支付科研楼维修工程款 250 000 元。

借:事业支出　　　　　　　　　　　　　　　　　250 000
　　贷:财政补助收入——项目支出——办公楼大修——高等教育

　　　　　　　　　　　　　　　　　　　　　　　250 000

年度终了,根据本年度财政直接支付预算指标数与当年财政直接支付实际支出数的差额,借记"财政应返还额度——财政直接支付"账户,贷记"财政补助收入"账户。

【例 15-2】 承例 15-1。甲事业单位 2016 年财政直接支付预算指标数为 65 300 000 元,当年财政直接支付实际支出数为 64 800 000 元。该事业单位根据发生的经济业务,编制相关的会计分录。

借:财政应返还额度——财政直接支付　　　　　　　　　　500 000
　　贷:财政补助收入　　　　　　　　　　　　　　　　　　　　500 000

2. 财政授权支付方式

财政授权支付方式下,事业单位根据代理银行盖章的"财政授权支付额度到账通知书"与分月用款计划核对后记账,按照通知书中的授权支付额度,借记"零余额账户用款额度"等账户,贷记"财政补助收入"账户。

【例 15-3】 承例 15-1。2016 年 12 月,甲事业单位有关国库集中支付和政府采购事项业务及会计处理如下:

(1) 2 日,收到代理银行转来的"财政授权支付额度到账通知书",通知书中注明的本月授权额度为 450 000 元,用于单位基本支出。

借:零余额账户用款额度　　　　　　　　　　　　　　　　450 000
　　贷:财政补助收入——基本支出——日常公用经费
　　　　　　　　　　　　　——普通教育　　　　　　　　　　450 000

(2) 5 日,收到代理银行送来的"财政授权支付额度到账通知书",本月获得财政授权额度 30 000 元用于单位办公楼维修。

借:零余额账户用款额度　　　　　　　　　　　　　　　　30 000
　　贷:财政补助收入——项目支出——办公楼大修
　　　　　　　　　　　　　——普通教育　　　　　　　　　　30 000

年度终了,事业单位本年度财政授权支付预算指标数大于零余额账户用款额度下达数的,根据未下达的用款额度,借记"财政应返还额度——财政授权支付"账户,贷记"财政补助收入"账户。

【例 15-4】 承例 15-1。甲事业单位 2016 年度财政授权支付预算指标数为 45 600 000 元,当年零余额账户用款额度下达数为 45 200 000 元。该事业单位根据发生的经济业务,编制相关的会计分录。

借:财政应返还额度——财政授权支付　　　　　　　　　　400 000
　　贷:财政补助收入　　　　　　　　　　　　　　　　　　　　400 000

3. 其他方式

其他方式下,事业单位实际收到财政补助收入时,按照实际收到的金额,借记"银行存款"等账户,贷记"财政补助收入"账户。

【例 15-5】 某市文化局所属歌剧院为事业单位,2017 年 2 月 10 日,收到开户银行转来的收款通知,收到财政部门拨入的一笔项目支出预算专项经费 300 000 元,用于繁荣当地文化事业。该歌剧院根据发生的经济业务,编制相关的会计分录。

借:银行存款　　　　　　　　　　　　　　　　　　　　　　300 000
　　贷:财政补助收入——项目支出——文化　　　　　　　　　　300 000

（三）国库直接支付款项退回

有时，因购货退回等发生国库直接支付款项退回的，属于以前年度支付的款项，按照退回金额，借记"财政应返还额度"账户，贷记"财政补助结转""财政补助结余""存货"等有关账户；属于本年度支付的款项，按照退回金额，借记"财政补助收入"账户，贷记"事业支出""存货"等有关账户。

【例15-6】 2017年2月20日，甲事业单位收到通知，本年1月25日从乙单位购进的存货因质量问题发生退货。该批存货的价款为500 000元，已列事业支出50 000元，其余已确认为存货。该单位根据发生的经济业务，编制相关的会计分录。

借：财政补助收入——基本支出

     ——日常公用经费   500 000

 贷：存货   450 000

   事业支出   50 000

（四）期末结转财政补助收入

期末，事业单位应将"财政补助收入"账户本期发生额转入财政补助结转，编制借记"财政补助收入"账户、贷记"财政补助结转"账户的会计分录。

【例15-7】 2016年，某事业单位财政补助收入情况：财政补助收入（直接支付）356 000 000元、财政补助收入（授权支付）244 000 000元。年末，将财政补助收入转入财政补助结转。该单位根据发生的经济业务，编制相关的会计分录。

借：财政补助收入——基本支出   356 000 000

  财政补助收入——项目支出   244 000 000

 贷：财政补助结转——基本支出结转   356 000 000

      ——项目支出结转   244 000 000

三、事业收入

（一）事业收入的内涵

事业是与企业相对而言的一个概念，一般是指"没有生产收入""所需经费由国库开支"的社会工作[①]，如学校的教育工作、事业单位的医疗活动、演艺团体的艺术活动、科研机构的科研工作等。这些工作或活动形成的收入为事业收入。从理财角度来看，事业收入是指事业单位开展专业业务活动及其辅助活动所取得的收入，其中专业业务活动又称主营业务，是事业单位根据本单位的专业特点所从事或开展的主要业务活动。如文化事业单位的演出活动、教育事业单位的教学活动、科学事业单位的科研活动、卫生事业单位的医疗保健活动等；辅助活动是指与专业业务活动相关，直接为专业业务活动服务的单位行政管理活动、后勤服务活动及其他有关活动。

需要说明的是，事业单位进行专业业务活动及其辅助活动收到的资金并不一定能够

---

① 黄恒学，《中国事业管理体制改革研究》，北京：清华大学出版社，1998年，第2页。

确认为单位的事业收入。因为有一部分事业收入是利用政府权力、政府信誉、国家资源、国有资产，或提供特定公共服务、准公共服务而取得的，如国有电台、电视台的广告收入，学校的学费收入、住宿费收入，出租国有资产的租金收入等。通常情况下，单位不可以拥有这类收入，收缴时应作为财政预算收入直接缴纳国库。只有按照财政部门的规定可以由单位收取并使用的，才能够成为单位的事业收入。为了加强对后一类资金的监管，根据财政部门的资金管理要求，这类事业收入在取得时并不能作为事业单位的收入，而是应上缴财政专户管理。只有当财政返还部分款项时，单位才能够将这部分收入确认为事业收入。因此，根据管理需要的不同，事业单位的事业收入分为两部分，一部分是无须上缴财政专户的，单位可直接确认为本单位事业收入；另一部分是需要上缴财政专户的，在收到财政专户拨款通知时，才可确认为本单位的事业收入。①

（二）事业收入的账务处理

事业单位通过设置"事业收入"账户核算其开展专业业务活动及其辅助活动取得的收入。该账户的贷方登记收到的款项或取得的收入；借方登记期末收入转销的数额。期末，将"事业收入"账户余额转入事业结余时，借记"事业收入"账户，贷记"事业结余"账户。期末结账后，该账户应无余额。

"事业收入"账户应当按照事业收入类别、项目、《2016 年政府收支分类科目》中"支出功能分类"相关科目等进行明细核算。事业收入中如有专项资金收入，还应按具体项目进行明细核算。

根据管理需要，事业单位事业收入分为财政专户返还方式管理的事业收入和直接确认的事业收入两类。前者是将取得的款项先上缴财政，待收到财政专户返还款项时再确认收入。

1. 采用财政专户返还方式管理的事业收入

采用财政专户返还方式管理的事业收入主要是非税收入。在我国，非税收入是指除税收以外，由各级政府、国家机关、事业单位、代行政府职能的社会团体及其他组织依法利用政府权力、政府信誉、国家资源、国有资产或提供特定公共服务、准公共服务取得的财政性资金，是政府财政收入的重要组成部分。财政专户返还方式管理的事业收入的特点是取得时事业单位确认为负债，收到返还款项再确认为收入。其具体的会计处理如下：

事业单位收到应上缴财政专户的事业收入时，按照收到的款项金额，借记"银行存款""库存现金"等账户，贷记"应缴财政专户款"账户；向财政专户上缴款项时，按照实际上缴的款项金额，借记"应缴财政专户款"账户，贷记"银行存款"等账户；事业单位收到从财政专户返还的事业收入时，按照实际收到的返还金额，借记"银行存款"等账户，贷记"事业收入"账户。

【例 15-8】 某事业单位 2016 年 1 月至 11 月代行政府职能累计收取费用 35 000 000 元并存入银行。12 月收取费用 5 000 000 元。按照相关政策，应从财政专户返还款项 2 000 000 元并已存入银行。该单位根据发生的经济业务，编制相关的会计分录。

---

① 王彦、王建英，《政府会计》，北京：中国人民大学出版社，2012 年，第 226 页。

（1）12月份收到款项。

借：银行存款 5 000 000

　　贷：应缴财政专户款 5 000 000

（2）将全年代收款项全部上缴。

借：应缴财政专户款 40 000 000

　　贷：银行存款 40 000 000

（3）收到财政专户返还款项。

借：银行存款 2 000 000

　　贷：事业收入——环保事业收入——基本支出 2 000 000

【例15-9】 2016年，甲农业事业单位根据发生的事业收入业务，编制相关的会计分录。

（1）9月25日，向乙单位转让开发的新产品一批，共计500件，每件收取工料补偿费400元，收到乙单位开具并承兑的面值为200 000元、期限为3个月的商业汇票一张。不考虑相关税费。

借：应收票据——乙单位 200 000

　　贷：事业收入——农业事业收入——基本支出 200 000

（2）12月25日，上述应收票据到期，收到票面金额200 000元并存入银行。

借：银行存款 200 000

　　贷：应收票据——乙单位 200 000

（3）12月31日，乙单位退回不合格品15件，甲事业单位支付退货款6 000元。

借：事业收入——农业事业收入——基本支出 6 000

　　贷：银行存款 6 000

如果该退货发生在2017年2月10日，根据《事业单位会计制度》的规定，事业单位发生需要调整以前年度非财政补助结余的事项，通过"事业基金"账户核算。则会计分录为：

借：事业基金 6 000

　　贷：银行存款 6 000

【例15-10】 甲高等学校对于收取学生缴纳的学费采用集中缴库的方式缴入财政专户。2016年，该校根据收取学费事项，编制相关的会计分录。

（1）9月5日，收到学费500 000元并存入银行。

借：银行存款 500 000

　　贷：应缴财政专户款 500 000

（2）9月10日，将5日至10日收到的学费800 000元缴入财政专户。

借：应缴财政专户款 800 000

　　贷：银行存款 800 000

（3）11月5日，收到财政专户拨来的款项480 000元。

借：银行存款 480 000

　　贷：事业收入——财政专户管理资金收入 480 000

2. 其他事业收入

事业单位收到其他事业收入时,按照收到的款项金额,借记"银行存款""库存现金"等账户,贷记"事业收入"账户,涉及增值税业务的,按照应缴增值税税额,贷记"应缴税费——应缴增值税"账户。

【例 15-11】 2016 年 5 月,某事业单位确认其他收入 350 000 元,应缴增值税税额 59 500 元,款项已存入银行。该单位根据发生的经济业务,编制相关的会计分录。

借:银行存款　　　　　　　　　　　　　　　409 500
　　贷:事业收入　　　　　　　　　　　　　　　　350 000
　　　　应缴税费——应缴增值税　　　　　　　　　 59 500

（三）期末事业收入的转销

期末,事业单位将"事业收入"账户本期发生额中的专项资金收入结转入非财政补助结转时,借记"事业收入"账户下各专项资金收入明细账户,贷记"非财政补助结转"账户;将"事业收入"账户本期发生额中的非专项资金收入结转入事业结余时,借记"事业收入"账户下各非专项资金收入明细账户,贷记"事业结余"账户。

【例 15-12】 2016 年,某事业单位取得事业收入 65 000 000 元,其中,专项资金收入 42 00 000 元,其余为非专项资金收入。2016 年 12 月 31 日,将事业收入转入非财政补助结转或事业结余。该单位根据发生的经济业务,编制相关的会计分录。

借:事业收入　　　　　　　　　　　　　　　65 000 000
　　贷:非财政补助结转　　　　　　　　　　　　　42 000 000
　　　　事业结余　　　　　　　　　　　　　　　　23 000 000

四、上级补助及附属单位上缴收入

（一）上级补助收入

上级补助收入是指事业单位从主管部门和上级单位取得的非财政补助收入。上级补助收入是事业单位的上级单位、主管部门用财政补助收入之外的收入拨给所属单位的经费,如用自身组织的收入和集中下级单位的收入拨给事业单位的资金,以补助事业单位正常业务资金的不足。

为了促进各类事业的发展或弥补事业单位业务收入抵补其业务支出的不足,各类事业单位的主管部门可以利用自身组织的收入和集中下级单位的收入以一定方式对事业单位予以拨款补助。这部分拨入资金形成了事业单位的上级补助收入。财政部门通过主管部门和上级单位转拨的事业经费,只能记入财政补助收入,不能作为上级补助收入处理。

事业单位通过设置"上级补助收入"账户核算事业单位从主管部门和上级单位取得的非财政补助收入。该账户的贷方登记收到的上级补助款;借方登记缴回或转拨的补助款;期末,将"上级补助收入"账户余额转入事业结余后,该账户应无余额。

"上级补助收入"账户应当按照发放补助单位、补助项目、《2016 年政府收支分类科目》中"支出功能分类"相关科目等进行明细核算。上级补助收入中如有专项资金收入,还应按具体项目进行明细核算。

事业单位收到上级补助收入时,按照实际收到的金额,借记"银行存款"等账户,贷记"上级补助收入"账户;期末,事业单位将"上级补助收入"账户本期发生额中的专项资金收入结转入非财政补助结转时,借记"上级补助收入"账户下各专项资金收入明细账户,贷记"非财政补助结转"账户;将"上级补助收入"账户本期发生额中的非专项资金收入结转入事业结余时,借记"上级补助收入"账户下各非专项资金收入明细账户,贷记"事业结余"账户。

【例 15-13】　2017 年 7 月 5 日,甲事业单位收到上级主管部门非财政补助收入 5 000 000 元(其中,专项资金收入 3 000 000 元),款项已存入银行。该单位根据发生的经济业务,编制相关的会计分录。

(1) 确认收入。

借:银行存款　　　　　　　　　　　　　　　　　　5 000 000

　　贷:上级补助收入——主管部门　　　　　　　　　　5 000 000

(2) 期末,转销收入:

借:上级补助收入——主管部门　　　　　　　　　　5 000 000

　　贷:非财政补助结转　　　　　　　　　　　　　　　3 000 000

　　　　事业结余　　　　　　　　　　　　　　　　　　2 000 000

(二) 附属单位上缴收入

1. 附属单位及其收入

附属单位一般是指具有独立法人资格的单位,包括事业单位和企业。例如,某科研机构兴办的具有独立法人资格的学校、医院等,就是科研机构的附属单位;又如,某科研单位全资兴办的企业,也应作为科研单位的附属单位。

附属单位上缴收入是指事业单位附属独立核算单位按照有关规定上缴的收入,包括附属的事业单位上缴的收入和附属的企业上缴的利润等。附属单位补偿事业单位在支出中垫支的各种费用时,应当相应冲减支出,不能作为上缴收入处理。

主管单位与附属机构在行政上是领导与被领导的关系,而在财务上则是分级核算单位,即附属单位是主管单位的内部独立核算单位。为了将双方作为独立法人来反映各自的经济利益,主管单位对于所属机构缴款应当单独设置账户予以反映。由于此项缴款是事业单位附属机构按规定标准或比例向事业单位缴纳的资金,其数额的多少直接涉及双方的经济利益。对此,事业单位应加强对附属单位缴款的管理与核算。

2. 附属单位上缴收入的取得与转销

事业单位通过设置"附属单位上缴收入"账户核算其附属独立核算单位按照有关规定上缴的收入。该账户的贷方登记事业单位实际收到的款项;借方登记期末转销的款项;期末,将"附属单位上缴收入"账户余额转入事业结余后,该账户应无余额。

"附属单位上缴收入"账户应当按照附属单位、缴款项目、《2016 年政府收支分类科目》中"支出功能分类"相关科目等进行明细核算。附属单位上缴收入中如有专项资金收入,还应按具体项目进行明细核算。

事业单位收到附属单位缴来的款项时,按照实际收到的金额,借记"银行存款"等账户,贷记"附属单位上缴收入"账户。

期末,事业单位将"附属单位上缴收入"账户本期发生额中的专项资金收入结转入非财政补助结转时,借记"附属单位上缴收入"账户下各专项资金收入明细账户,贷记"非财政补助结转"账户;将"附属单位上缴收入"账户本期发生额中的非专项资金收入结转入事业结余时,借记"附属单位上缴收入"账户下各非专项资金收入明细账户,贷记"事业结余"账户。

【例 15 - 14】 2017 年 6 月 30 日,甲事业单位收到下属独立核算乙单位的缴款 4 000 000 元(其中,专项资金 2 800 000 元),丙单位的缴款 1 350 000 元(为非专项资金)。全部款项已存入银行。该单位根据发生的经济业务,编制相关的会计分录。

(1)确认收入。

借:银行存款		5 350 000
贷:附属单位上缴收入——乙单位		4 000 000
——丙单位		1 350 000

(2)转销收入。

借:附属单位上缴收入——乙单位		4 000 000
——丙单位		1 350 000
贷:非财政补助结转		2 800 000
事业结余		2 550 000

五、经营收入

(一)经营收入的特点与内容

1. 经营活动与经营收入

在我国,事业单位的资金来源最早是由政府提供,即政府全额拨款。20 世纪 80 年代中期以后,根据事业单位的不同情况和创收能力,政府进行了拨款制度改革。事业单位资金来源可分为政府全额拨款、部分拨款和全部自筹三种形式。其中,资金全部自筹的事业单位已纳入企业化管理,而对于全部或部分资金来自财政资金的事业单位来说,财政拨款相对不足是一个无法回避的现实问题。为了弥补事业经费的不足,促进公益事业的可持续发展,许多事业单位利用自身优势开展了一些经营活动或兴办了一些经济实体,通过创收来弥补事业经费的不足,如高等学校将闲置的设备、场地、房屋等向社会出租出借的活动为经营活动;作为事业单位的剧院附设的商品部的销售活动为经营活动。

按照一般商法理论,经营活动是指以营利为目的的持续性业务活动。经营活动体现了保本获利原则,其收入只能是来自商品或服务接受方。事业单位从事经营活动所取得的收入,即为经营收入。

《事业单位会计准则》指出,经营收入是指事业单位在专业业务活动及其辅助活动之外开展非独立核算经营活动取得的收入。事业单位经营收入主要有:事业单位非独立核算部门销售商品取得的销售收入和提供服务取得的服务收入,未纳入"收支两条线"管理的出租房屋、场地和设备取得的租赁收入以及其他经营收入。

从经营收入的概念中可知,经营收入必须同时具备以下特征:

(1)经营收入的来源是经营活动。事业单位的收入有的是来自专业业务活动,如中小学的学费收入以及相关财政补助收入,有的是来自辅助活动,而经营收入是来自专业业务活动及其辅助活动之外开展的非独立核算经营活动,比如,事业单位对社会开展服务活动,将闲置的固定资产出租出借取得的收入,这些属于经营活动取得的收入,但诸如学校向学生收取的学费和杂费,则属于专业业务活动及其辅助活动取得的收入,只能作为事业收入,不能作为经营收入处理。如作为事业单位的剧院取得的演出收入是事业收入,而剧院附设的商品部取得的销售收入则是经营收入。经营收入是非独立核算的经营活动取得的收入。如剧院所属的作为独立法人的乐队的商业演出收入应当单独核算,若将一部分纯收入上缴剧院,则剧院应当作为附属单位缴款处理。

(2)经营收入的来源是非独立核算的收入。独立核算是指一个单位对其经济活动的过程及结果,进行独立的、完整的会计核算。独立核算单位的特点是:在管理上有独立的组织形式,具有一定数量的资金,在当地银行开户;独立进行经营活动,能够同其他单位订立经济合同;独立计算盈亏,单独设置会计机构并配备会计人员。比如,学校的校办企业,若要单独设置财会机构或配备财会人员,独立设置账目,独立计算盈亏,它就属于独立核算的单位,其活动为经营活动。

非独立核算是与独立核算相对应的一种核算形式。其特点是单位从上级单位领取一定数额的物资、款项从事业务活动,一切收入全部上缴,所有支出向上级报销,不独立计算盈亏,逐日或定期将发生的经济业务资料报送上级,并由其集中进行会计核算。比如,学校的车队、食堂等后勤单位,财务上不实行独立核算,其对社会服务取得的收入及其支出,报由学校集中进行会计核算,这部分收入和支出应当作为经营收入和经营支出处理。需要说明的是,校办企业将纯收入的一部分上缴学校,学校收到后应当作为附属单位上缴收入,不能作为经营收入处理。

事业单位的经营活动要遵循自我维持原则,在经营活动中取得的经营收入一般应当能够弥补经营活动中发生的经营支出。事业单位不能用事业收入弥补经营活动亏损,但可以将经营活动的结余用以支持事业活动。

2. 经营收入的内容

(1)商品销售收入。它是指事业单位职工食堂、单位内部商店等非独立核算部门销售商品取得的收入。

(2)提供劳务收入。它是指事业单位内部招待所、博物馆等非独立核算部门,对外提供劳务取得的收入。

(3)让渡资产使用权收入。它是指事业单位对外出租房屋、车辆、场地、设备等让渡资产使用权取得的收入。

(二)经营收入的确认

事业单位通过设置"经营收入"账户,核算其在专业业务活动及其辅助活动之外开展非独立核算经营活动取得的收入。该账户的贷方登记实现的经营支出;借方登记期末转销数;期末结账后,该账户应无余额。

"经营收入"账户应当按照经营活动类别、项目、《2016 年政府收支分类科目》中"支出功能分类"相关科目等进行明细核算。

经营收入应当在提供服务或发出存货,同时收讫价款或者取得索取价款的凭据时,按照实际收到或应收的金额确认收入。具体确认方法,根据事业单位是否为增值税纳税人而有所区别。

1. 非增值税纳税人经营收入的确认

非增值税纳税人的事业单位,当实现经营收入时,按照确定的收入金额,借记"银行存款""应收账款""应收票据"等账户,贷记"经营收入"账户。

【例 15-15】 某市教育局根据所属甲中学发生的经营收入业务,编制相关的会计分录。

(1) 学校所属非独立核算校办厂出售商品取得收入 38 000 元并存入银行。

借:银行存款 38 000
　　贷:经营收入——商品销售收入 38 000

(2) 学校所属非独立核算招待所取得经营性收入 26 000 元并存入银行。

借:银行存款 26 000
　　贷:经营收入——劳务收入 26 000

(3) 学校对外提供馆藏资料复印复制服务取得现金收入 500 元存入银行。

借:银行存款 500
　　贷:经营收入——劳务收入 500

2. 增值税纳税人经营收入的确认

属于增值税小规模纳税人的事业单位实现经营收入时,按照实际出售的价款,借记"银行存款""应收账款""应收票据"等账户,按照出售价款扣除增值税税额后的金额,贷记"经营收入"账户,按照应缴增值税金额,贷记"应缴税费——应缴增值税"账户。

属于增值税一般纳税人的事业单位销售应税产品或提供应税服务实现经营收入,应按包含增值税的价款总额,借记"银行存款""应收账款""应收票据"等账户,按扣除增值税销项税额后的价款金额,贷记"经营收入"账户,按增值税专用发票上注明的增值税金额,贷记"应缴税费——应缴增值税(销项税额)"账户。

【例 15-16】 甲研究院所被核定为增值税一般纳税人。2016 年 1 月至 11 月取得经营收入 3 200 000 元,12 月发生的经济事项及编制的相关会计分录如下:

(1) 该院取得咨询服务收入 35 000 元,应缴增值税 2 100 元,已结算款项 20 000 元并存入银行,余款暂欠。

借:银行存款 20 000
　　应收账款——乙单位 17 100
　　贷:经营收入——劳务收入 35 000
　　　　应缴税费——应缴增值税(销项税额) 2 100

(2) 该院销售自制产品 500 件,开出的增值税专用发票注明售价 150 000 元,增值税税额 25 500 元,该批产品的加工成本为 125 000 元。款项已全部存入银行。

① 确认收入:

借:银行存款   175 500
  贷:经营收入——销售收入   150 000
     应缴税费——应缴增值税(销项税额)   25 500

② 结转成本:

借:经营支出——销售成本   125 000
  贷:存货   125 000

（三）期末经营收入的转销

期末,事业单位应将本期经营收入转入经营结余。结转时,编制借记"经营收入"账户、贷记"经营结余"账户的会计分录。

【例 15-17】 承例 15-16。2016 年 12 月 31 日,该研究院将"经营收入"账户余额转入"经营结余"账户时,编制如下会计分录。

2016 年经营收入 = 3 200 000+35 000+150 000 = 3 385 000(元)

借:经营收入   3 385 000
  贷:经营结余   3 385 000

六、其他收入

（一）其他收入的概念及特点

其他收入是指事业单位除财政补助收入、事业收入、上级补助收入、附属单位上缴收入、经营收入以外的各项收入,包括投资收益、银行存款利息收入、租金收入、捐赠收入、现金盘盈收入、存货盘盈收入、收回已核销应收及预付款项、无法偿付的应付及预收款项等。可见,其他收入是事业单位在运营过程中发生的一些零星收入,也是事业单位业务成果的组成部分。

事业单位的其他收入总体来说具有繁杂、分散、零星的特点,其具体特点如下:①数额相对较小,现金收款较多,涉及面广泛,且零星分散;②有些其他收入是偶发性事项形成的结果,如接受捐赠等,与事业活动没有必然联系;③有些其他收入是源于事业单位财产损毁、转让的变价收入;④有些其他收入应依法纳税,为此,其他收入可能要涉及税金的核算。

（二）其他收入的内容

1. 投资收益

投资收益是指事业单位对外债权或股权投资收取的债券利息或股利收入。主要包括:债权投资的利息收益,如国库券利息等;股权投资的股利收入,如与外单位共同投资兴办事业单位,被投资事业单位根据投资协议分配给事业单位的税后利润。

2. 利息收入(银行存款)

利息收入是指事业单位将资金存入银行取得的利息收入。

3. 捐赠收入

捐赠收入顾名思义就是事业单位接受赠送而带来的资金流入。捐赠是无偿给予资产的行为,其基本特征在于其无偿性,也就是出于某种原因,不支付金钱或付出其他相应代价而取得某项财产。可见,捐赠收入既不同于财政补助收入,也不同于事业收入。为此,事业单位应将捐赠收入作为其他收入。

4. 资产出租收入

为了弥补事业发展经费的不足,在保证完成事业任务的前提下,事业单位利用国有资产进行房屋、车辆、设备等出租、出借经营活动已成为其运营活动的一部分。这里所说的租金收入是指出租资产取得的收入,包括流动资产和非流动资产的出租收入。

5. 资产盘盈

资产清查盘点工作是确保国有资产安全与完整、促进事业单位合理有效配置和使用国有资产的有效措施。

事业单位每日现金账款核对中发现现金溢余时,属于无法查明原因的部分,借记"库存现金"账户,贷记"其他收入"账户;事业单位盘盈存货时,按照确定的入账价值,借记"存货"账户,贷记"其他收入"账户。

6. 收回已核销应收及预付款项

事业单位已核销的应收账款、预付账款、其他应收款在以后期间收回时,按照实际收回的金额,借记"银行存款"等账户,贷记"其他收入"账户。

事业单位通过设置"其他收入"账户核算其他收入的增减变动情况。

事业单位的其他收入应当按照其他收入的类别、《2016 年政府收支分类科目》中"支出功能分类"相关科目等进行明细核算。对于事业单位对外投资实现的投资净损益,应单设"投资收益"明细账户进行核算;其他收入中如有专项资金收入(如限定用途的捐赠收入),还应按具体项目进行明细核算。

(三) 主要收入项目的账务处理

1. 投资收益

事业单位的对外投资收益主要来自两个方面,一是持有对外投资期间取得的利息或利润;二是出售或到期收回对外投资时获得的投资收益。其具体会计处理如下:

事业单位对外投资持有期间收到利息、利润等时,按照实际收到的金额,借记"银行存款"等账户,贷记"其他收入——投资收益"账户。

事业单位出售或到期收回国债投资本息时,按照实际收到的金额,借记"银行存款"等账户,按照出售或收回国债投资的成本,贷记"短期投资""长期投资"账户,按照其差额,贷记或借记"其他收入——投资收益"账户。

【例 15-18】 甲事业单位根据发生的投资收益业务,编制相关的会计分录。

(1) 收到购买国债的利息收入 20 000 元并存入银行。

借:银行存款   20 000
　贷:其他收入——投资收益   20 000

(2) 收到被投资乙公司分配的上年利润 500 000 元并存入开户银行。根据有关规定,甲事业单位分享利润的 40%,其余部分上缴财政。

借:银行存款   500 000

| 贷:应缴财政专户款 | 300 000 |
| 其他收入——投资收益 | 200 000 |

2. 捐赠收入

事业单位接受捐赠现金资产时,按照实际收到的金额,借记"银行存款"等账户,贷记"其他收入"账户。

事业单位接受捐赠的存货验收入库时,按照确定的成本,借记"存货"账户,按照发生的相关税费、运输费等,贷记"银行存款"等账户,按照其差额,贷记"其他收入"账户。

需要说明的是,接受捐赠固定资产、无形资产等非流动资产,不通过"其他收入"账户核算。

【例 15-19】 2016 年,甲事业单位根据发生的接受资产捐赠业务,编制相关的会计分录。

(1) 3 月 10 日,接受捐赠现金资产 100 000 元并存入银行。

| 借:银行存款 | 100 000 |
| 贷:其他收入——捐赠收入 | 100 000 |

(2) 8 月 20 日,接受捐赠专业材料一批,按照同类材料的市场价格计价为 300 000 元,材料已验收入库,并以银行存款支付运输费、包装费等费用 6 500 元。

借:存货——专业材料	306 500
贷:其他收入——捐赠收入	300 000
银行存款	6 500

3. 无法偿付的应付及预收款项

事业单位无法偿付或债权人豁免偿还应付账款、预收账款、其他应付款及长期应付款时,借记"应付账款""预收账款""其他应付款""长期应付款"等账户,贷记"其他收入"账户。

【例 15-20】 2016 年 12 月,甲事业单位在年终资产清查中发现以下负债项目情况,如表 15-1 所示。

表 15-1　应收及预付款项情况

科目	金额(元)	原因
应付账款——乙公司	6 000	公司解散,款项无法支付。
预收账款——丙单位	25 000	债权人豁免款项
长期应付款——丁公司	30 000	债权人豁免款项
合计	61 000	——

甲事业单位根据表 15-1,编制相关的会计分录。

借:应付账款——乙公司	6 000
预收账款——丙单位	25 000
长期应付款——丁公司	30 000
贷:其他收入	61 000

（四）期末其他收入的转销

期末，事业单位将"其他收入"账户本期发生额中的专项资金收入结转入非财政补助结转时，借记"其他收入"账户下各专项资金收入明细账户，贷记"非财政补助结转"账户；将"其他收入"账户本期发生额中的非专项资金收入结转入事业结余时，借记"其他收入"账户下各非专项资金收入明细账户，贷记"事业结余"账户。

【例15-21】 2016年12月31日，某事业单位"其他收入"账户的余额为820 000元，其中，专项资金600 000元，其余为非专项资金。期末结转其他收入时，编制如下会计分录。

借：其他收入　　　　　　　　　　　　　　　　820 000
　　贷：非财政补助结转　　　　　　　　　　　　　　　600 000
　　　　事业结余　　　　　　　　　　　　　　　　　　220 000

第二节　支出（或费用）

一、支出（或费用）概述

（一）支出（或费用）的概念

《事业单位会计准则》指出，支出或者费用是指事业单位开展业务及其他活动发生的资金耗费和损失。

事业单位在履行职能或开展业务活动过程中，必然要发生各种各样的耗费或支出，如支付职工薪酬、机器设备折旧以及存货耗用等，它们构成了事业单位从事各类事业活动付出的代价或发生的资金耗费及损失。

在事业单位，支出与费用有联系但又是不完全相同的概念，其应用前提也不相同。《事业单位财务规则》规定："部分行业根据成本核算和绩效管理的需要，可以在行业事业单位财务管理制度中引入权责发生制。"《事业单位会计准则》规定："事业单位会计核算一般采用收付实现制；部分经济业务或者事项采用权责发生制核算的，由财政部在会计制度中具体规定。"因此，采用收付实现制的事业单位，按"支出"要素对业务及其他活动发生的资金耗费和损失予以确认、计量和报告；采用权责发生制的事业单位，则按"费用"要素对业务及其他活动发生的资金耗费和损失予以确认、计量和报告。

（二）支出的分类

为了便于研究分析各项支出的范围和特点，弄清它们之间的区别和联系，有针对性地加强支出的管理和监督，不断提高资金的使用效益，必须对事业单位的支出进行科学的分类。

（1）事业支出。它是指事业单位开展专业业务活动及其辅助活动发生的支出，包括基本支出和项目支出。其中，基本支出是指事业单位为了保障其正常运转、完成日常工作任务而发生的人员支出和公用支出。项目支出是指事业单位为了完成特定工作任务和事业发展目标，在基本支出之外所发生的支出。

（2）经营支出。它是指事业单位在专业业务活动及其辅助活动之外开展非独立核算经营活动发生的支出。事业单位非独立核算的经营活动,所发生的全部支出,都应纳入经营支出核算反映。经营支出与经营收入要配比。

（3）对附属单位补助支出。它是指事业单位用财政补助收入之外的收入对附属单位补助发生的支出。补助的资金一般来自收入较多的附属单位上缴的款项以及事业单位自己组织的除财政补助收入以外的其他资金。

（4）上缴上级支出。它是指事业单位按照财政部门和主管部门的规定上缴上级单位的支出。上缴资金的数额一般按定额或者比例确定。

（5）其他支出。它是指事业单位发生的不属于事业支出、上缴上级支出、对附属单位补助、经营支出以外的支出。

二、事业支出

（一）事业支出的概念

事业支出是指事业单位开展专业业务活动及其辅助活动发生的基本支出和项目支出,是事业单位从事其主营或核心业务发生的主要支出,具有经常性、数额大的特点。

事业单位是以政府职能、公益服务为主要宗旨的公益性单位或非公益性职能部门等,主要从事教育、科技、文化、卫生等活动。事业支出反映了事业单位在履行其职责、提供公益服务过程中发生的必要耗费,是考核其事业成果和资金使用效益的重要依据。

（二）事业支出的分类

1. 按支出的经济性质分类

支出的经济分类反映了事业单位支出的经济性质和具体用途,说明了事业单位的钱是怎样花出去的,如办学校的钱究竟是发了工资,还是买了设备、盖了校舍。从某种意义上来讲,支出的经济分类是对事业单位支出活动更为明细的反映。根据《2016 年政府收支分类科目》,支出经济分类具体分为以下类级科目:

（1）"工资福利支出"科目。它反映了事业单位开支的在职职工和编制外长期聘用人员的各类劳动报酬,以及为上述人员缴纳的各项社会保险费等。该类级账户分设如下款级账户:基本工资、津贴补贴、社会保障缴费、伙食补助费、绩效工资、其他工资福利支出。

（2）"商品和服务支出"科目。它反映了事业单位购买商品和服务的支出,其中不包括用于购置固定资产等的支出。该类级账户分设如下款级账户:办公费、印刷费、咨询费、手续费、水费、电费、邮电费、取暖费、物业管理费、差旅费、因公出国（境）费、维修（护）费、租赁费、会议费、培训费、公务招待费、专用材料费、劳务费、委托业务费、工会经费、福利费、公务用车运行维护费、其他交通费用、其他商品和服务支出。

（3）"对个人和家庭的补助"科目。它反映了事业单位用于对个人和家庭的补助支出。该类级账户分设如下款级账户:离休费、退休费、退职（役）费、抚恤金、生活补助、救济费、医疗费、助学金、奖励金、生产补贴、住房公积金、提租补贴、购房补贴、其他对个人和家庭的补助支出。

（4）"基本建设支出"科目。它反映了事业单位用于购置固定资产、土地和无形资产,以及进行大型修缮所发生的支出。该类级账户分设如下款级账户:房屋建筑物购建、办公设备购置、专用设备购置、大型修缮、信息网络购建、公务用车购置、其他基本建设支出。

（5）其他资本性支出。它反映了事业单位由非各级发展与改革部门集中安排的用于购置固定资产、土地和无形资产，以及进行大型修缮等方面的支出。该类级账户分设如下款级账户：房屋建筑物购建、办公设备购置、专用设备购置、大型修缮、信息网络购建、公务用车购置、其他资本性支出。

2. 按部门预算要求分类

按照部门预算管理的要求，事业单位的事业支出可以分为基本支出和项目支出两大类。

（1）基本支出。它是指为保障事业单位机构正常运转、完成日常工作任务而必须发生的支出。它是事业单位的基本消耗，没有基本支出做保障，事业单位就无法正常运转。按照部门预算管理的要求，事业单位的基本支出分为人员经费支出和日常公用经费支出两类。前者如事业单位按规定支付给工作人员的基本工资，后者则是指为完成日常工作任务而发生的办公经费支出等。基本支出具有常规性、稳定性的特点。人员经费支出的具体账户包括《2016年政府收支分类科目》中的"工资福利支出"科目以及"对个人和家庭的补助支出"科目；日常公用经费支出的具体账户包括《2016年政府收支分类科目》中的"商品和服务支出"科目，以及"基本建设支出"科目和"其他资本性支出"科目中的"办公设备购置""专用设备购置"和"交通工具购置"科目。

（2）项目支出。它是指事业单位为完成其特定工作任务和事业发展目标而发生的支出，是事业支出的重要组成部分。项目支出属于基本支出以外的专项支出，一般包括专项事业任务支出、大型专项修缮支出、专项基本建设支出等。与基本支出相比，项目支出具有点多面广、非常规性、不稳定以及烦琐复杂的特点。项目支出需要经过申报、筛选、立项、评审和审批的过程。

3. 按支出的资金来源性质分类

按照支出的资金来源性质分类，事业单位的事业支出可以分为财政拨款支出和非财政拨款支出两类。

（1）财政拨款支出。它是指事业单位使用财政预算拨入经费和财政预算外资金返还收入而发生的事业支出。

（2）非财政拨款支出。它是指事业单位使用除财政预算拨入经费和财政预算外资金返还收入以外的资金而发生的支出。

需要说明的是，事业单位使用经营收入发生的支出属于经营支出，不属于事业支出。

4. 事业支出的综合分类

综合分类是指按照预算管理的要求，根据事业支出的特点，将事业支出不同分类进行有机结合而形成的事业支出类别。事业支出的综合分类一般先按不同资金来源性质将事业支出分为财政拨款支出和非财政拨款支出两类。在财政拨款支出类别下，再按财政拨款所属时期分为当年财政拨款支出和以前年度财政拨款结余支出两类。在当年财政拨款支出和以前年度财政拨款结余支出类别下，再按部门预算管理要求分为基本支出和项目支出两类。在基本支出类别下再分为人员经费支出和日常公用经费支出。在项目支出类别下再按具体支出项目进行分类。在人员经费和日常公用经费以及相应的项目支出下，再按《2016年政府收支分类科目》中的支出经济分类科目进行分类。在非财政拨款支出类别下，再按部门预算管理的要求区分为基本支出和项目支出两类。

（三）事业支出的日常核算

事业单位通过设置"事业支出"账户核算事业单位开展专业业务活动及其辅助活动发生的基本支出和项目支出。该账户的借方登记事业支出的增加，贷方登记事业支出的减少。期末结账后，该账户应无余额。

"事业支出"账户应当按照"基本支出"和"项目支出"以及"财政补助支出""非财政专项资金支出"和"其他资金支出"等层级进行明细核算，并按照《2016年政府收支分类科目》中"支出功能分类"相关科目进行明细核算；"基本支出"和"项目支出"明细账户下应当按照《2016年政府收支分类科目》中"支出经济分类"的款级科目进行明细核算；同时在"项目支出"明细账户下按照具体项目进行明细核算。

1. 职工薪酬支出

职工薪酬是指事业单位为获得职工提供的服务而给予的各种形式的报酬以及其他相关支出。也就是说，从性质上凡是事业单位为获得职工提供的服务给予或付出的各种形式的对价，均属于职工薪酬，其主要由劳动报酬、社会保险、福利、教育、劳动保护、住房和其他人工费用等组成。

工资支出的基本程序为，预算单位根据编制部门和人事部门的要求，在每月规定的时间内提供下月人员编制、实有人数、工资标准和代扣款项（包括按国家规定必须由个人缴纳的住房公积金、医疗保险、养老保险、失业保险和依法缴纳的个人所得税）等数据，编制部门和人事部门审核后，在规定的时间内将审核结果报送财政部门。财政部门的国库支付执行机构按照预算账户分类生成发放工资汇总表，通知代理银行办理资金支付。代理银行在工资支付的次日为各单位出具工资明细表，向各单位传送个人工资支付信息。

职工薪酬的核算包括职工薪酬的结算与分配两方面内容。

（1）职工薪酬的结算。事业单位确认各项代垫款项时，借记"应付职工薪酬"账户，贷记"其他应付款"等账户；发放职工薪酬时，借记"应付职工薪酬"账户，贷记"财政补助收入""零余额账户用款额度""银行存款"等账户；

（2）月末职工薪酬的分配。事业单位计提从事专业业务活动及其辅助活动人员的薪酬等时，借记"事业支出"账户，贷记"应付职工薪酬"等账户。

【例15-22】 某事业单位实行国库集中支付制度，经财政部门批准，其工资支出实行财政直接支付。2017年3月5日，该单位收到代理银行开具的工资发放明细表，职工工资总额为4 620 000元，其中，划转到个人工资账户4 200 000元；划转到相关账户应由职工个人缴纳的社会保险费为250 000元。此外，划转到相关账户由本单位为职工负担的社会保险费为300 000元。该单位根据发生的经济业务，编制相关的会计分录。

（1）职工薪酬的分配。

借：事业支出——财政补助支出——基本支出

　　　　　　　　——工资福利支出　　　　4 620 000

| 贷:应付职工薪酬 | 4 620 000 |

（2）职工薪酬的结算。

| 借:应付职工薪酬 | 4 620 000 |
| 贷:财政补助收入 | 4 620 000 |

（1）、（2）可合并编制如下会计分录。

借:事业支出——财政补助支出——基本支出

| ——工资福利支出 | 4 620 000 |
| 贷:财政补助收入 | 4 620 000 |

（3）确认单位负担的社会保险费。

借:事业支出——财政补助支出——基本支出

| ——工资福利支出 | 300 000 |
| 贷:财政补助收入 | 300 000 |

2. 领用存货支出

事业单位开展专业业务活动及其辅助活动领用存货时,按照根据实际情况采用先进先出法、加权平均法或者个别计价法计算确定的发出存货的实际成本,借记"事业支出"账户,贷记"存货"账户。

【例15-23】 某事业单位按先进先出法计算材料的发出成本。2017年3月1日,结存A材料100千克,每千克的实际成本为100元。本月发生如下有关业务:(1)3日,购入A材料50千克,每千克的实际成本为105元,材料已验收入库。(2)5日,发出A材料80千克。(3)7日,购入A材料70千克,每千克的实际成本为98元,材料已验收入库。(4)12日,发出A材料130千克。(5)20日,购入A材料80千克,每千克的实际成本为110元,材料已验收入库。(6)25日,发出A材料30千克。该材料为非财政拨款购入。上述发出的材料均为专业部门领用。该单位根据发生的经济业务,编制相关的会计分录。

3月份发出材料成本 = (80×100) + (20×100 + 50×105 + 60×98) + (10×98 + 20×110) = 8 000 + 13 130 + 3 180 = 24 310(元)

| 借:事业支出——非财政专项资金支出——项目支出 | 24 310 |
| 贷:存货 | 24 310 |

如果专业部门交回多领用的价值800元的材料且已入库。编制如下会计分录。

| 借:存货 | 800 |
| 贷:事业支出——财政补助支出——基本支出 | 800 |

3. 设备购置支出

事业单位购置设备等物品一般采用政府采购方式。所谓政府采购,是指各级国家机关、事业单位和团体组织,使用财政性资金采购依法制定的集中采购目录以内的或者采购限额标准以上的货物、工程和服务的行为。事业单位采购设备所需支付的资金实行财政直接支付,由财政部门按照政府采购合同约定,将政府采购资金通过代理银行直接支付给中标供应商。

事业单位购入不需要安装的设备等固定资产时,按照确定的成本,借记"固定资产"账户,贷记"非流动资产基金——固定资产"账户;同时,按照实际支付的金额,借记"事业支出"等账户,贷记"财政补助收入""零余额账户用款额度""银行存款"等账户。

【例 15-24】 2016 年 8 月 10 日,某市文化局所属甲事业单位收到财政国库支付执行机构委托其代理银行转来的"财政直接支付入账通知书",财政国库支付执行机构通过财政零余额账户为该单位支付音响设备款 250 000 元。该单位根据发生的经济业务,编制相关的会计分录。

借:事业支出——财政补助支出——项目支出

　　　　　　　　——专用设备购置　　　　　250 000

　　贷:财政补助收入　　　　　　　　　　　　　　250 000

同时,

借:固定资产　　　　　　　　　　　　　250 000

　　贷:非流动资产基金——固定资产　　　　　　　250 000

4. 其他项目

事业单位开展专业业务活动及其辅助活动发生其他各项支出时,借记"事业支出"账户,贷记"库存现金""银行存款""零余额账户用款额度"等账户。

【例 15-25】 2016 年 10 月,某事业单位根据发生的活动支出业务,编制相关的会计分录。

(1) 5 日,以银行存款支付退休人员工资 35 000 元。

借:事业支出——财政补助支出——基本支出

　　　　　　　　——对个人和家庭补助　　　35 000

　　贷:银行存款　　　　　　　　　　　　　　　35 000

(2) 10 日,通过单位零余额账户支付办公用品款 3 800 元,直接交付使用。

借:事业支出——财政补助支出——基本支出

　　　　　　——商品和服务支出——办公费　　3 800

　　贷:零余额账户用款额度　　　　　　　　　　3 800

(3) 15 日,办公室王主任出差归来报销差旅费 850 元,以现金付讫。

借:事业支出——财政补助支出——基本支出

　　　　　　——商品和服务支出——差旅费　　850

　　贷:库存现金　　　　　　　　　　　　　　　850

(4) 20 日,以银行存款支付房屋维修支出 5 000 元。

借:事业支出——其他资金支出——项目支出

　　　　　　——商品和服务支出——维修费　　5 000

　　贷:银行存款　　　　　　　　　　　　　　　5 000

(5) 22 日,通过单位零余额账户支付水费 600 元。

借:事业支出——财政补助支出——基本支出

　　　　　　——商品和服务支出——水费　　　600

　　贷:零余额账户用款额度　　　　　　　　　　600

（6）25日,以银行存款支付网络通信费2 000元。

借:事业支出——财政补助支出——基本支出

　　——商品和服务支出——邮电费　　　　　　2 000

　　贷:银行存款　　　　　　　　　　　　　　　　2 000

（四）事业支出期末的转销

期末,事业单位将"事业支出——财政补助支出"账户本期发生额结转入"财政补助结转"账户,借记"财政补助结转——基本支出结转、项目支出结转"账户,贷记"事业支出——基本支出、项目支出"账户;将"事业支出——非财政专项资金支出"账户本期发生额结转入"非财政补助结转"账户,借记"非财政补助结转"科目,贷记"事业支出——非财政专项资金支出"账户;将"事业支出——其他资金支出"账户本期发生额结转入"事业结余"科目,借记"事业结余"科目,贷记"其他资金支出"账户。

【例15-26】　承例15-25。2016年10份末,该单位将事业支出47 250元转销,其中"事业支出——财政补助支出"账户本期发生额合计42 250元、"事业支出——其他资金支出"账户本期发生额合计5 000元。编制如下会计分录。

借:财政补助结转——基本支出结转　　　　　　42 250

　　事业结余　　　　　　　　　　　　　　　　　5 000

　　贷:事业支出——财政补助支出——基本支出　　42 250

　　　　——其他资金支出——项目支出　　　　　5 000

三、上缴与补助支出

上缴与补助支出包括事业单位的上缴上级支出和对附属单位补助支出。

无论是对附属单位补助还是上级补助收入,它们所涉及的款项均为非财政性资金,这些资金是有关单位调剂收支余缺的机动财力。对附属单位补助一般纳入事业单位的基本支出预算。

（一）上缴上级支出

上缴上级支出是指事业单位按照财政部门和主管部门的规定上缴上级单位的支出。

根据我国《事业单位财务规则》的规定,非财政补助收入超出其正常支出较多的事业单位的上级单位可会同同级财政部门,根据该事业单位的具体情况,确定对这些事业单位实行收入上缴的办法。收入上缴主要有两种形式,一是定额上缴,即在核定预算时,确定一个上缴的绝对数额;二是按比例上缴,即根据收支情况,确定按收入的一定比例上缴。事业单位按已确定的定额或比例上缴的收入即为上缴上级支出。

事业单位通过设置"上缴上级支出"账户核算其按照财政部门和主管部门的规定上缴上级单位的支出。该账户的贷方登记确认应上缴的数额;借方登记按规定上缴的款项。期末,将"上缴上级支出"账户余额转入事业结余后,该账户应无余额。其明细账应当按照收缴款项的单位或缴款项目等设置并进行明细分类核算。

事业单位按规定将款项上缴上级单位时,按照实际上缴的金额,借记"上缴上级支出"

账户,贷记"银行存款"等账户;期末,将"上缴上级支出"账户余额转入事业结余时,借记"事业结余"账户,贷记"上缴上级支出"账户。

【例 15—27】 某市教育局所属经济管理学院附属中学根据发生的上缴上级支出业务,编制相关的会计分录。

（1）按规定的标准上缴上级单位即经济管理学院款项 35 000 元,款项已以银行存款支付。

借:上缴上级支出　　　　　　　　　　　　　　25 000

　贷:银行存款　　　　　　　　　　　　　　　　　　25 000

（2）该附属中学年终结账,将"上缴上级支出"账户借方余额 25 000 元予以转销。

借:事业结余　　　　　　　　　　　　　　　　25 000

　贷:上缴上级支出　　　　　　　　　　　　　　　　25 000

（二）对附属单位补助

对附属单位补助是指事业单位用财政补助收入之外的收入对附属单位补助发生的支出。可见,对附属单位补助是无偿拨付的、不需单独报账的、财政补助收入之外的资金。其资金来源是收入较多的附属单位上缴的款项以及事业单位自己组织的除财政补助收入以外的其他资金。

对附属单位补助,从其性质上来看也是一种对外投资,但由于所属单位是本单位的组成部分,所以与对其他单位的投资相比又有所区别。因此,对附属单位补助不通过"对外投资"账户进行核算,而另单设"对附属单位补助支出"账户。

事业单位通过设置"对附属单位补助支出"账户核算其对附属单位发生的补助支出。该账户的借方登记对附属单位的补助数额;贷方登记期末转入事业结余的对附属单位的补助数额;期末结账后,该账户应无余额。其明细账应当按照接受补助的单位或补助项目等设置并进行明细分类核算。

事业单位发生对附属单位补助支出时,按照实际补助的金额,借记"对附属单位补助支出"账户,贷记"银行存款"等账户;期末,将"对附属单位补助支出"账户余额转入事业结余时,借记"事业结余"账户,贷记"对附属单位补助支出"账户。

【例 15—28】 2016 年,某事业单位根据发生的对附属单位补助业务,编制相关的会计分录。

（1）1 月 10 日,对所属机构拨款 500 000 元。

借:对附属单位补助支出——甲单位　　　　　500 000

　贷:银行存款　　　　　　　　　　　　　　　　　　500 000

（2）12 月 20 日,收到所属单位根据章程规定缴回的 30 000 元剩余资金。

借:银行存款　　　　　　　　　　　　　　　　30 000

　贷:对附属单位补助支出——甲单位　　　　　　　　30 000

（3）12 月 31 日,将"对附属单位补助支出"账户借方余额转账。

借:事业结余　　　　　　　　　　　　　　　　470 000

　贷:对附属单位补助支出——甲单位　　　　　　　　470 000

四、经营支出

（一）经营支出概述

1. 经营支出的概念

经营支出是指事业单位在专业业务活动及其辅助活动之外开展非独立核算经营活动发生的支出。对于经营支出的概念，应从以下两个方面来认识：

（1）经营支出是专业业务活动及其辅助活动之外发生的支出。所谓专业业务活动，是指事业单位根据本单位专业特点所从事或开展的主要业务活动，通俗地讲，也可以叫作"主营业务"。如文化事业单位的演出活动、教育事业单位的教学活动、科学事业单位的科研活动、卫生事业单位的医疗保健活动等。辅助活动是指与专业业务活动相关、直接为专业业务活动服务的单位行政管理活动、后勤服务活动及其他有关活动。开展上述活动以外的活动发生的支出为经营支出。

（2）经营支出是非独立核算的经营活动发生的支出。这里的非独立核算是指事业单位内部的不具有独立法人资格、没有完整会计工作组织体系的部门或单位。这些部门或单位在生产、销售定型产品和经销商品过程中，在承包建筑、安装、维修等工程过程中，在出租、出借暂时闲置的仪器设备、房屋场地及向社会提供餐饮、住宿、交通运输等服务活动过程中，所发生的资金耗费和损失，即属于经营支出。

事业单位从事非独立核算的经营活动所发生的全部支出（包括直接用于经营活动消耗的材料、工资等直接支出和由单位事业统一垫支的需要分配转入的各项支出）都应纳入经营支出的核算范围，并实行经营支出与经营收入的相互配比。事业单位应当严格区分经营支出和事业支出，既不能将经营支出的项目列为事业支出，也不能将事业支出的项目列为经营支出。

2. 经营支出的特点

经营支出与事业支出均为事业单位向社会提供商品或服务而发生的支出。不同之处在于，经营支出体现了保本获利原则，其只能是从商品或服务接受方获得补偿；而事业支出体现了事业活动的公益性原则，其既可能从商品或服务的接受方获得补偿，也可能从财政获得补偿。

经营支出的主要特征有：支出是因非独立核算的经营性业务而发生的；支出需要由经营活动收入补偿；经营支出应当与经营收入相互配比。

3. 经营支出的核算原则

（1）正确归集与合理分配费用。事业单位开展非独立核算经营活动的，应当正确归集开展经营活动发生的各项费用；无法直接归集的，应当按照规定的标准或比例合理分摊。

（2）经营支出与经营收入应当配比。为了提供与事业单位经济业务管理水平相关的信息，对经营活动的核算必须遵循收支配比原则，即在确定一个时期的经营收入时，还必须相应确认与该期收入有关的支出，并将收入和相应的支出相互配比，进行比较，确定事业成果。

事业单位通过设置"经营支出"账户核算其在专业业务活动及其辅助活动之外开展非独立核算经营活动发生的支出。该账户的借方登记事业单位发生的各项经营支出;贷方登记冲减的经营支出以及期末将本账户余额全部转入经营结转结余的数额。

"经营支出"账户应当按照经营活动类别、项目、《2016年政府收支分类科目》中"支出功能分类"相关科目等进行明细核算。

（二）经营支出的账务处理

事业单位为在专业业务活动及其辅助活动之外开展非独立核算经营活动的人员计提薪酬等时,借记"经营支出"账户,贷记"应付职工薪酬"等账户。

事业单位在专业业务活动及其辅助活动之外开展非独立核算经营活动领用、发出存货时,按照领用、发出存货的实际成本,借记"经营支出"账户,贷记"存货"账户。

事业单位在专业业务活动及其辅助活动之外开展非独立核算经营活动中发生其他各项支出时,借记"经营支出"账户,贷记"库存现金""银行存款""应缴税费"等账户。

【例15—29】 2016年10月,某事业单位所属非独立核算印刷厂根据发生的经营支出业务,编制相关的会计分录。

（1）本月职工薪酬的结算情况为:职工35人,其薪酬总额为87 500元。

借:经营支出——职工薪酬　　　　　　　　　　　87 500

　　贷:应付职工薪酬　　　　　　　　　　　　　　　　87 500

（2）为职工代扣医药费500元、个人所得税800元。

借:应付职工薪酬　　　　　　　　　　　　　　　1 300

　　贷:应缴税费——应缴个人所得税　　　　　　　　　800

　　　　其他应付款　　　　　　　　　　　　　　　　　500

（3）通过银行发放职工薪酬86 200元。

借:应付职工薪酬　　　　　　　　　　　　　　　86 200

　　贷:银行存款　　　　　　　　　　　　　　　　　86 200

（4）月初,该印刷厂甲材料库存100千克,单位成本6.40元。5日购入该材料200千克,单位成本6.30元;15日,又购入该材料700千克,单位成本6元。18日,经营活动领用材料300千克;25日,专业活动领用材料200千克。发出甲材料按加权平均法计价。该材料为非财政拨款资金购入。

材料加权平均单价＝（100×6.40+200×6.30+700×6）÷（100+200+700）＝6.10（元）

经营活动领用材料成本＝300×6.10＝1 830（元）

专业活动消耗材料成本＝200×6.10＝1 220（元）

借:事业支出——非财政拨款支出——商品和服务支出

　　　　　　　　　　　　　——专用材料费　　　1 220

　　经营支出——加工成本　　　　　　　　　　　1 830

　　贷:存货　　　　　　　　　　　　　　　　　　　3 050

（5）领用劳保用品3 000元用于经营活动。

借:经营支出——加工成本　　　　　　　　　　　3 000

贷:存货　　　　　　　　　　　　　　　　　　　　　3 000

　　（6）经营部门王某出差归来报销差旅费5 000元,出差前预借现金6 000元,退回1 000元。

　　借:库存现金　　　　　　　　　　　　　　　　　　1 000
　　　　经营支出——管理费用　　　　　　　　　　　　5 000
　　　贷:其他应收款　　　　　　　　　　　　　　　　　　6 000

　　（7）用支票支付经营部门电费、网费5 800元。

　　借:经营支出——管理费用　　　　　　　　　　　　5 800
　　　贷:银行存款　　　　　　　　　　　　　　　　　　　5 800

　　（8）对经营用设备进行维修。领用维修材料6 000元,购置零星配料支付现金300元。

　　借:经营支出——加工成本　　　　　　　　　　　　6 300
　　　贷:库存现金　　　　　　　　　　　　　　　　　　　300
　　　　存货　　　　　　　　　　　　　　　　　　　　6 000

　　（三）期末经营支出的转销

　　期末,事业单位将经营支出转入经营结余时,编制借记"经营结余"账户、贷记"经营支出"账户的会计分录。

　　【例15-30】　承例15-29。期末,将经营支出109 430元转入经营结余。编制如下会计分录。

　　借:经营结余　　　　　　　　　　　　　　　　　　109 430
　　　贷:经营支出　　　　　　　　　　　　　　　　　　　109 430

五、其他支出

　　（一）其他支出概述

　　其他支出是指事业单位除事业支出、上缴上级支出、对附属单位补助支出、经营支出以外的各项支出,包括利息支出、捐赠支出、现金盘亏损失、资产处置损失、接受捐赠(调入)非流动资产发生的税费支出等。

　　1. 捐赠支出

　　捐赠是指某一个主体无条件向另一主体交付现金或其他资产,或清偿、撤销债务,并且该主体不作为对方的所有者。捐赠同交换等相比具有:①无条件性,即不存在需要在未来返还资产或重新承担债务的不确定事项;②非互惠性,即取得捐赠不需要支付对价;③自愿性,即没有来自外部强迫的压力;④非所有权投资,即捐赠方不作为所有者。

　　2. 资产处置损失

　　资产处置是指通过综合运用法律允许范围内的一切手段和方法,对资产进行的价值变现和价值提升活动。事业单位资产处置是指事业单位对其占有、使用的国有资产产权的转移及核销,包括资产的出售、出让、转让、对外捐赠、无偿调出、盘亏、报废、毁损以及货币性资产损失核销等。因资产处置而发生的损失为资产处置损失。

需要说明的是,事业单位处置资产一般应先记入"待处置资产损溢"账户,按规定报经批准后及时进行账务处理。年度终了结账前一般应处理完毕。

其他支出的共同特点是与事业单位各项业务活动无直接关系,但对这些支出进行单独核算的意义在于能够正确反映事业单位各项支出水平,实现收支配比,以评价事业单位管理的水平。

事业单位通过设置"其他支出"账户核算事业单位除事业支出、上缴上级支出、对附属单位补助支出、经营支出以外的其他支出。该账户的借方登记发生的支出;贷方登记期末分摊转销的其他支出;期末结账后,该账户应无余额。

"其他支出"账户应当按照其他支出的类别、《2016年政府收支分类科目》中"支出功能分类"相关科目等进行明细核算。其他支出中如有专项资金支出,还应按具体项目进行明细核算。

(二)其他支出的账务处理

事业单位支付银行借款利息时,借记"其他支出——利息支出"账户,贷记"银行存款"账户。

事业单位对外捐赠的会计处理,依据捐赠资产内容的不同而有所区别:事业单位对外捐赠现金资产时,应编制借记"其他支出"账户、贷记"银行存款"等账户的会计分录;对外捐赠存货资产时,应编制借记"其他支出"账户、贷记"待处置资产损溢"账户的会计分录。

事业单位对外捐赠固定资产、无形资产等非流动资产时,不通过"其他支出"账户进行核算。

事业单位每日现金账款核对中发现现金短缺的,应积极查找原因。属于无法查明原因的现金盘亏,报经批准后,借记"其他支出"账户,贷记"库存现金"账户。

事业单位将应收及预付款项转入待处置资产时,借记"待处置资产损溢"账户,贷记"应收账款""预付账款""其他应收款"等账户;报经批准予以核销应收及预付款项时,借记"其他支出"账户,贷记"待处置资产损溢"账户。

事业单位将盘亏或者毁损、报废存货转入待处置资产时,借记"待处置资产损溢——处置资产价值"账户,贷记"存货"账户;报经批准予以处置时,借记"其他支出"账户,贷记"待处置资产损溢——处置资产价值"账户;处置毁损、报废存货过程中收到残值变价收入、保险理赔和过失人赔偿等时,借记"库存现金""银行存款"等账户,贷记"待处置资产损溢——处置净收入"账户;处置毁损、报废存货过程中发生相关费用时,借记"待处置资产损溢——处置净收入"账户,贷记"库存现金""银行存款"等账户;处置完毕时,按照处置收入扣除相关处置费用后的净收入,借记"待处置资产损溢——处置净收入"账户,贷记"应缴国库款"等账户。

事业单位将对外捐赠、无偿调出存货转入待处置资产时,借记"待处置资产损溢——处置资产价值"账户,贷记"存货"账户;实际捐出、调出时,借记"其他支出"账户,贷记"待处置资产损溢——处置资产价值"账户。

事业单位接受捐赠、无偿调入非流动资产发生相关税费、运输费等时,借记"其他支出"账户,贷记"银行存款"等账户。

（三）期末其他支出的转销

期末,将"其他支出"账户本期发生额中的专项资金支出结转入非财政补助结转时,借记"非财政补助结转"账户,贷记"其他支出"账户下各专项资金支出明细账户;将本账户本期发生额中的非专项资金支出结转入事业结余时,借记"事业结余"账户,贷记"其他支出"账户下各非专项资金支出明细账户。

【关键词汇】

财政补助收入(grant from the state)

事业收入(income from undertakings)

上级补助收入(grant from the higher authority)

附属单位上缴收入(ancillary units turned over to the income)

经营收入(operating income)

其他收入(other revenue)

事业支出(business expenditure)

经营支出(operating expenses)

其他支出(deductions from income)

【思考题】

1. 如何理解事业单位的收入、支出或者费用? 与企业、行政单位收入相比,事业单位收入的特点表现在哪些方面? 事业单位支出或者费用的特点表现在哪些方面?

2. 事业单位收入、支出或者费用是如何分类的? 收入、支出或者费用之间是否存在一定的对称关系?

3. 分别说明事业单位应如何根据收入的不同取得方式确认其相关的收入,并指出收入管理的基本原则。

4. 简述事业单位事业收入、支出的特点,说明事业收入、支出或者费用的核算方法。

5. 说明上级补助收入(支出)、附属单位上缴收入(支出)核算的异同。

6. 说明经营收入或经营支出的特征,并指出经营支出的核算原则。

7. 分别说明其他收入或支出的内容。

【练习题】

1. 某研究院为实行国库集中支付和政府采购制度的事业单位。2016 年发生的经济业务如下:

(1) 收到代理银行转来的"财政授权支付额度到账通知书",通知书中注明的本月授权额度为 1 000 000 元。

(2) 开展专业业务活动取得收入 120 000 元,款项已存入银行。

(3) 收到应上缴财政专户资金100 000 元。经财政部门核定,当年应返还资金60 000 元。

（4）收到外单位捐赠的未限定用途的现金 70 000 元，款项已存入银行。

（5）该单位当年按核定的预算向所属单位拨出预算资金 180 000 元。

要求：根据上述业务，逐笔编制相关的会计分录。

2. 某事业单位所属非独立核算部门 2016 年发生的经营收支业务如下：

（1）销售商品取得收入 30 000 元，增值税销项税额 5 100 元，收到对方交来的事业汇票一张，面值 35 100 元，该批商品的账面余额为 23 000 元。

（2）提供服务取得收入 500 000 元，款项已存入银行。

（3）计提经营设备折旧 8 000 元。

（4）以库存现金支付管理人员工资 35 000 元。

（5）以银行存款支付办公费 6 200 元。

（6）以银行存款支付水电费、取暖费 75 000 元。

（7）确认经营活动应负担税费 4 600 元。

（8）期末，将经营收支转入经营结余。

要求：根据上述业务，逐笔编制相关的会计分录。

3. 2016 年 10 月 8 日，某事业单位根据经过批准的部门预算和用款计划，向同级财政申请支付第三季度水费 100 000 元。10 月 18 日，财政部门经审核后，以财政直接支付方式向自来水公司支付了该单位的水费 100 000 元。10 月 23 日，该事业单位收到了“财政直接支付入账通知书”。

要求：根据上述业务编制相关的会计分录。

4. 某事业单位部分事业收入采用财政专户返还的方式进行管理。2016 年 9 月 5 日，该单位收到应上缴财政专户的事业收入 5 000 000 元。9 月 15 日，该单位将上述款项上缴财政专户。10 月 15 日，该单位收到从财政专户返还的事业收入 5 000 000 元。

要求：根据上述业务编制相关的会计分录。

5. 某事业单位实行国库集中支付和政府采购制度。2016 年发生的经济业务如下：

（1）购入一次性消耗材料 15 000 元，从零余额账户支付，材料已投入使用。

（2）收到代发工资银行盖章转回的“工资发放明细表”以及“财政直接支付入账通知书”，发放基本工资总额 600 000 元，其中，包括 100 000 元单位后勤中心职工的基本工资。转入个人账户的工资总额为 540 000 元，代扣住房公积金 60 000 元、单位配套补贴住房公积金 60 000 元。款项已通过财政直接支付转入个人工资账户和住房公积金个人账户。根据规定，单位发放的工资都需要经过“应付职工薪酬”账户进行核算。

（3）根据代理银行转来的“财政直接支付入账通知书”及固定资产发票等原始票据，财政部门直接支付政府采购的复印机等办公设备款 300 000 元。

（4）根据代理银行转来的“财政直接支付入账通知书”，财政直接支付设备维修费 86 000 元。

（5）从零余额账户划拨的资金如下：支付工会经费 120 000 元；支付由单位负担的职工住房补贴 65 000 元。

要求：根据上述业务，逐笔编制相关的会计分录。

6. 2016 年,某事业单位发生的经济业务如下:

(1) 按照主管部门的规定,用银行存款上缴上级单位资金 500 000 元。

(2) 根据协议,以财政补助收入之外的收入 300 000 元对附属单位补助,已用银行存款支付。

(3) 现金盘亏损失 500 元。

(4) 对外捐出存货,其账面价值为 60 000 元。

要求:根据上述业务,逐笔编制相关的会计分录。

【案例题】

第十六章 事业单位财务报表

【本章纲要】

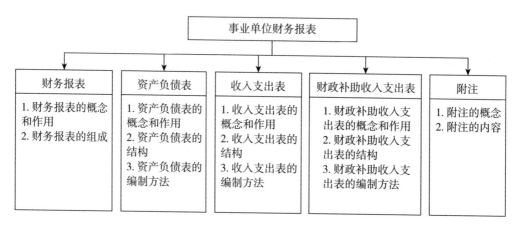

【学习目标、重点和难点】

- 通过本章的学习,应了解财务报表的概念、种类和作用;熟悉资产负债表、收入支出表、财政补助收入支出表的概念和结构;熟悉财务报表附注的内容;掌握财务报表的编制方法。
- 财务报表的概念、组成和各种财务报表的结构、编制方法为本章重点。
- 资产负债表、收入支出表的编制方法为本章的难点。

第一节 财务报表概述

一、财务报表的概念和作用

财务报表是对事业单位财务状况、事业成果、预算执行情况等的结构性表述。它是事业单位财务会计报告的主要部分,是事业单位向外传递会计信息的主要手段,是财政部门和上级单位了解情况、掌握政策、指导单位预算执行工作的重要资料,也是编制下年度单位财务收支计划的基础。财务报表的作用主要表现在以下方面:

(1)可以如实反映事业单位的财务状况、收入和支出(或费用)等情况。

(2)可以反映事业单位管理层的受托责任履行情况。

（3）可以为事业单位相关部门或个人提供相关决策信息。

二、财务报表的组成

财务报表由会计报表及其附注组成。

（一）会计报表

会计报表是指以会计账簿记录和有关资料为依据，按照规定的报表格式，全面、系统地反映事业单位财务状况、业务成果和现金流量的一种报告文件。

会计报表是财务报表的主体，事业单位向外界传递的最相关和最重要的会计信息主要是通过会计报表来实现的。会计报表至少应当包括以下种类。

（1）资产负债表。它是指反映事业单位在某一特定日期的财务状况的报表。

（2）收入支出表（或收入费用表）。它是指反映事业单位在某一会计期间的事业成果及其分配情况的报表。

（3）财政补助收入支出表。它是指反映事业单位在某一会计期间财政补助收入、支出、结转及结余情况的报表。

（二）会计报表附注

会计报表附注简称附注。它是指对在会计报表中列示项目的文字描述或明细资料，以及对未能在会计报表中列示项目的说明等。

第二节　资产负债表

一、资产负债表的概念和作用

资产负债表是指反映事业单位在某一特定日期的财务状况的报表。它是根据"资产＝负债＋净资产"这一会计等式，按照一定分类标准和次序，将事业单位一定日期的资产、负债和净资产项目适当排列，并对日常核算资料进行高度浓缩整理后形成的主要财务报表之一。它表明了事业单位在某一特定日期所拥有或控制的预期会给事业单位带来经济利益的资源、所承担的现有义务和对净资产的要求权。资产负债表是事业单位会计报表体系中的主要报表，它能够提供丰富的信息，具有以下作用：①资产负债表中的资产项目，反映了事业单位所拥有的各种资源的数量、结构以及事业单位偿还债务的能力，有助于预计事业单位履行支付承诺的能力。②资产负债表中的负债、净资产项目，揭示了事业单位所承担的长短期债务的数量、偿还期限的长短、资金来源渠道及其增减变动情况。③根据不同时期资产负债表中相同项目的横向对比和相同时期不同项目的纵向对比，能够反映事业单位财务状况的发展趋势。

总之，通过资产负债表可据以分析、检查资产、负债和净资产三者之间的结构比例以及各项资产的配置是否合理，是否有较好的偿债能力，是否具有一定的经济运行能力，从而可以总结和评价事业单位业务活动的状况。

二、资产负债表的结构

资产负债表由表首、基本部分和附注三部分组成。

（1）表首是该报表有别于其他报表的基本标志，列有报表名称、编制单位、报表编号、编报日期和金额单位等项目。由于资产负债表是反映期末资金静态的报表，所以编报的日期应填写报告期末最后一天的日期。

（2）基本部分是报表的主体，目前国际上通用的有账户式和报告式两种，事业单位应编制账户式资产负债表。

账户式资产负债表是根据"资产＝负债＋净资产"的会计等式设计而来。资产项目列在表的左方；负债和净资产项目列在表的右方，由于资金来源等于资金占用，所以表的左、右两方金额相等，故又称平衡表。

资产负债表资产方各项目是按照资产变现能力的顺序排列的。先流动资产，后非流动资产。流动资产中排在首位的是货币资金（变现能力最强，本身是货币资金组成部分），以后按照资产预计在 1 年内（含 1 年）变现或者耗用的快慢程度依次排列；非流动资产依次按照长期投资、固定资产、在建工程、无形资产顺序排列。

资产负债表负债和净资产方分为负债和净资产两部分。负债部分按照需要偿还的先后顺序排列，先流动负债，后非流动负债。净资产主要分为两部分：一是基金；二是结转结余。

（3）附注也是资产负债表的重要组成部分，列在资产负债表的下端。附注所提供的是使用者需要了解、但在基本部分中无法反映或难以单独反映的信息。

三、资产负债表的编制方法

资产负债表的编制是以日常会计记录的数据为基础进行归类、整理和汇总，加工成报表项目的过程。事业单位的资产负债表是一种比较资产负债表，需要列示"期末余额"和"年初余额"，其格式如表 16-1 所示。

表 16-1 资产负债表
会事业 01 表

编制单位：某事业单位　　　　　　2016 年 12 月 31 日　　　　　　　　单位：元

资产	期末余额	年初余额	负债和净资产	期末余额	年初余额
流动资产：			流动负债：		
货币资金	146 373 000	125 000 000	短期借款	200 000	200 000
短期投资	300 000	0	应缴税费	703600	240 000
财政应返还额度	24 060 000	23 200 000	应缴财政专户款	6 540 000	0
应收票据	500 000	500 000	应付职工薪酬	630 000	630 000
应收账款	32 550 000	28 050 000	应付票据	80 000	0
预付账款	800 000	800 000	应付账款	460 000	460 000

资产	期末余额	年初余额	负债和净资产	期末余额	年初余额
其他应收款	600 000	600 000	预收账款	930 000	930 000
存货	3 713 600	3 420 000	其他流动负债		
其他流动资产	20 030 000	20 030 000			
流动资产合计	228 926 600	201 600 000	流动负债合计	9 543 600	2 460 000
非流动资产：			**非流动负债：**		
长期投资	1 250 000	1 000 000	长期借款	3 000 000	3 000 000
固定资产	254 798 000	255 360 000	长期应付款	6 361 000	6 280 000
固定资产原价	559 398 000	558 650 000	非流动负债合计	9 361 000	9 280 000
减：累计折旧	304 600 000	303 290 000	**负债合计**	18 904 600	11 740 000
在建工程	1 862 000	1 862 000	**净资产：**		
无形资产	537 000	1 107 000	事业基金	160 173 000	145 680 000
无形资产原价	880 000	1 380 000	非流动资产基金	257 666 000	258 329 000
减：累计摊销	343 000	273 000	专用基金	39 830 000	39 580 000
待处置资产损溢	300 000	0	财政补助结转	0	0
非流动资产合计	258 747 000	259 329 000	财政补助结余	8 300 000	5 600 000
			非财政补助结转	2 800 000	0
			非财政补助结余	0	4 580 000
			1.事业结余		
			2.经营结余		
			净资产合计	468 769 000	449 189 000
资产总计	487 673 600	460 929 000	**负债和净资产总计**	487 673 600	460 929 000

以下分别说明资产负债表各栏目的填列方法。

（一）本表"年初余额"栏各项目的内容和填列方法

资产负债表"年初余额"栏内各项数字，应当根据上年年末资产负债表"期末余额"栏内各项数字填列。如果本年度资产负债表规定的各个项目的名称和内容同上年度不相一致，应对上年年末资产负债表各项目的名称和数字按照本年度的规定进行调整，填入本表"年初余额"栏内。

（二）资产负债表"期末余额"栏内各项目的内容和填列方法

"期末余额"是指某一会计期末的数据，即月末、季末、半年末或年末的数字。资产负债表"期末余额"栏各项目的填列方法如下：

（1）根据总账账户余额直接填列。如"短期投资""财政应返还额度""应收票据""应收账款""预付账款""其他应收款""存货""其他流动资产""固定资产原价""累计折旧"

"在建工程""无形资产原价""累计摊销""短期借款""应缴国库款""应缴财政专户款""应付职工薪酬""应付票据""应付账款""预收账款""其他应付款""事业基金""非流动资产基金""专用基金""财政补助结转""财政补助结余""非财政补助结转"等项目,应根据有关总账账户的余额直接填列。

（2）根据几个总账账户的期末余额计算填列。如"货币资金"项目应根据"库存现金""银行存款""零余额账户用款额度"账户的期末余额合计填列。"非流动资产合计"项目应根据"长期投资""固定资产""在建工程""无形资产""待处置资产损溢"项目金额的合计数填列。

（3）根据明细账账户余额计算填列。"开发支出"项目应根据"研发支出"账户中所属的"资本化支出"明细账户的期末余额填列；"应付账款"项目应根据"应付账款"和"预付账项"两个账户所属的相关明细账户的期末贷方余额合计数填列；"预收账款"项目应根据"预收账款"和"应收账款"账户所属的各明细账户的期末贷方余额合计数填列；"一年内到期的非流动资产""一年内到期的非流动负债"项目应根据有关非流动资产或负债项目的明细账户余额分析填列；"长期借款""应付债券"项目,应分别根据"长期借款""应付债券"账户所属的明细账户的余额分析填列；"未分配利润"项目应根据"利润分配"账户中所属的"未分配利润"明细账户的期末余额填列。

（4）根据有关账户余额减去其备抵账户余额后的净额填列。"固定资产"项目应根据"固定资产"账户期末余额减去"累计折旧"账户期末余额后的金额填列。"无形资产"项目应根据"无形资产"账户期末余额减去"累计摊销"账户期末余额后的金额填列。

（5）综合运用上述填列方法分析填列。主要包括："长期投资"项目反映了事业单位持有时间超过1年（不含1年）的股权和债权性质的投资。本项目应根据"长期投资"账户期末余额减去其中将于1年内（含1年）到期的长期债券投资余额后的金额填列。

"其他流动负债"项目反映了事业单位除上述各项之外的其他流动负债,如承担的将于1年内（含1年）偿还的长期负债。本项目应根据"长期借款""长期应付款"等账户的期末余额分析填列。

"长期借款"项目反映了事业单位借入的期限超过1年（不含1年）的各项借款本金。本项目应根据"长期借款"账户期末余额减去其中将于1年内（含1年）到期的长期借款余额后的金额填列。

"长期应付款"项目反映了事业单位发生的偿还期限超过1年（不含1年）的各种应付款项。本项目应根据"长期应付款"账户期末余额减去其中将于1年内（含1年）到期的长期应付款余额后的金额填列。

（6）根据相关账户余额方向填列。"待处置资产损溢"项目应根据"待处置资产损溢"账户的期末借方余额填列；如"待处置资产损溢"账户期末为贷方余额,则以"-"号填列。"应缴税费"项目反映了事业单位应交未交的各种税费。本项目应根据"应缴税费"账户的期末贷方余额填列；如"应缴税费"账户期末为借方余额,则以"-"号填列。

"事业结余"项目应根据"事业结余"账户的期末余额填列；如"事业结余"账户的期末余额为亏损数,则以"-"号填列。在编制年度资产负债表时,本项目金额应为"0"。

"经营结余"项目应根据"经营结余"账户的期末余额填列;如"经营结余"账户的期末余额为亏损数,则以"-"号填列。在编制年度资产负债表时,本项目金额一般应为"0";若不为"0",本项目金额应为"经营结余"账户的期末借方余额(以"-"号填列)。

"非财政补助结余"项目应根据"事业结余""经营结余"账户的期末余额合计填列;如"事业结余""经营结余"账户的期末余额合计为亏损数,则以"-"号填列。在编制年度资产负债表时,本项目金额一般应为"0";若不为"0",本项目金额应为"经营结余"账户的期末借方余额(以"-"号填列)。

第三节 收入支出表

一、收入支出表的概念和作用

收入支出表是指反映事业单位在某一会计期间的事业成果及其分配情况的报表。

根据《事业单位会计制度》的规定,收入支出表采取结余实现、结余计算和结余分配合二为一同出一表的形式编报,既反映事业单位在一定期间的事业成果,也反映了非财政补助结余的分配过程。

收入支出表的作用主要表现在以下方面:

(1) 收入支出表可以反映事业单位业务活动的成果。也就是利用该表可以全面反映事业单位业务活动、运营活动发生的收入、支出情况,并通过收入与支出的比较,确定事业单位在某一会计期间业务活动的成果。

(2) 收入支出表为评价事业单位管理者的业绩提供了重要依据。利用收入支出表提供的收入、支出数据资料,可以反映事业单位管理者的业绩,有助于考核管理者受托经济资源管理责任的履行情况。

(3) 收入支出表有助于反映净资产的增减变动情况。净资产的增减变动情况是事业单位资源提供者较为关注的内容之一,通过收入支出表可以向资源提供者报告其净资产的增加、使用及结存情况。

总之,通过收入支出表可以了解事业单位的结余水平,判断事业单位的运营成果;考核事业单位的运营业绩,分析事业单位的获利能力;预测事业单位的未来运营与结余发展趋势;为编制未来结余预算、做出未来运营决策提供依据。同时,将收入支出表中的信息与资产负债表中的信息相结合,还可以提供进行事业单位分析的基本资料。

二、收入支出表的结构

收入支出表的结构分为表头和正表两部分。

(1) 表头说明了报表的名称、编制单位的名称、编制报表的日期和货币的计量单位等。

(2) 正表是收入支出表的核心,分为"项目"栏和"金额"栏两部分。其中,"项目"栏反映了事业单位全部收支相抵后运营成果各项指标的构成、分类和排列。采取了报告式形式,依次为"事业类收入""事业类支出""事业结余""经营结余""非财政补助结转结余""非财政补助结余""转入事业基金"。表内各项目之间的关系如下：

$$事业类收入-事业类支出=事业结转结余$$

$$经营收入-经营支出-其他支出=经营结余$$

"金额"栏则反映了事业单位不同时期(月份、年份)各项收支及运营成果达到的水平以及财务成果的分配、结余情况,便于报表使用者分析、考核事业单位收支、结余及其分配情况。收入支出表的结构如表16-2所示。

表 16-2　收入支出表
会事业 02 表

编制单位:某事业单位　　　　　　　　　2016 年　　　　　　　　　单位:元

项目	本月数	本年累计数
一、本期财政补助结转结余		2 700 000
财政补助收入		7 700 000
减:事业支出(财政补助支出)		5 000 000
二、本期事业结转结余		16 243 000
(一)事业类收入		22 910 000
1. 事业收入		17 360 000
2. 上级补助收入		
3. 附属单位上缴收入		5 350 000
4. 其他收入		200 000
其中:捐赠收入		
减:(二)事业类支出		
1. 事业支出(非财政补助支出)		6 667 000
2. 上缴上级支出		
3. 对附属单位补助支出		
4. 其他支出		
三、本期经营结余		1 900 000
经营收入		2 000 000
减:经营支出		100 000
四、弥补以前年度亏损后的经营结余		1 900 000
五、本年非财政补助结转结余		18 143 000
减:非财政补助结转		2 800 000
六、本年非财政补助结余		15 343 000
减:应缴企业所得税		350 000
减:提取专用基金		250 000
七、转入事业基金		14 743 000

三、收入支出表的编制方法

（一）收入支出表"本月数""本年累计数"栏各项目的内容和填列方法

收入支出表"本月数"栏反映了各项目的本月实际发生数。在编制年度收入支出表时，应当将本栏改为"上年数"栏，反映上年度各项目的实际发生数；如果本年度收入支出表规定的各个项目的名称和内容同上年度不相一致，应对上年度收入支出表各项目的名称和数字按照本年度的规定进行调整，填入本年度收入支出表的"上年数"栏。

收入支出表"本年累计数"栏反映了各项目自年初起至报告期末止的累计实际发生数。编制年度收入支出表时，应将本栏改为"本年数"。

（二）收入支出表"本月数"栏各项目的内容和填列方法

1. 本期财政补助结转结余

（1）"本期财政补助结转结余"项目应根据本表中"财政补助收入"项目金额减去"事业支出（财政补助支出）"项目金额后的余额填列。

（2）"财政补助收入"项目应根据"财政补助收入"账户的本期发生额填列。

（3）"事业支出（财政补助支出）"项目应根据"事业支出——财政补助支出"账户的本期发生额填列，或者根据"事业支出——基本支出（财政补助支出）""事业支出——项目支出（财政补助支出）"账户的本期发生额合计填列。

2. 本期事业结转结余

（1）"本期事业结转结余"项目应根据本表中"事业类收入"项目金额减去"事业类支出"项目金额后的余额填列；如为负数，以"-"号填列。

（2）"事业类收入"项目应根据本表中"事业收入""上级补助收入""附属单位上缴收入""其他收入"项目金额的合计数填列。

"事业收入"项目，应根据"事业收入"账户的本期发生额填列。

"上级补助收入"项目应根据"上级补助收入"账户的本期发生额填列。

"附属单位上缴收入"项目应根据"附属单位上缴收入"账户的本期发生额填列。

"其他收入"项目应根据"其他收入"账户的本期发生额填列。

"捐赠收入"项目应根据"其他收入"账户所属相关明细账户的本期发生额填列。

（3）"事业类支出"项目应根据本表中"事业支出（非财政补助支出）""上缴上级支出""对附属单位补助支出""其他支出"项目金额的合计数填列。

"事业支出（非财政补助支出）"项目应根据"事业支出——非财政专项资金支出""事业支出——其他资金支出"账户的本期发生额合计填列，或者根据"事业支出——基本支出（其他资金支出）""事业支出——项目支出（非财政专项资金支出、其他资金支出）"账户的本期发生额合计填列。

"上缴上级支出"项目应根据"上缴上级支出"账户的本期发生额填列。

"对附属单位补助支出"项目应根据"对附属单位补助支出"账户的本期发生额填列。

"其他支出"项目应根据"其他支出"账户的本期发生额填列。

3.本期经营结余

（1）"本期经营结余"项目应根据本表中"经营收入"项目金额减去"经营支出"项目金额后的余额填列；如为负数，以"-"号填列。

（2）"经营收入"项目应根据"经营收入"账户的本期发生额填列。

（3）"经营支出"项目应根据"经营支出"账户的本期发生额填列。

4.弥补以前年度亏损后的经营结余

"弥补以前年度亏损后的经营结余"项目应根据"经营结余"账户年末转入"非财政补助结余分配"账户前的余额填列；如该年末余额为借方余额，以"-"号填列。

5.本年非财政补助结转结余

（1）"本年非财政补助结转结余"项目反映了事业单位本年除财政补助结转结余之外的结转结余金额。如本表中"弥补以前年度亏损后的经营结余"项目为正数，本项目应当按照本表中"本期事业结转结余""弥补以前年度亏损后的经营结余"项目金额的合计数填列；如为负数，以"-"号填列。如本表中"弥补以前年度亏损后的经营结余"项目为负数，本项目应当按照本表中"本期事业结转结余"项目金额填列；如为负数，以"-"号填列。

（2）"非财政补助结转"项目应根据"非财政补助结转"账户本年贷方发生额中专项资金收入转入金额合计数减去本年借方发生额中专项资金支出转入金额合计数后的余额填列。

6.本年非财政补助结余

（1）"本年非财政补助结余"项目应根据本表中"本年非财政补助结转结余"项目金额减去"非财政补助结转"项目金额后的余额填列；如为负数，以"-"号填列。

（2）"应缴企业所得税"项目应根据"非财政补助结余分配"账户的本年发生额分析填列。

（3）"提取专用基金"项目应根据"非财政补助结余分配"账户的本年发生额分析填列。

7.转入事业基金

"转入事业基金"项目应根据本表中"本年非财政补助结余"项目金额减去"应缴企业所得税""提取专用基金"项目金额后的余额填列；如为负数，以"-"号填列。

表16-2中"四、弥补以前年度亏损后的经营结余"及其后的项目，只有在编制年度收入支出表时才填列；编制月度收入支出表时，可以不设置。

第四节　财政补助收入支出表

一、财政补助收入支出表的概念和作用

财政补助收入支出表是指反映事业单位某一会计年度财政补助收入、支出、结转及结余情况的报表。该表全面反映了事业单位财政补助的取得、支出、结转、结余情况，有助于为事业单位管理部门等信息使用者了解、评价财政补助预算执行情况，进行财政补助支出决策，加强财政补助、结余资金管理等提供有用的会计信息。

二、财政补助收入支出表的结构

财政补助收入支出表采用报告式形式,其结构分为"项目栏"和"金额栏"两部分。

"项目栏"分为"年初财政补助结转结余""调整年初财政补助结转结余""本年归集调入财政补助结转结余""本年上缴财政补助结转结余""本年财政补助收入""本年财政补助支出"和"年末财政补助结转结余"七个部分,每一部分又主要分为"基本支出"和"项目支出"两部分内容。其具体结构如表16-3所示。

表 16-3　财政补助收入支出表

会事业 03 表

编制单位:某事业单位　　　　　　　　　2016 年　　　　　　　　　单位:元

项目	本年数	上年数
一、年初财政补助结转结余		
(一)基本支出结转		
1.人员经费		
2.日常公用经费		
(二)项目支出结转		
××项目		
(三)项目支出结余		
二、调整年初财政补助结转结余		
(一)基本支出结转		
1.人员经费		
2.日常公用经费		
(二)项目支出结转		
××项目		
(三)项目支出结余		
三、本年归集调入财政补助结转结余		
(一)基本支出结转		
1.人员经费		
2.日常公用经费		
(二)项目支出结转		
××项目		
(三)项目支出结余		
四、本年上缴财政补助结转结余		
(一)基本支出结转		
1.人员经费		

项目	本年数	上年数
2. 日常公用经费		
（二）项目支出结转		
××项目		
（三）项目支出结余		
五、本年财政补助收入	7 700 000	
（一）基本支出	7 700 000	
1. 人员经费	3 080 000	
2. 日常公用经费	4 620 000	
（二）项目支出		
××项目		
六、本年财政补助支出	5 000 000	
（一）基本支出	5 000 000	
1. 人员经费	2 000 000	
2. 日常公用经费	3 000 000	
（二）项目支出		
××项目		
七、年末财政补助结转结余	2 700 000	
（一）基本支出结转	2 700 000	
1. 人员经费	1 080 000	
2. 日常公用经费	1 620 000	
（二）项目支出结转		
××项目		
（三）项目支出结余		

三、财政补助收入支出表的编制方法

（一）财政补助收入支出表"上年数"栏各项目的填列方法

财政补助收入支出表"上年数"栏内各项数字,应根据上年度财政补助收入支出表"本年数"栏内各项数字填列。

（二）财政补助收入支出表"本年数"栏各项目的内容和填列方法

财政补助收入支出表"本年数"栏各项目的内容和填列方法如下:

（1）"年初财政补助结转结余"项目及其所属各明细项目反映了事业单位本年年初财政补助结转和结余余额。各项目应根据上年度财政补助收入支出表中"年末财政补助结

转结余"项目及其所属各明细项目"本年数"栏的数字填列。

（2）"调整年初财政补助结转结余"项目及其所属各明细项目反映了事业单位因本年发生需要调整以前年度财政补助结转结余的事项，而对年初财政补助结转结余的调整金额。各项目应当根据"财政补助结转""财政补助结余"账户及其所属明细账户的本年发生额分析填列。如调整减少年初财政补助结转结余，以"－"号填列。

（3）"本年归集调入财政补助结转结余"项目及其所属各明细项目反映了事业单位本年度取得主管部门归集调入的财政补助结转结余资金或额度金额。各项目应根据"财政补助结转""财政补助结余"账户及其所属明细账户的本年发生额分析填列。

（4）"本年上缴财政补助结转结余"项目及其所属各明细项目反映了事业单位本年度按规定实际上缴的财政补助结转结余资金或额度金额。各项目应根据"财政补助结转""财政补助结余"账户及其所属明细账户的本年发生额分析填列。

（5）"本年财政补助收入"项目及其所属各明细项目反映了事业单位本年度从同级财政部门取得的各类财政拨款金额。各项目应根据"财政补助收入"账户及其所属明细账户的本年发生额填列。

（6）"本年财政补助支出"项目及其所属各明细项目反映了事业单位本年度发生的财政补助支出金额。各项目应根据"事业支出"账户所属明细账户本年发生额中的财政补助支出数填列。

（7）"年末财政补助结转结余"项目及其所属各明细项目反映了事业单位截至本年年末的财政补助结转和结余余额。各项目应根据"财政补助结转""财政补助结余"账户及其所属明细账户的年末余额填列。

第五节　附　注

一、附注的概念

附注是指对在会计报表中列示项目的文字描述或明细资料，以及对未能在会计报表中列示项目的说明等。

附注既是对会计报表的补充说明，也是财务报表不可缺少的内容。很多情况只有通过附注，才能够对会计报表有全面、准确的理解。财务报表的使用者通过阅读会计报表及其相关附注，能够为其决策提供更充分的信息。

二、附注的内容

《事业单位会计制度》规定，事业单位的会计报表附注至少应当披露下列内容：

（1）遵循《事业单位会计准则》《事业单位会计制度》的声明；

（2）单位整体财务状况、业务活动情况的说明；

（3）会计报表中列示的重要项目的进一步说明，包括其主要构成、增减变动情况等；

（4）重要资产处置情况的说明；

（5）重大投资、借款活动的说明；

（6）以名义金额计量的资产名称、数量等情况,以及以名义金额计量理由的说明;

（7）以前年度结转结余调整情况的说明;

（8）有助于理解和分析会计报表需要说明的其他事项。

【关键词汇】

收入支出表(income spending table)

财政补助收入支出表(fiscal subsidy revenue expenditure tables)

【思考题】

1. 与行政单位财务报表体系相比,事业单位财务报表体系与其有何不同? 这种差异是否会影响行政单位与事业单位之间会计信息的交流?

2. 何谓资产负债表? 其作用表现在哪些方面? 简述其结构。

3. 试比较行政单位与事业单位资产负债表之间的异同,说明这种差异产生的原因。

4. 何谓收入支出表? 其作用表现在哪些方面? 简述其结构。

5. 试比较行政单位与事业单位收入支出表之间的异同,说明这种差异产生的原因。

6. 何谓财政补助收入支出表? 简述其结构。指出财政补助收入支出表与收入支出表的关系。

7. 何谓附注? 指出财政总预算会计、行政单位会计与事业单位会计之间附注的异同,说明这种差异产生的原因。

8. 本章中介绍了财务报表附注的主要内容。请设想,如果不披露这些内容,会对财务报表的理解造成怎样的障碍,试举例说明。

【练习题】

某事业单位为财政全额拨款的事业单位,实行国库集中支付和政府采购制度。2016年11月30日资产负债表、2016年1月至11月收入支出表如下表所示:

资产负债表

会事业 01 表

编制单位:某事业单位　　　　　　　　　　2016 年 11 月 30 日　　　　　　　　　　单位:元

资产	期末余额	负债和净资产	期末余额
流动资产:		流动负债:	
货币资金	146 373 000	短期借款	200 000
短期投资	300 000	应缴税费	703600
财政应返还额度	24 060 000	应缴财政专户款	6 540 000
应收票据	500 000	应付职工薪酬	630 000
应收账款	32 550 000	应付票据	80 000

资产	期末余额	负债和净资产	期末余额
预付账款	800 000	应付账款	460 000
其他应收款	600 000	预收账款	930 000
存货	3 713 600	其他流动负债	
其他流动资产	20 030 000		
流动资产合计	228 926 600	流动负债合计	9 543 600
非流动资产：		非流动负债：	
长期投资	1 250 000	长期借款	3 000 000
固定资产	254 798 000	长期应付款	6 361 000
固定资产原价	559 398 000	非流动负债合计	9 361 000
减:累计折旧	304 600 000	负债合计	18 904 600
在建工程	1 862 000	净资产：	
无形资产	537 000	事业基金	160 173 000
无形资产原价	880 000	非流动资产基金	257 666 000
减:累计摊销	343 000	专用基金	39 830 000
待处置资产损溢	300 000	财政补助结转	0
非流动资产合计	258 747 000	财政补助结余	8 300 000
		非财政补助结转	2 800 000
		非财政补助结余	0
		1. 事业结余	
		2. 经营结余	
		净资产合计	468 769 000
资产总计	487 673 600	负债和净资产总计	487 673 600

收入支出表

会事业 02 表

编制单位:某事业单位　　　　　　2016 年 11 月　　　　　　单位:元

项目	本年累计数
一、本期财政补助结转结余	2 700 000
财政补助收入	7 700 000
减:事业支出(财政补助支出)	5 000 000
二、本期事业结转结余	16 243 000
(一) 事业类收入	22 910 000
1. 事业收入	17 360 000

项目	本年累计数
2. 上级补助收入	
3. 附属单位上缴收入	5 350 000
4. 其他收入	200 000
其中:捐赠收入	
减:(二)事业类支出	
1. 事业支出(非财政补助支出)	6 667 000
2. 上缴上级支出	
3. 对附属单位补助支出	
4. 其他支出	
三、本期经营结余	1 900 000
经营收入	2 000 000
减:经营支出	100 000
四、弥补以前年度亏损后的经营结余	1 900 000
五、本年非财政补助结转结余	18 143 000
减:非财政补助结转	2 800 000
六、本年非财政补助结余	15 343 000
减:应缴企业所得税	350 000
减:提取专用基金	250 000
七、转入事业基金	14 743 000

该单位 2016 年 12 月发生的经济业务如下:

(1)报主管部门审批,将一项专利权转让。该专利权的账面余额为 250 000 元,已累计摊销 100 000 元。将专利权转入待处置资产。

(2)按政府采购程序与某供货商签订购货合同,购买 5 台办公用计算机,合同金额为 2 000 000 元。款项以零余额账户支付,其支出为非财政补助支出。

(3)收到代理银行转来的"财政授权支付额度到账通知书",通知书中注明的授权额度为 30 000 000 元。

(4)与 A 公司签订技术转让合同。根据合同约定,A 公司先预付相关款项 300 000 元,待技术转让结束,乙公司再付 500 000 元。该业务确认应缴税费 17 500 元。

(5)购入科研用材料一批,其价款为 600 000 元,已验收入库,并向银行开具支付令。单位收到乙代理银行转来的"财政授权支付凭证"和供货商的发票。

(6)收到财政国库支付执行机构委托代理银行转来的"财政直接支付入账通知书"和"工资发放明细表",通知书和明细表中注明的工资支出金额为 5 000 000 元,代理银行已将款项全部划入职工个人账户。

（7）与某供货商签订购买设备合同，合同金额为 850 000 元。收到代理银行转来的支付该供货商货款的"财政直接支付入账通知书"，通知书中注明的金额为 850 000 元。设备已投入使用。

（8）经批准，用银行存款 150 000 元对外进行长期投资。

（9）用银行存款购入 3 年期、年利率为 4%、面值为 180 000 元的国库券。

（10）全月取得收入 5 600 000 元均存入银行，其中应上缴财政专户款项 5 000 000 元，事业收入 600 000 元。

（11）收到联营被投资公司分配的利润 300 000 元，存入开户银行。其中，该事业单位分享 30% 的利润，其余部分应上缴财政。

（12）期末，计提固定资产折旧 310 000 元、无形资产摊销 70 000 元。

（13）开出并承兑商业汇票一张购买经营材料，票据面值为 117 000 元，其中，材料款 100 000 元、增值税 17 000 元，票据期限为 5 个月，材料已验收入库。

（14）以融资租入方式租入不需要安装的设备 1 台，期限为 3 年，用于专业活动。租赁合同议定：该设备价款为 120 000 元，分 3 年于每年年末以银行存款平均支付。

（15）收到下属独立核算单位缴款 350 000 元，其中专项资金收入 80 000 元，全部款项存入银行。

（16）提供专业业务服务取得事业收入 6 000 000 元，其中，3 500 000 元存入银行，其余部分为应收账款。

（17）2016 年度，财政直接支付预算指标数大于实际支出数 250 000 元，财政授权支付额度结余 510 000 元，被予以注销。

（18）期末，将财政补助收支转入财政补助结转。其中，财政补助收入 3 700 000 元、财政补助支出 3 000 000 元。同时，将结余转入财政补助结余。

（19）期末，将相关事业收支转入事业结余。

（20）将经营收入 5 000 000 元、经营支出 400 000 元转入经营结余。

（21）将事业结余、经营结余转入非财政结余分配。

（22）期末，按规定计提所得税 250 000 元、职工福利基金 200 000 元。

（23）将非财政补助结余分配 400 000（贷方余额）元转入事业基金。

要求：（1）根据上述经济业务编制相关的会计分录。

（2）编制该事业单位 2016 年资产负债表和收入支出表。

【案例题】

主要参考文献

1. 财政部,《事业单位会计准则》(2012 年 12 月 6 日发布,自 2013 年 1 月 1 日起施行)。

2. 财政部,《行政单位会计制度》(2013 年 12 月 18 日发布,自 2014 年 1 月 1 日起施行)。

3. 财政部,《事业单位会计制度》(2012 年 12 月 19 日发布,自 2013 年 1 月 1 日起施行)。

4. 财政部,《财政总预算会计制度》(2015 年 10 月 10 日发布,自 2016 年 1 月 1 日起施行)。

5. 财政部,《政府会计准则——基本准则》(2015 年 10 月 23 日发布,自 2017 年 1 月 1 日起施行)。

6. 财政部,《政府会计准则第 1 号——存货》《政府会计准则第 2 号——投资》《政府会计准则第 3 号——固定资产》和《政府会计准则第 4 号——无形资产》(2016 年 7 月 6 日发布,自 2017 年 1 月 1 日起施行)。

7. 王彦、王建英,《政府会计》,北京:中国人民大学出版社,2012 年。

8. 赵建勇,《政府与非营利组织会计》(第二版),北京:中国人民大学出版社,2015 年。

9. 张通,《中国公共支出管理与改革》,北京:经济科学出版社,2010 年。